누구나 재미있게 배울 수 있는

전략 고사성어백과

汝海 姜 永 洙 지음
(漢文學者 · 歷史學者)

太乙出版社

누구나 재미있게 배울 수 있는

전략 고사성어백과

汝海 姜 永 洙 지음
(漢文學者 · 歷史學者)

太乙出版社

여는 글

나는 한문(한자) 강의를 할 때마다 귀에 익은 질문을 많이 받는다. 그것은 어떻게 하면 한자를 쉽게 배울 수 있느냐는 물음이다. 이에 대한 가장 보편적인 모범 답안은 '생활 속에서 한자를 배우는 것'이 가장 훌륭한 방법이다. 다시 말해 우리가 교과서에서 배웠던 사자소학(四字小學)이나 충효사상(忠孝思想)을 생활 속에서 꾸준히 실천해 나가고, 박물관이나 유적지 등을 방문하여 새로운 지식을 받아들이는 방법 등이다. 요즘에는 한자에 대한 관심이 크게 높아지면서 한자 관련 시험에 대한 자격시험 등도 다양해지고 있다 그런가하면 초중고생들을 대사응로 하여 한자 논술대회나 경시대회가 생겨나고 대학입학이나 입사시험・승진 시험에도 크게 한자리를 차지하고 있다. 그만큼 한자의 자리매김의 범위가 넓다는 얘기다. 이러한 흐름에 편승하여 <고사성어>의 비중도 크게 높아지고 있다. 본서는 <고사성어> 또는 <사자숙어>를 어떻게 익힐 것인가의 목독식(目讀式) 전략을 소개하여 최대의 효과를 거두고자 하는 것이다. 목독식 한자 공부에 관심이 있으신 분은 '다음' 카페(http://cafe.daum.net/yeohae) <여해 한문서당>을 찾아오면 된다.

汝海 姜 永 洙

전략 고사성어의 특징

1. 시험에 나오는 모든 고사성어(古事成語) 및 사자숙어(四字熟語)를 검색하여 가장 많은 양을 실어 완벽을 기하고자 노력하였다.

2. '가'항에서 '하'항까지 전체 단락을 열 둘로 나누고, 편의상 시작 항목에서 마지막 항목에는 12지(支)에 해당하는 동물을 우화적으로 배치하여 수험생의 이해를 돕고자 하였다.

3. 각 항목에 해당하는 뒷부분에는 단계별 문제를 12항목으로 실었으며, 엄선한 문제를 배열하는 방법은 나열식·계단식이 아니라 눈으로 익혀가는 목독식(目讀式) 방법을 소개하였다.

4. 고사성어의 출전과 의미를 수록하였으며, 시작되는 부분에는 출제빈도가 높은 문제에 <반드시 암기하라>는 뜻의 스타팅 표시를 하였다.

5. 한자의 우리말 표기는 가능한 한 두음법칙(頭音法則)을 따랐으며 관용으로 굳은 성어는 원문을 그대로 살렸다.

6. 한 페이지에 두 개의 고사성어를 약술(約述)하여 성어의 중심 뼈대를 이해하는 데 돕고자 하였다.

7. 본서에는 <여해 한문서당>에서 최근 7년간 강의 및 간행된 예상문제와 공공기업체 입사 시험문제·공무원 시험문제를 엄선하여 수록하였다.

전략 고사성어

목차

〈나〉

〈다〉

〈마〉

〈바〉

〈사〉

〈아〉

〈자〉

〈차〉

〈타〉

〈파〉

〈하〉

전략
고사성어

여해 강 영수 지음
(한문학자 · 역사연구가)

제1장

<가>

佳 人 薄 命
가 인 박 명

• 出典 : 소식(蘇軾)의 시
• 文意 : 미인의 운명은 기박하다
좋을 가 / 사람 인 / 엷을 박 / 목숨 명

소식(蘇軾)의 호는 동파(東坡)다. 송의 사천성 미산출신으로 아버지 순(洵), 동생 철(轍)을 삼소(三蘇)라 하였다. 그는 당송팔대가(唐宋八大家)의 한사람으로 시문뿐만이 아니라 서화에도 밝았다. 그가 벼슬길에 나가 양주의 지방장관으로 부임했을 때에 아름다운 미인을 보고 다음과 같은 시를 지었다.

우유빛 두뺨, 옻칠한 듯한 머릿결 / 눈빛이 발안으로 들어와 구슬처럼 빛나누나 / 본래 흰 비단으로 선녀 옷을 만들고 / 붉은 연지 타고난 바탕을 더럽히리 / 오나라의 말을 귀엽고 부드러워 앳되기만 한데 / 인간의 한없는 근심 정녕 모를레라 / 예로부터 미인의 운명은 기박하다(佳人薄命) 했듯이 / 문을 닫은 채 봄이 가면 버들 꽃도 지겠지

여승의 모습에서 소식은 그녀의 아름다운 소녀 시절을 생각하여 지은 것이다.

苛 政 猛 於 虎
가 정 맹 어 호

• 出典 : 『예기(禮記)』의 단궁편(檀弓篇)
• 文意 : 정치의 해독은 호랑이보다 무섭다
매울 가 / 정사 정 / 엄할 맹 / 어조사 어 / 범 호

춘추시대에 공자께서 세상이 어지러워지자 문생들을 거느리고 태산 근방을 수레를 타고 갈 때였다. 어디선가 여인의 울음소리가 들리자 급히 자로(子路)를 보내 사연을 알아오게 하였다. 잠시후 자로와 함께 나타난 여인은 자신의 남편이 호랑이에게 물려간 이곳에서, 하나 뿐인 아들이 호랑이의 먹이가 되었다고 털어놓았다. 그곳을 떠나면 되지 않겠느냐는 말에 여인은 더더욱 안될 일이라고 두 손을 내저었다.

"그래도 여기에 있으면 가혹한 세금에 시달리는 일은 없거든요."

그 말을 듣고 공자는 한마디했다.

"아, 가혹한 정치는 호랑이 보다 사납구나(苛政猛於虎)."

여기에서 '사납다'는 말은 '무섭다' 또는 '두렵다'는 뜻이다.

刻 骨 難 忘
각 골 난 망

• **出典** : 『춘추 좌씨전(春秋左氏傳)』
• **文意** : 뼈에 새겨 은혜를 잊지 아니하다
새길 각 / 뼈 골 / 어려울 난 / 잊을 망

이 성어는 결초보은(結草報恩)과 의미를 같이한다. 즉, '풀 을 엮어 은혜를 갚는다'는 뜻이다. 춘추시대 진(晉)나라 위 무자(魏武子)는 병이 깊어지자 아들 위과(魏顆)를 불러 자신이 죽으면 서모를 개가시키라고 하였다. 그러나 얼마 후엔 서모를 자신의 무덤에 순사(殉死)시키라는 유언을 남겼다. 위과는 아버지의 정신이 맑을 때에 했던 유언을 따라 서모를 개가시켰다. 세월이 흘러 진(晉)나라는 진환공(秦桓公)이 보낸 두회라는 장수와 나라의 운명을 건 싸움을 하였는데 많은 사람들의 예상을 뒤엎고 위과는 두회를 사로잡는 공을 세웠다. 이날 밤 꿈에 한 노인이 나타나 '자신은 위과가 개가시킨 서모의 부친인데 아버지의 유언을 옳은 방향으로 지킨 고마움에 보답하기 위에 풀을 엮어 두회를 넘어지게 하였다'고 하였다.

刻 舟 求 劍
각 주 구 검

• **出典** : 『여씨춘추』의 「찰금편」
• **文意** : 세상 물정에 융통성이 없음
새길 각 / 배 주 / 찾을 구 / 칼 검

춘추시대 초(楚)나라에 어떤 이가 아주 소중히 여기는 칼을 가지고 양자강을 건넜다. 그때 아차 실수하여 그만 칼을 강에 빠뜨리고 말았다. 그는 얼른 주머니에서 작은칼을 꺼내 뱃전에 자국을 내어 표시를 해두었다.

그리고 그는 만족한 표정으로 이렇게 말했다.

"아하하하, 칼이 빠진 자리에 표시해 두었으니 아무 때나 와서 찾을 수가 있겠지."

"저런 사람이 있나."

그는 배가 건너편 포구에 닿자 즉시 물 속으로 들어가 칼을 찾았다. 그러나 칼이 있을 리 만무다. 이 성어는 세상 물정에 융통성이 없음을 지적하고 있다.

肝 膽 相 照
간 담 상 조

• **出典** : 한유(韓愈)의 유자후 묘지명
• **文意** : 마음을 터놓고 격의 없이 지냄
간 간 / 쓸개 담 / 서로 상 / 비출 조

당송팔대가의 한사람인 한유의 곁에는 좋은 친구들이 있었다. 그는 관료 사회의 개혁을 부르짖다가 유주자사(柳州刺史)로 좌천되었고, 그의 친구 유몽득(柳蒙得)은 척박한 파주자사(播州刺史)로 떠나게 되었다. 유종원이 울면서 말했다.

"파주는 변방인데 어찌 그곳으로 간단 말인가. 자네 같은 사람은 결코 살지를 못하네. 더구나 늙으신 부모님까지 계신데 어찌 이 일을 알릴 수 있단 말인가. 차라리 내가 파주로 가겠네."

한유는 친구의 우정에 감동되어 뒷날 <유자후묘지명(柳子厚墓誌銘)>이라는 글을 썼다. 거기에 '평상시에는 간과 쓸개를 내보이고(肝膽相照) 변하지 않겠다고 하지만 일단 이해관계가 생기면 언제 그랬냐는 듯 돌아보지 않는다'고 세상 사람들의 우정을 꼬집었다.

干 將 莫 耶
간 장 막 야

• **出典** : 『순자(荀子)』의 「성악편」
• **文意** : 사람도 가르치고 손이 가야 한다
막을 간 / 장수 장 / 깎을 막 / 그런가 야

간장막야는 명검의 이름이다. 이러한 명검도 사람의 손이 가야 빛이 나듯 사람도 교육을 하여 선도해야 한다는 뜻이다. 제환공의 총(葱), 강태공의 궐(闕), 주문왕의 녹(錄), 초장왕의 홀(芴), 오왕 합려의 간장막야는 더 없이 좋은 명검이다. 그러나 이러한 명검도 반드시 숫돌에 갈지 않으면 날이 서지 않는다. 또한 사람의 힘이 가해져야 물건을 자른다.

순자는 이점을 주지시키고 다시 말한다.

"사람의 성품은 본시 악한 것이다. 그러므로 선하다고 하는 것은 본래 거짓이다."

그러므로 사람이 본래부터 가지고 있는 악한 성품은 예(禮)로써 교육시켜야 함을 강조했다.

竭 澤 而 魚
갈 택 이 어

• **出典** : 『열국지(列國志)』
• **文意** : 눈앞의 이익에만 급급하다
다할 갈 / 못 택 / 말 이을 이 / 고기 어

진의 문공이 산동성 복현에서 싸우게 됐을 때, 강한 적군에 대한 방책을 내놓은 호언(狐偃)의 말에 이응(李應)은 달갑지 않았지만 어쩔 수 없어 따르지 않을 수 없었다. 다만 그는 문공에게 이렇게 말했다.

"연못의 물을 다 퍼내고 고기를 잡는다면 어찌 고기를 못 잡겠습니까. 이렇게 되면 다음 해엔 잡을 고기가 없을 것이며, 산의 나무들을 불태운다면 짐승들을 못 잡을 리 없겠지만, 다음 해엔 잡을 짐승이 없을 것입니다. 지금 속임수로서 상대를 기만하면 위기를 모면할 수 있을 지 모르나 그것은 임시방편입니다."

이후로부터 눈앞의 이익에만 급급하여 장차의 일을 고려하지 못하는 것을 '갈택이어(竭澤而魚)'라고 한다.

鑑 止 水
감 지 수

• **出典** : 『장자』의 「덕충부편」
• **文意** : 흐르는 물에 얼굴을 비추지 말라
거울 감 / 그칠 지 / 물 수

『장자(莊子)』의 「덕충부편」에 있는 말이다.

"사람의 얼굴을 비춰볼 때는 물이 반드시 고여 있어야 한다. 다시 말해 흐르는 물은 거울이 될 수 없다는 뜻이다. 사물의 외물에 끌려 흐르고 있는 한 스스로의 마음을 반성할 수 없으며 자연의 진리를 생각할 수도 없는 것이다."

그런가하면 백낙천의 「감경(鑑鏡)」이란 글에는 '연꽃이 떨어진 가을 호수는 얼굴을 비춰볼 수 없다'고 하였다.

'고여 있는 물'.

이것이 감지수다. 여성이 거울을 보는 것은 자기의 모습을 보는 것도 한몫이지만, 크게는 다른 사람의 눈에 어찌 비칠까를 보기 위해서이다.

彊 弩 末 力
강 노 말 력

• 出典 : 『사기』의 「한장유열전」
• 文意 : 강한 군사도 원정을 가면 약해진다
굳셀 강 / 쇠뇌 노 / 끝 말 / 힘 력

한무제 때에 한안국(韓安國)이라는 자가 태위 전분(田蚡)에게 뇌물을 주고 벼슬자리에 나가 나중에는 어사대부(御史大夫)에 이르렀다. 이때 흉노가 사자를 보내 화친을 도모하였다. 조정의 중신들은 그들과 화친을 해서는 안 된다고 목소리를 높였는데 한안국은 반대했다.

"흉노는 세력이 강해 함부로 다루다간 낭패를 봅니다. 그들을 제압하려면 수천 리나 나아가야 합니다. 이렇게 되면 인마는 긴 여정에 지쳐버리니 흉노를 공벌하는 것은 쉽지가 않습니다. 우리가 가면 그들은 뒷짐을 지고 있을 것입니다. 쏘았던 화살은 힘이 다하면(彊弩末力) 얇은 비단도 뚫지 못하는 법입니다."

결국 한안국의 주장에 따라 흉노와 화친하였다.

改 過 不 吝
개 과 불 린

• 出典 : 『서경』의 「중훼지고편」
• 文意 : 허물을 고치는 데 주저하지 말라
고칠 개 / 지날 과 / 아니 불 / 아낄 린

『서경』의 「중훼지고편(仲虺之誥篇)」에 있는 말이다.

<왕은 성(聲)이나 색(色)을 가까이 아니하시며 재물과 이익을 모으지 아니하며, 덕이 높은 이는 높게 하시되 공이 높은 이는 높게 하시고 상으로써 하시며, 사람을 쓰시되 자신과 같이 하시며, 허물을 고치시되 주저치 아니하시어, 너그러우시며 어지셔서 조민(兆民)을 밝게 미쁘시니이다. 갈백(葛伯)이 밥을 나르던 이와 원수 짓거늘 처음으로 정(征)하심에 북적(北狄)이 원망하였다.>

여기에서 '용인유기 개과불린(用人惟己 改過不吝)'이 나온다. '과실이 있으면 즉시 고치는 데에 주저하지 말라'는 뜻이다. 그만큼 스스로의 허물을 고치는 데에 결단이 필요하다는 것이다. 이 말은 스스로가 허물을 고치는 것이 얼마나 어려운 지를 설명한다.

改 過 遷 善
개 과 천 선

• 出典 : 『진서』의 「본전(本傳)」
• 文意 : 악한 자가 선한 자로 바뀜
고칠 개 / 지날 과 / 옮길 전 / 착할 선

진(晉)나라 때에 주처(周處)라는 젊은이가 있었다. 그의 부친이 파양 태수를 지낼 때엔 원만한 성격이었으나, 부모의 사후 혈혈단신이 되면서 성격이 몹시 사나워졌다.

주처는 많은 사람에게 피해를 주었으며 그로 인해 마을 사람들은 늘 불안에 떨었다. 그러던 어느 날 그는 자신의 허물을 깨닫고 새사람이 되기를 작정하고 마을에서 가장 해로운 것을 해결하겠다고 나섰다. 첫째는 남산의 호랑이요, 둘째는 장교라는 다리 아래에 있는 교룡, 셋째는 부랑아로 낙인찍힌 주처 자신이었다.

주처는 산에 올라가 호랑이를 처치하고, 장교 아래로 뛰어들어 사흘 밤낮 교룡과 싸웠다. 마을 사람들은 모든 근심이 사라졌다고 좋아하였으나 주처가 살아 나오자 차가운 눈빛으로 바라보았다.

蓋 棺 事 定
개 관 사 정

• 出典 : 두보(杜甫)의 시
• 文意 : 죽은 다음에 정당한 평가를 한다
덮을 개 / 널 관 / 일 사 / 정할 정

두보는 호북성 출신으로 진(秦)의 명신 두예(杜預)의 현손이다. 그는 어렵게 과거에 급제하여 천보 11년에 삼대예부(三大禮賦)를 올려 현종의 눈에 들었다. 그러나 벼슬길은 그에게 즐거움을 주지 못하여 사천성 동쪽의 기주에 들어와 살았다. 이곳에서 어느 날 친구의 아들 소혜(蘇徯)에게 편지를 대신하여 한편의 시를 주었다.

장부는 관을 덮어야 비로소 결정되거늘 / 그대는 아직 늙지 않았음이 다행이라 / 어찌 원망하리 외로이 산 속에 있는 것을 /벼락과 도깨비와 미친 바람이 있으니 살 곳이 못 된다

산중에서 때를 기다리며 아무리 초췌하게 살아도 젊은이는 낙심할 이유가 없다는 격려의 글이다.

開 卷 有 得
개 권 유 득

• 出典 : 『송서』의 「도잠전(陶潛傳)」
• 文意 : 책을 읽고 새로운 지식을 얻는다
열 개 / 책 권 / 있을 유 / 얻을 득

『송서』의 「도잠전」에는 그에 대해 이런 평가를 내린다. '도잠 즉, 도연명은 어려서 책을 좋아하고 마음을 여유 있다 가지며 책을 펴고 글을 읽었다(少年來好書 偶愛閑靜 開卷有得)'.

그가 평택 현령으로 있을 때 군(郡)에서 독우(督郵)를 보내 속대(束帶)하라고 하자 그는 탄식했다.

"내가 어찌 독우와 속대 한단 말인가. 차라리 벼슬을 그만 두면 두었지 결코 그럴 수는 없다. 다섯 말의 쌀 때문에 그 자에게 허리를 굽힐 수는 없지."

도연명은 즉일로 벼슬을 버리고 귀거래(歸去來)를 읊으며 돌아갔다. 비록 가난했으나 도를 즐기고 술을 사랑했다. 산수간에 살면서 그는 언제나 유유자적했다.

開 門 揖 盜
개 문 읍 도

• 出典 : 『삼국지』「오주전(吳主傳)」
• 文意 : 스스로 도둑을 불러들임
열 개 / 문 문 / 읍할 읍 / 도둑 도

오나라의 손책이 사냥을 나갔을 때 그를 원망하던 식객으로부터 불의의 일격을 받고 목숨이 위태로워졌다. 손책은 동생 손권을 불러 유언을 전했다. 그런데도 손권은 형이 죽는다는 사실에 마음이 찢어질 듯 하여 구슬 같은 눈물을 흘릴 뿐 형의 유언을 귀담아 듣지는 않았다. 이를 본 장소가 충고했다.

"어서 눈물을 그치십시오. 이렇듯 슬픔에만 잠겨 있으면 문을 열어 놓고 도둑을 청하는 것(開門揖盜)과 같습니다. 천하를 돌아보십시오. 그 얼마나 많은 늑대들이 득시글거립니까. 어서 눈물을 그치고 일어서십시오."

손권은 그제야 넋을 놓고 슬픔에 잠겼던 자리를 털고 일어나 일을 수습하기 시작했다.

居 無 幾 何
거 무 기 하

• 出典 : 『사기』의 「흉노전」
• 文意 : 아직은 시간이 많이 지나지 않았다
있을 거 / 없을 무 / 기미 기 / 어찌 하

한무제(漢武帝)의 가장 큰 골칫거리는 흉노였다. 즉위 초기에는 한안국(韓安國)의 화친정책으로 받아들였으나 나중에는 왕회(王恢)의 청을 받아들여 강경책으로 돌아섰다.

왕회는 마읍(馬邑)에 30만 명을 숨긴 채 안문군(雁門郡) 마을의 호족 섭일(聶壹)로 하여금 흉노에게 거짓 투항하여 가짜 정보를 흘리게 하였다. 거짓 정보에 속은 흉노들은 이때다 싶어 약탈했다. 그러나 마을을 공격하던 선우는 방목되어 있는 가축은 있는데 사람이 없는 것을 이상히 여겨 투항자를 문책하여 사실을 알아냈다. 이렇게 하여 모든 계획은 실패로 돌아갔다. 왕회는 소환되자 옥중에서 자살하였으나 한안국은 이때에도 '아직 시간이 있다(居無幾何)'고 하였다. 흉노에 대한 원한은 그후 위청(衛靑)이 갚았다.

擧 案 齊 眉
거 안 제 미

• 出典 : 『후한서』「일민전(逸民傳)」
• 文意 : 밥상을 눈썹까지 들어올리다
들 거 / 인도할 안 / 가지런할 제 / 눈썹 미

양홍(梁洪)이라는 선비는 뜻한 바가 있어 혼인을 늦추었는데 그를 사모한 뚱뚱이 처녀 맹광(孟光)이 '나는 양홍 같은 훌륭한 선비가 아니면 시집 가지 않겠다'는 말을 듣고 그녀에게 청혼하여 가정을 이루었다. 그러나 몇 날이 지나도 잠자리를 같이 하지 않은 남편에게 이유를 묻자, 양홍은 자신과 평생을 살려면 무엇보다 검소해야 한다는 점을 강조했다.

"당신이 하신 말씀이 뭔지를 알겠습니다."

맹광은 이때로부터 더욱 검소하게 생활을 꾸렸다. 그러던 어느 날 양홍이 친구에게 보낸 시가 문제되어 오나라로 피할 수밖에 없었다. 양홍은 그곳에서 방앗간지기의 일을 하였다. 집에 있는 맹광은 남편이 돌아오면 밥상을 눈썹까지 들어올려(擧案齊眉) 밥상을 바쳤다.

居 移 氣
거 이 기

• 出典 : 『맹자』의 「진심상편」
• 文意 : 처해 있는 위치에 따라 달라진다
있을 거 / 옮길 이 / 기운 기

맹자는 제(齊)나라의 수도로 가서 왕자에게 탄식하듯 말했다. 그것은 타고 다니는 말이나 살고 있는 거처에 인하여 다르게 보인다는 점을 강조한 것이다. 즉, 수레나 말은 누가 타도 똑같다. 그러나 왕자가 타면 다르게 보인다는 것이다. 맹자는 예를 들어 설명했다.

"노나라의 왕이 송나라로 갔을 때에 크게 외쳐 불렀답니다. 그 소리를 듣고 문지기가 이상하게 생각했답니다. 자기 나라의 왕이 아닌데 어찌 목소리만 우리 임금 같을까? 하고 말입니다. 이것은 다른 게 아니라 두 왕이 처해있는 위치가 같기 때문입니다."

형편이 그렇지 아니해도 처해진 상황에 따라 달라 보인다는 것이 인지상정이다.

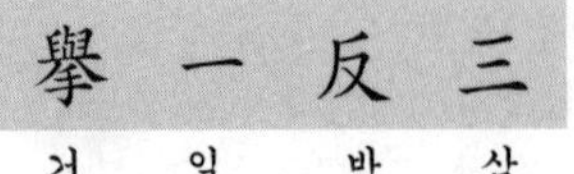

거 일 반 삼

• 出典 : 『논어』「술이편」
• 文意 : 한가지로 다른 것을 미루어 안다
들 거 / 한 일 / 돌이킬 반 / 석 삼

어느 날 공자가 제자들에게 물었다. 그것은 '거일우 불이삼우반 즉불복야(擧一隅 不以三隅反 則不腹也)'였다. 이것은 스승이 한 면의 벽을 제시하면 학생은 그것을 꿰뚫어 다른 세 면의 벽을 미루어 생각하고 그것을 가지고 스승에게 답을 내야 하는 방법이었다. 학생은 이러한 사고를 열심히 하여 '사고의 운용 이치'를 깨달으면 그제야 공자는 가르침을 그쳤다.

이것은 많이 생각하고 또 그것을 많이 응하고 난 후에야 거일반삼(擧一反三)에 이를 수 있다. 그러므로 후세의 사람들은 『논어』를 배우면 이것으로 다른 것을 유추할 수 있으며 그렇게 함으로써 폭넓은 사고와 탐구 정신을 기를 수 있다.

去者不追
거 자 불 추

• 出典 : 『맹자』의 「진심하편」
• 文意 : 오가는 사람 붙잡지 않는다
갈 거 / 놈 자 / 아니 불 / 쫓을 추

맹자가 등(藤)나라에 있을 때였다. 많은 사람들이 그가 머물고 있는 객관으로 찾아와 가르침을 청했다. 누군가가 창가에 놓은 신발이 보이지를 않자 투정을 부렸다.

"아니, 맹자 같으신 분을 찾아온 사람들 중에 도둑이 있단 말인가? 이거야 원."

항의를 받은 맹자가 그 사람에게 물었다. 자신을 만나러 온 사람이 신발을 훔치러 온 것을 보았느냐였다. 그것은 보지 못하였다고 말하자 맹자의 제자가 그 사람을 나무랐다.

"우리 선생님은 가는 사람 붙잡지 않고 오는 사람은 막지 않습니다. 배우고자 하는 사람을 받을 뿐입니다."

사내는 머리 숙여 사과하고 물러났다.

車載斗量
거 재 두 량

• 出典 : 『삼국지』「오주전(吳主傳)」
• 文意 : 인재가 아주 많다
수레 거 / 실을 재 / 말 두 / 헤아릴 양

삼국시대에 촉(蜀)나라의 병력이 오(吳)나라를 침입하자 손권이 중대부 조자(趙咨)를 위나라에 보내 원병을 청하였다. 위왕 조비가 그를 맞아들여 손권의 됨됨이에 대해 묻자 어질고 뛰어난 군주라고 답했다. 조자의 말에 조비는 비웃었다.

"그토록 뛰어난 군주가 어찌 우리에게 원병을 청하러 왔소."

"그것은 촉군이 두려워서가 아니라 침략자를 혼내주기 위해 원병을 청한 것입니다."

"그대와 같은 인물이 얼마나 있소?"

"나 같은 사람은 참으로 하찮습니다. 수레에 싣고 말로 될 만큼(車載斗量)입니다."

그제야 조비는 군사동맹을 맺었다.

乾 坤 一 擲
건 곤 일 척

• 出典 : 한유의 시 「과홍구(過鴻溝)」
• 文意 : 천하를 놓고 한 판 승부를 벌임
마를 건 / 땅 곤 / 한 일 / 던질 척

당송팔대가의 한 사람인 한유는 「과홍구」에서 이렇게 노래하고 있다.

용은 지치고 범은 곤하여 천원(川原)을 나누니 / 천하의 백성이 목숨을 보존하였네 / 누가 군왕으로 하여금 말머리를 돌리게 하여 / 하늘과 땅을 건 도박을 벌였는가

진(秦)나라가 망하고 천하가 혼돈 속에 있을 때 항우는 동쪽, 한나라의 유방은 서쪽을 차지하기로 한 것이 「과홍구」다. 이때 장량과 진평은 유방에게 청하여 해하(垓下)의 싸움을 일으킨다. 유방은 승리를 얻어냈고 항우는 패하여 자살하였다. 물론 우미인도 자살했다.

한유는 이때의 싸움을 '천하를 건 도박'으로 보고 「과홍구」라는 회고시를 쓴 것이다.

桀 犬 吠 堯
걸 견 폐 요

• 出典 : 『사기』의 「회음후전」
• 文意 : 상관에게 충성을 다한다는 뜻
임금 걸 / 개 견 / 짖을 폐 / 임금 요

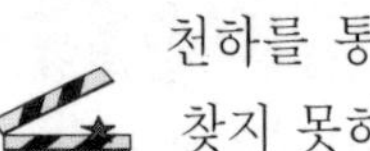

천하를 통일한 유방이 한신을 없애려고 잡아왔으나 증거를 찾지 못하자 회음후로 작위를 깎았다. 그후 불만을 품은 한신이 꾸민 일이 발각나 여태후에게 죽자 그는 탄식하였다.

"아, 괴통(蒯通)의 말을 듣지 않아 내가 죽게 되었구나."

그것은 과홍구를 사이에 두고 유방과 항우가 천하를 나눌 때, 다른 한쪽을 한신에게 차지하라고 한 것이다. 즉, 천하를 셋으로 나누라는 것이었으나 한신은 듣지 않았었다. 괴통은 잡혀왔어도 너무나 태연했다.

"그 철부지는 내 말을 듣지 않아 목숨을 잃은 것이오. 도척같은 도둑놈의 개도 요 임금을 보면 짖습니다. 개의 주인이 아니기 때문이죠."

유방은 그 말을 듣고 괴통을 살려 주었다.

乞 骸 骨
걸 해 골

• 出典 : 『사기』의 「항우본기」
• 文意 : 몸을 온전하게 해달라고 하는 것
빌 걸 / 해골 해 / 뼈 골

초한전은 항우의 기세가 크게 사나웠으나 날이 갈수록 세력은 약화되었다. 그 이유는 바로 인재 등용의 성패(成敗)에 있었다. 유방은 장량을 비롯하여 진평과 같은 모사를 잘 관리하였고, 항우는 범증의 계책을 멀리하였다.

그때를 기다려 소하와 진평은 황금 4만금을 뿌려 반간지계(反間之計)를 썼으며, 항우는 금방 범증을 의심하여 권한을 축소시켰다. 일이 이렇게 되자 범증은 크게 노했다.

"이제 천하는 정해졌으니 남은 일은 군왕 스스로 하시오. 나는 해골을 빌어(乞骸骨) 고향으로 가려 하오."

항우의 곁을 떠난 범증은 팽성으로 향하던 중 심화병으로 인해 등창이 나서 죽고 말았다. 걸해골은 그에 관한 고사이다.

黔 驢 之 技
검 려 지 기

• 出典 : 유종원의 「삼계의 1인」
• 文意 : 치졸하고 용렬한 기량
검을 검 / 당나귀 려 / 갈 지 / 재주 기

검주(黔州)는 나귀의 산지로 호사자(好事者)들이 나귀를 싣고 들어왔다가 쓸모 없다는 생각에 아무 곳에나 방치해 버린다. 한번은, 호랑이가 나귀를 처음 보고 숨었다.

"어, 저게 뭐지. 이상하게 생긴 물건이 나타났잖아?"

이렇게 생각하며 거동을 살핀다. 이때 당나귀가 우렁차게 울면 호랑이는 뒷걸음질쳤다. 잠시 쉬었다가 다시 떨리는 마음으로 나귀를 향해 가면 당나귀는 연신 뒷발질뿐이다. 그제야 호랑이는 확신이 섰다.

'아하, 이놈의 재주는 뒷발질뿐이구나!'

호랑이는 그제야 달려들어 목을 물어뜯는다. 당나귀가 뒷발질을 하지 않았다면, 결코 호랑이는 달려들지 않았을 것이다. 섣불리 졸기(拙技)를 보인 탓에 그만 호랑이의 먹이가 되어 버렸다.

格 物 致 知
격 물 치 지

• 出典 : 『대학』의 「팔조목」
• 文意 : 옛날 대학 교과를 수득하는 일
궁구할 격 / 만물 물 / 이를 치 / 슬기 지

주자는 격물(格物)에 대해 이렇게 말한다.

"세상 만물은 나름대로의 이치를 가지고 있다. 그 이치를 하나씩 추구해 들어가면 마침내 세상 만물의 표리와 정표, 조잡한 것들을 밝혀낼 수 있다. 만물의 격(格)이라는 것은 도달한다는 것이니, '격물'이라는 것은 사물에 도달한다는 의미다."

이런 의미에서 다음과 같이 생각해 볼 수 있다.

<천하를 잘 다스리려면, 집안을 먼저 다스려야 하고, 집안을 잘 다스리기 위해서는 자신의 마음을 깨끗하게 다스려야 한다.>

이러한 주자의 학리에 육상산(陸象山)은 견해를 달리한다. 그는 참다운 지혜를 얻기 위해서는 사람의 마음을 어둡게 하는 것을 물리쳐야 함을 주장한다.

犬 馬 之 養
견 마 지 양

• 出典 : 『논어』의 「위정편」
• 文意 : 부모에 대한 경의(敬意)가 없음
개 견 / 말 마 / 이를 지 / 기를 양

『논어』의 「위정편(爲政篇)」에서, 자유(子游)가 효에 대해 묻자 공자가 대답했다.

"근래엔 공양하는 것만을 효라 생각한다. 그러나 개나 말도 사람에게 키움을 받는다. 부모를 공경하는 마음이 없다면 개나 말과 같지 않다고 감히 말하겠는가."

개는 집을 지키고, 소는 농사를 돕고, 말은 수레를 끌며 인간에게 봉사한다. 이러한 개나 소, 그리고 말의 봉사는 결코 인간의 봉사와는 다르다. 물질적인 것으로 부모를 대하는 것은 진정한 효도라 할 수 없다는 것이다.

"진정한 효도는 부모를 진정한 마음으로 공경하는 데서 나오는 것이다."

兼 愛
겸 애

• 出典 : 『묵자』의 「경주편」
• 文意 : 차별을 두고 사랑하지 말라
겸할 겸 / 사랑 애

어느 날 무마자(巫馬子)가 말했다.

“선생님, 저는 선생님의 의견에 동조할 수 없습니다. 저는 남쪽 지방의 야만족보다는 이웃 추나라의 백성들을 더 좋아합니다. 또 추나라의 백성보다는 우리 노나라 사람을, 노나라 가운데 우리 마을 사람을, 우리 마을 사람 가운데서도 가족을, 또한 가족 중에서도 부모님을, 한 걸음 더 나아가 부모님보다는 나를 더 사랑합니다.”

묵자는 이렇게 답했다.

“너의 생각을 한사람이 받아들인다면 자신의 이익을 위해 너를 해칠 것이다. 또한 열 사람이 받아들였다면 이익을 위해 너를 살해할 것이다. 만약 세상 사람들이 모두 반대한다면 결과는 같을 수밖에 없지.”

傾 筐 倒 篋
경 광 도 협

• 出典 : 『진서(晉書)』
• 文意 : 극진히 대접함
기울 경 / 상자 광 / 넘어질 도 / 상자 협

진(晉)의 태위 치감(郗鑒)은 딸아이에게 걸맞은 신랑감을 찾느라 고심하던 중, 왕도(王導)의 아들들이 출중하다는 말에 사람을 보내 왕부(王府)에 가서 물색하게 하였다.

왕부의 소년들은 긴장했으나 한 소년만은 배를 드러낸 채 음식을 먹고 있었다. 태위의 사자는 그 소년을 점찍고 돌아와 보고하자 태위는 그 소년을 사위 삼았는데 바로 대서예가 왕희지(王羲之)였다. 왕희지의 부인이 된 치씨는 얼마후 친정에 가서 이쪽 형편에 대해 말한 적이 있었다. 언젠가 사안(謝安)이라는 이가 왔을 때 대접하던 태도였다.

“왕씨 집에서는 사안이 오자 광주리와 궤짝 속에 든 음식을 모두 내와 극진히 대접하였습니다.”

자신의 것을 숨김없이 내놓는다는 좋은 의미의 대접이다.

敬　遠
경　원

• **出典** : 『논어』의 「옹야편(雍也篇)」
• **文意** : 영혼과 신은 공경하면서 멀리한다
공경 경 / 멀리할 원

번지가 지(知)에 대해 묻자 공자께서 말씀하셨다.
"그것은 먼저 자기 자신의 일에만 노력을 하는 것이다. 그리고 인간의 영혼(鬼)이나 신(神)은 공경(恭敬)을 하면서 멀리하면(敬鬼神而遠之) 된다."

공자의 사상은 한 마디로 매우 현실적이다. 그러다 보니 도깨비나 초능력 · 귀신 등을 탐탁지 않게 여겼다. 그런 점에서 공자는 소설(小說)까지도 허구라 하여 배격하였다.

그렇다고 공자가 귀신의 존재를 부정한다는 것은 아니다. 귀신에 대해서는 비현실적이지만, 현실적인 의미로 사람이 우선한다는 것을 강조했다. 다시 말해 공자는 사후 세계가 아닌 현실에 강한 애착을 보인 것이다.

傾　國　之　色
경　국　지　색

• **出典** : 『한서』의 「이부인전」
• **文意** : 나라가 기울 정도의 아름다운 용모
기울 경 / 나라 국 / 이 지 / 빛 색

이연년(李延年)이라면 한무제(漢武帝)를 섬기던 가수다. 어느 날 궁중 악사들이 모인 자리에서 이연년은 곡조에 맞춰 노래를 불렀다.

북쪽에 아름다운 여인 있다네 / 그 모습 이 세상 제일이로세 / 한 번 고개 짓이면 성이 기울고 / 두 번 고개 짓이면 나라가 기운다

성을 잃고 나라가 기우는 것은 큰일이지만, 장부로서 미인을 얻는 것이라면 그만한 일쯤은 각오해야 한다는 내용이었다. 한무제는 그런 미인이 있느냐 물었고, 이연년은 곧 누이를 대령시켰다. 『한서』에 나오는 이부인이다. 황제의 사랑을 얻은 이부인은 아들을 낳았다. 그러나 워낙 허약한 그녀는 아들을 낳은 후 산후 조리가 잘못되어 목숨을 잃었다. 황제는 장안 근교에 무덤을 만들어 영릉(英陵)이라 하였다

鷄 口 牛 後
계 구 우 후

• 出典 : 『사기』의 「소진열전」
• 文意 : 작은 것의 앞부분에 서라는 뜻
닭 계 / 말할 구 / 소 우 / 뒤 후

'계구우후'라는 고사는 소진이 한(韓)나라로 들어가 선혜왕을 만나 보고 한 말이다. '계구우미(鷄口牛尾)'로도 쓰인다.

"한(韓)나라는 토지가 비옥하고 성곽은 견고합니다. 또한 군인들은 용맹하고 좋은 무기를 가졌습니다. 어디 그뿐입니까? 대왕이 현명하다는 것은 천하가 아는데 어찌 진(秦)나라를 섬겨 천하의 웃음거리가 되고자 하십니까. 올해 진나라가 요구하는 것을 준다면, 내년에는 훨씬 더 많은 것을 그들이 요구해 올 것입니다. 그때 가서 거절한다면 아마 한나라의 영토는 저들 손에 들어가게 될 것입니다. 속담에 이르기를 '닭의 머리가 될지언정 소의 꼬리가 되지 말라(鷄口牛後)'고 했습니다. 대왕께서 진나라를 섬기는 것은 스스로 소의 꼬리 짓을 하는 부끄러운 일입니다."

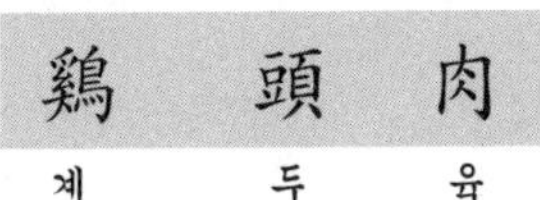

鷄 頭 肉
계 두 육

• 出典 : 『양비외전(楊妃外傳)』
• 文意 : 미인의 아름다운 피부와 젖가슴
닭 계 / 머리 두 / 고기 육

『양비외전』은 귀비 양옥환에 대한 염담(艷談)이다. 당나라 6대 임금 현종(玄宗)은 학문과 글재주가 뛰어나 '개원의 치'를 이룩한 명군이다. 그러던 그가 재위 45년, 만년에 이르러 정치에 싫증을 내고 사치와 향락을 가까이 하면서 불행을 자초했다.

이로 인하여 양옥환의 일족은 영달을 꾀했으나 그녀의 남편 수왕 이모는 불운한 생을 마감해야만 했다. 현종이 유연을 즐기면서 국고는 바닥나기 일보 직전이었고, 불만을 품은 안록산이 난을 일으켰다.

『양비외전』은 그녀가 죽음에 이르기 전까지의 향락을 그리고 있다. 특히 현종이 양귀비에게 빠져드는 결정적인 이유를 '우윳빛이 나는 옥 같은 살결(羊脂玉)과 말랑말랑한 젖가슴(鷄頭肉)'이라 하였으니 참으로 실소를 머금게 한다.

鷄 肋
계 륵

• 出典 : 『후한서』의 「양수전(楊修傳)」
• 文意 : 버리거나 놔두어도 별거 없는 물건
닭 계 / 갈빗대 륵

유비가 익주를 점거하고 위나라의 조조와 한중을 놓고 쟁탈전을 벌일 무렵 조조의 진영은 문란해 있었다. 공격과 수비가 제대로 먹혀들지 않자 휘하 장수 한사람이 어찌할 것인가를 물었다. 이때 조조는 먹고 있던 닭갈비를 들었다놓았다.

"장안으로 들어갈 귀환을 서두르시오."

어리둥절한 표정으로 물러 나오는 장수에게 양수가 한 마디 던졌다.

그들이 잠시 호흡을 가다듬고 있을 때, 조조로부터 귀환 명령이 떨어졌다. 여러 장수들이 놀라 까닭을 물었다.

"닭갈비는 먹으려 하면 없고 버리자니 아까운 것. 승상께서 닭갈비를 들었다 놓는 것을 보고 그런 생각을 해본 것이오. 한중(漢中)을 닭갈비로 비유한 것이니 시생은 곧 철수할 것이라 확신했소

鷄 鳴 狗 盜
계 명 구 도

• 出典 : 『사기』의 「맹상군전」
• 文意 : 식객의 작은 재주도 도움이 된다
닭 계 / 울 명 / 개 구 / 도둑 도

제(齊)나라에 맹상군(孟嘗君)이 있었다. 그의 됨됨이에 대한 소문은 멀리 진(秦)나라에까지 이르러 소양왕(昭襄王)이 그를 청해 재상으로 삼고자 하였다.

그러나 반대 여론이 많아 약속을 지킬 수 없었다. 여러 중신들은 맹상군을 죽여야 한다고 떠들었다. 맹상군은 사람을 시켜 소양왕의 애첩에게 도움을 청했다. 애첩이 이미 소양왕에게 준 호백구(狐白裘;백여우 가죽으로 만든 털옷)를 원하자, 좀도둑질에 능한 사내로 하여금 훔쳐오게 하여 애첩에게 주었다. 그렇게 하여 귀국을 허락 받고, 일행이 말을 달려 함곡관(函谷關)에 이르렀다. 닫힌 문은 새벽에야 열리게 돼 있었다. 이때 닭울음소리를 잘 내는 사내의 덕택으로 관문을 탈출할 수 있었다.

계 발

• **出典** : 『논어』의 「술이편」
• **文意** : 지식을 넓히고 사물의 이치를 밝힘

열 계 / 필 발

『논어』의 「술이편(述而篇)」에 '분(憤)은 마음에 맞는 것을 얻지 못하고 있음을, 배(排)는 말하려고 하여 아직 말못하고 있음을 뜻하는 것이며, 계(啓)는 그 뜻을 폄에 이르고, 발(發)은 그 말을 다함을 뜻한다'고 하였다.

"계속하여 애를 쓰고 공부하여 왔는데도 바로 눈앞에 와서 무엇인가에 걸려 머뭇거리거나 주저하는 사람이 있다. 이런 상대가 아니고서는 암시를 줄 수 없다(不憤不啓). 하고 싶은 말이 머릿속에 있으나 아무리 해도 잘 표현이 되지 않아 답답하게 생각하고 있는 상태가 아니면 도와 줄 수가 없다(不排不發). 이쪽에서 한 가지의 예를 들어주면 그 유형에 맞추어 대뜸 응해올 수 있는 자가 아니면 더 이상 지도할 수 없는 것이다."

季 布 一 諾

계 포 일 락

• **出典** : 『사기』의 「계포전」
• **文意** : 한번 약속은 반드시 지킨다

끝 계 / 베 포 / 한 일 / 허락할 락

초(楚)나라 사람 계포(季布)는 의협심이 많은 사람으로 초한 전쟁이 한창일 때는 유방을 수없이 괴롭혔으나 혜제(惠帝) 때에는 중랑장의 위치에 올라 있었다.

초나라에 변설에 능하고 유난히 금전욕이 강한 조구(曹丘)라는 이가 있었다. 언젠가 계포는 두장군에게 말했다.

"조구는 바르지 못한 위인이니 결코 가까이 마십시오."

자초지종을 알게 된 조구는 계포를 찾아갔다.

"초나라 사람들은 황금 백량을 얻는 것보다 계포의 한마디 승낙(季布一諾)이 중요하다는 것을 압니다. 당신과 나는 고향이 같습니다. 당신에 대한 얘기를 내가 퍼뜨리면 더 유명해지실 것입니다."

그 말을 들은 계포는 아주 흐뭇해져서 조구를 빈객으로 대접했다

鷄 皮 鶴 髮
계 피 학 발

• 出典 : 당현종의 「괴뢰음(傀儡吟)
• 文意 : 주름살이 잡히고 백발이 되었음
닭 계 / 가죽 피 / 학 학 / 터럭 발

안록산(安祿山)은 하북성 영주의 유성 출신이다. 그는 간교한 위인으로 아첨을 잘하여 환관에게 뇌물을 주고 현종의 신임을 얻게 되었다. 이후 평려의 절도사에서 범양 · 하동의 절도사를 겸하였는데, 한때는 양귀비에게 잘 보여 양평군왕이 되었다. 그는 755년에 양국충과 뜻이 맞지 않아 범양(范陽)에서 반기를 들었다.

현종이 촉으로 도망가던 중에 마외파(馬嵬坡)의 1백여리 되는 지점에서 추격군과 협상을 벌였다. 반란의 주요 원인이 양국충과 양귀비에게 있음을 이유로 두 사람을 죽였는데, 이후 현종의 병색은 완연하였다. 이러한 황제의 모습을 백낙천(白樂天)은 「장한가(長恨歌)」라는 시에서 '닭처럼 쪼글쪼글하고 하얗게 머리가 센' 노인의 모습에 불과했다 노래하고 있다.

股 肱 之 臣
고 굉 지 신

• 出典 : 『서경』의 「익직편(益稷篇)」
• 文意 : 군주가 총애하는 신하
넓적다리 고 / 팔 굉 / 갈 지 / 신하 신

신하들이 모인 자리에서 순(舜) 임금이 말했다.

"그대들은 짐의 팔이며 다리며, 눈과 귀로다. 짐은 항상 백성을 어여삐 여기니 부디 도와 달라. 만약 나에게 어긋난 일이 있으면 그대들이 나를 바른 길로 이끌어 달라. 또한 내 앞에서 순종하는 척 하다가 물러간 후에는 이러쿵저러쿵 쓸데없는 소리를 할 게 아니라 있던 그 자리에서 충고해 달라."

이렇게 말한 순임금은 과연 이후 성군이 되었다. 『맹자』에 의하면, '임금이 신하를 수족같이 여기면, 신하는 임금을 부모처럼 여기고, 임금이 신하를 초개처럼 여기면, 신하는 임금을 원수처럼 여긴다'고 하였다. 그러므로 임금 아래에 넓적다리와 팔뚝 같은 신하가 많이 있을수록 성군이라 칭할 수 있는 것이다.

鼓 腹 擊 壤
고 복 격 양

• **出典** : 『사기』의 「오제본기」
• **文意** : 백성들이 태평세월을 노래함
북 고 / 배 복 / 칠 격 / 흙 양

성군으로 숭앙 받던 요(堯) 임금이 천하를 다스린 지 50년이 지난 어느 날, 평민들의 옷으로 갈아입고 거리로 나갔다. 문득 어느 길모퉁이에서 걸음을 멈추었는데, 그곳엔 백발이 성성한 한 노인이 무심히 격양(擊壤;나무를 던져 맞추는 유희)의 흥에 취해 쉰 듯한 목소리로 노래를 불렀다.

해뜨면 들에 나가 일하고 / 해지면 잠자리에 든다 / 우물을 파서 목마름을 축이고 / 허기증은 밭을 갈아 채운다 / 내 살림에 천자님은 / 있으나마나 마찬가지

배를 두드리고 땅을 치면서(鼓腹擊壤) 흥얼거리는 소리. 그 노래 소리를 듣고 순 임금의 마음은 밝아졌다. 스스로의 이상적인 정치의 실현을 노인의 모습에서 발견한 것이다.

孤 城 落 日
고 성 낙 일

• **出典** : 왕유(王維)의 시
• **文意** : 세력이 쇠하여 고립이 됨
외로울 고 / 성 성 / 떨어질 락 / 날 일

왕유(王維)의 자는 마힐(摩詰)이다. 지금의 산서성 출신으로 개원 초기에 급제하였으며 벼슬은 상서우승(尙書右丞)에 이르렀다. 음악에 정통하였으며, 시를 잘 짓고 그림을 잘 그렸다. 맹호연과 함께 도연명의 풍류를 이어받은 탓인지 당시(唐詩)에서 새로운 일파를 개척한 것으로 알려져 있다. 다음의 시는 요새 밖의 쓸쓸한 정경과 외로운 심경을 나타낸다.

장군을 따라 우현을 취하고자 하니 / 모래밭으로 달려 거연(居延)으로 향하네 / 멀리 한나라 사자가 소관밖에 이른 것을 아니 / 근심스러운 것은 고성낙일(孤城落日)이라

원군이 오지 않은 고립무원에 빠진 외로운 성이 아니다. 그것은 날이 갈수록 국력이 쇠퇴하여 가는 불안한 마음을 요새 밖의 쓸쓸한 정경에 대입하여 '상대를 도와줄 수 없는' 마음을 노래한 것이다.

古人糟粕
고 인 조 박

• 出典 : 『장자』의 「천도편(天道篇)」
• 文意 : 옛사람의 언어와 저서로 전해짐
예 고 / 사람 인 / 지게미 조 / 지게미 박

『장자』「내편(內篇)」은 '사물의 본질을 변화무쌍한 것으로, 본래가 무한정인 것'으로 생각했다. 이런 내용이 있다.

<군자의 도를 닦는 모든 사람이 다 선비의 옷차림을 하고 다니는 것은 아니다. 선비의 옷차림을 하고 있다고 하여 모두 군자의 도를 닦는 사람으로 볼 수 없는 것이다.>

노나라의 애공(哀公)이 말했다.

"군자의 도를 닦지 않은 사람으로 선비의 옷을 입고 다니는 사람은 사형에 처한다."

이것은 옛사람의 언어와 저서로서 현재까지 내려온 것을 가리킨다. 그러나 참된 도는 언어와 문장으로 전할 수 없으므로 현재 전하는 것은 술을 거르고 남은 찌꺼기에 불과하다는 것이다.

高枕安眠
고 침 안 면

• 出典 : 『사기』의 「전국책」
• 文意 : 근심 걱정 없이 편안히 산다
높을 고 / 베개 침 / 즐길 안 / 잘 면

소진은 합종책으로 여섯 나라가 힘을 합해 진(秦)나라에 대항하려고 했다. 이때 귀곡자 문하에서 동문수학했던 장의는 연횡책으로 진혜왕 10년에 재상이 되어 한나라의 애왕에게 연횡을 받아들이게 하였다. 그러나 말을 듣지 않자 진에서는 본보기로 한을 토벌하여 제후들의 간담을 서늘하게 했다. 장의는 다시 애왕을 설득했다.

"우리 진나라가 위나라와 조나라의 길을 끊고 공격해 들어가면 그 결과는 불을 보듯 뻔하잖은가. 그대들이 우리 진나라를 섬기면 초와 한에 대한 근심이 없어지므로 무릇 대왕께서는 베개를 높이 하고 편히 잠을 잘 수 있으니(高枕安面) 얼마나 좋은가. 또한 진나라의 목적이 초에 있으므로 위와 함께 초를 공격하여 장차 나누어 갖는 게 어떤가."

고침안면은 여기에서 유래한 것이다

古 稀
고 희

• 出典 : 두보의 시 「곡강 이수」
• 文意 : 예로부터 70세까지 사는 건 드물다
예 고 / 드물 희

두보가 좌습유(左拾遺)로 있을 때 일어난 안록산의 난은 그에게 많은 변화를 가져왔다. 난군에 생포되었다가 탈출하여 봉상의 행재소로 갔으며 거기에서 현종의 뒤를 이어 보위에 오른 숙종을 따라 도성으로 돌아왔다. 그러나 정치판의 혐오감으로 인해 곡강(曲江) 가로 가서 시간을 보내는 게 일과였다.

예로부터 칠십까지 사는 것은 드문 일이라 / 만발한 꽃잎 사이로 나는 나비는 / 꽃밭 깊숙이 보이고 / 잠자리는 물위에 꽁지를 닿을 듯 말 듯
한가로이 날아간다 / 봄의 풍광이여, 말 전하겠다 / 너나 나나 다같이 옮아가고 흘러가는 것 / 이 짧은 한때를 우리 서로 소중히 여겨
거스르지 말기로 하자

'예로부터 칠십까지 산다는 것이 드물다'는 말은 두보에 의해 아름답고 훌륭하게 경작되었다. 사실 칠십은 드문 나이였다.

曲 水 流 觴
곡 수 류 상

• 出典 : 『고문진보 후집』, 『진서』
• 文意 : 삼월 삼일에 벌이던 주연(酒宴)
굽을 곡 / 물 수 / 흐를 류 / 잔 상

영화(永和) 9년이면 진(晉)의 목제(穆帝) 354년이다. 이 해의 3월초 3일에 회계산(會稽山)의 북쪽 난정(蘭亭)에 중신들이 모였다. 이것은 흐르는 물(流水)에 몸을 씻어 깨끗하게 하는 행사를 하기 위함이다. 덕이 있는 인사와 함께 젊은이와 늙은이도 모였다.

좌우에 빛과 색이 어우러져 있었으므로 그 물을 끌어서 술잔을 띄워 흐르게 하는 곡수유상(曲水流觴) 놀이를 하였다. 비록 악기의 홍청거림은 없었지만, 술 한 잔에 시 한 수를 읊으면서 깊숙한 정서를 마음껏 펼친 것이다. 기록에 의하면, 이 날은 하늘이 맑게 개고 공기는 청량했다. 만물을 어지럽히는 봄바람은 미인의 손길처럼 부드럽고 따사로웠다. 비록 이날 사죽관현(絲竹管絃)을 울리지 않더라도 조정 중신들은 마음 풀기에 족하였다.

曲 學 阿 世
곡 학 아 세

• 出典 : 『사기』의 「유림열전」
• 文意 : 학문을 아첨하는 데에 씀
굽을 곡 / 배울 학 / 언덕 아 / 세상 사

전한 무제 때에 원고생(轅固生)이라는 시인은 황제가 널리 사람을 풀어 청하자 나이가 90세였으나 백설같이 분분한 머리를 드날리며 한달음에 달려와 황제를 배알했다.

성격이 대쪽같던 노인이 나오는 바람에 제잘난척 떠들어대던 사이비 학자들은 야단들이었다. 그들은 이마를 맞대고 결사적으로 원고생을 밀어낼 방안을 모색했다. 당시 함께 등용된 공손홍(公孫弘)이라는 소장 학자에게 원고생은 말했다.

"학문의 길은 어렵고 속설이 난무하고 있소. 다행히 자네는 나이가 젊고 현명하니 부디 자신이 믿는 학설을 굽히어(曲學) 세상의 속물에 아부하지(阿世) 마시게."

이것이 곡학아세(曲學阿世)의 기원이다.

曲 高 和 寡
곡 고 화 과

• 出典 : 춘추전국시대의 「송옥집」
• 文意 : 재능이 높으면 따르는 사람이 적다
굽을 곡 / 높을 고 / 화할 화 / 적을 과

송옥(宋玉)은 초나라 사람으로 대문장가다. 그를 시기하는 무리가 생겨나자 초나라 왕도 의심하는 눈초리로 보았다. 그러자 송옥은 말했다.

"어떤 사람이 거리에서 노래를 부릅니다. 가사가 워낙 통속적이어서 많은 사람이 따라 부릅니다. 그가 약간 수준 높은 양아(陽阿)의 만가(輓歌)를 부르자 노래 부르는 사람이 고작 몇백 명에 불과했습니다. 그러자 이번에는 양춘(陽春)의 백설(白雪)을 불렀습니다. 새 중에 봉황이라는 새는 구천리를 날아 푸른 하늘을 오르기 때문에 울타리에 있는 작은 참새는 하늘 높음을 알지 못합니다."

물 속의 큰고기도 그렇다는 의미다. 이러한 맥락에서 보면 선비도 같다는 의미다.

空谷跫音
공 곡 공 음

• **出典** : 『장자』의 「서무귀편」
• **文意** : 몹시 반가운 소식
빌 공 / 골짜기 곡 / 발자국 공 / 소리 음

서무귀(徐無鬼)라는 은자가 위(魏)나라의 실권자 여상(女商)의 소개로 위무후(魏武侯)를 만나자 위무후의 웃음소리가 문밖까지 들렸다. 여상은 얘기를 마치고 나온 서무귀에게 물었다.

"도대체 무슨 얘기를 했길래 무후의 호방한 웃음소리가 문밖에까지 들린 것이오."

서무귀가 답했다.

"인가에서 멀리 떨어진 골짜기에 사람이 사는 발짝 소리가 들려오면 얼마나 기쁘겠소. 그 동안 무후는 참다운 사람의 말을 듣지 않았다가 내 애기를 듣고 기뻐한 것이오."

이것은 참다운 사람에 대한 얘기다. 무슨 뜻인가. 옛날의 군주는 이해득실을 따진 사람들의 말을 들어왔다.

功名垂竹帛
공 명 수 죽 백

• **出典** : 『후한서』의 「등우전(鄧禹傳)」
• **文意** : 공을 세워 그 공첩을 죽백에 남김
공 공 / 이름 명 / 두리울 수 / 대 죽 / 비단 백

등우(鄧禹)는 소년 시절 장안에서 공부를 할 때에 훗날 광무제가 된 유수(劉秀)와 교분을 맺었다. 천하가 어지러워진 가운데 경시제(更始帝) 유현(劉玄)이 인재를 찾았으나 등우는 오히려 몸을 숨겼다. 그러나 유수가 황하 이북을 평정시키기 위해 떠났다는 말을 듣자 즉시 그를 찾아갔다. 유수가 찾아온 이유를 물었다.

"나는 공의 이름이 천하에 떨치기만을 기대할 뿐입니다. 나의 작은 힘을 바쳐 죽백(竹帛)에 이름을 드리고자 할 따름입니다."

등우는 이후 장군이 되어 낙양을 함락시켰다. 대단한 전공을 세웠는데도 유수는 천하의 지도를 펼친 채 고작 하나를 얻었다고 했다. '천하를 얻는 것은 덕(德)의 크고 작음이지 영토를 얻는 데에 있지 않다'는 등우의 말에 크게 감복하였다.

空 中 樓 閣
공 중 루 각

• 出典 : 『몽계필담(蒙溪筆談)』
• 文意 : 진실성이 없는 일이나 생각
빌 공 / 가운데 중 / 다락 루 / 층집 각

송나라의 과학자 심괄(沈括)이 지은 『몽계필담』은 일종의 박물지다. 거기에 다음 같은 내용이 있다.

"등주는 사방이 바다로 둘러싸여 있는데 늦은 봄에서 여름에 저 멀리를 보면, 수평선 위로 누각들이 줄을 이은 도시가 보인다. 사람들은 이를 해시(海市)라 한다."

심괄이 적은 '해시'가 바로 '신기루(蜃氣樓)'다. 세월이 흘러 청조(淸朝)가 되었을 때, 적호라는 이가 쓴 「통속편」에는 일단 심괄을 글을 싣고 이렇게 풀어놓았다.

"지금의 허황된 사람을 가리킬 때 공중 누각이라 한다."

이를테면 진실성이 없거나 뜬구름을 잡는 식의 허황된 언사나 계획 같은 것이 이에 속한다.

功 虧 一 簣
공 휴 일 궤

• 出典 : 『서경』과 『논어』
• 文意 : 성공을 눈앞에 두고 포기함
공 공 / 이지러질 휴 / 한 일 / 삼태기 궤

'위산구인 공휴일궤(爲山九仞 功虧一簣)'는 『서경』에 나오는 말이다. 이것은 49자(아홉 길) 높이의 산을 쌓을 때에 한 삼태기의 흙이 모자란다면 결코 성공했다고 할 수 없다는 말이다. '위산구인'이라고 할 때의 '구인'은 72척이 아니다. 다만 아주 높다는 의미를 형용한 것으로 풀이된다. 또한 '궤'는 대나무로 만든 흙을 담는 바구니다. 따라서 '공휴일궤'라 했을 때는 아주 보잘 것 없는, 사소한 것으로 인하여 일이 완성을 보지 못하였음을 일컫는다.

여기에는 두 가지 의미가 있다. 첫째는 당사자가 꾸준히 하고자할 마음이 없다는 것과, 둘째는 처음엔 굳은 결의로 일을 추진했으나 크고 작은 시련을 거치면서 마지막에 처음의 뜻을 꺾는 것을 나타낸다. 이것을 산에 비유하여 설명한 것이다.

瓜 田 不 納 履
과 전 불 납 리

• **出典** : 「악부고사」의 군자행
• **文意** : 혐의를 받을만한 행동을 하지 말라
외 과 / 밭 전 / 아니 불 / 드릴 납 / 신을 리

군자(君子)라면 미리 재앙이 일어나는 것을 미연에 막아야 한다. 이것은 다른 말로 혐의를 받을만한 일에 대해서는 결코 가까이 가서는 안 된다는 의미다.

군자는 그렇게 되기까지 / 의심받을 사이에 서지 않는다 / 외밭에서 신을 고쳐 신지 말라

악부고사(樂府古辭)의 군자행(君子行)으로 본래는 과전이하(瓜田李下)로 표기된다. 무릇 의심나는 일을 군자는 스스로 자제하여야 한다는 뜻이다. 여기에서 말하는 '이하'는 이하부정관(李下不整冠)이다. 전체적인 시어풀이는 '외밭에서는 신을 고쳐 신지 말고, 오얏나무 아래에서 관을 고쳐 쓰지 말라'는 뜻이다. 결코 자신의 지혜를 자랑하지 않은 그런 인물, 이 시에서는 그런 인물을 주공(周公)으로 친다.

過 則 勿 憚 改
과 즉 물 탄 개

• **出典** : 『논어』「학이편」·「자한편」
• **文意** : 잘못을 즉시 고쳐라
지날 과 / 곧 즉 / 말 물 / 꺼릴 탄 / 고칠 개

공자는 『논어』의 「학이편」과 「자한편」에서 스스로의 잘못을 고치는 데 최선을 다할 것을 강조한다. 누구나 '허물'이 있지만 그것을 알면 즉시 고치라는 것이다. 유자(有子)가 말한다.

"사람됨이 부모에게 효도하고 아들에게 공손하며 윗사람에게 효도하는 것은 드물다. 상관에게 반항하지 않는 사람이 소란을 일으킨 자는 없었다. 훌륭한 사람은 근본을 소중히 여기지만 근본이 확고하게 서면 도는 절로 생긴다."

위나라의 대신 거백옥에 대해 공자가 물었을 때,

"어른께서는 허물을 적게 하시려고 애를 쓰십니다."

공자는 참으로 사신의 임무에 적합하다고 감탄했다.

管　見
관　견

• 出典 : 『사기』의 「편작전」
• 文意 : 좁은 소견을 가리키는 말
대롱 관 / 볼 견

사마천의 『사기』에는 편작에 대한 얘기가 나온다. 어느 때인가 편작이 괵국(虢國)에 갔을 때였다. 중서자(中庶子)가 몹시 허둥대며 태자가 죽었음을 말해 주었다.

"태자의 병은 혈기가 불규칙하게 얽히고 있습니다. 정기가 사기를 누를 길 없으니 음기가 역상하여 목숨을 빼앗겼습니다."

"그렇다면 다행이오. 보아하니 아직 태자의 목숨을 구할 수 있을 것 같소이다."

"그 무슨 말입니까. 태자는 죽었다니까요."

"그렇지가 않소. 당신의 환자를 보는 방법은 마치 대롱으로 하늘을 보는 것(管見) 같습니다."

편작은 태자의 겨드랑이에 팔감의 고약을 붙여 소생시켰다.

管 鮑 之 交
관　포　지　교

• 出典 : 『사기』 「관안열전(管晏列傳)」
• 文意 : 친구 사이의 두터운 우정
관 관 / 건어물 포 / 갈 지 / 사귈 교

춘추전국 시대에 관중(管仲)과 포숙아(鮑叔牙)가 있었다. 이들은 둘도 없이 친한 사이였다. 이들의 우정이 어떤 지가 두보(杜甫)의 「빈교행(貧交行)」이라는 시에 나타나 있다.

손바닥을 뒤치면 구름이 되고 손을 엎으면 비가 되는 것처럼 / 사소한 원인으로 날씨는 금방 변한다 세상 인심도 이와 같아서 / 경솔한 행동과 박절한 마음을 일일이 셀 수 있으리 / 그러나 옛날에는 그렇지 않았으니 그대들은 보지 못하였는가 / 관중과 포숙아가 빈한했을 때의 사귐을(君不見管鮑貧時交) / 그러나 지금의 친구들은 진정한 우정의 도를 흙버리듯 하네

그들은 친구였다. 동업으로 장사했을 때 관중이 제몫으로 많이 차지하자 포숙아는 욕심쟁이라고 말하지 않았다. 그것은 관중이 자기보다 가난하기 때문이라 변호했다. 벼슬길에 나갔을 때엔 여러 번 쫓겨나고 전쟁터에서도 도망갔다. 그럴 때에도 포숙아는 친구를 비호했다.

刮 目 相 對
괄 목 상 대

- **出典** : 『삼국지』의 「여몽전」
- **文意** : 학식이나 재주가 놀랍도록 향상됨

닦을 괄 / 눈 목 / 서로 상 / 대할 대

삼국이 솥(鼎)처럼 대치하고 있을 때 오나라 손권의 부하 중에 여몽(呂蒙)이라는 장수가 있었다. 그는 일개 사졸에서 장군의 자리에까지 올랐으나 실제로는 무식하기 이를 데 없었다. 손권은 그를 보기만 하면 책을 읽고 이론에 충실하도록 여러 방면으로 충고했다. 얼마의 시간이 지난 뒤 뛰어난 학문을 지닌 노숙은 여몽과 의논할 일이 생겨 그를 찾아갔다.

노숙은 자신이 온 목적을 얘기했다. 그 와중에 노숙은 깜짝 놀랐다. 여몽과 막역하게 지내온 터였지만, 이렇듯 학문이 깊어진 것은 처음 알았다. 헤어지는 자리에서 여몽은 말했다.

"서로가 헤어진 지 사흘이 지나면 눈을 비비고 다시 볼 정도로 달라져 있어야 하네(士別三日卽 更刮目相對)."

光 風 霽 月
광 풍 제 월

- **出典** : 『송서』의 「주돈이전」
- **文意** : 가슴속에 지닌 인격이 훌륭함

빛 광 / 바람 풍 / 갤 제 / 달 월

북송(北宋)의 유학자(儒學子)로 알려진 주돈이(周敦頤)는 송학(宋學)의 시조라 할만큼 뛰어난 인물이다. 그는 「태극도설」과 「통서」를 발표하여 종래의 인생관에 우주관을 결합시켜 일관된 원리를 주장하였다.

어디 그뿐인가. 그의 학문은 점차 성리학(性理學)이 발전할 수 있는 창구를 만들기에 충분하도록 넓혀져 갔다. 그러므로 황정견은 주돈이의 이러한 학문적 견지를 감탄해 마지않았다.

"나는 그의 인간성이며 학문을 하는 태도에 깊이 감탄한다. 그의 인격은 너무 고매하여 마치 비 온 뒤에 불어닥치는 시원한 바람과 하늘에 떠 있는 맑은 달(光風霽月)과 같다."

이것은 주돈이의 학문하는 태도를 말한 내용이다.

掛 冠
괘 관

• 出典 : 『후한서』의 「봉맹전」
• 文意 : 관직을 버리고 벼슬길에서 물러남
걸 괘 / 관 관

왕망(王莽)이 정권을 잡고 평제를 세웠을 때 봉맹(逢萌)이라는 정장(亭長)이 있었다. 이 무렵 조정은 애제가 후사 없이 세상을 떠나자 원후는 왕망을 불러 뒷일을 의논했다. 그렇게 되어 아홉 살짜리를 중산왕으로 세웠는데 이가 평제다. 온당치 못함을 간하고 나온 것은 왕망의 장남 왕우였다.

그러나 부친의 강압에 의해 왕우가 자결했다는 소식을 듣고 봉맹은 친구들과 함께 한 자리에서 자신의 뜻을 밝혔다.

"이보시게들, 이미 삼강(三綱)은 끊어졌네. 서둘러 떠나지 않는다면 그대들이나 나는 목숨을 부지하기가 쉽지 않을 것이네."

그는 관을 벗어 북문인 동도문(東都門)에 걸어두었다. 서둘러 가족을 이끌고 요동으로 건너가 버렸다.

怪 癖
괴 벽

• 出典 : 『정자통(正字通)』
• 文意 : 치료가 어려운 고질병
기이할 괴 / 즐길 벽

벽(癖)이라는 것은 고질병이다. 이것은 취미생활과는 격이 다르다. 지나치게 책을 읽는 것을 서벽(書癖), 도박에 빠지는 것을 도벽(賭癖), 하루 종일 바둑만 두는 것을 기벽(棋癖)이라 하는 것 등이다.

송나라 때에 왕경문(王景文)이라는 이가 있었다. 이 사람은 왕후의 친척이었으므로 그 세가 만만치 않았다. 명제가 병이 들어 죽음을 눈앞에 두었을 때 유언하기를,

"내가 죽는다해도 여한은 없다. 다만, 걱정이 되는 것은 황후의 족숙 왕경문의 지략이 뛰어나므로 그것이 걱정이다."

왕경문에게 사약이 내려졌다. 이때 왕경문은 손님과 바둑을 두고 있었다. 그는 황제가 내린 사약을 한쪽에 밀쳐두고 두던 바둑을 끝내고 사약을 마시어 주위를 놀라게 했다. 이른바 도벽(道癖)의 예다.

壞 汝 城
괴 여 성

• 出典 : 『송서』의 「단도제전」
• 文意 : 어리석은 사람의 어리석은 처사
무너질 괴 / 너 여 / 성 성

위(魏)나라의 걱정은 남쪽의 송(宋)나라에 단도제(檀道濟)라는 인물이 있다는 것이었다. 한데, 송나라의 권신들에게도 단도제라는 인물은 대단히 껄끄러운 존재였다. 단도제의 위명이 높아지면서 권신들과 왕족들 간에 은밀한 말들이 오고 갔다.

"단도제를 사전에 없애지 않는 한 우리들이 설자리가 좁아지는 것이요. 서둘러 없애 버립시다."

이러한 묵계는 곧 실행에 옮겨졌다. 천자의 명을 사칭하여 단도제를 궁안으로 불러들인 다음 강제로 지하 감옥에 구금시켜 버렸다.

"네 이놈들! 너희 소인배들이 감히 만리장성을 무너뜨리느냐(壞汝萬里長城)?"

단도제는 송나라에 있어 만리장성과 같은 존재였다.

蛟 龍 得 水
교 룡 득 수

• 出典 : 『북사』의 「양대안전」
• 文意 : 마침내 때를 얻어 위명을 날림
교룡 교 / 용 룡 / 얻을 득 / 물 수

북위(北魏)의 무제(武帝)가 군대를 일으켜 남방의 양(梁)나라를 공격할 때였다. 그때 상서로 있던 이충(李沖)이 출정할 군사를 선별하는 직책에 있었는데, 양대안(楊大眼)이라는 하급 병사가 출정군에 끼여줄 것을 자청했다.

"모름지기 작은 재주를 보여드릴 기회를 주십시오."

양대안은 전후 좌우로 말을 달리며 바람개비처럼 장창을 휘둘렀다. 놀라운 그의 재주에 이충은 감탄했다.

"자네를 군주(軍主)의 관병으로 승진시키겠네."

"나는 사람들이 말하는 것처럼 교룡이 물을 얻음과 같다. 이제부턴 너희와 같은 대열에는 서지 않을 것이다."

그는 통군(統軍)으로 승진되었으며 이후 많은 공을 세웠다.

巧 言 令 色
교 언 영 색

• **出典** : 『논어』의 「학이편」
• **文意** : 교묘하게 분란을 일으키는 소인배
교묘할 교 / 말씀 언 / 하여금 령 / 빛 색

공자는 일찍부터 꾸미는 언사에 대해 경계하는 자세를 취했다. 또한 그 부분에 대해 경계하는 말을 아끼지 않았다. 상대방에게 애교를 부리는 것까지는 좋으나 아첨하는 태도를 취하는 것은 결코 바람직하지 못하다는 지적이 그것이다. 따라서 공자는 교묘한 말을 지껄이며 부드럽게 얼굴 색을 바꾸는 자를 소인배로 여겼다.

『논어』의 「학이편」에 '교언영색에는 인이 적다(巧言令色鮮矣仁)'고 하였다. 상대를 즐겁게 하는 얼굴이나 말에는 반드시 좋지 못한 뜻이 숨어 있다는 것이다. 그런가하면 「공야장편(公冶長篇)」에는 낯빛을 부드럽게 하는 것은 공자 자신도 부끄럽게 여긴다고 했다. 다시 말해 공자 자신도 수치로 여긴다는 뜻이다.

膠 柱 鼓 瑟
교 주 고 슬

• **出典** : 『사기』「염파 · 인상여열전」
• **文意** : 규칙만 알뿐 임기응변을 모름
갖풀 교 / 기둥 주 / 북 고 / 거문고 슬

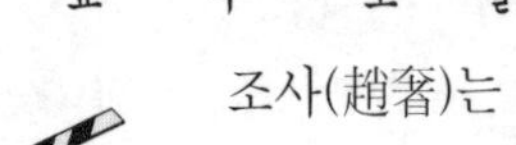

조사(趙奢)는 조(趙)나라의 장수다. 괄(括)이라는 아들이 있어 병법과 병략을 가르쳤는데, 무척 영리하여 하나를 가르치면 열을 알았다. 많은 사람들이 조괄의 능력에 대해 칭찬하였으나 조사는 죽음에 이르러서는 조괄을 나라에서 장수를 삼지 않도록 부인에게 유언했다. 조사가 우려했던 일이 벌어졌다. 뒷날 진나라에서는 조나라를 공격할 때 첩자를 보내 흔들었다.

"조나라의 염파 장군은 늙었으므로 우리가 걱정할 바가 없다. 다만 진나라는 젊은 용장 조괄이 대장이 되는 것을 두려워한다."

유언비어에 빠진 조나라 왕이 염파 대신 조괄을 대장으로 삼으려 하자 인상여가 극구 반대했다. 조괄을 대장 삼는 것은 기둥을 아교로 붙여두고 거문고를 타는 것(膠柱高瑟)과 같다고 한 것이다.

巧 取 豪 奪
교 취 호 탈

• 出典 : 『송서(宋書)』
• 文意 : 교묘한 수법으로 물건을 빼앗음
예쁠 교 / 취할 취 / 호걸 호 / 빼앗을 탈

송나라 서화가 미불(米芾)에게는 미우인(米友仁)이라는 아들이 있었다. 그 역시 서화에 뛰어나 세상 사람들은 아버지에게는 미불을 대미(大米), 그 아들을 소미(小米)라 했다.

미우인에게는 한 가지 특별한 재주가 있었다. 그것은 다른 사람의 작품을 그대로 모사(模寫)할 수 있다는 점이었다. 그가 연수(漣水)에 있을 때, 어떤 이에게 당나라 화가 대고(戴高)의 목우도(木牛圖)를 빌려와 모사 했다. 그리고는 진품은 자신이 보관하고 모사품을 돌려주었다. 상대방은 며칠 후 다시 찾아와 진품을 돌려달라 요구했다.

"내 것은 소의 눈동자에 목동의 모습이 그려져 있습니다. 당신이 준 그림에는 없었습니다."

미우인은 진품을 곧 돌려주었다.

膠 漆 之 心
교 칠 지 심

• 出典 : 『백씨문집(白氏文集)』
• 文意 : 아주 드물게 보는 친구 사이의 우정
갖풀 교 / 옻 칠 / 갈 지 / 마음 심

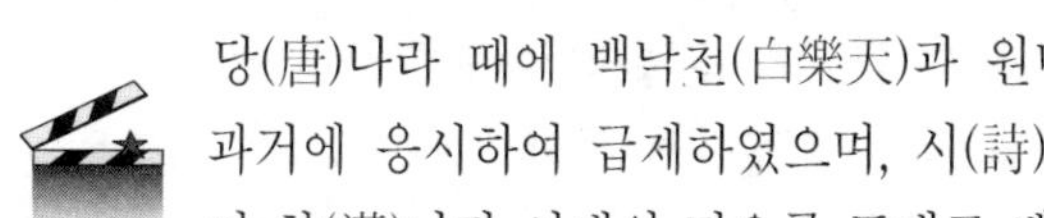

당(唐)나라 때에 백낙천(白樂天)과 원미지(元微之)는 함께 과거에 응시하여 급제하였으며, 시(詩)의 혁신에도 동참하여 한(漢)나라 시대의 민요를 토대로 백성들의 고충을 그린 신악부(新樂附)를 지었다. 이것이 화근이 되어 두 사람은 따로따로 시골로 좌천되었다. 이후 백낙천은 원미지에게 편지를 썼다.

"아, 미지여, 미지여. 자네의 얼굴을 못 본 지 벌써 세 해가 지났네. 그런데도 이렇게 떨어져 있어야 하니 참으로 슬픈 일이네. 아교와 옻칠같은 마음(況以膠漆之心)으로 북쪽 오랑캐 땅에 있으니 나아가 만나지도 못하고 물러날 수도 없네."

서로 그리워하면서도 떨어져 있는 친구 사이의 우정. 그것을 어찌하면 좋겠느냐는 탄식이다.

狡兔三窟
교 토 삼 굴

• 出典 : 『사기』의 「맹상군열전」
• 文意 : 장차 다가올 우환에 준비함
교활할 교 / 토끼 토 / 석 삼 / 굴 굴

맹상군(孟嘗君)은 전영의 아들이다. 그가 경제적으로 어려움을 겪고 있을 때, 부친이 남겨준 설(薛)이라는 봉지(封地)에 가서 빌려준 돈을 걷어오지 않으면 안되었다. 이때 풍원이라는 자가 자원하고 나섰다.

"이것만은 명심하게. 차용금을 받으면 내게 없는 것을 사오게."

풍원은 곧 설 땅으로 떠났다. 그는 이곳 백성들이 흉년으로 고생하는 것을 알자 일단 채무자를 불러모았다. 그리고는 맹상군이 설 땅 백성들의 빚을 탕감시켜 주었다고 말했다. 소식을 들은 맹상군은 어이없었다. 그는 몹시 불쾌한 표정으로 풍원을 맞이했다.

"시생은 설 땅으로 가서 당신에게 없는 은의를 사왔습니다."

맹상군이 제나라 민왕의 노여움을 사서 물러났을 때, 풍원은 설 땅으로 가게 하였다. 영지에 도착하자 백성들은 환호하며 맞이했다.

狗尾續貂
구 미 속 초

• 出典 : 『진서』의 「조왕윤전」
• 文意 : 좋고 나쁜 사람이 한 곳에 있음
개 구 / 꼬리 미 / 이을 속 / 담비 초

진혜제의 황후 가씨의 전횡이 극에 달하여 종친들은 이간되고 또 그들을 수도로 끌어들여 싸우게 하여 조정은 소란스러웠다. 조광윤은 가씨를 평정한다는 구실로 병사들을 휘몰아 가황후를 살해하고 혜제를 폐위시켰다.

물론 황제의 자리에는 그가 앉았다.

"짐을 위해 공을 세운 자는 어느 누구든 관작을 내리리라."

조광윤은 자기를 도와 찬탈에 관여한 사람이면 누구라 할 것 없이 높은 자리를 주었다. 그것은 마치 진귀한 담비 가죽에 개꼬리를 이어놓은 것 같았다. 그러므로 후세 사람들은 '담비가 부족하여 개꼬리로 잇는다(貂不足 狗尾續)'에서 '구미속초(狗尾續貂)'라는 성어를 만들어 내었다.

口 蜜 腹 劍
구 밀 복 검

• 出典 : 『십팔사략』
• 文意 : 겉은 부드러우나 속은 그렇지 않음
입 구 / 꿀 밀 / 배 복 / 칼 검

당나라의 6대 임금은 현종으로 '개원(開元)의 치(治)'를 구가한 명군이다. 그러나 만년에는 정치에 싫증을 내고 사치와 방탕으로 세월을 보내며 어진 재상 장구령을 내쫓고 아첨배 이인보(李林甫)를 기용하였다.

이임보는 황제를 모시는 자신의 입장에서 다른 신하들이 가까이 가는 것을 차단했다.

당연히 뜻 있는 선비들은 모두 조정에서 쫓겨났다. 그럴수록 이임보는 더욱 간교하게 조정 대신들을 죽이거나 귀양보냈다. 사람들은 이렇게 말했다.

"이임보는 혀끝으로는 둘도 없이 좋은 말을 하지만 뱃속엔 칼이 있다(口蜜腹劍). 아주 위험한 인물이다."

九 死 一 生
구 사 일 생

• 出典 : 『사기』의 「굴원 · 가생열전」
• 文意 : 죽을 고비를 여러 번 넘기다
아홉 구 / 죽을 사 / 한 일 / 살 생

「초사」로 이름을 떨친 굴원(屈原)은 이름이 평(平)이다. 글 재간이 빼어나 사령(辭令)을 잘했는데, 그러는 만큼 굴원은 자신의 글 때문에 수난을 당했다. 그가 쓴 「이소(離騷)」가 원인이 되어 추방을 당하는 처지에 떨어졌다.

「이소」에는 그가 어려움을 당한 여러 정황들이 촘촘히 새겨져 있다. 인생의 어려움에 대해 깊이 탄식하면서도, 후회를 하지 않는다는 내용이 그것이다. 그 가운데에 '아홉 번 죽어 한 번을 살아나지 못한다 해도 결코 후회하고 원한을 품는 일은 족하지 않다'라는 것 등이 있다. '구사일생(九死一生)'이라는 말은 여기에 기인한다.

굴원의 작품은 그의 제자 송옥(宋玉) 등과 함께 『초사(楚辭)』에 엮어진다. 그의 글은 중국인들의 정신 세계에 지대한 영향을 끼쳤다.

口 尙 乳 臭
구 상 유 취

• 出典 : 『사기』의 「고조기」
• 文意 : 아직 말과 행동이 어림을 나타냄
입 구 / 오히려 상 / 젖 유 / 냄새 취

『초한지』를 보면 명을 받은 한신이 위왕(魏王) 표를 치기 위해 적진으로 떠나는 장면이 나온다.

이때 유방이 물었다.

"위나라 군대의 대장이 누군가?"

휘하 장수가 대답했다.

"백직입니다."

"백직?"

"그렇습니다."

"참으로 젖비린내 나는 놈이로구만. 그 자가 어찌 한신을 당하겠는가?"

'구상유취'는 여기에서 유래되었다.

口 舌 數
구 설 수

• 出典 : 『논어』의 「입언(立言)」
• 文意 : 말 때문에 곤욕을 당할 운수
입 구 / 혀 설 / 운수 수

중국의 춘추 전국 시대에 말을 잘하는 변설가 장의(張儀)가 십년의 공부를 마치고 돌아왔을 때, 아내의 기쁨은 대단했다. 이제 남편이 귀곡자(鬼谷子)에게서 세상을 구할 학문을 배워왔으니 집안 형편이 좋아질 것을 당연하게 생각한 것이다. 그러나 남편이 돌아온 뒤에도 살림이 여전하자 아내는 짜증을 냈다.

"당신 손으로 엽전 한푼이라도 벌어오란 말예요."

장의는 입을 딱 벌렸다.

"입안에 혀(舌)가 있지? 혀만 있으면 돼. 기다려 보라구."

"어디 두고 봅시다."

장의의 장담대로 그는 연형설(連衡說)로 여섯 나라를 달래어 성공을 거두었다.

口 若 懸 河
구 약 현 하

• **出典** : 『진서(晉書)』의 「곽상전」
• **文意** : 논리가 정연하고 말 재주가 뛰어남
입 구 / 같을 약 / 골 현 / 강이름 하

대학자 곽상(郭象)의 자는 자현(子玄)이다. 그는 매우 뛰어난 학자였다. 그러므로 당시 사람들은 그에게 높은 관직에 오를 것을 청하였다. 그런데도 그는 일언지하에 거절하고 오로지 학문을 연구하고 토론하는 것만을 즐겼다.

이러한 명성에 힘입어 그는 훗날 황문시랑(黃門侍郞)이라는 자리를 강제로 맡았다.

"곽상이 말하는 것을 들으면 논리가 정연해. 산 위에서 곧장 아래로 떨어지는 물줄기처럼 막힘이 없단 말이야."

곽상의 뛰어난 말재간에 대하여 태위로 있는 왕연(王衍)이 하는 말이었다. 후세의 사람들은 거침없이 쏟아내는 말주변이 있는 사람을 '구약현하'로 비유했다.

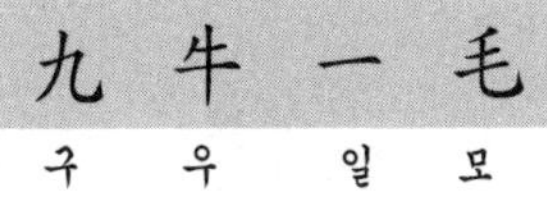

九 牛 一 毛
구 우 일 모

• **出典** : 『한서』의 「문선(文選)」
• **文意** : 많은 것들 중에서 극히 작은 것
아홉 구 / 소 우 / 한 일 / 터럭 모

전한(前漢) 무제 때에 이릉(李陵)이라는 장수가 있었다. 그는 용장으로 흉노와의 결전 때에 5천의 병사만으로 수만의 흉노와 격전을 벌이다 생포되었다. 수천 리를 달려온 전령은 이릉이 투항했다는 보고를 하여 무제의 노여움에 부채질했다.

조정 중신들은 회의를 열어 그의 일족들을 몰살시키려 했다. 이때 사마천(司馬遷)은 사태를 파악하여 보고했다. 그렇게 된 데에는 이사장군 이광리가 제때에 원군을 보내지 않은 결과로 결론을 내렸다.

이러한 상소는 황제를 자극하게 되어 궁형(宮刑;불알을 거세)에 처해졌다. 그는 탄식했다.

"내가 이런 형벌을 받는다해도 세상 사람들은 눈썹 하나 까딱치 않는다. 아홉 마리의 소가 한 올의 터럭을 잃는 것처럼 생각할 것이다."

求 仁 得 仁
구 인 득 인

• 出典 : 『공자가어(孔子家語)』
• 文意 : 지조와 절개를 지켜 의롭게 죽음
구할 구 / 사람 인 / 얻을 득 / 얻을 인

백이(伯夷)와 숙제(叔齊)가 조국을 떠나 서백창(西伯昌;문왕)을 찾아갔다. 그것은 세상에 떠도는 풍문에 노인을 공경하는 덕망 있는 사람으로 알려졌기 때문이었다. 백이와 숙제가 찾아갔을 때에 이미 서백창은 세상을 떠난 뒤였으며, 때마침 그의 아들이 은나라 주왕(紂王)을 토벌하기 위해 길을 떠나려는 찰라였다. 그들은 무왕에게 엎드려 충고했다.

"아무리 포악한 황제라도 신하가 치는 것은 옳은 도리가 아닙니다."

백이와 숙제는 무왕의 행위를 옳지 않다 여기어 수양산에 들어가 고사리를 캐먹고 살다 죽었다. 훗날 공자가 말했다.

"백이와 숙제는 다른 이의 나쁜 점을 염두에 두지 않고 자기가 인(仁)을 구하고자 인(仁)을 얻었으니 어찌 원한이 있겠는가."

口 禍 之 門
구 화 지 문

• 出典 : 「설시(舌詩)」
• 文意 : 입은 재앙을 불러들이는 문
입 구 / 재앙 화 / 갈 지 / 문 문

풍도(馮道)라는 이는 당나라 말기 사람이다. 당나라가 멸망한 후에 진나라를 비롯하여 거란 · 한 등으로 이어지는 여러 나라의 벼슬살이를 지낸 인물이다.

어지러운 세상을 살았으면서도 73세까지 장수를 누린 비결은 어디에 있는가? 그것을 증명하기라도 하는 듯 그가 남긴 「설시」에는 이런 내용이 담겨 있다.

입은 재앙의 문이오(口是禍之門) / 혀는 곧 몸을 자르는 칼이라(舌是斬身刀) / 입을 닫고 혀를 깊이 감추면(閉口深藏舌) / 가는 곳마다 몸이 편하다(安身處處牢)

입으로 들어가는 것은 대부분 깨끗하지만 나오는 것은 더럽다. 재앙도 그렇다. 모든 재앙은 입에서 나오는 것에 주의하라는 의미다.

鞠 躬 盡 瘁
국 궁 진 췌

• 出典 : 『사기』의 「제갈량열전」
• 文意 : 온 힘을 다하여 죽기를 각오함
공 국 / 몸 궁 / 다할 진 / 수고로울 췌

제갈량의 자는 공명(公明)이다. 그는 낭야 양도 사람으로 한나라 사예교위를 지낸 제갈풍(諸葛豊)의 후예다.

<신은 본시 남양의 융중산에서 직접 밭을 갈며 지내며 어지러운 세상에 나가·영달을 구하지 않았습니다. 그런데 선제(先帝;유비)께서 소신을 미천하게 여기지 아니하시고 세 번이나 찾아오시어….>

이것이 첫 번째 출사표이고, 두 번째 출사표에서 제갈량은 여섯 가지 문제점을 말하고 유선에게 충심어린 말로 고하기에 이른다.

<다만 신은 엎드려 몸을 사리지 않을 뿐, 제가 죽은 후의 성패에 대해서는 꿰뚫어 볼 수 없습니다.>

위의 문장에서 어떤 사람이나 어떤 일에 대하여 온 힘을 다해 죽기를 각오하고 싸우는 것을 '국궁진췌(鞠躬盡瘁)'라고 한다.

國 士 無 雙
국 사 무 쌍

• 出典 : 『사기』의 「회음후열전」
• 文意 : 나라 안에 둘이 없이 뛰어난 인물
나라 국 / 무사 사 / 없을 무 / 둘 쌍

회음(淮陰) 사람 한신(韓信)은 한(韓)나라가 망한 후 천하를 떠돌며 걸식했다. 우연히 항우(項羽)의 군영에 들어가 일을 하게 되었을 때, 여러 차례 병략에 대한 의견을 내놓았으나 군략이 채택되지 않자 유방의 진영에 합류했다. 거기에는 소하(蕭何)라는 인물이 있었다. 그곳에서 벼슬자리를 얻기는 했으나 한신은 만족하지 못하고 길을 나섰다. 한신이 떠났다는 것을 알게 된 소하는 즉시 그를 쫓아갔다. 얼마후 다시 돌아왔다는 보고를 받고 그를 불러 물었다.

"한신이라면 무명소졸 아닌가?

"그는 나라 안에 둘도 없는 국사무쌍(國士無雙)한 인물입니다."

이렇게 되어 얼마 뒤 한신은 대장군이 되었다.

跼 蹐
국 척

• 出典 : 『시경』의 「소아 정월」
• 文意 : 몸둘 바를 몰라함
구부릴 국 / 살금살금 걸을 척

『시경(詩經)』의 「소아」에서 주(周)나라 조정의 아가 가운데 정월(正月)이라는 시의 구절로 등장한다.

하늘이 아무리 높다해도 / 몸을 굽히지 않고서는 살 수가 없네 / 제아무리 땅이 단단하고 두꺼워도 / 어찌 조심하여 걷지 않겠는가 / 여기에 이렇게 말하는 것은 / 뜻이 있었기 때문이라 / 오늘날 사람들의 슬픔은 / 마치 떨고 있는 도마뱀 같네

『시경』에 나오는 이 시는 간신들이 조정에 들어와 득세하면 선비가 몸을 굽히어 눈치를 살피고 떠는 모습을 나타낸다.

<하늘이 아무리 높다지만 허리를 굽혀 걸어야 하고, 땅이 아무리 두껍다 해도 조심스럽게 발을 내딛어야 한다.>

國 破 山 河 在
국 파 산 하 재

• 出典 : 두보의 「춘망시(春望詩)」
• 文意 : 난리를 만난 나라의 형세
나라 국 / 깨질 파 / 메 산 / 내 하 / 있을 재

당나라 현종 때에 안록산은 난을 일으켜 장안을 점령했다. 촉땅으로 향하던 현종을 위협하여 결국은 고력사로 하여금 양귀비를 액살시키게 하고 물러났다.

그후 현종은 상황이 되어 보위를 태자에게 물려주었다.

"아, 이 노릇을 어쩌면 좋단 말인가."

소식을 듣고 그곳으로 가던 두보는 반란군 무리들에게 체포되어 구금되자 비통한 시를 지어 불렀다.

나라는 깨어졌어도 산과 내는 있고 / 성에 다다르니 풀과 나뭇가지가 무성하다 / 때때로 느껴 꽃을 보아도 눈물이 흐르고 / 이별을 슬퍼하여 새에게도 마음이 놀라네 / 햇불은 석 달 동안 이어지고 / 집에서 오는 편지는 만금에 해당되네 / 흰머리 긁으면 다시 짧아지고 / 모든 게 비녀를 찌르는 것보다 낫지를 않네

君 命 不 受
군 명 불 수

• **出典** : 『사기』의 「사마양저열전」
• **文意** : 전쟁 중엔 군왕의 명을 따르지 않음
군주 군 / 목숨 명 / 아니 불 / 받을 수

제나라의 경공 때에 안영(晏嬰)이 사마양저(司馬穰苴)를 추천했다. 그것은 진(晉)과 연(燕)과의 싸움에서 패한 후의 일이다. 그런데 양저는 스스로 미천한 몸 임을 내세워 다른 사람을 감군(監軍)으로 보내라는 청을 넣었다. 그렇게 하여 장가(莊賈)가 가게 되었는데 그는 무척 교만 · 방자하여 한나절이나 늦게 군문에 도착했다. 장가는 겁이 나서 급히 경공에게 사람을 보내 목숨을 빌었다. 그러나 임금의 특사가 오기 전에 이미 장가의 머리는 베어졌다. 그것을 보고 특사는 혼비백산 군중 속에 뛰어들었다.

당연히 목을 베야 하지만 군주의 사신을 죽일 수 없으니 말을 몬 사람과 왼쪽에 있는 말을 베었다. 소문을 들은 적병은 싸우기도 전에 도망쳐버렸다.

君 子 三 樂
군 자 삼 락

• **出典** : 『맹자』의 「진심장」
• **文意** : 인생삼락으로도 불린다
군주 군 / 당신 자 / 석 삼 / 즐길 락

맹자는 지식층에 대한 인품을 넷으로 나누었다. 군왕을 섬기는 사람부터 단계별로 하나씩 높여가 나중에는 대인(大人)에 이르렀다고 보는 게 무난하다.

"군자에게는 세 가지 즐거움이 있다. 그러나 군왕으로서 천하에 군림하는 것은 이 속에 포함되지 않는다."

그는 이렇게 말하고 나서 덧붙인다.

"부모가 함께 계시고 형제가 무고하면 첫째 즐거움이요, 공명 정대하여 하늘을 우러러 한점 부끄러움이 없다면 많은 사람에게 창피를 당하지 않을 것이므로 이게 두 가지 즐거움이다. 셋째는 천하의 수재들을 모아 교육하는 것이다."

이러한 세 가지 즐거움은 군왕에게 포함되지 않는 것이라고 했다.

群 鷄 一 鶴
군 계 일 학

• 出典 : 『진서』의 「혜소전(嵇紹傳)」
• 文意 : 평범한 사람 가운데 뛰어난 한 사람
무리 군 / 닭 계 / 한 일 / 학 학

혜소(嵇紹)는 죽림칠현의 한 사람인 혜강(嵇康)의 아들이다. 그는 열살 때에 부친을 잃고 홀어머니와 살았다. 당시 죽림칠현의 한사람인 산도(山濤)란 이는 이부(吏部)에서 일을 하였는데 무제에게 혜소의 경우를 상주했다.

"혜소가 죄인(혜강)의 아들이나 지혜가 출중하오니 부디 비서랑(秘書郎)에 제수해 주십시오."

무제는 흔쾌히 혜소에게 벼슬을 내렸다. 그것도 비서랑보다 한 단계 위인 비서승(秘書丞)이었다. 혜소가 처음으로 낙양에 갔을 때였다. 어떤 사람이 죽림칠현의 한사람인 왕융(王戎)에게 넌지시 말을 걸었다.

"며칠 전 혼잡한 군중 속에서 혜소를 보았습니다. 높은 기개와 혈기가 마치 닭 무리 속에 있는 한 마리의 학(群鷄一鶴) 같았습니다."

群 盲 評 象
군 맹 평 상

• 出典 : 『열반경(涅槃經)』
• 文意 : 전체를 아는 것처럼 떠드는 것
무리 군 / 장님 맹 / 고칠 평 / 코끼리 상

불교 설화에 이런 얘기가 있다. 어느 나라의 왕이 몇 사람의 맹인을 불러 명을 내렸다. 그들 앞에 코끼리를 끌어와 만지게 한 후 왕이 물었다.

"어떤가, 만져보니?"

"코끼리는 마치 무와 같습니다."

"코끼리는 바위와 같습니다."

"코끼리는 방앗공이와 같습니다."

"코끼리는 나무토막 같습니다."

마지막으로 등을 만진 맹인이 말했다.

"코끼리는 널빤지 같습니다."

코끼리는 하나인데 맹인들의 답변은 제각각이었다.

君子遠庖廚
군 자 원 포 주

- **出典** : 『맹자』의 「양혜왕편」
- **文意** : 군자는 푸주간을 멀리함

스승 군 / 남자 자 / 멀 원 / 부엌 포 / 부엌 주

맹자가 제선왕을 만난 자리에서 이런 애기를 했다.

"사람에게는 누구나 차마 하지 못하는 마음이 있습니다. 바로 인자하고 자비로운 마음입니다."

"인자하고 자비로운 마음이라?"

"그렇습니다. 그러한 마음이 왕도 정치를 하는 발판이 되는 것이죠."

맹자는 말했다.

"왕께서는 왕도 정치를 하실 수 있는 분이십니다."

군자는 금수를 대할 때에 차마 그 죽는 모습을 보지 못한다. 금수의 죽는소리를 듣고 그 고기를 먹지 못하기에 군자는 푸줏간을 멀리한다(君子遠庖廚)는 것이다. 이런 점은 공자도 마찬가지다. '낚시질은 하되 그물질은 아니하셨고, 주살은 하되 잠을 자는 새는 쏘지 않았다

君子豹變
군 자 표 변

- **出典** : 『역경』의 「혁괘사(革卦辭)」
- **文意** : 아름답게 변해 가는 군자의 태도

좋을 가 / 사람 인 / 엷을 박 / 목숨 명

군자(君子)를 『논어』에서는 이렇게 말한다.

"군자는 이것을 자기에게서 구하고 소인은 이것을 다른 사람에게서 구한다. 군자는 모든 것을 자기 탓으로 한다."

무릇 군자는 자신에게 허물이 발견되면 아주 빠르게 개선시킨다. 마치 날랜 표범과 같이 행동한다. 그렇다면 대인은 어떤가? 호변(虎變)한다는 것이다. 이것은 군자 보다 몇 단계 위에 속한다.

호랑이는 표범에 비하여 힘이나 용력이 강하다. 그러므로 그 가죽도 표범에 비한다면 상당하다. 그런 이유로 대인은 호변한다는 것이다. 이 말의 근거는 『역경』이다. 무릇 군자는 자신의 허물을 고치는 데에 몹시 빠르고 그 결과는 표범의 무늬처럼 확실하게 외면에 나타난다는 것이다.

屈臣制天下
굴 신 제 천 하

• **出典** : 『사기(史記)』
• **文意** : 부하의 진언을 듣지 않음
굽을 굴 / 신하 신 / 지을 제 / 하늘 천 / 아래 하

전국시대에 진(秦)나라와 조(趙)나라의 장평(長平) 싸움은 대단한 것이었다. 비록 진나라가 승리를 거두었으나 사상자에 대한 뒤처리를 해주는 바람에 국고는 바닥이 났다.

1년이 지나가는 동안 어느 정도 국세가 회복기에 접어들자 진의 소왕(昭王)은 다시 한 번 조나라를 공격하려는 몸짓을 나타냈다. 무안군(武安君)이 반대했으나 소왕은 끝내 고집을 부렸다. 왕릉(王陵) 장군을 보내 조나라를 공격케 했다.

왕릉이 패하자 무안군을 불렀다. 그러나 병을 핑계삼아 나서지 않자 이번에는 왕흘(王齕)을 대장으로 삼아 공격했으나 실패했다. 소왕이 다시 부탁했으나 무안군은 거절했다. 신하의 말을 듣지 않은 소왕은 크게 낭패를 본 것이다

勸善懲惡
권 선 징 악

• **出典** : 『춘추좌씨전』
• **文意** : 선을 권하고 악을 미워함
권할 권 / 착할 선 / 경계할 징 / 악할 악

진문공이 19년간의 망명생활을 마치고 돌아온 뒤에 공을 세운 조최에게 누이를 시집보냈다. 조최는 이 무렵 혼인한 뒤였다. 그러나 군왕의 누이를 아내로 맞았으므로 적(翟)나라에 살고 있는 본부인 숙외(叔隈)를 감히 데려올 수 없었다. 부인이 남편을 공격했다.

"총(寵)을 얻어 옛(舊)을 잊으면 무엇으로 다스리겠는가."

'새로운 사랑을 얻어 옛사람을 잊어버리고 어찌 재상 자리에 앉아있는가'. 그런 의미다. 조최는 이 일을 진문공에게 고하였고, 누이의 마음을 알고 있는 문공은 허락했다. 이렇게 하여 숙외를 데려왔는데, 사자에 대한 칭호는 숙손이라 했다. 춘추시대의 존칭은 품위가 있으며 자세히 보면 선을 권하고 악을 징계(勸善懲惡)하는 것이다.

捲土重來
권 토 중 래

• 出典 : 두목의 「제오강정(題烏江亭)」
• 文意 : 세력을 얻어 다시 옴
말 권 / 흙 토 / 무거울 중 / 올 래

항우와 유방의 초한 전쟁. 항우는 강동의 8천 자제를 거느리고 천하를 호령한 8년간 승승장구했다. 그러나 마지막을 장식한 구리산(九里山) 변의 싸움. 유방은 사면을 겹겹으로 포위한 채 곳곳에서 초가(楚歌)를 부르며 매복병을 두었다.

항우는 탈출했다. 그리고 다시 세를 얻어 '흙먼지 날리며 다시 오리라'는 결의는 정장(亭長)이라는 사람의 권고에 따라 강의 동쪽을 건너려 했다. 이에 대해 천년 뒤의 시인 두목(杜牧)이 시를 지었다.

지고 이기는 것은 병가로도 알 수 없는 일 / 분함을 참고 욕됨을 이기는 것이 남자대장부라 / 강동의 자제들에겐 인재가 많으니 / 흙먼지 날리며 돌아오는 날을 알 수 없구나

국력을 길러 다시 싸운다면 이길 수 있다는 말이었다.

鬼魅最易
귀 매 최 이

• 出典 : 『한비자(韓非子)』
• 文意 : 귀신과 도깨비가 가장 그리기 쉽다
귀신 귀 / 도깨비 매 / 가장 최 / 쉬울 이

제(齊)나라의 임금이 궁 안에 들어온 화공에게 물었다.

"그대는 어떤 그림이 가장 그리기 어려운가?"

"아뢰옵기 황공하오나, 그것은 자주 보는 것입니다."

"자주 보는 것?"

"그러하옵니다. 예를 들면 소나 말과 같은 것입니다."

"그렇다면, 어떤 그림이 가장 그리기 쉬운가?"

"귀신이나 도깨비 같은 것이 그리기 쉽습니다(鬼魅最易). 소나 말 같은 것은 사람들이 너무나 잘 아는 것들입니다. 그러나 귀신이나 도깨비는 구경한 사람이 많지도 않고 또한 그것들의 모양을 전하는 이의 말도 각양각색입니다. 그러므로 화가가 어떻게 그리든 시비를 걸 일이 없습니다."

龜鑑
귀 감

• 出典 : 『북사』의 「장손소원전」
• 文意 : 점치는 거북과 몸을 비치는 거울
거북 귀 / 거울 감

거북의 껍질과 거울은 징조를 살피고 사물의 형태를 비추는 도구다. 사마천의 『사기』에는 귀책(龜策)에 대한 설명이 있다. '거북을 쓰는 것은 복(卜)이며, 책(策)을 쓰는 것은 서(筮)다'. 예전에는 길흉을 판단하는 방법이 두 가지였다. 하나는 거북의 등을 말려 굽는 것이다. 이렇게 하면 여러 금이 나타난다. 이른바 균열(龜裂)이다. 이때 생겨난 금이 조(兆)인데, 징조(徵兆) · 흉조(凶兆) · 길조(吉兆)의 기미다. 또 다른 쪽으로 보면 서죽이다. 이것은 대나무를 사용했기 때문에 산가지라는 이름으로 불린다. 산가지는 점을 치는 점쟁이가 산통(算筒)에 넣어 길흉을 헤아릴 때 사용한다. 스스로가 추함과 아름다움을 보는 것은 거울이다. 예전에는 물을 세숫대야와 같은 것에 넣고 얼굴이며 몸을 비춰보았다. 그것을 감(鑑)이라 했다.

克己復禮
극 기 복 례

• 出典 : 『논어』의 「안연편(顔淵篇)」
• 文意 : 욕망을 제어시키고 예로 돌아감
이길 극 / 몸 기 / 돌아갈 복 / 예 례

안연이 인(仁)에 대하여 물었다.
"내 몸의 욕망을 삼가 예로 돌아가는 것(克己復禮)이 인이다. 하루라도 몸을 삼가 예의 규범으로 돌아가면 천하가 모두 인의 덕을 지닌 사람에게 돌아올 것이다. 인의 덕을 행하는 것은 자신에게 달렸다. 어떻게 다른 사람에게 의지하겠느냐."

안연이 머리를 조아렸다.

"제가 어리석으나 반드시 그 말씀은 지키겠습니다."

인(仁)은 공자의 중심 사상이다. 물론 이에 대한 답안은 『논어』에 나온다. 자아를 극복하여 예로 돌아간다든지 하는 문제는 자기의 욕망을 벗어나는 것이다. 공자는 자신의 욕망을 없앤다거나 극복한다거나 하는 사상은 없다

槿花一日榮
근 화 일 일 영

• 出典 : 백락천(白樂天)의 시
• 文意 : 무궁화꽃같은 덧없는 영화
무궁화 근 / 꽃 화 / 한 일 / 날 일 / 영화 영

백락천의 나이가 마흔 넷이 되었을 때에 황제의 미움을 받아 강주의 사마(司馬)로 좌천되었다.

이때 절친하게 지내던 원진(元稹)이라는 이가 「방언(方言)」이라는 시를 지어 보내오자 백락천은 같은 제목으로 화답하였다. 그 역시 강릉으로 좌천되어 슬픔에 싸여 있었다.

태산은 터럭 끝을 속일 필요가 없으며 / 서른 둘에 죽은 안자가 8백년을 산 팽조를 부러워하지 않는다 / 소나무는 천년을 지내도 종내는 썩고 / 무궁화꽃은 하루를 피어도 스스로 영화로 여긴다 / 어찌 세상을 그리워하며 언제나 걱정만 하리 / 그렇다고 어떻게 함부로 살 것인가 / 삶이 가고 죽음이 오는 것도 착각이니 / 착각 속의 인간이 어찌 슬픔과 즐거움에 정을 맬 것인가

金蘭之交
금 란 지 교

• 出典 : 『역경』의 「계사상전」
• 文意 : 견고한 금과 난초 같은 우정
쇠 금 / 난초 란 / 갈 지 / 사귈 교

『역경(易經)』의 「계사상전(繫辭上傳)」에 있는 얘기다. 「금란지교」는 여기에서 나온 말이다. 공자가 말했다.

"군자의 도는 혹은 나가 벼슬을 하고 혹은 물러나 집에 있으며 혹은 침묵을 지키지만 혹은 크게 말한다. 두 사람이 마음을 하나로 하면 그 날카로움이 쇠를 끊고 마음을 하나로 하여 말하면 그 향기가 난초와 같다."

여기에서 금란지교라는 말이 나왔다.

「세설(世說)」에는 '백락천의 시에 친구 사이의 사귀는 것이 굳어짐을 금란지계(金蘭之契)라 한다'고 하였다.

「선무성사(宣武盛事)」에 의하면,

<대홍정(戴洪正)이라는 사람은 친구를 얻을 때마다 그것을 장부에 기록하고 향을 피워 조상님에게 고했다.>

錦 上 添 花
금 상 첨 화

• 出典 : 왕안석의 「즉사(卽事)」
• 文意 : 좋은 일에 좋은 일을 더한다
비단 금 / 위 상 / 더할 첨 / 꽃 화

왕안석(王安石)은 자가 개보(介甫)인데 강서군 임강군에서 태어났다. 주의 부지사를 지낸 부친의 영향으로 면학 분위기에 집안은 항상 들떠 있었다.

신종이 보위에 오른 후에는 한림학사로 발탁되었는데 왕안석은 신종의 의도를 알아차리고 신법(新法)으로 불리는 새로운 법을 내세웠다. 이러한 그의 입장에 맞선 것은 구법파의 사마광(司馬光)이었다. 당시 그의 힘은 너무 미약했다. 그는 가끔 한가한 여유를 틈타 한적한 곳을 찾아가 여흥을 즐겼는데 그 당시에 지은 시가 바로 「즉사」다.

좋은 모임에서 술잔을 거듭 비우려는 데 / 아름다운 노래는 비단 위에 꽃을 더한 듯하네 / 문득 무릉의 술과 안주를 즐기는 객이 되어 / 내 근원에 의당 붉은 노을이 적지 않으리

金 城 湯 池
금 성 탕 지

• 出典 : 『한서』의 「괴통전(蒯通傳)」
• 文意 : 아주 견고한 성을 이르는 말
쇠 금 / 위 상 / 끓을 탕 / 못 지

진시황이 세상을 떠난 후 진나라의 위세는 하루아침에 곤두박질쳤다. 이 당시 무신(武信)이라는 이가 조나라를 평정하고 무신군(武信君)을 칭했다.

이렇게 되자 범양에 있던 변설가 괴통이 서공(徐公)을 찾아가 사태의 심각성을 설명했다.

"당신은 위험에 처해 있습니다. 이제는 진나라가 무너졌기 때문에 당신을 죽여 원한을 풀려 할 것입니다."

방책을 묻는 서공에게 괴통은 말했다.

"당신을 대신하여 무신군을 만날 것입니다. 항복을 한 현령을 함부로 대한다면 그는 죽기를 각오하고 싸울 것이오. 마치 '끓는 물에 둘러싸인 강철 성(金城湯池)'처럼 견고하게 수비할 것이라고 말입니다."

琴 瑟 相 和
금 슬 상 화

• 出典 : 『시경』의 「소아(小雅)」
• 文意 : 부부간에 의가 좋음을 이르는 말
거문고 금 / 거문고 슬 / 서로 상 / 화할 화

「소아」의 상체편(常棣篇)에는 한 집안의 화목함을 노래한 여덟 장의 시가 있다.

그 7장과 8장은 다음 같다.

처자들이 한 뜻이 되어 / 금과 슬 같으려면 / 형제들 한자리에 모여 기쁨이 앞서야 하네 / 집마다 화목하여서 / 처자들이 즐거우려면 형제의 도리 생각해보게 / 그게 앞섬을 알게 되리

그런가하면 『시경』의 「관저편」은 5장으로 되어 있다. 여기의 4장에 '요조숙녀(窈窕淑女) 금슬로써 벗한다(琴瑟之友)'고 노래하고 있다. 거문고와 비파를 타듯 얌전한 처녀를 아내로 맞이하여 사이좋게 지낸다는 뜻이다.

錦 衣 夜 行
금 의 야 행

• 出典 : 『한서』의 「항우전」
• 文意 : 남들이 알아주지 않는 보람없는 일
비단 금 / 옷 의 / 밤 야 / 갈 행

홍문연(鴻門宴)의 잔치에서 모처럼 유방을 죽일 기회를 놓친 항우는 진나라의 성안으로 들어가 아방궁에 불을 지르고 진왕의 아들 영(嬰)을 살해하였다. 항우의 머릿속에는 한시라도 빨리 고향으로 돌아가 자신의 성공한 모습을 고향 사람들에게 보고 주고 싶은 심정이었다. 그때 한생(韓生)이라는 자가 말했다.

"이곳 관중은 산으로 막힌 데다 지세가 견고합니다. 토지 또한 비옥하므로 이곳에 도읍을 삼아 천하를 호령하는 것이 좋습니다."

"부귀를 얻고도 고향으로 돌아가지 않는다면 비단옷을 입고 밤길을 걷는 것(錦衣夜行)과 다름없는 일. 누가 나를 알아줄 것인가?"

한생은 항우를 원숭이에게 옷을 입히고 관을 씌운 것이라 비웃었다. 원숭이는 그러한 것을 오래 참고 견디지 못하니, 바로 항우와 같은 초나라 사람의 성질이라 한 것이다. 그 말을 들은 항우는 한생을 죽였다

起 死 回 生
기 사 회 생

• 出典 : 『오월춘추』, 『여씨춘추』
• 文意 : 죽음에 이른 자에게 은혜를 베풂
일어날 기 / 죽을 사 / 돌아올 회 / 날 생

공격을 받은 부천은 능수 능란하게 응수하여 오왕 합려에게 부상을 입혔다. 이러한 전공을 올린 것은 '자살 부대' 덕분이었다. 오나라의 진영에 들어간 자살부대는 전투가 시작될 때에 갑자기 제 목을 찔러 분수처럼 피를 쏟았다. 군영 안이 어수선해지면 물밀 듯이 월나라 병사들이 공격해 들어가 승리를 일궈냈다.

마침내 기원전 494년에 오나라의 왕이 된 부차는 월나라를 공격하여 구천의 항복을 받아냈다. 부인을 첩으로 바치고 나라의 모든 것을 주겠다는 굴욕적인 항복이었다. 오자서의 반대를 무릅쓰고 구천을 살려주겠다고 약속했다. 구천이 말했다.

"대왕께서 나를 살려주신 것은 마치 죽은 사람에게 살을 입혀준 것이나 다름없습니다(起死回生). 어찌 은혜를 잊겠습니까."

岐 路 亡 羊
기 로 망 양

• 出典 : 『열자』 「양주편(楊朱篇)」
• 文意 : 학문의 올바른 방법을 구하지 못함
갈림길 기 / 길 로 / 잃을 망 / 양 양

전국시대의 대학자인 양자의 이웃집에서 양 한 마리를 잃어버리자 많은 사람들이 찾아 나섰다.

"많은 사람들이 갔는데 어찌 양을 찾지 못했습니까?"

"갈림길이 너무 많아 할 수 없이 돌아왔습니다."

이 말을 들은 양자는 온종일 마음이 답답하였다. 그 모습을 지켜보던 한 학생이 그에게 말했다.

"선생님과 상관없는 일에 어찌 근심하십니까?"

"내가 생각하고 있는 것은 잃은 양이 아니라 학문을 추구하는 도리다. 학문을 하는 데에 정확한 방향 없이 맹목적으로 이리저리 뚫고 나가는 것은 시간과 정력을 낭비할 뿐 아니라 마치 갈림길에서 양을 잃은 것처럼 원하는 것을 찾을 수가 없다. 너희들은 이걸 모른다."

杞 憂
기 우

- **出典** : 『열자』의 「천서편」
- **文意** : 쓸데없는 근심과 걱정

기나라 기 / 걱정할 우

기(杞)나라가 있었다. 아주 작은 이 나라에 사는 한 사내는 자나깨나 걱정이 한아름이었다.

"이보게, 하늘이 어찌 무너진단 말인가. 하늘은 공기가 있어 결코 그런 일은 생기지 않을 것이야."

"그럼 땅은 어떨까?"

"땅은 흙더미가 쌓였으므로 우리가 아무리 뛰고 달려도 끄떡없어. 그러니 안심하게."

그제야 이 사내는 근심을 덜어냈다. 열자는 이 얘기를 하고 나서 덧붙였다.

"그러나 다시 생각해보면 하늘과 땅이 무너지지 않는다고 생각하는 것은 옳은 일이 아니야. 하늘과 땅도 언젠가는 무너지겠지."

기 호 지 세

- **出典** : 『수서』의 「독고황후전」
- **文意** : 일을 중도에 그만둘 수 없는 형세

말탈 기 / 범 호 / 갈 지 / 기세 세

『삼국지』의 주역들이 하나둘 역사의 전면에서 사라지고 천하는 위(魏)나라의 수중으로 들어갔다. 위나라는 진(晉)으로 이어졌으며 오랑캐의 침공으로 진의 옛땅은 오호(五胡)에 의해 점령되었고 130년 동안이나 한민족에 대항하였다. 이 남북조 시대의 최후의 왕조인 북주의 의제가 죽자 외척인 양견이 실권을 잡았다. 의제의 아들은 어렸으므로 실권은 양견에게 넘어갔다. 그는 선양 형식으로 어린 황제에게 보위를 이어받아 수(隋)나라를 세웠다.

"당신은 지금 호랑이 등에 올라탄 형세랍니다. 목적지까지 가지 않으면 결국은 호랑이에게 잡아먹히게 될 것입니다. 어떤 일이 있더라도 목적지까지 가야합니다."

아내의 격려에 양견은 힘을 얻었다.

여해 한문서당 12단계 선정 문제

제1단계

〈응용카드 1〉

一. 다음의 사자 숙어에는 일(一)이 들어 있습니다. □ 속에 일(一)을 써넣으며 눈으로 읽고 마음으로 뜻을 새기면서 단어를 응용하세요.

□攫千金(일확천금) : 단번에 많은 재물을 얻음

□瀉千里(일사천리) : 어떤 일을 거침없이 진행함

二. 이(二)가 들어 있는 사자 숙어의 □ 속에 이(二)를 써넣으며 단어의 뜻을 음미하세요.

□者擇一(이자택일) : 둘 가운데 하나를 택함. 양자택일과 같음

□三其德(이삼기덕) : 이랬다 저랬다 함

三. 삼(三)이 들어있는 사자 숙어의 □속에 알맞은 단어를 써넣으며 뜻을 음미하세요.

□旬九食(삼순구식) : 30일 만에 아홉 번 식사한다는 뜻. 가난함

□寒四溫(삼한사온) : 3일간 춥고 4일간 따뜻한 날씨.

四. 사(四)가 들어있는 사자 숙어의 □속에 사(四)를 써넣으며 단어의 내용을 음미하세요.

□苦八苦(사고팔고) : 온갖 고통을 뜻함

□分五裂(사분오열) : 갈래갈래 찢어지고 분열됨

五. 오(五)가 들어있는 사자숙어의 □속에 오(五)를 써넣으며 내용을 음미하세요.

□十步百步(오십보백보) : 약간의 차이는 있어도 본질적으로는 같

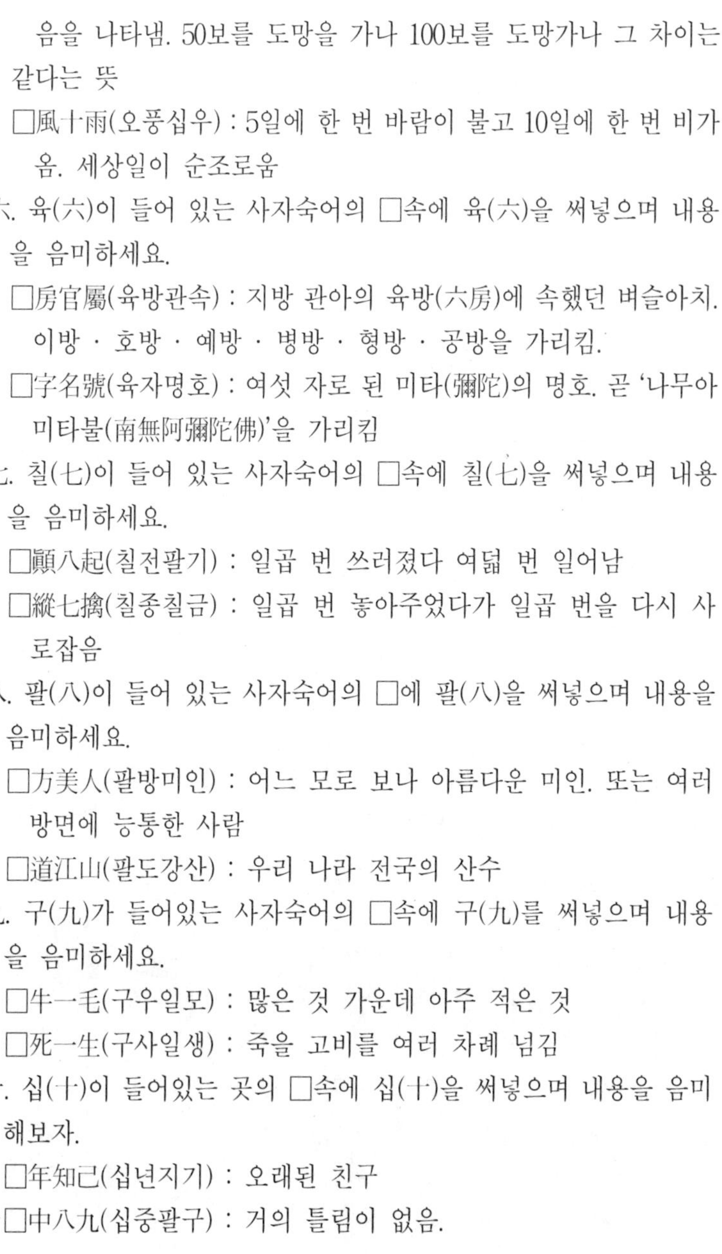

음을 나타냄. 50보를 도망을 가나 100보를 도망가나 그 차이는 같다는 뜻

□風十雨(오풍십우) : 5일에 한 번 바람이 불고 10일에 한 번 비가 옴. 세상일이 순조로움

六. 육(六)이 들어 있는 사자숙어의 □속에 육(六)을 써넣으며 내용을 음미하세요.

□房官屬(육방관속) : 지방 관아의 육방(六房)에 속했던 벼슬아치. 이방 · 호방 · 예방 · 병방 · 형방 · 공방을 가리킴.

□字名號(육자명호) : 여섯 자로 된 미타(彌陀)의 명호. 곧 '나무아미타불(南無阿彌陀佛)'을 가리킴

七. 칠(七)이 들어 있는 사자숙어의 □속에 칠(七)을 써넣으며 내용을 음미하세요.

□顚八起(칠전팔기) : 일곱 번 쓰러졌다 여덟 번 일어남

□縱七擒(칠종칠금) : 일곱 번 놓아주었다가 일곱 번을 다시 사로잡음

八. 팔(八)이 들어 있는 사자숙어의 □에 팔(八)을 써넣으며 내용을 음미하세요.

□方美人(팔방미인) : 어느 모로 보나 아름다운 미인. 또는 여러 방면에 능통한 사람

□道江山(팔도강산) : 우리 나라 전국의 산수

九. 구(九)가 들어있는 사자숙어의 □속에 구(九)를 써넣으며 내용을 음미하세요.

□牛一毛(구우일모) : 많은 것 가운데 아주 적은 것

□死一生(구사일생) : 죽을 고비를 여러 차례 넘김

十. 십(十)이 들어있는 곳의 □속에 십(十)을 써넣으며 내용을 음미해보자.

□年知己(십년지기) : 오래된 친구

□中八九(십중팔구) : 거의 틀림이 없음.

〈응용카드 2〉

※ 다음 □□ 안에 같은 단어를 넣어 숙어를 완성시키시오.

一. 正正 □□
二. 家家 □□
三. 句句 □□
四. 明明 □□
五 事事 □□
六. □□色色
七. □□樂樂
八. □□兢兢
九. □□逐逐
十. □□年年

〈응용카드 3〉

※ 다음 한자 숙어의 보기를 보고 □ 안에 알맞은 '수'의 한자를 써 넣으시오.

<보기> (千萬)不當 : 천부당 만부당(千不當萬不當)과 같은 뜻. 천만부당하다는 뜻.

一. □歲□唱 : 만세를 세 번 외치는 것
二. □發□中 : 총이나 활 등을 백번 쏘아서 모두 맞춤
三. □柱□字 : 사주의 간지(干支)가 되는 여덟 글자. 또는 타고난 운명을 나타냄
四. □生□死 : 죽을 고비를 여러 번 넘김
五. □旬□食 : 30일에 아홉 끼니를 먹음. 몹시 가난함을 뜻함
六. 張□李□ : 장씨의 3남과 이씨의 4남이라는 뜻. 이를테면 신분이나 성명이 평범한 사람
七. 朝□暮□ : 눈앞의 이익만을 탐하는 소인배

八. □變□化 : 변화가 무궁함
九. □思□慮 : 여러 번 생각을 함
十. □紫□紅 : 울긋불긋한 여러 가지 꽃빛깔

〈응용카드 4〉

※다음 단어를 설명에 맞도록 적으시오

一. 奇怪(기괴) → □□(□□) : 괴상하고 기이함
二. 保留(보류) → □□(□□) : 뒤로 미룸
三. 封印(봉인) → □□(□□) : 뚜껑을 닫은 물건에 도장을 찍음
四. 體液(체액) → □□(□□) : 그릇 모양에 따라 변형하는 물질
五. 修練(수련) → □□(□□) : 갈고 닦음
六. 半折(반절) → □□(□□) : 나누어진 한쪽
七. 權利(권리) → □□(□□) : 이익을 얻게 되는 권리
八. 合併(합병) → □□(□□) : 합치는 것
九. 敬畏(경외) → □□(□□) : 어려워하고 공경함
十. 人文(인문) → □□(□□) : 글을 업으로 쓰는 사람

〈응용카드 5〉

※ 다음의 괄호 안에 형용사를 써넣으시오. 단, 형용사는 같은 자(字)라야 한다.

一. 多士□□ — 인재가 아주 많음
二. 獨也□□ — 저 혼자서만 푸른 것. 소나무를 뜻함
三. 是是□□ — 옳고 그름
四. 殺氣□□ — 살벌한 기운이 얼굴에 가득한 모습
五. 餘裕□□ — 모자라지 않고 넉넉한 모습
六. 諸說□□ — 어떤 일에 대해 이러쿵저러쿵 말이 많음
七. 意氣□□ — 몹시 득의한 모양

八. 戰戰□□ — 몹시 두려워하고 조심스러워 함
九. 興味□□ — 흥미가 넘침
十. 喜喜□□ — 매우 기뻐하고 즐거워함

〈응용카드 6〉

※ 다음의 한자에 한 획을 그어 괄호 안의 뜻풀이에 맞는 한자어를 써넣으시오.

1) 古(고) → □ (혀 설)
2) 目(목) → □ (스스로 자)
3) 問(문) → □ (사이 간)
3) 万(만) → □ (사방 방)
4) 囚(수) → □ (인할 인)
5) 王(왕) → □ (주인 주)
6) 丁(정) → □ (탄식할 우)
7) 中(중) → □ (납 신)
8) 休(휴) → □ (몸 체)
9) 亨(형) → □ (누릴 향)
10) 何(하) → □ (엿볼 사)

〈응용카드 7〉

※ 다음은 아름다운 경치에 관한 설명입니다. 지금까지의 문제 풀이와는 다른 형태의 문항을 제시합니다. 빈곳의 □ 안에 적합한 말을 써넣으십시오.

一. □陵桃源 — 신선이 산다는 전설상의 명승지. 세상의 번잡스러움을 피해 사람들이 숨어살았다는 도원경. 경치가 아주 뛰어났음을 비유하여 일컫는 말
二. □□絶壁 — 기묘한 바위와 깎아지른 절벽

三. □□□山 — 비단에 수를 놓은 듯한 아름다운 강산. 흔히 우리 나라의 경치를 말할 때 사용되었다.
四. □□□□ — 산은 붉게 타는 듯 하고 물은 거울처럼 맑은 데에 비유하는 말
五. 孤峯絶□ — 봉우리가 외롭게 높이 솟아오르고 벼랑은 깍아지른 듯한 풍경
六. 萬頃□□ — 한없이 넓은 바다
七. 奇□□□ — 기묘한 바위와 괴상한 돌
八. □□□□ — 천가지 만가지 꽃의 빛깔이 울긋불긋함
九. □山峻嶺 — 험한 산과 가파른 고개
十. □□紅葉 — 온 산이 단풍잎으로 붉게 물든 모습

〈응용카드 8〉
※ 다음의 괄호 안에 설명에 맞는 단어를 써넣으시오.

一. 座□銘 — 인생의 지표로 삼은 격언
二. 獅子□ — 연사의 우렁찬 열변
三. 懷□談 — 지난 일을 돌아보는 이야기
四. □反掌 — 손바닥 뒤집듯 쉬운 일
五. 口□數 — 남의 입쌀에 오르내림
六. 有□稅 — 유명하므로 치러야 하는 이름 값
七. 勝□報 — 전투에 이긴 기록이나 소식
八. 骨董□ — 오래되고 희귀한 물건
九. □力素 — 활동하는 힘의 본바탕
十. 口□禪 — 실행이 따르지 않은 헛된 말

〈응용카드 9〉
※ 서로 반대가 되는 단어를 찾아 비어 있는 □ 안을 채워 숙어를 만드시오.

一. 勝□　　二. □野
三. □僞　　四. 輕□
五. 晝□　　六. □陽
七. □入　　八. 授□
九. 多□　　十. □邪

〈응용카드 10〉

※ 아래 □의 빈곳에 적당한 단어를 써넣으시오.

一. 示 + □ (복 지) : 복
二. 示 + □ (사당 사) : 제사, 보답하여 제사를 지냄. 봄 제사를 가리킴
三. 示 + □ (도울 우) : 돕다, 천지 신명의 도움을 얻다, 복 · 행복, 권하다
四. 示 + □ (복 조) : 복 · 신이 내리는 행복, 녹, 복을 내리다, 금의 자리
五. 示 + □ (복 호) : 복 · 신이 주는 행복, 복이 두텁다
六. 示 + □ (막을 어) : 막다 · 사이를 가리다, 방어, 제사를 지내다 · 평안을 빎
七. 示 + □ (복 희) : 복, 경사스럽다
八. 示 + □ (빌 도) : 기원하다, 제사를 지내다
九. 示 + □ (제사 이름 양) : 푸닥거리를 하다
十. 示 + □ (상서 정) : 상서롭다

모범 답안과 해설

〈응용카드 1〉

숫자를 사용하여 숙어를 만들 수 있는 목독식(目讀式) 훈련 방법을 택하였다.

〈응용카드 2〉

一. 正正堂堂 二. 家家戶戶 三. 句句節節 四. 明明白白
五. 事事件件 六. 形形色色 七. 喜喜樂樂 八. 戰戰兢兢
九. 營營逐逐 十. 歲歲年年

〈응용카드 3〉

一. 萬歲三唱 二. 百發百中 三. 四柱八字 四. 十生九死
五. 三旬九食 六. 張三李四 七. 朝三暮四 八. 千變萬化
九. 千思萬慮 十. 千紫萬紅

〈응용카드 4〉

一. 怪奇(괴기) 二. 留保(유보) 三. 印封(인봉)
四. 液體(액체) 五. 練修(연수) 六. 折半(절반)
七. 利權(이권) 八. 倂合(병합) 九. 畏敬(외경)
十. 文人(문인)

〈응용카드 5〉

一. 多士濟濟 二. 獨也靑靑 三. 是是非非
四. 殺氣騰騰 五. 餘裕綽綽 六. 諸說紛紛
七. 意氣揚揚 八. 戰戰兢兢 九. 興味津津
十. 喜喜樂樂

〈응용카드 6〉

一. 舌 二. 自 三. 間 四. 方
五. 因 六. 于 七. 申 八. 体
九. 享 十. 伺

〈응용카드 7〉

一. 武陵桃源 二. 奇巖絶壁 三. 錦繡江山

四. 山紫水明　五. 孤峯絶岸.　六. 萬頃蒼波
七. 奇巖怪石　八 .千紫萬紅　九 險山峻嶺
十. 滿山紅葉

〈응용카드 8〉

一. 右　二. 吼　三. 古
四. 如　五. 舌　六. 名
七. 戰　八. 品　九.活
十. 頭

〈응용카드 9〉

一. 敗　二. 與　三. 眞
四. 重　五. 野　六. 陰
七. 出　八. 受　九. 少
十. 正

〈응용카드 10〉

一. 止　二. 巳　三. 右
四. 乍　五. 古　六. 御
七. 喜　八. 壽　九. 襄
十. 貞

제2장

<나>

羅 雀 堀 鼠
나 작 굴 서

• 出典 : 『당서(唐書)』
• 文意 : 재정이 악화되어 있음을 비유
그물 라 / 참새 작 / 팔 굴 / 쥐 서

안록난의 난이 일어나자 현종은 촉나라로 향하던 길에 마외파(馬嵬坡)에서 양귀비를 잃었다. 당시에 지금의 하남성 상구(商邱)는 장순(張巡)이라는 장수가 허원일(許遠一)과 함께 성을 사수하고 있었다. 그의 수하에는 3천여명이 있었는데 성을 포위한 반란군의 병력은 10여만이었다.

마침내 반란군들이 성을 함락하고 장순은 죽임을 당할 때까지 초근목피로 연명했다. 이러한 장순의 얘기는 많은 사람들에게 감명을 주었다. 대의가 분명한 사람은 어떠한 무력에도 굴하지 않는 기개가 있음을 알게 한 것이다. 그후 사람들은 이 얘기를 부분적으로 인용하여 재정이 극도로 악화된 상태를 '나작굴서' 또는 '나굴구궁(羅掘俱窮)'이라 하였다.

落 魄
낙 백

• 出典 : 『사기』의 「역생육가열전」
• 文意 : 뜻을 얻지 못한 사람
떨어질 낙 / 넋 백

역이기(酈食其;酈生)는 진류현 고양 사람으로 독서는 즐겨했으나 끼니를 걱정할 만큼 가난하여 먹을 것이 없었다(家貧落魄 無以爲依食業)는 것이다.

얼마후 역이기는 유방을 만나게 되었다. 이때 유방이 쉬고 있는 여사(旅舍)에는 두 여자가 발을 씻기고 있었다. 역이기가 자신을 소개했으나 유방은 못들은 척했다. 역이기는 쏘아 부쳤다.

"그대는 진나라를 도와 봉기한 장수들을 치는 것이오!"

"무어라, 천하가 진나라의 학정에서 벗어나려고 몸부림을 치는데 그런 말을 하다니 미친놈 아닌가?"

"그렇게 잘 아는 놈이 손님맞이가 그 모양이냐?"

그제야 유방의 태도는 공손해졌다.

洛陽紙貴
낙 양 지 귀

• **出典** : 『진서(晉書)』의 「문원전」
• **文意** : 낙양의 종이 값이 오르다
서울 락 / 볕 양 / 종이 지 / 귀할 귀

진나라의 대문호인 좌사(左思)는 자가 태충(太冲)으로 임치 사람이다. 그의 부친은 큰 기대를 하지 않았으나 훗날 열심히 학업에 정진하여 문장력이 풍부해졌다.

그는 고향인 임치를 노래한 「제도부(帝都賦)」를 1년여에 완성하였고, 이후 촉의 성도, 오의 건업, 위의 업을 노래한 3편의 부를 쓰기로 결심했다. 바로 이것이 중국 역사상 이름을 떨친 「삼도부(三都賦)」다. 이 부는 삼국의 수도 형세와 풍토 · 산물 등을 자세히 그려놓은 작품이었다. 좌사는 10여년의 노력 끝에 「삼도부」를 완성시켰다. 「삼도부」를 본 장화(張華)라는 학자는 '반고에 버금갈만한 최고의 작가'라고 추켜세웠다. 낙양의 귀족들은 「삼도부」를 베끼려고 너도나도 종이를 사는 바람에 값이 폭등했다.

洛井下石
낙 정 하 석

• **出典** : 유자후의 「묘지명(墓誌銘)」
• **文意** : 화를 당한 사람에게 타격을 주다
서울 락 / 우물 정 / 아래 하 / 돌 석

유종원(柳宗元)의 자는 자후(子厚)다. 당송팔대가의 한사람인 그는 소년시절부터 문장을 잘 써 이름이 널리 알려졌다. 뒷날 어사대부(御史大夫)가 되었을 때에 잘못을 범하여 옹주(雍州)로 좌천되어 사마를 지냈다가 유주자사가 되었다. 유종원이 죽자 그를 위하여 묘지명에 다음 같은 구절을 썼다.

<아, 선비는 곤궁할 때에 그 지조를 알겠도다 그러나 머리털만한 작은 이익이라도 생기면 서로 눈을 부릅뜨고 사람을 구분할 줄도 모른다. 그대가 만약 남에 의해 함정에 빠졌다면 그대를 구해주지 않을 뿐만 아니라 도리어 돌을 들어 그대에게 던지는(落井下石) 이런 사람이 아주 많다. 이렇게 개화되지 않은 금수와 같은 사람들은 그러면서도 스스로 가서 일하지 않으면서도 자기가 한 것이 옳다고 여기는가?>

暖衣飽食
난 의 포 식

• **出典** : 『맹자(孟子)』
• **文意** : 생활에 불편함이 없음
더울 난 / 옷 의 / 물릴 포 / 밥 식

맹자가 60세 때에 등문공(滕文公)이 그를 초청하여 나라를 살찌게 하는 방법을 물었다.

맹자는 무엇보다 백성들의 생업에 관해 들려주었다. 맹자가 돌아간 후 필전(畢戰)이라는 신하를 보내 다시 물었다.

"인간의 생활은 분업을 하는 것입니다. 어찌 자급자족만으로 나라의 기틀을 공고히 하겠습니까?"

당시 허행이라는 이가 송나라에서 들어와 살고 있었다. 그는 묵자의 영향을 받은 인물로 등문공에게 이렇게 말했다.

"쓰지 않은 물건은 서로 바꾸는 것이 좋습니다. 군왕과 선각자들이 강을 막고 농사짓는 법을 가르쳐 주어 백성들은 따뜻한 옷을 입고 배불리 먹고사는 것(暖衣飽食)입니다."

難兄難弟
난 형 난 제

• **出典** : 『세설신어』의 「덕행편」
• **文意** : 서로가 비슷할 때에 쓰는 말
어려울 난 / 맏 형 / 어려울 난 / 아우 제

후한 때의 인물 진식(陳寔)은 방에 들어온 대들보 위의 도둑을 감화시켜 내보냈다는 유명한 일화가 있다. 바로 이 진식이라는 인물이 낭능후(郎陵侯)를 지낸 순숙(荀淑)의 집을 찾아갔다. 그와 동행한 세 아들은 진기(陳紀) · 진심(陳諶) · 진군(陳群)이었다. 한 번은 진식이 친구와 어디를 가기로 기다렸는데 늦게 오자 먼저 출발했다. 나중에 온 친구가 진식을 욕하자 진기는 아버지와 정오에 약속하고 늦게 온 사람이 신의를 져버렸다고 따졌었다.

언젠가 진기의 아들과 사촌들 간에는 항상 자기 아버지의 공적과 덕행에 관하여 논쟁을 벌였다. 그들은 결말이 나지 않자 할아버지 순식에게 판정을 내려달라고 요구했다. 이때 진식은 이렇게 말했다.

"원방이 형, 계방이 동생 되기도 어렵다(元方難爲兄 季方難爲弟)"

南 柯 一 夢
남 가 일 몽

• 出典 : 이공좌의 『남가기(南柯記)』
• 文意 : 인생의 부귀 영화가 덧없음
남녘 남 / 가지 가 / 한 일 / 꿈 몽

당나라 덕종 때, 광릉 지방에 사는 순우분(淳于棼)의 집 남쪽의 큰 느티나무 아래에 잠이 들었는데 자줏빛 의복을 입은 사람이 나타나 자신은 땅속 괴안국(槐安國) 사람이라 하였다. 순우분이 따라가자 성문이 있고 현판에는 「대괴안국」이라고 씌어 있었다. 성문이 열리고 몇 번이나 사람들이 오락가락 뛰어다니더니 마치 오래된 친구처럼 왕이 나와 반겼다. 이곳에서 국왕의 사위가 된 순우분은 남가 지방에 내려가 정치에 힘을 써 그 고장을 살기 좋게 만들었다. 다시 중앙으로 올라온 순우분은 더욱 세력이 확장되었다. 위협을 느낀 왕은 그를 가두었다. 순우분은 이러는 와중에 깨어났다. 느티나무 밑동을 파보니 거기에는 수많은 개미들이 움직거리고 있었다

南 橘 北 枳
남 귤 북 지

• 出典 : 『안자춘추』
• 文意 : 풍토에 따라 달라짐을 비웃는 말
남녘 남 / 귤 귤 / 북녘 북 / 탱자 지

춘추시대에 유명한 안영(晏嬰)의 소문을 듣고 초나라의 영왕(靈王)이 초청했다. 수인사가 끝난 뒤 영왕이 말문을 열었다.

"제나라에는 그렇게 사람이 없습니까?"

빈정거리는 물음은 안영의 키가 너무 작았기 때문이었다.

"제나라에서 사신을 보낼 때 상대편 나라에 맞게 사람을 선별합니다. 작은 나라에는 키가 작은 사람을 큰 나라는 키큰 자를 보냅니다."

그때 포교가 죄인 한사람을 끌고 지나갔다. 죄인은 물건 훔친 자로서 제나라 사람이라는 것이었다. 영왕은 코웃음치며 빈정댔다.

"제나라 사람들은 도둑질을 잘 하는 모양입니다."

"강남에 있는 귤을 강북에 심으면 탱자가 됩니다. 선량한 제나라 사람이 도둑질하는 것은 분명 기후나 토질 탓일 것입니다."

濫 觴
남 상

• 出典 : 『순자』의 「자도편」
• 文意 : 가장 작은 것에서부터 시작된다
넘칠 람 / 잔 상

공자의 제자 가운데 자로(子路)는 다혈질인 탓에 무엇에나 불쑥 화를 잘 내며 칭찬해 주면 무척 좋아했다.

"낡은 옷을 입고도 표범 가죽으로 만든 값비싼 옷을 입은 사람과 나란이 서도 부끄러운 줄을 모르는 이는 자로 뿐이다. 어디론가 정처 없이 떠나고 싶다. 따라나설 사람은 역시 자로 뿐이다."

스승의 말은 이어졌다.

"양자강의 근원은 민산(岷山)에서 시작되었다. 그 시작은 극히 미미했다. 분량도 적었고 물의 흐름도 고요했다. 이를테면 겨우 '잔을 띄울 정도(濫觴)라고나 할까?' 그러나 차츰 아래로 내려올수록 물의 양이 불어 빠름은 급해지고, 사람은 배를 타고 다니며 이곳에 빠질까를 근심하였다. 세상 이치도 이와 같은 것이다."

南 轅 北 轍
남 원 북 철

• 出典 : 『사기』
• 文意 : 실제의 행동과 주관이 반대됨
남녘 남 / 끌채 원 / 북녘 북 / 흔적 철

전국시대에 위(魏)나라의 왕이 조나라의 수도 한단을 공격했다. 이때 여행중인 계량(季梁)이 급히 돌아와 말했다.

"제가 길에서 어떤 사람을 만났는데 그는 마차를 타고 북쪽으로 가고 있었습니다. 그런데 말머리는 남쪽을 향하고 있었습니다. 이상한 일이잖습니까."

계량은 위왕에게 말했다.

"지금 대왕께서는 나라가 크다는 것을 이유로 조나라의 한단을 공격하려고 합니다. 이것은 이름을 세상에 널리 떨칠 수 없을 뿐 아니라 이런 방법으로 나아가는 것은 대왕의 목표와는 멉니다."

'원(轅)'은 고대 마차 앞면의 지렛대, '철(轍)'은 땅에 패인 마차 바퀴의 흔적을 가리킨다

濫 吹
남 취

• 出典 : 『한비자(韓非子)』
• 文意 : 무능한 사람이 유능한 체 함
함부로 람 / 불 취

제나라의 선왕(宣王)이 사람들에게 우(芋)라는 악기를 불게 하였는데 인원은 3백여명이었다. 이러한 합주에 남곽처사라는 이가 악기를 불겠다고 나섰다. 선왕은 기뻐하며 그를 합주에 끼어 넣었는데 어떤 이가 옳지 않음을 주장했다.

그러나 선왕은 못들은 척했다. 선왕이 세상을 떠나고 민왕이 즉위했다. 다시 예전의 신하가 나섰다.

"대왕마마, 합주를 하는 악사 가운데 엉터리가 있습니다. 마땅히 그들 가운데 엉터리를 가려내야 합니다."

민왕은 그 말을 옳게 여기고 한사람씩 독주(獨奏)를 시켰다. 그러자 뜻밖의 일이 벌어졌다. 3백여명 가운데 상당수의 악사들이 야반도주를 한 것이다. 그 중에는 남곽처사도 끼어 있었다.

南 風 不 競
남 풍 불 경

• 出典 : 『춘추좌씨전』
• 文意 : 힘이나 기세가 약한 것을 나타냄
남녘 남 / 바람 풍 / 아니 불 / 다툴 경

초의 장왕 17년에 초나라는 진(晉)나라를 따르던 정나라를 공격하였다. 정나라가 무너지자 군주인 양공은 옷을 벗어 던지고 항복하였다. 이것은 역대의 제후들이 하던 방법이었다.

이 당시 진나라는 정나라를 도우려고 군사를 파견했으나 이미 초나라에 공략 당했다는 보고를 받고 크게 의기소침하였다. 이것을 역사서에서는 '필(邲)의 싸움'이라하여 진 · 초의 패권 다툼에 버금 가는 큰 전투로 여겼다. 흥미로운 것은 초장왕 5년 때의 일이다. 재상인 자경에게 정나라를 공격하게 하였다. 그러나 정나라에서는 성문을 굳게 잠근채 응전을 하지 않자 동사자만 속출했다. 악공 사광이 말했다.

"남방의 음악은 미미하고 힘이 없어. 처음에는 요란하지만 미미해. 아무 소득이 없을 거야."

囊 中 之 錐
낭 중 지 추

• 出典 : 『사기』의 「평원군열전」
• 文意 : 주머니 속의 송곳
주머니 낭 / 가운데 중 / 갈 지 / 송곳 추

진나라가 조나라의 수도 한단을 포위하자 왕은 급히 평원군(平原君)을 초나라에 보내 동맹을 맺게 하고 원병을 청하였다. 이때 평원군은 열 아홉 명을 뽑았으나 한 명이 부족했다. 식객 중의 한사람인 모수(毛遂)라는 이가 평원군을 찾아왔다.

"저를 뽑아 주십시오."

평원군은 달가운 표정이 아니었다. 3년 동안 있으면서 드러나지 않은 것은 특별한 재주가 없어 그러는 것이라는 생각이었다. 그런데도 모수는 고집을 피웠다.

"저를 주머니에 넣어주셨다면 진즉에 뚫고 나왔을 것입니다. 그러므로 이번에는 나으리께서 주머니에 넣어 주십사 청을 드린 것입니다."

허락을 받은 모수는 임기응변에 능하여 일을 성사시켰다.

狼 狽 不 堪
낭 패 불 감

• 出典 : 『후한서』의 「이고전(李固傳)」
• 文意 : 조급한 나머지 조치를 잘못함
이리 낭 / 짐승 패 / 아니 불 / 견딜 감

낭패(狼狽)는 전설상의 동물이다. '낭'은 태어날 때부터 뒷다리 두 개가 없거나 아주 짧다. 그런가하면 '패'는 앞다리 두 개가 없거나 너무 짧다. 그러므로 두 녀석이 걷기 위해서는 서로 철저한 보조를 맞추어야 한다.

그런데 이 두 녀석은 성격이 전연 다르다. '낭'은 성질이 흉폭하지만 지모가 부족하고, 반대로 '패'는 순한 듯 싶으면서도 지모가 뛰어나다. 그러므로 함께 먹이를 찾아 나갈 때에는 '패'의 말을 따르지 않을 수 없다. 그러다가도 마음이 바뀌지면 문제가 생긴다.

만약에 서로 고집을 피운다면 움직일 수가 없으므로 어느 구석에 쳐박혀 굶어죽을 수밖에 없다. 이러한 '낭'이나 '패'는 한결같이 犭(犬) 변으로 이루어졌다.

內 憂 外 患
내 우 외 환

• **出典** : 『사기』
• **文意** : 근심과 걱정 속에 살아감
안 내 / 근심 우 / 바깥 외 / 근심할 환

기원전 579년. 송나라는 서문 밖에서 진(晉) · 초(楚)를 설득하여 맹약을 체결했다. 서로 불가침의 규약을 지킴으로써 평화를 도모하고 한쪽이 이를 어길 때엔 나머지 두 나라가 연합하여 공격한다는 것이 골자였다. 화원이라는 대부가 조인한 지 3년만에 맹약은 깨어졌다. 또 이듬해인 575년에는 진의 영공과 초의 공왕 사이에 마찰이 생겨 언릉(焉陵)이라는 곳에 대치했다.

이 전투에서 초나라 공왕이 눈에 화살을 맞고 패주하더니 나라의 기세가 크게 꺾이는 비운을 맞이했다.

"제후로 있던 자가 반란한다면 당연히 토벌해야 합니다."

"성인이라면 견딜 것이오. 우리는 밖으로 재난이 없으니 반드시 안으로 우환이 있을 것이오."

內 助 之 功
내 조 지 공

• **出典** : 『삼국지』의 「위서(魏書)」
• **文意** : 아내가 남편을 도움
안 내 / 도울 조 / 갈 지 / 공 공

조조(曹操)가 왕이 된 후 후계자를 누구로 삼을 것인가를 놓고 고민했다. 장자인 조비(曹丕)로 할 것인가, 아니면 문장에 뛰어난 조식(曹植)으로 할 것인가가 그의 고충이었다.

장자를 택하는 것이 옳다는 생각에 보위는 조비에게 넘어갔다. 나중에 조비의 황후가 된 곽(郭)씨가 책략을 썼다는 소문이 돌았다.

조비는 즉위한 후에 3대 명제를 낳은 원후를 참소하여 죽게 하였다. 머리를 풀어 얼굴을 덮고 겨로 입을 틀어막아 죽였다. 문제가 원후를 폐하고 곽씨를 황후로 삼으려 들자 중랑으로 있던 잔잠이 상소했다.

"제왕의 정치로는 내조지공도 있습니다."

이렇게 말하며 『역경』이나 『춘추좌씨전』에 대해 설명하고 곽황후를 세웠다. 내조지공에서 유래하였다.

老 馬 之 智
노 마 지 지

• 出典 : 『한비자』의 「설림편」
• 文意 : 경험에 축적된 지혜가 도움된다
늙을 로 / 말 마 / 갈 지 / 지혜 지

제환공이 고죽국 정벌에 나섰을 때였다. 정벌은 봄에 나갔으나 전투는 한겨울까지 이어지는 등 시간을 끌었다. 당연히 길을 잃어버리는 것은 당연했다.

"이런 때는 말의 지혜를 빌려야 합니다."

재상으로 있던 관중은 늙은 말을 풀어놓아 길을 찾았다. 한 번은 깊은 산 속에서 먹을 물이 떨어져 곤욕을 치렀다. 그러자 습붕이 말했다.

"개미란 녀석은 겨울에는 양지쪽에서 살고 여름에는 음지에서 삽니다. 만약에 개미집이 땅 위의 한 치 높이에 있으면 반드시 여덟 자 밑에는 물에 있습니다."

사람들은 얼마 후 개미집을 찾았다. 과연 습붕의 말대로 개미집 아래를 팠더니 물을 얻을 수 있었다.

老 生 常 譚
노 생 상 담

• 出典 : 『위서(魏書)』의 「관로전
• 文意 : 새로운 의견이 없는 늘 상투적인 말
늙을 로 / 날 생 / 항상 상 / 얘기 담

위나라에 관로(管輅)라는 사람이 있었다. 그는 어려서부터 하늘에 떠 있는 별을 쳐다보는 것을 몹시 즐겼다. 점차 나이가 들어서는 『주역』의 오묘한 묘리에 빠져들었다. 어느 날 이부상서 하안(何晏)이 그를 청하러 갔더니 상서인 등양이 관로와 환담 중이었다.

"요즘에 10여마리의 청파리가 내 코 위에 앉아 있지 뭡니까. 그것들은 아무리 쫓아도 날아가지를 않아요."

관로가 대답했다.

"옛날에 주나라 성왕을 보좌하던 주공께서는 항상 충심으로 직무를 수행하느라 앉아서 날을 밝히는 예가 많았습니다. 이로 인해 나라의 기틀을 공고히 할 수 있는 방법을 찾아냈습니다. 코는 하늘 가운데인데 청파리가 붙었으니 위험합니다."

老 牛 舐 犢
노 우 지 독

• 出典 : 『위서』
• 文意 : 자식에 대한 부모님의 사랑
늙을 로 / 소 우 / 핥을 지 / 송아지 독

건안 24년. 서기 294년에 유비와 조조가 한중을 놓고 쟁탈전을 벌였다. 군량미가 떨어진 조조는 견디기가 힘들었지만 물러서자니 아깝다는 생각을 하고 있었다. 그때 요리사가 닭국을 가져왔다. 국 속에는 몇 조각의 닭고기와 갈비뼈가 들어 있었다. 그날 저녁 하후돈이 들어와 암호를 물었을 때 '계륵(鷄肋)'이라 말해 주었다.

때마침 암호를 들은 양수는 회군하기 위해 서둘러 짐을 쌌다.

군영을 순찰하던 조조는 그의 총명함에 감탄했으나 군영을 어지럽혔다는 이유로 처형했다. 양수의 부친 양표(楊彪)가 말했다.

"내 아들에 대한 선견지명이 없었던 탓에 잘 가르치지를 못했습니다. 그러나 지금은 아들을 잃고 보니 어미 소가 송아지를 핥는(老牛舐犢) 부모된 마음으로서의 슬픔만이 남아 있을 따름입니다."

勞 而 無 功
노 이 무 공

• 出典 : 『장자』의 「천운편」
• 文意 : 수고를 했는데 공이 없음
늙을 로 / 말이을 이 / 없을 무 / 공 공

공자가 위나라에 갔을 때였다. 사금(師金)이라는 이가 공자의 제자 안연(顔淵)에게 말했다.

"노나라와 주나라는 수레와 배만큼의 차이가 있습니다. 그런데 지금 주나라 때에 행하여졌던 도를 노나라에서 시행하고 있으니 이것은 마치 배를 육지에서 밀고 있는 것처럼 공연히 힘만 쓸 뿐 소득이 없으며(勞而無功) 몸에도 반드시 화가 미칠 것입니다."

그런가하면 『순자』의 「정명편」에도,

"어리석은 사람은 갈피를 잡을 수 없다."

이렇게 말했으며 덧붙이기를,

"이런 사람은 요령도 부족하여 무언가를 열심히 말하는 것 같지만 공이 없다."

老 益 壯
노 익 장

• **出典** : 『후한서』의 「마원전(馬援傳)」
• **文意** : 늙을수록 건강에 힘써야 함
늙을 로 / 더할 익 / 장할 장

후한 때의 인물인 마원(馬援)은 어려서부터 큰 뜻을 품었었다. 글을 배우고 무예를 익혀 문무겸존의 명장이었으나 부풍군의 하급 관리로 있었다. 직책은 죄수들을 호송・관리하는 것이었다. 언젠가 죄수들을 호송할 때에 그들이 너무 가엾다는 생각이 들어 앞 뒤 볼 것이 풀어주었다. 마원은 북방으로 도망가 목축을 하여 큰 부자가 되었다. 많은 재산을 친구와 친척들에게 나누어주고 스스로 검소한 생활을 즐겼다.

마원은 훗날 광무제가 된 유수를 찾아가 중용 되었다. 62세가 되었을 때 먼길을 삼가라는 광무제의 말에 마원은 펄쩍 뛰었다.

"소신이 62세이나 아직은 갑옷을 입고 말을 탈 수 있습니다."

이로 인해 후세 사람들은 노익장(老益壯)이라 표현했다.

綠 林
녹 림

• **出典** : 『한서』의 「왕망전」
• **文意** : 도적들의 소굴을 빗대어 이르는 말
초록빛 록 / 수풀 림

전한을 강탈하여 세운 게 신(新)나라다. 신은 왕망이 세워 15년간 이어졌다. 그는 한나라를 강탈하여 황제가 된 후에도 모든 제도를 개혁하고 새로운 정책을 실현하였다.

이때 신시(新市) 사람 왕광과 왕봉은 난민들을 잘 조정하여 추대를 받아 수령이 되었다. 그들은 관군에게 쫓겨다니다가 이향취(離鄕聚)라는 마을을 공략하여 녹림산 속에 근거지를 마련하였다. 이들은 순식간에 8천여명으로 늘어났다.

한때 형주자사의 공격을 받아 위험하기는 했으나 그들을 잘 물리쳐 강하다는 소문이 난 탓에 각지에서 사람들이 모여들어 어느새 5만여의 큰 세력으로 발전했다. 녹림이라는 말은 글자 뜻풀이를 하면 '푸른 숲'을 나타낸다. 그러나 이 말은 '산림(山林)'과는 다르다.

鹿 死 誰 手
녹 사 수 수

- **出典** : 『사기』
- **文意** : 누가 진나라를 탈취할 것인가

사슴 록 / 죽을 사 / 누구 수 / 손 수

중국의 북부 지역에는 오호(五胡)라 이름하는 흉노 · 갈 · 선비 · 저 · 강의 일곱 부족이 거주하고 있었다. 오호 중의 갈족 가운데 석륵(石勒)이라는 이가 있었다. 그는 처음에 병주 땅의 산서성에서 살았으나 흉년이 들자 어떤 부자의 노예가 되었다. 석륵의 주인은 그의 언행을 보고 범상치 않음을 느끼고 각별하게 대해 주었다. 훗날 석륵은 낙양을 함락시키는 등의 공을 세우고 전조(前趙)의 대신이 되었으나 반란을 일으켜 왕이 되었다. 이른바 후조(後趙)다. 그가 어느 날 대신들과 이런 얘기를 했다.

"내가 한고조와 같은 시기에 태어났다면 글세…, 그와 경쟁하기는 힘들었겠지. 그러나 광무제 시대에 중원을 차지하기 위해 각축을 벌인다면 사슴이 누구 손에 죽을 지를 모르지(不知鹿死誰手)."

論 功 行 賞
논 공 행 상

- **出典** : 『삼국지』「위지 명제기」
- **文意** : 공로의 크고 작음으로 상을 내림

정할 론 / 공 공 / 행위 행 / 줄 상

위(魏)나라의 2대왕 문제(文帝)는 한황실을 무너뜨리고 일종의 선위 형식을 빌어 천자에 올랐다. 그러나 이 당시는 삼국통일을 이룩하여 천자가 된 것이 아닌 삼국정립(三國鼎立)의 상태였다. 그런데 황태자 조예(曹叡)는 변변치 못한 인물이었다. 그러므로 문제는 죽기 전에 맹장인 조진과 조휴, 또 유교에 밝은 진군, 백전노장 사마의에게 자신의 사후의 일 처리를 부탁했다.

이때 강하에서는 태수 문빙이 손권을 격퇴시키고, 양양은 사마의가 오군을 격파하여 장패의 목을 베었다. 그런가 하면 조휴는 심양에서 오나라의 별장을 깨뜨리는 공을 세운다. 그러므로 명제는 장수들의 공적을 조사하여 상을 주었는데(論功行賞) '그 공에 따라 행하였다'고 기록되어 있다.

壟 斷
농 단

- 出典 : 『맹자』의 「공손축장구 하」
- 文意 : 이익을 독점하듯 판세를 좌우함

언덕 롱 / 끊을 단

맹자가 제나라의 선왕을 떠나 고향으로 가려 할 때였다. 왕은 시자(時子)라는 신하에게 조건을 붙여 급히 보냈다.

"지금 대왕께서 선생에게 만종의 녹을 주겠다고 하십니다."

맹자가 대꾸했다.

"그 옛날 계손이라는 이가 자숙의(子叔疑)를 평하였소. '벼슬이라는 것은 자신이 하기 싫으면 그만이지 어찌 제자로 하여금 그 자리를 잇게 하는가?' 하고. 그러나 말일세. 마음이 천박한 사내가 있어서 어느 '우뚝한 지점'을 찾아가 거기에서 좌우로 보면서 시장을 독점했었네(壟斷). 사람들은 그것을 천박하게 보았으므로 그때부터 세금을 징수하게 되었다는 것이야."

'농단'은 특정한 자가 권력으로 좌지우지하는 것을 뜻하기도 한다.

累 卵 之 危
누 란 지 위

- 出典 : 『사기』의 「범수채택열전
- 文意 : 금방 무너질 위험한 상태

묶을 루 / 알 란 / 이를 지 / 위태로울 위

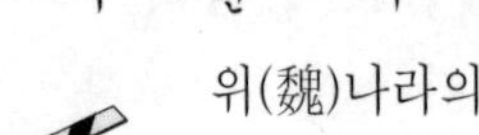

위(魏)나라의 범수(范雎)가 중대부인 수가(須賈)의 부하로 있을 때였다. 수가의 종자로 제(齊)나라에 간 적이 있었다. 제나라에서는 수가보다는 오히려 범수의 재능을 인정하자, 그 바람에 소견이 좁은 수하의 무함을 받아 죽을 처지에 빠졌다.

이때 위나라를 다녀와 진나라로 돌아가는 왕계(王季)라는 사신의 도움을 받아 장록(張祿)이라는 이름으로 진나라에 망명하게 되었다

"위나라에서 온 장록 선생은 사세 파악에 혜안을 가지신 분입니다. 그분께서는 진나라는 계란을 쌓아놓은 것보다 위태롭다(累卵之危)고 합니다. 만약 진나라가 자신을 받아들인다면 평안을 유지할 수 있다는 것입니다. 이런 내용을 알릴 수 없기에 신이 모시고 왔습니다."

이렇게 하여 범수는 훗날에 '원교근공'이라는 계책을 내놓았다.

能書不擇筆
능 서 불 택 필

• 出典 : 『당서』의 「구양순전」
• 文意 : 서예가는 도구를 안 가린다
능할 능 / 글 서 / 아니 불 / 택할 택 / 붓 필

당나라 때 가장 나이가 어린 저수량이 우세남에게 물었다.

"제 글씨를 지영(智英) 선생과 비교하면 어떻습니까?"

지영 선생이란 우세남이 글씨를 배웠던 중의 이름이다.

"지영 선생의 글씨는 한 자에 5만전을 주고 사겠다는 사람이 있었다. 아직 비교가 되지 않네."

"그럼 구양순 선생과 비교하면 어떻습니까?"

"내가 듣기로 구양순 선생은 결코 종이와 붓을 가리지 않고(能書不擇筆) 어떤 종이에 무슨 붓을 가지고 쓰든지 자기 마음먹은 대로 썼다는 것이네. 자네도 그럴 수 있는가?"

우세남은 다시 지적해 주었다.

"자네는 손과 붓이 굳어 있네. 그것을 없앤다면 성공할 것이네."

泥 醉
니 취

• 出典 : 이백의 「양양가(襄陽歌)」
• 文意 : 몹시 술이 취한 상태
진흙 니 / 술 취할 취

장경성(長庚星)이라는 별이 품안으로 들어오는 꿈을 꾸고 나서 아들을 얻었으므로 태백(太白)이라는 이름을 얻은 이백. 그의 용모는 수려하였으며 문학과 역사에도 조예가 깊었다. 그의 뛰어난 문재(文才)를 알게 된 현종은 이백에게만은 특별히 궁안 법도를 따르지 않고 술을 마실 수 있는 특권을 부여하며 한림학사에 임명하였다.

석잔을 마시면 크게 깨우치고 / 다섯 말을 마시면 자연과 합하네
술 세계의 오묘한 맛은 / 취하지 않으면 모르리라

언젠가 이구년이 주루에 올라가니 이백이 꽃을 앞에 놓고 그것을 감상하며 술을 마시고 있었다. 이러한 이백이 말년에는 호북성을 중심으로 하여 양양의 명소를 돌아보았는데 그 당시 읊은 「양양가」의 내용이 그러했다. 주석서를 보면 '니취(泥醉)'는 술 벌레로 표현한다.

여해 한문서당 12단계 선정 문제
제2단계

〈응용카드 1〉

※ 다음 문장의 빈곳을 보기에서 적당한 번호를 찾아 그 단어를 적으시오.

<보기> (1) 寒 (2) 肥 (3) 豊
(4) 芳 (5) 仲 (6) 新
(7) 爛 (8) 化 (9) 嚴
(10) 滿

一. 萬□方暢 : 따뜻한 봄날에 천지 만물이 피어나 자람
二. □山紅葉 : 온통 산을 물들인 단풍으로 물들은 나뭇잎
三. 百花□漫 : 온갖 꽃이 만발함
四. 綠陰□草 : 우거진 나무 그늘과 풀. 철기로는 여름
五. 送舊迎□ : 묵은해를 보내고 새로운 해를 맞이함
六. □秋佳節 : 가을의 아름다운 계절
七. □冬雪寒 : 눈이 내리고 바람 부는 몹시 추운 겨울
八. 落木□月 : 낙엽이 지는 추운 계절
九. 天高馬□ : 하늘이 높고 말이 살찐다는 가을
十. 時和年□ : 나라가 태평하고 풍년이 듦

〈응용카드 2〉

※ 아래의 속담 내용을 <보기>에서 골라 알맞은 번호를 적으시오.

<보기>
(1) 서당개 삼 년이면 풍월 읊는다 (2) 새 발의 피 (3) 죽은 자식 나이 헤아리기 (4) 바늘 도둑이 소 도둑 된다 (5) 귀에 걸면 귀걸이 코에 걸면 코걸이 (6) 이왕이면 다홍치마 (7) 믿는 도끼에 발등 찍힌다 (8) 내 코가 석자 (9) 열 길 물 속은 알아도 한 길 사람 속은 모른다 (10) 밤새도록 울다 누가 죽었는지 모른다

一. 堂狗三年 吠風月(당구삼년 폐풍월)
二. 吾鼻三尺(오비삼척)
三. 旣終夜哭 問誰不祿(기종야곡 문수불록)
四. 水深可知 人心難知(수심가지 인심난지)
五. 耳懸令 鼻懸令(이현령 비현령)
六. 針賊爲大牛賊(침적위대우적)
七. 鳥足之血(조족지혈)
八. 知斧斫足(지부작족)
九 亡子計齒(망자계치)
十. 同價紅裳(동가홍상)

〈응용카드 3〉

※다음에서는 영어를 관련 한자로 바꾸는 훈련을 해 봅니다. 난이도가 높지만 굳이 외우려고 많은 노력을 기울일 필요는 없습니다. 자연스럽게 익히는 것이 본 응용카드의 목적입니다.

<보기> 技術的(기술적) · 專門的(전문적) : technical(테크니칼)

一. 挑戰(도전) — (　　　　)
二. 浪漫(낭만) — (　　　　)
三. 戀愛(연애) — (　　　　)

四. 憎惡(증오) — (　　　　)
五. 孤獨(고독) — (　　　　)
六. 社會的(사회적) — (　　　　)
七. 精神的(정신적) — (　　　　)
八. 物質的(물질적) — (　　　　)
九. 音樂的(음악적) — (　　　　)
十. 象徵的(상징적) — (　　　　)

〈응용카드 4〉

※ 다음의 보기처럼 음과 훈을 적으시오.

<보기> 芽 — (싹 아)

一. 芳 — (　　　　)
二. 花 — (　　　　)
三. 苦 — (　　　　)
四. 苟 — (　　　　)
五. 苗 — (　　　　)
六. 茂 — (　　　　)
七. 若 — (　　　　)
八. 英 — (　　　　)
九. 茶 — (　　　　)
十. 茫 — (　　　　)
十一. 草 — (　　　　)
十二. 荒 — (　　　　)
十三. 莫 — (　　　　)
十四. 莊 — (　　　　)
十五. 荷 — (　　　　)
十六. 菊 — (　　　　)
十七. 菌 — (　　　　)

十八. 菜 — (　　　　)
十九. 華 — (　　　　)
二十. 落 — (　　　　)

〈응용카드 5〉

다음의 애국가는 입사시험 및 한문 급수시험, 준3급 이상에서 출제가 잦은 문제입니다. 본문의 번호가 쓰인 괄호 안을 한자를 채우시오

애 국 가(1)

안익태 작곡

一. 동해(2) 물과 백두산(3)이 마르고 닳도록
하느님이 보우(4)하사 우리 나라 만세(5)
무궁화(6) 삼천리(7) 화려강산(8)
대한(9) 사람 대한으로 길이 보전(10) 하세
二. 남산(11) 위에 저 소나무 철갑(12)을 두른 듯
바람 소리 불변(13) 함은 우리 기상(14)일세
三. 가을 하늘 공활(15)한데 높고 구름없이
밝은 달은 우리 가슴 일편단심(16)일세
四. 이 기상과 이 맘으로 충성(17)을 다하여
괴로우나 즐거우나 나라 사랑하세

〈응용카드 6〉

※ 아래 <보기>처럼 빈 괄호 안에 합당한 말을 써넣으시오.

<보기> 약물 등을 사용하여 편히 죽음 — 安樂死(안락사)

一. 굶어서 죽음 — (　　　　)
二. 객지에서 죽는 것 — (　　　　)
三. 감옥에서 죽음 — (　　　　)
四. 사랑하는 남녀가 함께 죽음 — (　　　　)
五. 물에 빠져 죽음. 익사(溺死)와 같은 것 — (　　　　)

六. 신체 내부의 원인으로 갑자기 죽음 — ( )
七. 독약을 먹고 죽음 — ( )
八. 얼어죽음 — ( )
九. 충의를 위해 목숨을 잃음 — ( )
十. 괴이하게 죽음 — ( )
十一. 폭탄의 파열로 죽음 — ( )
十二. 싸움에 져서 죽음 — ( )
十三. 남녀가 성행위시 죽음 — ( )
十四. 불에 타 죽음 — ( )
十五. 고민 끝에 죽음 — ( )
十六. 수레나 차 등에 깔려 죽음 — ( )
十七. 헛된 죽음 — ( )
十八. 가스 등에 중독 되어 죽음 — ( )
十九. 사약 먹고 죽음 — ( )
二十. 목을 매어 죽음 — ( )

〈응용카드 7〉

※ 아래의 보기처럼 비어 있는 괄호 안에 합당한 말을 써넣으시오.
<보기> 임금의 죽음 — 崩御(붕어)

一. 일반적으로 웃어른의 죽음을 가리킴 — ( )
二. 영원히 잠이 듬 — ( )
三. 목숨이 끊어짐 — ( )
四. 목숨이 떨어짐 — ( )
五. 일반인들의 죽음을 가리킴 — ( )
六. 죄인의 죽음 — ( )
七. 스님이 죽어 부처가 됨 — ( )
八. 황천으로 돌아감 — ( )
九. 영혼이 천국으로 감 — ( )

十. 죽음에 임함 — (　　　)
十一. 귀인의 죽음 — (　　　)
十二. 몰래 죽임 — (　　　)
十三. 참혹하게 죽임 — (　　　)
十四. 목을 베어 죽임 — (　　　)
十五. 총으로 쏘아 죽임 — (　　　)
十六. 활 같은 것으로 쏘아 죽임 — (　　　)
十七. 손으로 쳐서 죽임 — (　　　)
十八. 목을 매어 죽임 — (　　　)
十九. 눌러 죽임 — (　　　)
二十. 반란군 등을 무찔러 죽임 — (　　　)

〈응용카드 8〉

※ 아래의 보기처럼 잘못 표기된 단어의 괄호 안에 맞는 단어를 써 넣으시오.

<보기> 恪別(격별) — (각별)

一. 車馬(차마) — (　　)
二. 丘陵(구능) — (　　)
三. 近況(근항) — (　　)
四. 內人(내인) — (　　)
五. 鹿皮(녹피) — (　　)
六. 冬眠(동민) — (　　)
七. 萬孕(만잉) — (　　)
八. 冒瀆(모두) — (　　)
九. 頒布(분포) — (　　)
十. 復興(복흥) — (　　)

〈응용카드 9〉

※ 아래의 보기처럼 잘못된 표기의 괄호 안에 맞는 단어를 써넣으시오.

<보기> 索莫(색막) — (삭막)

一. 泄瀉(세사) — (　　)
二. 閃光(염광) — (　　)
三. 殺到(살도) — (　　)
四. 迅速(빈속) — (　　)
五. 哀愁(애추) — (　　)
六. 夭折(요석) — (　　)
七. 歪曲(정곡) — (　　)
八 自暴(자폭) — (　　)
九. 障碍(장득) — (　　)
十. 奏請(진정) — (　　)

〈응용카드 10〉

※ 아래의 보기처럼 잘못 표기된 단어의 괄호 안에 맞는 단어를 써넣으시오.

<보기> 茶禮(다례) — (차례)

一. 忖度(촌도) — (　　)
二. 貼付(첨부) — (　　)
三. 蟄居(집거) — (　　)
四. 統帥(통사) — (　　)
五. 分錢(분전) — (　　)
六. 行列(행렬) — (　　)
七. 敗北(패북) — (　　)
八. 割印(활인) — (　　)

九. 孑孑(자자) — (　　)
十. 膾炙(회구) — (　　)
十一. 苛斂(가겸) — (　　)
十二. 更迭(갱질) — (　　)
十三. 攪亂(각란) — (　　)
十四. 汨沒(일몰) — (　　)
十五. 捺印(나인) — (　　)
十六. 撞着(동착) — (　　)
十七. 邁進(만진) — (　　)
十八. 木瓜(목과) — (　　)
十九. 潑剌(발자) — (　　)
二十. 憑藉(빙적) — (　　)
二十一. 蒐集(귀집) — (　　)
二十二. 吟味(금미) — (　　)
二十三. 接吻(접물) — (　　)
二十四. 漲溢(창익) — (　　)
二十五. 統緖(통저) — (　　)
二十六. 喘息(서식) — (　　)
二十七. 捕捉(포촉) — (　　)
二十八. 肛門(홍문) — (　　)
二十九. 偕老(개로) — (　　)
三十. 恰似(합사) — (　　)

모범답안과 해설

〈응용카드 1〉

一. (8)　二. (10)　三. (7)
四. (4)　五. (6)　六. (5)
七.(9)　八.(1)　九. (2)

十.(3)

〈응용카드 2〉

一. (1) 二. (8) 三. (10) 四. (9)
五. (5) 六. (4) 七. (2) 八. (7)
九.(3) 十.(6)

〈응용카드 3〉

一. challenge(첼린저) 二. romance(로멘스) 三. love(러브)
四. hatred(헷트레드) 五. solitude(솔리튜드) 六. social(소셜)
七. mental(멘탈) 八. physical(피지컬)
九.musical(뮤지컬) 十. symbolic(심볼릭)

〈응용카드 4〉

一. 꽃다울 방 二. 꽃 화 三. 쓸 고 四. 구차할 구
五. 모 묘 六. 우거질 무 七. 같을 약 八. 꽃부리 영
九. 차 다 十. 아득할 망 十一. 풀 초 十二. 거칠 황
十三. 없을 막 十四. 씩씩할 장 十五. 연 하 十六. 국화 국
十七. 버섯 균 十八. 나물 채 十九. 빛날 화 二十. 떨어질 락

〈응용카드 5〉

(1) 愛國歌 (2) 東海 (3) 白頭山 (4) 保佑
(5) 萬歲 (6) 無窮花 (7) 三千里 (8) 華麗江山
(9) 大韓 (10) 保全 (11) 南山 (12) 鐵甲
(13) 不變 (14) 氣像 (15) 空豁 (16) 一片丹心
(17) 忠誠

〈응용카드 6〉

一. 餓死(아사) 二. 客死(객사) 三. 獄死(옥사)

四. 情死(정사) 五. 水死(수사) 六. 頓死(돈사)
七. 毒死(독사) 八. 凍死(동사) 九. 忠死(충사)
十. 怪死(괴사) 十一. 爆死(폭사) 十二. 敗死(패사)
十三. 腹上死(복상사) 十四. 焚死(분사) 十五. 悶死(민사)
十六. 轢死(역사) 十七. 浪死(낭사) 十八. 中毒死(중독사)
十九 .賜死(사사) 二十. 絞死(교사)

〈응용카드 7〉

一. 逝去(서거) 二. 永眠(영면) 三 .殞命(운명)
四. 落命(낙명) 五. 死亡(사망) 六. 物故(물고)
七 成佛(성불) 八. 歸泉(귀천) 九. 昇天(승천)
十 .臨終(임종) 十一. 薨逝(훙서) 十二. 暗殺(암살)
十三. 慘殺(참살) 十四. 斬殺(참살) 十五 .銃殺(총살)
十六 射殺(사살) 十七. 搏殺(박살) 十八. 縊死(액사)
十九. 壓殺(압살) 二十. 誅殺(주살)

〈응용카드 8〉

一. 거마 二. 구릉 三. 근황 四. 나인
五. 녹비 六. 동면 七. 만타 八. 모독
九. 반포 十. 부흥

〈응용카드 9〉

一. 설사 二. 섬광 三. 쇄도 四. 신속
五. 애수 六. 요절 七. 왜곡 八. 자포
九. 장애 十. 주청

〈응용카드 10〉

一. 촌탁 二. 첩부 三. 칩거 四.통수
五. 푼전 六. 항렬 七. 패배 八. 할인

九. 혈혈　十. 회자　十一. 가렴　十二. 경질
十三. 교란　十四. 골몰　十五. 날인　十六. 당착
十七. 매진　十八. 모과　十九. 발랄　二十. 빙자
二十一. 수집　二十二. 음미　二十三. 접문　二十四. 창일
二十五. 통서　二十六. 천식　二十七. 포착　二十八. 항문
二十九. 해로　三十. 흡사

제3장

<다>

多多益善
다다익선

• 出典 : 『사기』의 「회음후열전」
• 文意 : 많을수록 좋다
많을 다 / 많을 다 / 더할 익 / 착할 선

한(漢)나라를 세운 유방은 의심이 많은 인물이었다. 천하가 통일된 시점에서는 대신들이 한결같이 자신의 자리를 노리는 이리나 늑대쯤으로 생각했다. 그러므로 어떻게든 꼬투리를 잡아 처형시킬 궁리를 하고 나섰다. 유방이 이런 말을 했었다.

"짐은 장막 안에서 계산하는 것은 장량만 못하고, 백성을 굶주리지 않게 하는 것은 소하만 못하다. 또한 싸우면 이기는 방법은 한신을 따를 수 없다."

유방은 자신이 얼마나 거느릴 수 있겠느냐고 한신에게 물었다.

"폐하는 10만 명쯤이 적당합니다. 반면에 소장은 많을수록 좋습니다(多多益善)."

병사의 수효가 많을수록 좋다는 뜻이다.

多士濟濟
다사제제

• 出典 : 『시경』의 「대아(大雅)」
• 文意 : 인재가 아주 많다
많을 다 / 무사 사 / 정할 제 / 단정할 제

『시경』의 「대아편」에 있는 문왕(文王)이라는 시는 하늘이 주(周)나라를 주었으니 당연히 덕(德)이 있어야 유지됨을 훈계하고 있다.

문왕의 명성 온누리에 그칠 날이 없고 / 아, 이 나라 문왕의 자손. 무왕은 그 현손 / 무궁히 뻗어가며 이 땅의 모든 신하들 / 대대로 섬기어 받드는 도다 / 대대로 빛나는 치적 매사는 한층 삼가도다 / 아, 훌륭한 인재들 있어 이 나라에 태어났도다 / 많은 인재들이 있으니 모두 나라의 기둥이로세 / 많은 인재들 있으니(多士濟濟) 문왕께선 마음놓으시라

천명 사상이 강조된 위의 시에서 주희(朱熹)는 문왕이라는 시를 써 왕을 훈계하기 위해 지었다고 풀이했다. 근거는『여씨 춘추』「고악편」에서 시를 인용한 점이다. 여기에서 '다사제제(多士濟濟)'는 일을 하기 위해서는 많은 인재가 필요하다는 것을 의미한다

斷 機 之 敎
단 기 지 교

• **出典** : 『후한서』의 「열녀전」
• **文意** : 베를 끊어 아들을 가르치다
끊을 단 / 베틀 기 / 이를 지 / 가르칠 교

맹자가 집을 떠나 공자의 손자 자사(子思)의 문하에 들어가 공부를 한 지 얼마 안되어 '어머니가 보고싶다'는 이유를 들어 집으로 돌아왔다. 가난한 살림에 쪼들리면서도 자식만은 어떻게든 학업에 정진시켜 훌륭한 인재를 만들려는 어머니의 소망은 한순간 암담해졌다. 맹자의 어머니는 나직이 물었다.

"공부는 다 마쳤느냐?"

"아닙니다. 어머니가 보고 싶어 잠시 다니러 왔습니다."

맹자의 어머니는 말없이 한쪽에 놓인 칼을 들어 짜던 베를 잘라버렸다(斷機之交). 몇 길이나 된 베는 순식간에 무용지물로 변해버렸다.

"네가 공부를 그만둔 것은 오랫동안 열심히 짜던 베를 중도에 자르는 것과 같다."

斷 腸
단 장

• **出典** : 『세설신어(世說新語)』
• **文意** : 창자가 끊어지는 비통한 슬픔
끊을 단 / 창자 장

진나라의 환온(桓溫)이 촉나라로 가던 중, 삼협(三峽)이라는 곳을 지날 때였다. 그를 따라오며 시종 하던 사내가 숲속에서 원숭이 새끼 한 마리를 잡아왔다.

"아주 귀여운 원숭이 새끼야!"

배가 떠나자 어미 원숭이가 울부짖으며 달려왔다. 뱃길은 백여리를 훨씬 지나 포구에 이르렀다. 그때 먼길을 달려온 어미 원숭이가 크게 소리 지르며 훌쩍 배에 올라탔다.

그러나 어미 원숭이는 이내 죽고 말았다. 배 안에 있던 사람들이 원숭이의 배를 갈라보니 창자가 한 치 어림으로 토막토막 끊겨 있었다. 어찌나 슬퍼했던 지 창자가 토막토막 끊긴 것이다. 소식을 들은 환온은 시종을 크게 꾸짖고 쫓아버렸다.

唐 突 西 施
당 돌 서 시

• 出典 : 『진서』
• 文意 : 자기를 낮추는 겸손한 말을 가리킴
당나라 당 / 갑자기 돌 / 서녘 서 / 베풀 시

서시(西施). 중국의 춘추시대에 월나라의 미인이다. 이 '당돌서시'는 진나라 주의(周顗)의 고사이다. 주의의 친구인 강량(康亮)이 어느 날 많은 친구들 앞에서 주의를 악광(樂廣)과 비교한다고 말했다.

악광은 진나라의 현인으로 그가 죽은 후에는 많은 사람들이 추모한 인물이었다. 본래 겸손하기 이를 데 없는 주의는 강량의 말을 듣고 난 후에 어떻게 자신이 악광과 비교하는가를 불안해하였다.

"무염(巫炎)은 본시 용모가 추악한 부인이시네. 또한 서시는 재색을 겸비한 미인이네. 갓난아이도 아는데 어찌 자네는 나를 악광과 비교한단 말인가? 그대가 그런 주장을 하면 무염을 서시와 똑같다고 말하는 것이니 이 어찌 서시를 거스르는 일(唐突西施)이 아닌가 말일세."

이 성어는 자신을 낮추는 말이다.

螳 螂 拒 轍
당 랑 거 철

• 出典 : 『회남자』의 「인간훈」
• 文意 : 분수를 모르고 날뜀
사마귀 당 / 사마귀 랑 / 막을 거 / 흔적 철

춘추시대 제나라 영공(靈公)의 큰아들인 광(光)은 훗날에 제장공(齊莊公)이 된다. 어느 날 장공이 사냥을 나갔는데 수레 앞에 처음 보는 벌레가 막아섰다. 풀빛 색깔을 가진 그 벌레는 기다란 몸을 쳐들고 바퀴를 구르지 못하도록 막는 시늉을 하며 막아섰다. 장공이 물었다.

"어허, 쌍칼 같은 팔을 휘두르는 저 벌레의 이름이 무엇이냐?"

"사마귀입니다."

"사마귀? 한데, 어찌 저러고 있는고?"

"저 벌레는 앞으로 나아갈 줄만 알뿐 도무지 후퇴를 모릅니다."

장공은 무모하지만 용감한 병사와 같은 사마귀를 그냥 죽게 할 수 없다는 생각에 수레를 돌려 목적지로 향하였다.

大 公 無 邪
대 공 무 사

• **出典** : 『사기』
• **文意** : 공명정대하게 일을 처리하다
큰 대 / 드러낼 공 / 없을 무 / 사사 사

춘추시대에 진(晉)의 평공이 어느 날 기황양(祁黃羊)에게 말하였다.

"남양현의 현장 자리에 누구를 보내면 좋겠소?"

"해호(解狐)를 보내는 것이 좋겠습니다. 그러면 반드시 훌륭히 일을 처리할 것입니다."

"해호는 그대의 원수가 아닌가? 어찌 해호를 추천하는가?"

"공께서는 어느 누가 임무를 훌륭히 처리할 것인지를 물었지, 저의 원수가 누군가를 묻지 않으셨습니다."

평공은 곧 남양현으로 해호를 파견하였다. 임지에 도착한 해호는 맡은 바 임무를 충실히 이행하였다. 어느 정도 시간이 지난 뒤 궁안의 비어있는 법관자리에는 자신의 아들 기오(祁午)를 추천하였다.

大 器 晩 成
대 기 만 성

• **出典** : 『삼국지』, 『후한서』
• **文意** : 큰그릇은 늦게 이루어진다
큰 대 / 그릇 기 / 늦을 만 / 이룰 성

위(魏)나라에 최염(崔琰)이라는 장수가 있었다. 수염은 좋이 넉 자가 되었으며, 한눈에 대인의 기품이 있는 호걸이었다. 이 최염에게는 최림(崔林)이라는 사촌 동생이 있었다. 그는 젊었을 때에 주위로부터 업신여김을 받았다.

"큰 종이나 그릇은 쉽게 만들어지는 게 아니야. 최림 역시 큰그릇이나 종처럼 오랜 시간을 걸려 만들어지는 경우지."

최염의 예측대로 최염은 훗날 삼공의 자리에 올라 천자를 보필하였다. 그런가 하면 후한의 광무제 때에 북파장군 마원(馬援)은 시골을 떠날 때에 인사차 들르자 그의 형이 말했다.

"너는 대기만성형이다. 양공은 다듬지 않은 재목을 함부로 보이지를 않고 스스로 마음에 잘 들도록 다듬는다."

大 團 圓
대 단 원

• **出典** : 『당서(唐書)』
• **文意** : 일의 마무리를 원만하게 짓다
큰 대 / 둥글 단 / 둥글 원

「장한가」에는 양옥환의 살결을 '온천수활세응지(溫泉水滑洗凝脂)'라고 읊고 있다. 즉, 미끄러운 온천물에 옥같은 살결을 씻었다는 것이다.

당시 조정에는 간신배들이 날뛰었다. 특히 이임보의 전횡은 국정을 도마 위에 올려놓은 듯 위태롭기 그지없었다. 따라서 '개원의 치'는 이미 빛바랜 뒤였다.

초기의 어진 정치는 퇴색할 대로 퇴색하였으며 간신배가 날뛰는 황궁을 향해 3도 절도사 안록산이 반기를 들었다. 난을 진정시키는 조건으로 양귀는 고력사에게 액살당하는 신세가 된다.

세상 사람들은 양귀비의 얼굴을 둥굴둥굴하고 원만하다고 평하였는데 그것이 대단원이다.

大 同 小 異
대 동 소 이

• **出典** : 『장자』의 「천하편」
• **文意** : 그것이 그것 정도로 쓰임
큰 대 / 같을 동 / 작을 소 / 다를 이

천지만물은 '크게는 같고 작게는 다르다'고 하는 것이 장자(莊子)의 시각이다.

『장자』의 「소요유편」에 의하면, 인간의 기관은 육체적인 부분만이 듣거나 보는 것이 아니라 하였다. 정신적인 기관도 능히 들을 수 있다는 관점이다. 사람은 천박한 지식으로 생각이 어두워지고 귀가 막히며 사물의 밝은 철리를 볼 수 없는 것이다. 『장자』의 「제물편」에 의하면, '모든 존재는 저것과 이것으로 구분된다. 그러나 저쪽 편에서 보면 이것이 저것이 되고 저것이 이것이 된다. 다시 말해 이것과 저것은 상대적이라는 말이다. 공자 역시 중용에서 말했다.

"세상에서는 크게 보면 같은데 그것을 작게 보면 다른 것을 알 수 있다. 이것을 대동소이(大同小異)라 한다."

大 義 滅 親
대 의 멸 친

• 出典 : 『춘추좌씨전』
• 文意 : 큰일을 위해 사사로운 정을 물리침
큰 대 / 옳을 의 / 다할 멸 / 친할 친

위(衛)나라의 공자 주우(州吁)가 장공(莊公)의 사랑을 한 몸에 받고 태어났다. 그러나 장공의 뒤를 이어 환공이 보위에 오르자 난을 일으켜 그 자리를 빼앗았다. 이러한 주우 곁에는 항상 책동하기를 좋아하는 석후(石厚)가 있었다. 그의 부친 석작(石碏)의 근심은 이만저만이 아니었다.

"싸우기만을 좋아하는 것은 장차 나라에 큰 화를 미칠 것이다."

그러므로 석작은 기회 있을 때마다 이들의 과격한 행위를 나무랐지만 귀담아 듣지 않자 방법을 생각할 수밖에 없었다.

"황실에 가서 천자를 뵈어야 할 것이다."

그렇게 하여 주우와 석후는 진나라로 출발했다. 이들이 진나라에 도착하자 석작의 고발에 의해 그들은 도착한 즉시 목이 달아났다.

大 丈 夫
대 장 부

• 出典 : 『맹자』의 「등문공 하」
• 文意 : 큰 남자, 곧 남자다운 남자
큰 대 / 어른 장 / 사내 부

경춘(景春)이라는 이가 맹자에게 물었다.

"공손연이나 장의는 대장부가 분명하지요?"

맹자는 고개를 저었다.

"어찌 그들이 대장부겠는가. 그것은 여자들이나 할 수 있는 일이다. 그대는 예(禮)를 배우지 않았는가. 대장부라면 모름지기 천하의 넓은 집에서 살며 천하의 큰길에서 선다. 또한 큰 덕을 행하여 이루어지면 백성과 더불어 즐기고, 뜻을 얻지 못하면 혼자서 즐긴다. 또한 아무리 가난하고 천한 자리에 섰더라도 내 마음이 옮겨가지 않아야 하는 것, 모름지기 이래야만 대장부라 한다."

바로 그런 점에서 장의와 공손연은 정도를 걷지 않고 옆길로 갔으며, 큰문을 통과하지 않고 도둑처럼 담을 넘었다는 것이다.

盜糧
도 량

• **出典** : 『사기』의 「범수채택열전」
• **文意** : 적에게 이로움을 주는 전쟁
도적 도 / 양식 량

위나라 사람 범수(范睢)의 자(字)는 숙(叔)이다. 그는 처음에 수가(須賈)를 섬겼으나 그의 재간을 시기하여 심하게 때리는 바람에 갈비뼈가 부러지는 상해를 입었다. 겨우 목숨을 부지한 범수는 진나라로 들어가 이름을 장록(張祿)으로 고치고 공을 세웠다.

사마천의 『사기』에는 이렇게 분석한다.

"제나라가 패한 원인은 어디에 있는가. 그것은 초를 정벌함으로써 한(韓)과 위(魏)를 살찌웠기 때문이다. 이것은 적의 병력을 빌어서 도둑에게 식량을 가져다 준 것과 같다."

그러므로 범수는 가까운 곳을 공격하고 먼 곳은 사귀어 두는 작전상의 이중대를 사용한 것이다. 이러한 방책은 곧 채택하여 범수는 큰공을 세웠다.

桃李
도 리

• **出典** : 『사기』
• **文意** : 훌륭한 인재나 재자를 가리킴
복숭아나무 도 / 오얏 리

춘추시대 위(魏)나라의 대부에 자질(子質)이라는 사람이 있었다. 실권이 있었을 때에는 똑똑한 인재들을 추천하여 관직에 나서는 이가 많았으나 위문후(魏文侯)에게 죄를 짓고 북방으로 쫓기게 되자 누구 한 사람 도와주는 이가 없었다. 어느 날 친구를 만나 푸념을 터뜨렸다.

"이보게 어찌 이럴 수 있단 말인가. 내 신세가 이렇게 되자 누구 하나 거들떠보지도 않는단 말일세."

그러자 자간이 말했다.

"이보게 봄에 복숭아나무나 오얏나무를 심어보게. 그것들은 자라면 여름에 시원한 그늘을 만들어 주고 가을이면 열매까지 주지를 않는가. 다시 말해 인재의 육성은 나무를 심는 것과 같네. 먼저는 대상을 엄격히 선발한 다음 가르쳐야 하네."

道 不 拾 遺
도 불 습 유

• 出典 : 『사기』의 「상군전(商君傳)」
• 文意 : 남의 물건을 줍지 않음
길 도 / 아니 불 / 주을 습 / 잃을 유

전국시대에 진나라의 효공이 상앙(商鞅)을 중용하여 부국강병의 정책을 시행했다. 상앙은 집권하게 되면서 혹독한 법을 시행했다. 이보다 앞서 상앙은 열 여덟 자나 되는 나무를 도성의 남문에 세우고, 그것을 북문으로 옮기는 자에게 10금을 준다고 방을 붙였다. 그러나 백성들이 건들이지 않자 이번에는 50금을 준다고 방을 고쳤다. 이때 한 사내가 그것을 남문 쪽에 옮기자 상앙은 그에게 약속된 액수를 주고 신법을 발표했다.

"누구든지 지키지 않으면 엄벌에 처하노라."

법령이 시행된 지 10년이 되었다. 진나라의 백성들은 마음으로 복종하였으며 길에 떨어진 물건을 줍는 자도 없었고 산에는 도적이 없을 만큼 살림살이가 풍족해졌다.

桃 園 結 義
도 원 결 의

• 出典 : 『삼국지』
• 文意 : 의형제를 맺음
복숭아 도 / 동산 원 / 올 결 / 의 의

훗날 촉한(蜀漢)의 주인이 된 유비(劉備)는 지금의 북평 서남쪽에서 태어났다. 그는 전한 경제(景帝)의 아들로 중산왕(中山王)으로 봉해진 유승(劉勝)의 후예였다.

그의 조부(유웅)는 겨우 현령에 미쳤으며 부친 유승은 일찌감치 세상을 떠났으므로 편모 슬하에서 돗자리를 짜며 생활을 꾸려나갔다. 점차 나이 들어서는 협객들과 교우하였다. 이러한 인물 중에 관우와 장비가 있었다. 서로의 뜻이 맞은 세사람은 복숭아꽃이 만발한 화원에서 의형제를 맺었는데 훗날에 이르기를 '도원결의'라 하는 의식이었다. 유비는 맏형이 되고 그 다음이 관우, 막내가 장비였다.

이렇듯 어지러워진 후한의 붕괴원인은 황건적의 난이지만, 이로 인해 도원의 결의가 생겨나는 배경이 되었다.

桃 源 境
도 원 경

• 出典 : 도연명의 「도화원시병기」
• 文意 : 속세를 떠난 이상향의 세계
복숭아 도 / 근원 원 / 지경 경

진(晉)나라의 태원(太元) 연간에 무릉에 한 어부가 살고 있었다. 그는 평소 하던 대로 작은 배를 이끌고 좁은 강을 따라 올라가다가 복숭아숲의 막다른 곳에 있는 작은 동굴로 들어갔다.

어떤 사람이 말했다.

"우리 조상들이 이곳으로 온 것은 진나라 때의 혹독한 학정 때문이었습니다. 그 이후 우리는 한 번도 밖으로 나간 적이 없습니다."

그들은 한(漢)나라도 모르고 위(魏)와 진(晉)도 알지 못했다. 며칠을 지내고 돌아갈 즈음에 노인이 말했다.

"우리들에 대한 얘기는 말아주십시오."

어부는 군데군데 표시를 해두고 집으로 돌아왔다. 우선 관가에 들러 이 같은 일을 보고하고 다시 찾아 나섰으나 헛수고였다.

陶 朱 之 富
도 주 지 부

• 出典 : 『사기』의 「화식전」
• 文意 : 중국에서 최고의 부자인 도주공
질그릇 도 / 붉을 주 / 이를 지 / 부자 부

서시(西施)라는 여인으로 미인계를 사용해 오나라를 무너뜨린 월왕 구천은 나중엔 춘추오패(春秋五覇)로 불릴 만큼 성장하였다. 이러한 작전을 성공시킨 책략가 범려(范蠡)는 구천의 관골을 보고 평하였다.

"환란은 같이할 수 있어도 영화는 함께 누릴 수 없는 인물이다."

그의 눈은 정확했다. 구천은 크고 작은 전투를 지휘했던 문종에게 자살할 것을 명하여 죽게 했다.

이후 범려는 서호(西湖)로 나갔다. 제나라에 가서는 치이자피(鴟夷子皮)라 하였으며, 산동성 정도현으로 가서는 도주공(陶朱公)이라 하였다. 그는 장사를 시작했다. 화물을 사들였다가 적당한 시기에 내다 팔아 천금을 벌었다. 그는 부유해지면 덕을 행하기를 즐겨 하였으므로 중국에서는 도주공을 앞자리에 놓았다

道 聽 塗 說
도 청 도 설

• 出典 : 『논어』의 「양화편」
• 文意 : 길에서 듣는 말
길 도 / 들을 청 / 진흙 도 / 말씀 설

공자는 『논어』의 「양화편」에서 말했다.

"길에서 어떤 말을 들었을 때에 그것을 자신의 마음속에 넣어 수양의 양식으로 삼아야 한다. 그런데도 그것을 길에서 다 지껄여버리는 것은 결코 도움이 되지 않는다. 좋은 말은 마음에 잘 간직해 두었다가 자기 것으로 삼아야 덕을 쌓을 수 있다."

그런가하면 『순자』의 「권학편」에는 다음같이 말한다.

"소인의 학문은 귀로 들으면 입으로 빠져나간다."

그러므로 순자는 말한다

"요즘 사람들은 어찌된 셈인지 중언부언 지껄여 버린다."

군자의 학문은 묻지도 않는 것에 대해 수다를 결코 떨지 않으며 단지 묻는 것에만 답해야 한다.

塗 炭 之 苦
도 탄 지 고

• 出典 : 『서경』의 「탕서편(湯誓篇)」
• 文意 : 견디기 힘든 학정을 뜻함
진흙 도 / 숯 탄 / 갈 지 / 어려울 고

하(夏)나라의 걸왕(桀王)과 은나라의 주왕(紂王)은 역사적으로 가장 황음무도한 혼군이었다고 기록하고 있다. 그들은 백성들을 학정으로 몰아넣었다. 그 이유는 한결같이 여인들 때문이었다. 하나라의 마지막 임금인 걸왕을 타도한 것은 은나라의 탕왕이다. 탕왕은 반란을 일으킬 때마다 병사들에게 소리쳤다.

"지금 천하 만민은 도탄에 빠져 있다!"

걸왕의 죄가 많아 하늘이 그를 치게 한 것이라고 목청을 돋구었다. 병사들을 이끌고 걸왕을 공벌한 탕왕은 고향 박(亳) 땅에 돌아왔을 때 제후들을 모아놓고 일장 연설을 한다. 백성들은 흉측한 해를 입어 그 쓰라림은 차마 말로 표현할 수 없을 정도였다. 하늘의 도는 무심치 않아 선한 자에게 복을 주고 악한 자에게는 벌을 내린다는 것이다.

倒 行 逆 施
도 행 역 시

• 出典 : 『사기』의 「오자서열전」
• 文意 : 자기 멋대로 해서는 안될 일을 함
거꾸로 도 / 갈 행 / 거스를 역 / 베풀 시

춘추시대에 초나라의 평왕(平王)은 무도했다. 그의 곁에는 항상 아첨배들이 들끓어 황실의 기강은 무너지고 황음은 도를 더해갔다. 이때 평왕은 간신들의 모함을 받아 태자가 모함할 것이라는 말을 듣고 스승 오사(伍奢)를 불러 고문했다. 오사가 말했다.

"대왕께서는 아첨배들의 말에 현혹되어 혈육을 죽이시렵니까?"

평왕은 일단 오사를 감옥에 가두었다. 이때 아첨꾼들은 자신들의 죄과가 드러나는 것이 두려워 오상(伍尙)과 오원(伍員)을 불러들여 죽여야 한다는 계책을 내놓았다. 그들이 오면 함께 살해하자는 계책이었다. 평왕은 오사에게 자식들을 불러들이는 글을 쓰게 하였다.

"큰아들 오상은 인후하고 효성이 극진하므로 죽는다 해도 올 것이오. 그러나 둘째 오원(伍員;子胥)은 결코 오지 않을 것이오."

讀 書 亡 羊
독 서 망 양

• 出典 : 『장자』의 「병무편」
• 文意 : 어떤 일에 몰입해 정신을 빼앗김
읽을 독 / 글 서 / 잃을 망 / 양 양

『장자』의 「병무편(騈拇篇)」에는 다음과 같은 이야기가 실려 있다. 남자 하인 장(臧)과 여자 하인 곡(穀)이 한 집에 살면서 양을 돌보는 일을 하고 있었다. 그런데 어느 날 두 사람이 함께 양을 잃어버렸다. 장에게 그 이유를 물었다.

"저는 대나무 쪽을 들고 글을 읽고 있었습니다. 그러다 보니 어느 순간 양이 보이지를 않았습니다."

"재미있는 주사위 놀이에 정신이 팔렸다가 나중에 양을 찾아보니 없었습니다."

두 사람이 하는 놀이는 달랐지만 양을 잃어버린 것은 같았다. 이것은 마음이 밖에 있어 도리를 잃어버린 것이다. 그러므로 다른 일에 정신이 팔려 하던 일을 소홀히 하면 결과적으로 일을 망치게 된다.

讀 書 百 遍
독 서 백 편

• 出典 : 『삼국지』의 「위지(魏志)」
• 文意 : 글을 많이 읽으라
읽을 독 / 글 서 / 일백 백 / 두루 편

후한 말기에 동우는 시중(侍中)을 비롯하여 대사농(大司農) 등의 지위에 올랐으며 『노자(老子)』나 『춘추좌씨전(春秋左氏傳)』을 강의할 만큼 학문이 깊었다. 그는 글을 배우겠다고 찾아오는 사람에게 늘 같은 말을 했다.

"내게서 글을 배우기보다는 그대 혼자서 읽어보게. 글을 읽고 또 읽으면 자연 뜻이 통하게 될 걸세."

그러므로 「위지(魏志)」 13편에는 그에 대해 이런 해설을 기록해놓았다.

<동우는 가르치기를 즐겨하지 않았다. 그는 찾아오는 사람에게 모름지기 글을 백번 읽으라고 권면했다.>

이렇게 하여 생겨난 성어가 독서백편의자현(讀書百遍義自見)이다.

獨 眼 龍
독 안 룡

• 出典 : 『오대사』의 당기(唐記)
• 文意 : 눈이 하나 뿐인 용맹한 장수
홀로 독 / 눈 안 / 용 룡

당(唐)의 희종(僖宗) 8년에는 천하를 소동시키는 황소(黃巢)의 난이 있었다. 난을 일으킨 무리들은 점차 그 수효가 더해지더니 급기야 수십만으로 불어났다. 황소는 낙양을 점령하고 수도 장안으로 밀고 들어와 스스로 황제를 칭하고 대제국(大齊國)을 세웠다.

당시 성도로 몸을 피한 희종은 돌궐의 사타족 출신인 이극용(李克用;나중에 후당의 태조가 됨)을 발탁했다. 이때 이극용은 황소들을 맹렬히 공격하여 장안에서 몰아냈다. 이 당시 이극용은 나이가 고작 28세 였다. 독안이라는 것은 본래 '애꾸눈'을 의미한다. 그러나 이극용은 애꾸는 아니었다. 그는 남들이 보면 애꾸눈이라고 할만큼 한쪽 눈이 찌그러져 있었으므로 당시 사람들은 그의 무명(武名)을 높여 독안룡이라 부른 것이다.

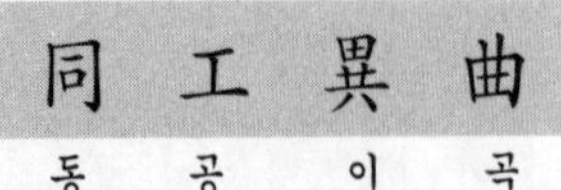

同 工 異 曲
동 공 이 곡

• **出典** : 한유의 「진학해(進學解)」
• **文意** : 만든 것은 같지만 곡조가 다르다
같을 동 / 장인 공 / 다를 이 / 곡절 곡

당송팔대가의 한사람인 한유(韓愈)는 하양 출신으로 자(字)는 퇴지(退之)다. 그는 기회가 주어지는 대로 학생들과 문답식 교육을 했다. 언젠가 학생이 말했다.

"선생님은 대문장가이십니다. 인격자이신 선생님께서 다른 사람의 죄를 뒤집어쓰고 벌을 받는다는 것은 참으로 옳지 않습니다."

"무슨 소리. 공자나 맹자와 같으신 분도 불우했는데 내가 벼슬자리에 한가롭게 붙어 있는 것은 과분하지 않은가."

한유가 학생들을 가르치는 「진학해」에 다음과 같은 말이 나온다.

"한유의 시는 올바르고 빛이 난다. 장자와 굴원의 『이소(離騷)』에 미치고 기록되어 있는 양웅이나 사마상여와 같되 곡을 달리한다(同工異曲). 선생의 글에는 그 가운데를 덮는다."

同 病 相 憐
동 병 상 련

• **出典** : 『오월춘추(吳越春秋)』
• **文意** : 처지가 비슷한 사람끼리 동정함
같을 동 / 병 병 / 서로 상 / 불쌍할 련

오자서가 오나라의 사실적인 실권자가 되었을 때에 초나라에서 한 인물이 찾아왔다. 그는 억울한 누명을 쓰고 도망쳐 온 백비라는 장수였다. 오자서는 그를 합려에게 추천하여 대부 벼슬에 임명하게 하였다. 그것을 보고 점쟁이 피리가 물었다.

"당신은 어찌하여 백비를 한 번 보고 믿은 것이오?"

"나와 같은 처지에 있기 때문이오."

"처지? 어떤 처지?"

"같은 병은 서로 불쌍히 여기고(同病相憐), 같은 근심은 서로 구원하는 법(同憂相求). 나는 새는 서로 따라서 날고, 여울 아래 물은 함께 흐르네."

피리는 백비가 반역의 상이라고 경고하였다. 예언은 맞아떨어졌다.

東施效顰
동 시 효 빈

• 出典 : 『오월춘추(吳越春秋)』
• 文意 : 함부로 남의 흉내를 내는 것을 말함
동녘 동 / 베풀 시 / 효험 효 / 흉내낼 빈

서시(西施)가 범려에게 발탁이 되기 전 그녀는 저라산 깊숙히에서 깁옷을 빠는 평범한 처녀였다. 미색은 뛰어났지만 체신이 버들개지처럼 가냘퍼 보는 이의 눈길에 측은해 보이기 십상이었다.

그녀가 사는 마을에 동시(東施)라는 처녀가 있었다. 용모가 너무 추하여 사내들의 관심 밖으로 밀려났지만, 유난히 서시에게 사내들의 눈길이 향하자 그녀는 분명 어떤 비밀이 있을 것이라는 생각을 해보았다. 그런 이유로 무엇이든 그녀가 하는 그대로 따라 했다.

본래 서시는 위장병을 앓았었다. 그러므로 고통이 밀려올 때엔 한 손으로 볼을 만지고 다른 손으로 가만히 가슴을 쓸어내렸다. 이 모습을 보고 사내들은 넋을 빼앗겼다. 동시가 재빨리 이 모습을 흉내내었으나 사내들은 냉소를 띨 뿐이었다.

東食西宿
동 식 서 숙

• 出典 : 『태평어람(太平御覽)』
• 文意 : 떠돌이 신세를 의미함
동녘 동 / 먹을 식 / 서녘 서 / 머물 숙

제(齊)나라에 혼기를 놓친 처녀가 있었다. 때마침 두 곳에서 청혼이 들어왔다. 동쪽에 있는 집은 얼굴이 못생겼으나 집안이 부유했으며, 서쪽 집안의 총각은 집은 가난했으나 빼어난 용모를 지녔다. 보다못해 부모가 나섰다.

"네가 동쪽 집으로 가고 싶으면 왼쪽 어깨에 걸친 옷을 벗고, 서쪽 집으로 시집가고 싶으면 오른쪽 어깨에 걸친 옷을 벗어라. 알겠느냐?"

처녀는 한동안 그대로 있었다. 그러다가 슬며시 양쪽 어깨에 걸친 옷을 한꺼번에 벗어버렸다. 부모가 놀라 물었다.

"애야, 어떻게 하자는 것이냐?"

"낮에는 동쪽 집에 가서 먹고 잠은 서쪽 집에서 자고 싶어요."

지극히 어색하고 탐욕스러운 답변이었다.

銅 臭
동 취

• 出典 : 『구당서(舊唐書)』
• 文意 : 돈으로 관직을 산 장사꾼
구리 동 / 냄새 취

돈으로 관직을 산다는 것은 뇌물과는 다르다. 중국에서는 공식적으로 사용되어 왔기 때문이다. 그러나 사람들은 한결같은 생각을 가지고 있다. 그것은 관직을 돈으로 살 경우 상대방을 멀리한다는 점이다. 그것을 '동취'라 했다.

이러한 동취의 대표적 인물이 수(隋)나라 말기의 무사확이라는 상인이었다. 그는 태원에서 일어난 이연이라는 장수에게 군자금을 주어 훗날 당나라가 들어섰을 때에 그는 이주도독 자리에 올랐다. 그러므로 사람들은 그를 '동취'라 놀린 것이다. 무사확은 조강지처를 과감히 버리고 후한 광무제의 누님인 어린 양씨를 후처로 맞아들였다. 이러한 인연은 무조(武照)라는 딸을 낳게 되었고, 당나라 3대 후에 무씨가 천하의 주인이 된다는 예언을 성취시킨 측천무후 그 여인이었다.

董 狐 直 筆
동 호 직 필

• 出典 : 『춘추좌씨전(春秋左氏傳)』
• 文意 : 진실을 기록한 동호의 곧은 붓
바로잡을 동 / 여우 호 / 곧을 직 / 붓 필

동호는 사관이다. 역사를 있는 그대로 집필했다. 그러므로 후대에 이르러 사관이 권력에 아부하지 않고 용기 있게 붓을 움직이는 것이 동호직필이다.

한 번은 조순(趙盾)이라는 대신이 왕의 치정에 대해 충간을 한 적이 있었다. 진영공(晉靈公)은 이를 괘씸하게 여겨 자객을 숨겨놓고 그를 살해하려 들었다. 정해진 시각에 조순이 나오자 계획대로 살해하려 했을 때에 한 병사가 자객을 막고 피하게 해주었다.

조순은 나라 밖으로 도망쳤으나 영공이 죽었다는 소문을 듣고 다시 돌아오자 동호는 조순에게 말했다.

"당신은 한나라의 대부이면서 하수인을 시켜 처치하려 들지 않았으니 그 책임을 장차 어찌 지겠습니까?"

斗 酒 不 辭
두 주 불 사

• **出典** : 『사기(史記)』
• **文意** : 주군을 구하려고 말술을 마심
말 두 / 술 주 / 아니 불 / 사양할 사

진나라 말기에 천하가 어지러워졌다. 각지에서 일어난 영웅들 가운데 괄목할만한 인물은 항우와 유방이었다. 두 사람은 먼저 함양에 들어간 자가 관중왕(關中王)이 된다는 약속이었다. 얼마후 유방은 진나라를 무너뜨리고 자영(子嬰)의 항복을 받아냈다.

모사 범증이 유방을 끌여들여 살해할 계획을 세운 게 '홍문의 연회'였다. 유방이 그곳에 나가 장차의 일을 약속하고 스스로 신하가 될 것을 재삼 다짐하자 항우의 의심은 웬만큼 풀어졌다. 이때 범증은 칼춤을 추는 장수로 하여금 유방을 살해하게 하였다. 그러자 번쾌가 즉시 나가 춤을 추었다. 항우가 술을 내리자 번쾌는 칼로 고기를 쓱쓱 썰어 입에 넣었다. 한잔 더하겠느냐 물었을 때 번쾌는 호기롭게 대답했다.

"어찌 마다하겠습니까. 죽음도 불사한(斗酒不辭) 접니다."

杜 撰
두 찬

• **出典** : 『야객총서(夜客叢書)』
• **文意** : 자료가 확실치 못한 작품
막을 두 / 지을 찬

송나라 때에 구양수(歐陽修)와 쌍벽을 이루는 두묵(杜默)이라는 이가 있었다. 그는 글을 잘 지어 인기가 있었지만 율(律)이 맞지 않았다. 그런 이유로 후대에 내려와 격식에 맞지 않은 글을 두찬이라고 한다. 글을 짓는 데는 앞서 말한 대로 정해진 격식이 있게 마련인데 그렇지 않고 지은 작품도 적지 않았다. 본문에서 '두찬'이라고 한 것은 이러한 율을 무시하거나 맞지 않는 것을 뜻한다. 본문에는 다음과 같이 씌어 있다.

"두묵은 시를 짓는데 있어서 율에 맞지 않은 것이 많았다. 그러므로 일에 맞지 않은 것을 두찬이라 한다."

'두(杜)'라는 것은 별로 좋지 않다는 의미다. 본문도 그러하지만 '두주(杜酒)'라고 하였을 때에는 상태(질)가 좋지 않은 술을 가리킨다.

得 隴 望 蜀
득 롱 망 촉

• **出典** : 『후한서』의 「광무기(光武記)」
• **文意** : 사람의 욕심이 끝이 없음
얻을 득 / 언덕 롱 / 바랄 망 / 땅이름 촉

후한 말기 신(新)나라를 세운 왕망은 몇 차례의 실정으로 백성들의 원망을 자아냈다. 이 무렵 낭야의 번승이 일으킨 반란군 중에 농민군이 있었는데 그들은 눈썹에 붉은 칠을 하였으므로 적미군(赤眉軍)이라 불렀다. 광무제 유수가 그들을 토벌하자 서선이라는 자가 말했다.

"호랑이 입에서 벗어나 어머니 품으로 돌아온 것 같습니다."

유수는 그들에게 거처할 곳을 마련해 주고 전답을 내려주었다. 이번에는 농(감숙성) 땅의 외효와 촉(사천) 땅의 공손술을 다스리는 일이었다. 유수는 농의 외효를 제압하고 촉을 공략하는 잠팽(岑彭)이란 장수에게 편지를 썼다.

"이제 농을 평정하고 나니 촉을 평정하고 싶어졌소. 정말 사람의 욕심은 끝이 없는가 보오."

得 魚 忘 筌
득 어 망 전

• **出典** : 『장자』의 「외물편(外物篇)」
• **文意** : 고기를 잡으면 통발을 잊는다
얻을 득 / 고기 어 / 잊을 망 / 통발 전

전(筌)이라는 것은 대나무로 만든 통발이다.

이것은 물고기를 잡는 도구로서 오래 전부터 이용되어 왔다. 사람들은 통발을 이용하여 물고기를 잡고 나면 곧 그것을 잊어버린다. 이 말은 목적했던 바를 이루었다는 의미도 함축하지만, 한편으로는 '은혜'나 '사랑'에 배반하는 의미도 나타낸다.

"은혜나 원수는 빨리 잊어버려라."

또다른 의미로는 '말(言)'을 들 수 있다.

말이라는 것은 전하는 것으로 그 소임을 다한 것이므로 금방 잊어버린다.

그렇다면 책(冊)은 어떤가? 이것 역시 마찬가지다. 상대에게 본래의 깊은 의미만 전하는 것이 소임이기 때문이다.

登 龍 門
등 용 문

• **出典** : 『후한서』의 「이응전(李膺傳)」
• **文意** : 뜻을 크게 펴서 영달하는 것
오를 등 / 용 용 / 문 문

후한 말은 환관들의 세상이었다. 조정 중신들이 그들의 눈치를 살필 때에 오직 이응(李膺) 한사람만이 맞서 싸웠다. 이응은 영천 태생이다. 자(字)가 원례(元禮)인 그는 한때 하남지방으로 좌천되었으나 선배인 진번(陳蕃)의 천거로 다시 사예교위(司隷校尉)의 자리에 올랐다.

퇴폐풍조가 만연한 조정에서 오직 이응만이 절조를 지키며 환관들과 싸웠다. 그러므로 '천하의 모범은 이원례'라는 말이 생겨났다.

또한 등용문은 황하 상류의 협곡인 '용문'을 가리키기도 한다. 이 협곡을 뛰어넘는 물고기들은 용이 된다는 전설이 있으므로 수많은 물고기들이 죽음을 불사하며 뛰어넘었다. 이러한 등용문의 반대 개념은 '점액(點額)'이다. 온힘을 다해 협곡을 뛰어넘을 때 바위에 부딪치거나 비늘이 벗겨져 하류로 떠내려온 죽은 물고기를 가리킨다.

登 泰 小 天
등 태 소 천

• **出典** : 『맹자』의 「진심장 상」
• **文意** : 사람은 자리에 따라 시선이 달라짐
오를 등 / 클 태 / 작을 소 / 하늘 천

맹자가 뜻을 펴기 위해 천하를 떠돌 때, 당시 유력한 학파인 양주 · 묵적 · 자막 등의 학설에 비판을 가했다.

"순(舜)이 산에 있을 때에 돌과 나무와 함께 있었으며, 사슴과 산돼지와 노루 등과 노시므로 가히 시골의 촌부와 구별됨이 없었다. 그러나 착한 말 한 마디를 듣고, 착한 행위를 하나 보시기만 하면 자기도 그것과 같이 실행하였다."

공자의 맹렬한 결의는 누구도 감히 막지 못한다는 것이다.

맹자는 노나라를 비롯하여 중국에 있는 크고 작은 산의 높낮이를 말하려는 것은 결코 아니다. 맹자는 성인의 말씀, 성인이 가리키는 지표가 무엇인지를 말하려는 것이다. 다시 말해 그 교훈의 얕고 깊음을 말하는 것이다.

여해 한문서당 12단계 선정 문제

제3단계

〈응용카드 1〉

※ 다음은 석부(石部)의 단어들입니다. 몇 획이 되는지 직접 쓰면서 헤아려 보십시오.

一. 乭(돌 돌) — (　　획)
二. 砂(모래 사) — (　　획)
三. 砲(돌 쇠뇌 포) — (　　획)
四. 碇(닻 정) — (　　획)
五. 碩(클 석) — (　　획)
六. 磐(너럭바위 반) — (　　획)
七. 磁(자석 자) — (　　획)
八. 磬(경쇠 경) — (　　획)
九. 磊(돌무더기 뢰) — (　　획)
十. 礙(거리낄 애) — (　　획)

〈응용카드 2〉

※ 모든 국민이 건강해야 될 것은 바라는 바이지만, 그러나 개중에는 병마로 인한 고통에 신음하고 있습니다. '병원에 지불하는 것보다는 푸줏간에 지불하라'는 영국 속담은 사람이 건강하게 식사를 하라는 의미로 받아들여집니다. 다음은 병명(病名)에 관한 것입니다. 비어 있는 괄호 안에 한자어를 써넣으십시오.

一. 중년에 이를수록 □□□(고혈압)을 조심하지 않으면 안된다. 이런 사람에겐 심신 안정과 함께 해조류를 상용하는 것이 좋다.

二. 식생활의 변화는 수많은 □□□(당뇨병) 환자들을 양산 시키기에 충분했다.

三. 자율신경의 변화와 □□□□□(갱년기장애)는 밀접한 관계가 있다.

四. 지나친 음주와 흡연, 간장 세포의 장애로 □□□□(간경변증)의 장애는 일어난다.

五. 운동부족과 식생활의 잘못으로 □□□□(동맥경화)는 젊었을 때에 그 원인을 찾을 수 있다.

六. 알레르기 체질에서 □□(습진)이 생겨난다.

七. 사과를 베었을 때에 피가 묻어나는 것이 □□□□(치조농루)이다. 치아 관리가 잘못되었음을 증명하는 일이다.

八. 가슴이 답답하다고 하여 모두가 □□□(협심증)은 아니다. 그러나 건강에 유념할 필요는 있다.

九. 작은 상처는 쉬이 아물기 마련이다. 그러나 □□□(파상풍)은 하찮은 상처를 가볍게 본 데서 일어난다.

十. 하찮은 감기가 큰 병으로 발전하기가 쉽다. 특히 □□□(편도선)이 약한 경우 감기에 걸리기 쉽다.

〈응용카드 3〉

둘 이상이라는 것은 다른 얼굴을 가진 한자라는 의미입니다. 각기 쓰임새가 다르므로 난이도가 높다는 것을 알 수 있습니다. 다음의 단어들도 난이도 테스트입니다. 괄호 안에 적당한 말을 써넣으시오.

<보기> 車馬 — (거마), 車窓 — (차창)

一. 降雨量 — (　　　), 投降 — (　　　)

二. 更生意志 — (　　　), 變更事項 — (　　　)

三. 車馬費 — (　　　), 列車票 — (　　　)

四. 見物生心 —(　　　), 謁見 —(　　　)
五. 九龍浦 —(　　　), 龜甲 —(　　　), 龜裂 —(　　　)
六. 催告狀 —(　　　), 告寧 —(　　　)
七. 廓正 —(　　　), 胸廓 —(　　　)
八. 串戱 —(　　　), 官串 —(　　　), 甲串 —(　　　)
九. 賞金 —(　　　), 金理事 —(　　　)
十. 奈落 —(　　　), 奈何 —(　　　)
十一. 內人 —(　　　), 內容物 —(　　　)
十二. 鳥帑 —(　　　), 內帑金 —(　　　)
十三. 茶菓店 —(　　　), 葉茶 —(　　　)
十四. 丹靑 —(　　　), 牡丹 —(　　　)
十五. 忖度 —(　　　), 法度 —(　　　)
十六. 句讀點 —(　　　), 讀書 —(　　　)
十七. 洞長 —(　　　), 洞察 —(　　　)
十八. 屯田 —(　　　), 屯險 —(　　　)
十九. 娛樂室 —(　　　), 樂山樂水 —(　　　)
二十. 五六月 —(　　　), 五六島 —(　　　)
二十一. 糖尿病 —(　　　), 砂糖 —(　　　)
二十二. 丹田 —(　　　), 牧丹 —(　　　)

〈응용카드 4〉

난이도 테스트입니다. 각기 쓰임새가 다르므로 난이도가 높다는 것은 말씀 드린 바 있습니다. 아래의 보기처럼 괄호 안에 적당한 말을 써넣으시오.

<보기> 莫大 — 막대, 莫春 — (모춘)

一. 木瓜 —(　　　), 樹木 — 식목
二. 違反 — 위반, 反田 —(　　　)
三. 否認 — 부인, 否塞 —(　　　)

四. 復興 — 부흥, 往復 — (　　)
五. 南北 — 남북, 敗北 — (　　)
六. 不可 — 불가, 不在 — (　　)
七. 沸騰 — (　　), 沸水 — 비수
八. 能率 — (　　), 統率 — 통솔
九. 寺院 — 사원, 內寺 — (　　)
十. 殺生 — 살생, 殺到 — (　　)
十一. 狀態 — 상태, 賞狀 — (　　)
十二. 要塞 — 요새, 索源 — (　　)
十三. 思索 — 사색, 索莫 — (　　)
十四. 參人 — 삼인, 參加 — (　　)
十五. 省墓 — (　　), 省略 — 생략
十六. 宿所 — 숙소, 星宿 — (　　)
十七. 拾得 — (　　), 拾錢 — 십전
十八. 知識 — 지식, 標識 — (　　)
十九. 什長 — 십장, 什器 — (　　)
二十. 惡人 — 악인, 憎惡 — (　　)

〈응용카드 5〉

난이도 테스트입니다. 아래의 보기처럼 괄호 안에 적당한 말을 써넣으십시오.

<보기> 오호 — 於乎, 어언간 — (於焉間)

一. 교역 — 交易, 용이 — (　)
二. 낙엽 — (　), 엽씨 — 葉氏
三. 인후 — 咽喉, 오열 — (　)
四. 회자 — (　), 산적 — 散炙
五. 자객 — 刺客, 척살 — (　)
六. 현저 — (　). 附著 — 부착

七. 저항 — 抵抗, 지장 — (　)
八. 절단 — (　), 일체 — 一切
九. 제사 — 祭祀, 쾌주 — (　)
十. 전제 — (　), 보리수 — 菩提樹
十一. 즉효 — 則効, 규칙 — (　)
十二. 일진 — (　), 생신 — 生辰
十三. 징병 — 徵兵, 궁상각치우 — (　)
十四. 개척 — (　), 탁본 — 拓本
十五. 手帖 — 수첩, 체지 — (　)
十六. 가택 — (　), 宅內 — 댁내
十七. 便利 — 편리, 소변 — (　)
十八. 보시 — (　). 宣布 — 선포
十九. 行人 — 행인, 항오 — (　)
二十. 원활 — (　), 滑稽 — 골계

〈응용카드 6〉

※ 다음은 사랑(愛)에 관한 용어입니다. 네모 안에 적당한 단어를 써넣으시오.

■ 사랑에 대하여

一. 愛□ (애교) — 남에게 호감을 주는 상냥한 말씨나 행동
二. 愛□ (애국) — 나라를 사랑함
三. 愛□ (애기) — 자기를 사랑함
四. 愛□ (애념) — 사랑하는 마음
五. 愛□ (애독) — 즐겨 읽음
六. 愛□ (애아) — 사랑하는 자식
七. 愛□ (애정) — 사랑하는 정
八. 愛□ (애증) — 사랑하고 미워함
九. 愛□ (애친) — 어버이를 사랑하는 마음으로 섬김

十. 愛□ (애장) — 소중히 간직함
十一. □愛 (은애) — 은혜와 도타운 애정
十二. □愛 (편애) — 한쪽만을 귀여워하고 사랑함
十三. □愛 (박애) — 널리 사랑함
十四. □愛 (총애) — 몹시 귀여워하고 사랑함
十五. □愛 (우애) — 친구간의 사랑
十六. □愛 (인애) — 어진 마음으로 남을 사랑함
十七. □愛 (자애) — 너그러운 사랑. 어머님의 사랑
十八. □愛 (열애) — 남녀간의 뜨거운 사랑
十九. □愛 (연애) — 이성간에 그리워하고 아끼는 것
二十. □愛 (구애) — 사랑을 구함

■ 슬픔에 대하여

一. 悲□ (비경) — 슬픈 경우
二. 悲□ (비곡) — 슬픈 곡조
三. 悲□ (비극) — 비참한 사건. 또는 슬픈 결말의 극
四. 悲□ (비보) — 슬픈 소식
五. 悲□ (비분) — 슬프고 분함
六. 悲□ (비상) — 슬퍼하고 마음 아파함
七. 悲□ (비운) — 슬픈 운명
八. 悲□ (비읍) — 슬피 욺
九. 悲□ (비참) — 슬프고 참혹함
十. 悲□ (비화) — 슬픈 이야기
十一. 悲□ (비명) — 몹시 놀라 다급하여 소리를 지름
十二. 悲□ (비장) — 슬프고 장함
十三. 悲□ (비련) — 비극으로 끝나는 사랑
十四. 悲□ (비애) — 슬픔과 설움
十五. 悲□ (비창) — 마음이 몹시 슬픔
十六. 悲□ (비원) — 온갖 힘을 다해 이루려는 비장한 바램

十七. 悲□ (비사) — 슬픈 일
十八. 悲□ (비수) — 슬픔과 근심
十九. 悲□ (비감) — 슬픈 느낌
二十. 悲□ (비조) — 슬픈 곡조

〈응용카드 7〉

참다운 교우 관계를 나타내는 숙어는 많습니다. 그 가운데 「백아절현」이 있습니다.

• 原文 列子 曰, 伯牙는 善鼓琴 하고「鍾子期는 善聽이라. 伯牙鼓琴에 志在高山이어든 子期曰, 「善哉라, 嵯峨乎若泰山이여.」하고, 志在流水어든 子期曰, 「善哉라, 洋洋兮江河여」 하니 伯牙所念을 子期必得之라. 呂氏春秋에 曰, 鍾子期死에 伯牙破琴絶絃 하고 終身不復鼓琴하니 爲無足爲鼓者러라.

• 解說 『열자』에 이르기를, 백아(伯牙)는 거문고를 잘 타고 종자기는 듣기를 잘 했다. 백아가 거문고를 탈 때 뜻이 높은 산이 있으면, 자기가 말하기를, 「좋구나! 높고 높은 것이 태산 같음이여!」 하고. 뜻이 흐르는 물에 있으면, 자기가 말하기를, 「좋구나 넓고 넓구나 양자강이여!」라고 하였으니, 백아가 생각한 바를 자기가 반드시 해득했던 것이다. 『여씨춘추』에 이르기를, 종자기가 죽자 박아는 거문고를 부수고 줄을 끊고 종신토록 거문고를 다시 타지 않았다. 누구를 위하여(거문고를) 탈만한 사람이 없었기 때문이다.

※다음 원문에 대해 아래의 보기처럼 해설을 하십시오.
<보기> 伯牙鼓琴, 志在高山(백아가 거문고를 탈 때에 뜻이 산에 있으면)

一. 伯牙所念, 子期必得之(   )

二. 嵯峨乎若泰山(   )
三. 洋洋兮江河(   )
四. 鍾子期死, 伯牙破琴絶絃(   )
五. 終身不得鼓琴, 爲無足爲鼓者(   )

〈응용카드 8〉

※ 나이에 관한 문항입니다. 다음의 보기처럼 괄호 안에 적당한 단어를 채우시오.

<보기> 견마년(犬馬年) — 자기 나이를 스스로 낮춤

一. 치발불급(   ) — 아직 배냇니나 머리가 미치지 않았다는 말. 나이가 어리다는 뜻
二. 지학(   ) — 나이 15세를 가리키는 말
三. 과자초분(   ) — 나이 16세를 뜻함
四. 약관(   ) — 나이 20세를 나타내는 말
五. 불혹(   ) — 나이 40세
六. 지천명(   ) — 나이 50세
七. 이순(   ) — 나이 60세
八. 종심(   ) — 나이 70세
九. 희수(   ) — 나이 77세
十. 산수(   ) — 나이 80세
十一. 졸수(   ) — 나이 90세
十二. 백수(   ) — 나이 99세

<힌트>

◇치발불급(齒髮不及)이란 겨우 젖먹이에서 벗어난 상태를 가리키는 말이다.

◇지학(志學)은 공자가 열다섯에 학문에 뜻을 두었다는 의미에서 파생된 말이다

◇파과지년(破瓜之年)은 16세를 의미한다. 그것은 '과(瓜)'라는 글자

에는 팔(八)이 2개가 겹쳐있으므로 16세를 의미한다.

◇가년(加年)은 나이를 좀더 올리는 것. 현대에서는 술자리에서 심심파적으로 이용되고 있으나 예전에는 군에 가지 않기 위하여 나이를 속이는 경우가 많았다.

◇이립(而立)은 공자의 학문에 기초가 세워졌다는 30세를 의미한다

◇이모지년(二毛之年)은 센털이 나오기 시작하는 나이로 32세를 가리킴

◇종심(從心)은 70세.

◇백수(白壽)는 백(百)에서 일(一)을 뺀 99라는 숫자를 의미함

〈응용카드 9〉

다음은 사람에 관한 성어입니다. 단어를 풀이해 보십시오.

一. 張三李四(장삼이사) — (　　　　　　　　　　)
二. 甲男乙女(갑남을녀) — (　　　　　　　　　　)
三. 善男善女(선남선녀) — (　　　　　　　　　　)
四. 圓頭方足(원두방족) — (　　　　　　　　　　)
五. 匹夫匹婦(필부필부) — (　　　　　　　　　　)

〈응용카드 10〉

※ 다음의 보기처럼 빈 곳의 괄호 안에 적당한 단어를 써넣으시오.

<보기> 수(手) — (손)

一. 검(瞼) — (　　　　)
二. 동(瞳) — (　　　　)
三. 협(頰) — (　　　　)
四. 악(顎) — (　　　　)
五. 권(拳) — (　　　　)
六. 노(臑) — (　　　　)
七. 순(脣) — (　　　　)

八. 액(腋) — (　　　)
九. 미(眉) — (　　　)
十. 제(臍) — (　　　)
十一. 슬(膝) — (　　　)
十二. 장(掌) — (　　　)
十三. 과(踝) — (　　　)
十四. 둔(臀) — (　　　)
十五. 종(踵) — (　　　)
十六. 안(眼) — (　　　)
十七. 두(頭) — (　　　)
十八. 이타(耳朶) — (　　　)
十九. 구미(鳩尾) — (　　　)
二十. 섭유(顳顬) — (　　　)

모범답안과 해설

〈응용카드 1〉

一. 乭(6획)　二 .砂(9획)　三. 砲(10획)　四. 碇(13획)
五. 碩(14획)　六. 磐(15획)　七. 磁(14획)　八. 磬(16획)
九. 磊(15획)　十. 礙(19획)

〈응용카드 2〉

一. 高血壓(고혈압)　二. 糖尿病(당뇨병)　三. 更年期障碍(갱년기장애)　四. 肝硬變症(간경변증)　五. 動脈硬化(동맥경화)　六. 濕疹(습진)　七. 齒槽膿漏(치조농루)　八. 狹心症(협심증)　九. 破傷風(파상풍)　十. 扁桃腺(편도선)

〈응용카드 3〉

一. 강우량, 투항　二. 갱생의지, 변경사항　三. 거마비, 열차표
四. 견물생심, 알현　五. 구룡포, 귀갑, 균열　六. 최고장, 곡령
七. 확정, 흉곽　八. 관희, 관천, 갑곶　九. 상금, 김이사
十. 나락, 내하　十一. 나인, 내용물　十二. 조노, 내탕금
十三. 다과점, 엽차　十四. 단청, 모란　十五. 촌탁, 법도
十六. 구두점, 독서　十七. 동장, 통찰　十八. 둔전, 준험
十九. 오락실, 요산요수　二十. 오뉴월, 오륙도
二十一. 당뇨병, 사탕　二十二. 단전, 모란

〈응용카드 4〉

一. 모과　二. 번전　三. 비색　四. 왕복
五. 패배　六. 부재　七. 비등　八. 능률
九. 내시　十. 쇄도　十一. 상장　十二. 색원
十三. 삭막　十四. 참가　十五. 성묘　十六. 성수
十七. 습득　十八. 표지　十九. 집기　二十. 증오

〈응용카드 5〉

一. 容易　二. 落葉　三. 嗚咽　四. 膾炙
五. 刺殺　六. 顯著　七. 抵掌　八. 切斷
九. 祭酒　十. 前提　十一. 規則　十二. 日辰
十三. 宮商角徵羽　十四. 開拓　十五. 帖紙
十六. 家宅　十七. 小便　十八. 布施
十九. 行伍　二十. 圓滑

〈응용카드 6〉

■ 사랑에 대하여

一. 愛嬌　二. 愛國　三. 愛己　四. 愛念
五. 愛讀.　六. 愛兒　七. 愛情　八. 愛憎
九. 愛親　十. 愛藏　十一.恩愛　十二. 偏愛

十三. 博愛　十四 .寵愛　十五.友愛　十六. 仁愛
十七. 慈愛　十八. 熱愛　十九. 戀愛　二十. 求愛

■ 슬픔에 대하여

一. 悲境　二. 悲曲　三. 悲劇　四. 悲報
五. 悲憤　六. 悲傷　七. 悲運　八 悲泣
九. 悲慘　十. 悲話　十一.悲鳴　十二. 悲壯
十三. 悲戀　十四. 悲哀　十五.悲愴　十六. 悲願
十七.悲事　十八. 悲愁　十九. 悲感　二十. 悲調

〈응용카드 7〉

一. 백아가 생각한 바를 자기가 반드시 해득했다.
二. 높고 높음이 태산 같음이여!
三. 넓고도 넓구나 양자강이여!
四. 종자기가 죽자 백아는 거문고를 부수고 줄을 끊었다.
五. 종신토록 타지 않았으니 누굴 위해 탈만한 사람이 없었기 때문이다

〈응용카드 8〉

一. 齒髮不及　二. 志學　三. 瓜字初分　四. 弱冠
五. 不惑　六. 知天命　七. 耳順　八. 從心.(古稀로도 씀).
九. 喜壽　十. 傘壽　十一. 卒壽　十二. 白壽

〈응용카드 9〉

一. 장씨집 3남, 이씨집 4녀　二. 평범한 남녀　三. 착한 남녀. 보통 남녀　四. 둥근 머리 모진 발. 곧 사람을 가리킴.
五. 무지랭이 같은 평범한 남녀

〈응용카드 10〉

一.눈꺼풀 二.눈동자 三.빰 四.턱
五.주먹 六.정강이 七.입술 八.겨드랑이
九.눈썹 十.배꼽 十一.무릎 十二.손바닥
十三.복사뼈 十四.볼기 十五.발뒤꿈치 十六.눈
十七.머리 十八.귓볼 十九.명치 二十.관자놀이

제4장

<마>

馬耳東風
마 이 동 풍

• **出典** : 왕십이에게 보내는 답시
• **文意** : 다른 사람의 말은 귀담아 듣지 않음
말 마 / 귀 이 / 동녘 동 / 바람 풍

이백의 친구 중에 왕십이(王十二)라는 이가 있었다. 이백은 온갖 시름을 잊어버리고자 친구 왕십이에게 편지를 썼다.

<지금은 투계(鬪鷄;귀족들간에 유행했던 놀이)의 기술에 능한 자가 군왕의 총애를 받고 있던 때이네. 그들이 두 팔을 내젓고 활보하고 돌아다니는 곁에는 오랑캐의 침공에 서푼어치의 공을 세워 충신인 것처럼 의기양양해 돌아다니는 자들이 있네. 자네나 나나 그런 자들을 흉내낼 수는 없지 않은가. 이렇듯 북창에 기대어 시를 짓고 노래나 불러보세. 아무리 우리의 글이 둘도 없이 빼어나도 그것은 냉수 한 잔의 값어치가 없다네. 세상 사람들은 이를 듣고 고개를 내젓지 않은가. 마치 동풍(東風)이 말의 귀(馬耳)를 스치고 가는 것이 아니고 무엇이겠는가.>

磨杵作針
마 저 작 침

• **出典** : 『잠확유서(潛確類書)』
• **文意** : 꾸준한 노력이 목적을 이룬다
갈 마 / 공이 저 / 지을 작 / 바늘 침

흔히 시선(詩仙)으로 일컬어지는 이백은 자가 태백이고 호는 청련거사다. 하루는 길거리에서 노파를 만났는데 손에 둥근 쇠공이를 들고 땅위로 솟아오른 돌에 그것을 가는 것이었다. 이백이 물었다.

"할머니 쇠공이로 무엇 하시려구요?"

"이것을 갈아 바늘을 만들려 한다오."

"예에? 이것으로 바늘을 만들어요?"

"어찌 놀라나. 이게 무에 그리 대단하다고. 열심히 하면 쇠공이도 바늘이 되는 거지 뭘 그래."

이백은 집으로 돌아와 깊은 생각에 빠져들었다. 자기의 뜻을 굳게 세워 배우기에 힘을 써 중국 역사상 가장 위대한 시인이 되었다.

馬 革 裹 尸
마 혁 과 시

• **出典** : 『후한서』
• **文意** : 병사는 전쟁터에서 죽어야 한다
말 마 / 가죽 혁 / 쌀 과 / 주검 시

후한의 어지러운 시기에 광무제 유수(劉秀)를 찾아온 마원(馬援)은 복파장군(伏波將軍)이 되어 공을 쌓았다. 그는 유수를 도와 천하를 통일한 후, 지금의 월남인 교지(交趾)를 평정하고 돌아왔다. 환영 인파 속에 맹익(孟翼)이라는 장수는 마원에게 '수고 많았다'는 겉치레 인사를 해주었다. 그것을 마원은 달갑지 않게 여겼다.

"그대는 어찌 세상 사람들과 똑같은 인사를 한단 말인가. 내가 그대에게 판에 박은 인사를 받고 싶다 했는가?"

맹익은 뜻밖이라는 시선으로 바라보았다.

"지금 오환(烏桓)과 흉노가 변경을 시끄럽게 하고 있으니 마땅히 그들을 청하는 게 옳은 일일 것이오. 장수는 마땅히 전장에 나가 죽어서, 말가죽으로 싸서 돌아와 장사지내야 하니까 말일세."

莫 須 有
막 수 유

• **出典** : 『송사(宋史)』
• **文意** : 없는 죄를 뒤집어씌움
없을 막 / 모름지기 수 / 있을 유

금의 종필(宗弼;兀朮)은 계속되는 패전에 눈물을 흘리며 통곡했다. 이러한 그에게 뜻밖의 살길이 있었다. 송황제 고종과 진회의 마음이었다. 일시적으로 운이 좋아 이긴 듯 보이지만, 언젠가는 전세가 역전되어 처지가 바뀔 수 있다는 점에 두려움을 느꼈으므로 어떻게든 종필에게 화의를 신청하려고 모색했다.. 진회가 화의를 청해오자 비로소 자신을 두려워한다는 것을 눈치챈 것이다. 그는 이번 화의에 송나라가 어떤 요구도 받아들이리라는 것을 알고 있었다. 그러므로 악비(岳飛)라는 송나라 장수를 처형해 달라는 조건을 붙였다. 진회는 악비가 반역을 꾀한다는 상소를 하고 잡아들여 심문했다. 그러나 어떤 것도 나오지 않자 '막수유(莫須有;아마도 있을 것이다)'란 죄명으로 처형했다.

莫逆之友
막 역 지 우

• 出典 : 『장자』의 「대종사편」
• 文意 : 흉허물이 없는 친구
없을 막 / 거꾸로 역 / 갈 지 / 벗 우

어느 때인가 자사(子祀) · 자여(子輿) · 자리(子犁) · 자래(子來) 등의 네 사람이 모여 환담을 나누었다.

"누가 능히 무(無)로 머리를 삼으며 사람으로써 등을 삼고 죽음으로 엉덩이를 삼을까?"

이것은 어느 누가 생사 존망을 알겠느냐는 물음이었다. 그러므로 네 사람은 한몸이 되자고 의견을 모았다. 이렇게 하여 '서로 거리낄 것이 없는 친구'가 되었다. 이런 애기도 있다. 자상호(子桑戶) · 맹자반(孟子反) · 자금장(子琴張) 등의 세 사람이 애기했다.

"누가 능히 서로 사귀지 않은 속에서 사귀고, 하는 일이 없는 가운데 행하는가. 누가 능히 하늘에 올라가 안개 속에서 놀고 무한한 우주 속을 돌아다니며 삶을 잊고 무한히 즐길 수 있겠는가?"

挽歌
만 가

• 出典 : 『춘추좌씨전』
• 文意 : 관이 놓인 수레를 끌며 부르는 노래
상여꾼 노래 만 / 노래 가

초한의 싸움에서 승리한 유방이 서한 왕조를 세워 고조가 되었다. 이때 제나라의 전횡(田橫)이라는 장수는 한신의 화목사로 온 역이기(酈食其)를 삶아 죽인 일이 있었다. 그는 유방이 통일한 이후 5백여명의 부하와 섬으로 도망쳤다.

이때 유방은 그들이 난을 일으킬 것을 번거롭게 생각하여 용서하겠다는 칙지를 내렸으나 섬에서 나와 낙양의 삼십리 지점에 이른 전횡은 스스로 목을 찔러 자살했다. 소문을 들은 5백여명의 병사들도 모두 순사 했다. 이때 전횡의 문인이 호리(蒿里)라는 곳에서 구슬픈 상가(喪歌)를 지었다. 만가(輓歌)로도 쓰인다.

호리는 누구의 집터인가 / 혼백을 거두는 데에 어질고 우매한 자가 없네
귀백이여, 재촉하지 마오 / 인명은 잠시도 지체를 못하네

萬 事 休 矣
만 사 휴 의

• **出典** : 『송사』의 「형남고씨세가」
• **文意** : 어떻게 할 수 없는 상태
많을 만 / 일 사 / 쉴 휴 / 그칠 의

형남(荊南)이라는 나라가 있다. 나라를 연 고계창(高季昌)은 후량(後梁)의 시조를 섬겼는데 당의 마지막 군주인 애제를 폐하고 주전충이 후량의 태조로 등장하면서 형남절도사에 임명되었다. 그리고 여섯 해가 지나 발해왕이 되었는데, 후량이 망하고 후당이 들어섰을 때에는 남평왕(南平王)으로 봉지를 받았다.

이후 장종이 시해되면서 그는 오나라에 붙었다. 그러나 아들 종회는 지략이 뛰어나 후당에 줄을 대어 남평왕 자리를 고수했다. 종회의 아들은 보융이다. 뒤이어 그의 아들 보훈 시대에 이르러 후주가 무너지고 송나라가 들어섰다. 그것을 질투하는 사람이 있어서 흘겨보더라도 싱글벙글 웃었다. 그러므로 사람들은 비꼬았다.

"만사휴의(萬事休矣;어떻게 할 수 없다)로다."

滿 城 風 雨
만 성 풍 우

• **出典** : 『냉재야화(冷齋夜話)』
• **文意** : 끊임없이 사람들 입에 오르내림
가득할 만 / 성 성 / 바람 풍 / 비 우

송나라 때에 황주(黃州) 지방에 글을 짓는 청빈한 선비 중에 반대림(潘大臨)이라는 이가 있었다. 글을 짓기 위해 고심하던 그의 뇌에 좋은 구절이 떠올랐다.

滿城風雨近重陽(만성풍우근중양)

온 성의 비바람 소리는 중양절을 재촉한다

첫귀절을 쓰고 생각을 가다듬는데 벌컥 문이 열렸다. 집주인이었다.

"이보게 젊은이, 집세는 마련됐는가?"

그 순간 머리에 머물렀던 좋은 생각은 어디론가 사라져 버렸다.

이로부터 얼마 후에 반대림은 사무일(謝無逸)이라는 친구에게 편지를 썼다.

그가 보낸 것은 바로 '만성풍우근중양'이라는 한 구절이었다.

萬 全 之 策
만 전 지 책

• 出典 : 『후한서』의 「유표전」
• 文意 : 상황에 맞는 계책
많을 만 / 갖출 전 / 의 지 / 꾀 책

후한 말의 어지러운 시기에 나타난 간웅 조조(曹操). 그는 북방 세력인 원소를 공격하여 막대한 타격을 입혔다. 이들의 싸움을 역사서에는 '관도의 대전'으로 적고 있다.

첫 번째 전투에서 원소 군의 대장격인 안량(顔良)을 잃었으며, 2차에서는 명장 문추(文醜)를 잃었다. 이 두 번째 싸움에서 두 장수의 목숨을 빼앗은 것은 뜻밖에 관우(關羽)였다. 이때 원소 군의 감군인 저수(沮水)가 계책을 내놓았다.

"조조 군은 군량이 부족하므로 속전속결을 원할 것입니다. 지구전으로 나가야 합니다."

그러나 계책들은 채택되지 않았다. 원소가 유표에게 원군을 청했으나 유표의 부하 한숭은 조조를 따르는 것이 '만전지책'이라 하였다.

亡 國 之 音
망 국 지 음

• 出典 : 『예기』의 「악기」, 『한비자』
• 文意 : 망한 나라의 음악
망할 망 / 나라 국 / 갈 지 / 소리 음

춘추시대 위(衛)나라의 영공(靈公)이 진나라로 가려고 박수 물가에 이르렀다. 그런데 한 번도 들은 적이 없는 음악소리가 들려온 것이다.

"모두들 귀를 기울여라. 저토록 아름다운 소리가 어디에서 들린단 말인가?"

모두들 조용해졌다. 참으로 감미로운 곡조가 물가로 퍼져나갔다. 영공은 동행한 악공으로 하여금 즉시 그 곡을 익히게 했다.

다시 그곳을 떠나 진나라 궁에 도착하여 평공 앞에서 그 곡을 연주하게 하였다.

이때 사광(師曠)이라는 악공이 말했다.

"그 곡은 은(殷)나라를 망하게 한 음악이므로 연주해선 안됩니다."

『예기』에는 '상간(桑間) 박수 물가의 음은 망국의 음이다'라 했다

望梅止渴
망 매 지 갈

• **出典** : 『삼국지연의』
• **文意** : 매실을 생각하여 갈증을 해소시킴
바랄 망 / 매화나무 매 / 그칠 지 / 갈증 갈

여포의 공격으로 서주(徐州)와 소패(小沛)를 점령당한 유비는 부득이 허창(許昌)으로 향하여 잠시 조조에게 의탁하였다. 어느 날 조조는 다감하게 유비의 손을 잡으며 말했다.

"후원에 있는 매실을 보면 작년의 일이 생각 납니다."

유비가 정중히 묻고 조조는 말을 이어갔다.

"작년에 장수(張繡)를 정벌하는 행군들 사이에 물이 떨어지는 바람에 병사들은 몹시 고통스러웠어요. 푹푹 찌는 무더위다 보니 갈증이 어지간히 심해야지요. 그래서 나는 말채찍으로 앞을 가리키며 말했답니다. '저 앞에 광활한 매실 숲이 있다. 매실은 시고 달아서 충분히 목을 축일 수 있다' 병사들은 신맛을 생각하고 입안에 침이 생겨 갈증을 느끼지 않게 되었답니다."

望塵莫及
망 진 막 급

• **出典** : 『사기』
• **文意** : 먼지만으로는 따라잡지 못한다
바랄 망 / 티끌 진 / 없을 막 / 미칠 급

자(字)가 문열(文悅)인 오경지(吳慶之)는 송나라 복양 사람이다. 왕의공(王義恭)이 양주에서 태수 자리에 있을 때에 오경지를 청하여 보좌해 줄 것을 부탁했다. 오경지는 몇 번을 사양하다가 그를 도와 양주를 다스렸다.

왕곤(王琨)은 오흥 태수로 부임하며 오경지에게 공조(工曹)를 맡아 달라는 청을 넣었다. 그러자 오경지가 말했다.

"저는 능력이 없습니다. 이런 저에게 공조를 맡으라 하심은 고기를 나무 위에서 기르고 새를 물 속에서 기르는 것과 다름없습니다."

오경지는 자리를 떠났다. 잠시 자리를 비웠던 왕곤이 그 사실을 알고 황급히 따라나섰으나 보이는 것은 뽀얗게 흙먼지만 일뿐이었다. 오경지는 벌써 먼 곳까지 갔으므로 더 이상 따라잡을 수 없었다.

麥 秀 之 嘆
맥 수 지 탄

• **出典** : 『사기』의 「채미자세가」
• **文意** : 나라가 망한 자리에 보리만 무성함
보리 맥 / 빼어날 수 / 갈 지 / 탄식할 탄

폭군의 대명사로 알려진 은(殷)나라 주왕(紂王)에게는 명신으로 알려진 세 명의 신하가 있었다. 미자(微子) · 기자(箕子) · 비간(比干)이다. 공자 역시 이 점에 대해 이견이 없다. 미자는 주왕의 이복 동생으로 몇 번 간하다가 주왕이 고집을 부리자 다른 나라로 망명했다. 기자는 몇 번 간했으나 주왕의 노여움이 있을 것을 염려하여 거짓으로 미친 척 하며 남의 집 종살이를 하며 목숨을 부지했다. 그러나 비간은 수 차례의 충간으로 주왕을 괴롭히다가 죽임을 당했다. 결국 은나라는 망하고 주(周)나라가 세워졌다. 기자는 주나라로 가는 도중에 은나라의 도읍을 지나게 되었다. 화려했던 자취는 오간 곳이 없고 그곳에 보리와 잡초만이 무성한 것을 보고 탄식한 말이다.

孟 母 三 遷
맹 모 삼 천

• **出典** : 『후한서』의 「열녀전(烈女傳)」
• **文意** : 자식 교육을 위해 세 번 이사하다
맏 맹 / 어머니 모 / 석 삼 / 옮길 천

맹자는 일찍 부친을 여의고 어머니 슬하에서 자라났다. 어떻게 보면 그의 어머니는 아주 평범한 여인이었다. 그러나 자식 교육에 있어서만은 어떤 희생을 치르고라도 훌륭한 인간으로 키우고자 노력하였다. 따라서 '현모양처'의 대명사로 알려진 맹모는 세 번이나 이사하여 자식 교육에 최선을 다하였다.

처음에는 묘지 근처에서 살았다. 언제나 그랬던 것처럼 동네 아이들과 상여를 메고 다니며 놀이했다. 곡(哭)을 하며 노는 아이를 보다 못해 맹모는 시장 근처로 이사했다. 맹자는 장사하는 이들의 흉내를 내며 놀았다. 그곳 역시 좋은 장소가 아니라는 생각에 이번에는 서당 곁으로 옮겼다. 눈만 뜨면 글 읽는 소리에 낭랑히 들려오는 곳. 맹자는 비로소 서당 아이처럼 단정히 앉아 글을 읽었다.

맹 목

• 出典 : 『송서(宋書)』
• 文意 : 장님의 눈을 가리킴
소경 맹 / 눈 목

송나라의 시인 소동파(蘇東坡)는 기산(岐山) 아래에 살고 있었다. 옆 고을은 하양(河陽)이었는데 이곳은 돼지고기가 일품으로 유명했다. 어느 날 소동파는 하인을 시켜 돼지를 몇 마리 사오게 했다.

"딱 한잔만 하고 가야지."

한 잔이 열 잔이 되고, 또 스무 잔이 되면서 하인은 주막에서 취하여 곯아떨어졌다. 그 동안 밖에 두었던 돼지들은 모두 도망가버렸다. 술이 깬 하인은 빈손으로 갈 수 없어 보통 돼지를 몇 마리 샀다. 소동파는 친구를 불러모아 요리한 돼지고기를 안주로 내놓았다. 초청 받은 손님들은 덮어놓고(盲目的) 칭찬했다.

"역시 하양의 돼지고기는 천하 일품입니다."

얼마 후 촌로들이 잡아온 것이 하양의 돼지였다

명 당

• 出典 : 『황제택경(黃帝宅經)』
• 文意 : 원성을 주었던 군왕의 집무실
밝을 명 / 집 당

명당에 대해서는 여러 가지 이론이 많다. 『황제택경』에 의하면 상고시대의 사람인 황제 헌원 씨의 집무실이 명당으로 알려져 있다. 그런데 이 자리는 만백성 위에 군림하면서 원망과 비탄을 쏟아냈다. 그것이 세월의 흐름을 타고 내려오면서 급기야 풍수 용어로 탈바꿈한 것이다.

풍수법상 명당이라는 말은 둘로 나뉜다. 하나는 양택풍수에서 말하는 집터이고, 다른 하나는 음택풍수인 묏자리를 살피는 것이다. 그러므로 풍수법상 명당은 어느 쪽으로든 '좋은 장소'를 의미한다.

이러한 법술이 민간에 내려서 명당이라는 개념을 낳은 것이다. 천하의 백성들에게 원망과 탄성을 주었던 역대 군왕의 집무실이 백성들에게 행과 불행을 주는 곳으로 탈바꿈한 것이다.

明 眸 皓 齒

명 모 호 치

• **出典** : 두보의 시「애강두」
• **文意** : 미인을 가리키는 말
밝을 명 / 눈동자 모 / 하얗 호 / 이 치

안록산이 난을 일으켜 장안이 소란스러워지자 곡강을 찾아가, 두보는 슬퍼하며 시를 읊었다.

<…장안성 남쪽의 소릉에 사는 나는 난(亂)을 만나 황폐해진 도성의 지난날을 생각하니 슬픔으로 통곡이 복받치는 것을 삼키며 울었다. 도성을 구비구비 돌아 흐르는 곡강 언저리…. 그 강 궁전에 지금은 황제가 안 계시니 많은 문이 잠겨 있는데, 버들과 잎이 돋아난 창포는 누구를 위해 저토록 아름다울까. 그 옛날 한나라 소양전 중에 가장 으뜸가는 조비연에게 비견됐던 양귀비는 천자를 모시었다. 그 수레를 모시며 나아가는 재인(才人)과 여관은 허리에 활을 메었고 타고 가는 백마의 입에 황금재갈을 물렸었다. 그런데 지금 고운 눈과 흰이(明眸皓齒)의 양귀비는 어디로 갔는가…….>

明 鏡 止 水

명 경 지 수

• **出典** : 『장자』의「덕충부편」
• **文意** : 거울처럼 깨끗한 물 같은 마음
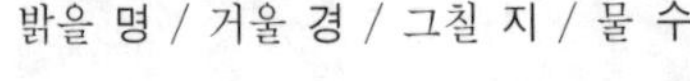
밝을 명 / 거울 경 / 그칠 지 / 물 수

올자(兀者)는 형벌로 발목이 잘린 사람이다. 노나라에 이러한 올자가 있었다. 그의 이름은 왕태였는데 많은 사람들이 모여들자 공자의 제자 상계(常季)가 그 연유를 물었다. 공자가 답했다.

"사람은 흐르는 물로는 거울을 삼지 않는다. 무릇 그쳐있는 물이어야만 얼굴을 비쳐볼 수 있기 때문이다. 왕태의 마음은 그쳐있는 물처럼 조용하기 때문에 그를 거울로 삼아 모여들고 있는 것이다."

어디 그뿐인가.「응앙제편」에는 다음과 같이 말하고 있다.

"지인(至人)의 마음가짐은 환한 거울에 비유할 수 있다. 명경은 사물이 오고 감에 내맡긴 채 자신의 뜻을 나타내지 않는다. 미인이 오면 미인을 비추고 추한 여인이 오면 추한 여인을 비추기 마련이다."

明哲保身
명 철 보 신

• 出典 : 『서경』의 「열명편(說命篇)」
• 文意 : 일 처리에 밝고 사리에 맞음
밝을 명 / 밝을 철 / 지닐 보 / 몸 신

『서경』의 「설명편」은 상중하 3편으로 나뉘어 있다. 은나라의 무정(武丁)이 부왕인 소을(少乙)의 뒤를 이어 국왕으로 즉위한 후 부친의 3년상을 치르고 침묵했다.

그는 꿈속에서 본 어진이를 찾아내 좌우를 보좌하게 하였다. 그 어진이는 열(說)이라는 인물로 전암(傳巖)이라는 곳에 살았으므로 전열(傳說)이라 불렀다.

그러므로 왕명에 따라 부열을 찾아 나섰다. 부열이 온힘을 다하여 보필하자 군신들의 칭송은 마를 날이 없었다.

나에게 온 세상을 바르게 하자 하시니 / 내 덕이 같지 못할까 저어하여 그런고로 / 말하지 아니하며 공경하며 / 잠자코 도를 생각하나니 / 꿈에 제(帝)께서 내게 도울 어진 이를 주시니 / 그가 말을 대신 하리라 / 이에 그의 형상을 더듬어 널리 천하를 구하시니 / 열이 전암의 들에서 본 초상과 같더라

毛遂自薦
모 수 자 천

• 出典 : 『사기』의 「평원군열전」
• 文意 : 모수가 스스로 천거하다
터럭 모 / 이를 수 / 몸소 자 / 천거할 천

진(秦)나라의 대군이 조나라 혜문왕 때 한단을 포위했다. 다급한 상황을 맞이하여 조왕은 평원군을 초나라에 보내 조약을 맺게 하여 급한 불을 끄게 하였다. 당시 평원군 휘하에는 2천여명의 식객이 있었다. 그 가운데 문무를 겸존한 스무명의 인물을 선별하여 떠날 계획으로 여러 시험을 거쳐 선별했다. 뽑은 인물은 열 아홉 명이었다. 처음의 계획대로라면 한 명이 부족했다. 누구를 뽑을까에 골똘해하는 평원군 앞에 모수가 나섰다.

"한사람이 부족하다는 말을 들었습니다. 모름지기 저를 데려가 주십시오."

평원군이 그를 살펴보았으나 도무지 낯설었으나 자신을 송곳니 비유하여 진즉에 불러주었다면 주머니 밖으로 나왔다고 말했다.

矛 盾
모 순

• 出典 : 『한비자』의 「난일난세편」
• 文意 : 말과 사실이 일치하지 않음
창 모 / 방패 순

어느 거리에 창과 방패를 파는 사람이 있었다.

"자, 여기를 보십시오. 이 방패는 명인이 만든 것이므로 이 세상의 어느 병장기로도 뚫지를 못합니다. 자, 전쟁이 다시 일어나기 전에 어서 방패를 사십시오!"

한바탕 신이 나게 소리친 다음 이번에는 곁에 놓아둔 창을 들고 고함쳤다.

"이 창은 세상의 어느 방패라도 뚫을 수 있습니다."

그 말을 들은 한 노인이 나섰다.

"이것보세요. 나는 도무지 당신의 말을 믿을 수가 없어요. 당신의 창은 어떤 것도 뚫을 수 있고, 방패는 어느 창이라도 막을 수 있다했소. 창으로 방패를 찌르면 어찌 되는 게요?"

毛 皮 之 附
모 피 지 부

• 出典 : 『사기』
• 文意 : 가죽이 없으면 털은 소용없다
터럭 모 / 가죽 피 / 이를 지 / 붙을 부

진(晉)의 공자인 이오(夷吾)가 유랑생활 끝에 귀국하여 군주로 즉위하니 이가 진혜공(惠公)이다.

몇 년 후 나라에 흉년이 들었다. 백성들이 굶주리게 되어 진국(秦國)으로 쌀을 사들이기 위해 사신을 보냈다. 이때 진(秦)나라 왕은 진(晉)나라 백성들이 굶주리는 것을 면하게 해주었다.

이듬 해에는 진(秦)나라의 수확이 좋지 않아 진(晉)나라의 쌀을 사려했으나 혜공은 받아들이지 않았다. 이때 대부로 있던 정경(鄭慶)이 신의를 지켜달라고 왕에게 고했다. 그러자 괵사(虢射)가 말했다.

"군주께서 다섯 성을 준다는 약속을 지키지 않았는데 진나라에 쌀을 파는 것은 털만 있고 가죽이 없는 것과 같습니다. 가죽이 없는데 털이 어찌 붙겠습니까?"

目 不 識 丁
목 불 식 정

• 出典 : 『당서』의 「장홍정전」
• 文意 : 일자무식을 가리킴
눈 목 / 아니 불 / 알 식 / 장정 정

당나라 때에 장홍정(張弘靖)이라는 이는 부모 덕택에 벼슬길에 나선 위인이다. 그가 장경(長慶;목종의 연호) 초년에 노룡(盧龍)의 절도사로 나갔을 때였다.

이 무렵 황하 이북의 전선에는 장군이나 병사가 한 덩어리를 이루어 생활하고 있었다. 장군이라도 좋은 잠자리나 기름진 음식을 먹지 않고 사병들과 똑같은 조건에서 생활했다. 그런데 장홍정이 절도사로 부임해온 뒤부터는 기름진 음식을 먹고 야외로 사냥을 나갔으며 술에 취하면 '일자 무식한 놈들'이라 하여 사병들을 괴롭혔다.

마침내 사람들은 분노했다. 유주로 순찰을 나갔을 때 부하들이 반란을 일으켜 그를 감금시킨 후 주극융(周克融)으로 하여금 일을 보게 하였다. '목불식정'의 소란이었다.

木 人 石 心
목 인 석 심

• 出典 : 『진서(晉書)』
• 文意 : 나무와 돌로 된 몸과 마음
나무 목 / 사람 인 / 돌 석 / 마음 심

하통(夏統)이라는 웅변가가 있었다. 그의 말은 논리가 정연하게 사람들을 설득시키거나 마음을 잡아끄는 매력이 있었다. 그러나 일찍부터 맘속으로 다짐한 것은 결코 벼슬자리에는 나가지 않겠다는 것이었다. 당시 낙양에 가충(賈充)이라는 자가 있었는데 교활하기 이를 데 없었으며 사람 다루는 데에 능숙했다. 이러한 가충이 소란해진 민심을 수습하고자 하통을 불러 설득했다.

"그대가 내 말을 듣기만 하면 이 병사들에게 당신의 지휘를 받도록 하겠소.".

그런데도 하통은 여전히 관심 없는 표정이었다. 가충이 외쳤다.

"이 사람은 정말 괴이해. 나무로 몸을 만들고 마음은 돌로 됐어!"

이 말은 융통성이 없다는 의미로 사용되었다.

木 鐸
목 탁

• 出典 : 『논어』의 「팔일편」
• 文意 : 문교의 명령 때에 울리는 방울
나무 목 / 요령 탁

공자가 노나라를 떠나 위나라를 첫 번째 방문했을 때로 국경을 수비하는 관원이 한눈에 공자를 알아보고 나눈 대화 내용이다. 국경을 수비하는 관원이 공자를 향해 말했다.

"이곳을 지나가시는 훌륭한 분은 제가 뵙기를 청하면 언제나 만나주셨습니다."

"그렇다면 어디 말해 보시오."

"지금 천하는 도의를 잃고 있습니다. 하늘은 이번 망명길을 통하여 그대의 스승님으로 하여금 도의를 회복시키고자 할 것입니다."

"그게 무슨 말이오?"

"그대의 스승님은 도의를 회복시키는 목탁으로 삼으실 겁니다."

관원은 조심스럽게 말했다.

巫 山 之 夢
무 산 지 몽

• 出典 : 송옥의 「고당부(高唐賦)」
• 文意 : 남녀의 은밀한 밀회나 정사
무당 무 / 메 산 / 이를 지 / 꿈 몽

전국시대에 초나라의 양왕이 대부로 있던 송옥(宋玉)과 운몽의 고당으로 갔다. 이때 굴원의 제자였던 송옥은 옛기록을 들려주다 문득 하늘을 바라보았다. 산정에 있던 구름이 여느 때와는 달리 변하는 것을 보고 그것을 '조운(朝雲)'이라 하였다. 송옥은 이에 대한 유래를 들려주었다.

"옛날 선왕(회왕)께서 고당에서 잔치를 베풀고 잠이 드셨습니다. 그때 요염한 모습의 여인이 나타나 말한 거지요. 자신은 이곳 무산에 사는 여인인데 고당에 와 보니 대왕이 있으므로 함께 지내고 싶다는 것입니다. 그렇게 하여 그 여인과 함께 지내게 되었답니다."

꿈에서 깨어난 회왕은 여인의 모습을 마음에서 지우지 못하고 사당을 지어 여인(女仙)을 기렸다. 사당 이름은 조운묘(朝雲廟)였다.

無 用 之 用
무 용 지 용

• 出典 : 『장자』의 「산목편
• 文意 : 작은 재주가 있다는 말
없을 무 / 쓸 용 / 갈 지 / 쓸 용

이 말은 『장자』의 「인간세편(人間世篇)」에 모습이 보인다. 장자는 해설하기를 '산의 나무는 스스로를 해치고 등불은 스스로를 불태운다. 계수나무는 먹을 수 있기 때문에 베어지고 옻나무는 칠을 할 수 있기 때문에 베어진다. 모두 쓸모 있는 것의 씀(用)을 알되, 쓸모 없음의 씀(用)은 모른다' 하였다.

우리가 무용지물이라고 했을 때엔 전연 필요 없거나 소용이 닿지 않는 물건으로 치부한다. 그러나 무용지용이라 했을 때엔 사정이 다르다. 이에 대한 교묘한 비유가 바로 장자의 우화이다. 제자가 물었다.

"선생님, 나무는 쓸모가 없어 천수를 다하고 기러기는 울지 않아 죽었습니다. 선생님은 어느 쪽에 무용(無用)과 용(用)을 두겠습니까?"

장자는 당연히 그 중간이라 하였다

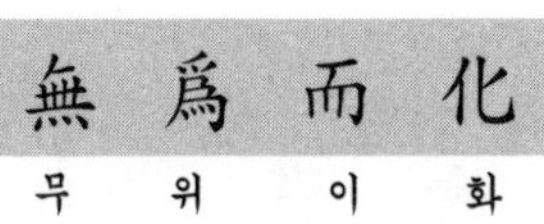

無 爲 而 化
무 위 이 화

• 出典 : 노자의 『도덕경(道德經)』
• 文意 : 감화에 의하여 이루어짐
없을 무 / 하 위 / 말이을 이 / 될 화

『노자(老子)』의 기본철학은 냉철한 자연 철학에 있다. 이를테면 유와 무, 또는 대와 소를 무한하게 반복해 가는 것을 생각하고 있다.

『노자』의 제37장에는 '무위(無爲)로써 하지 못하는 일이 없다'고 하였다. 그렇다면 무위는 아무 것도 하지 못하는 것인가? 그렇지 않다. 무위는 많은 일을 할 수 있는 것이다. 사람의 일이나 활동은 자연의 법칙을 거스른다. 그러므로 자연을 해치는 쪽에 더 가깝다. 『도덕경』에는 다음과 같이 지적한다.

"나라에 여러 도구가 많아질수록 혼란해진다."

법률이 정밀해질수록 죄인이 많아진다는 뜻이다. 그러므로 노자는, "도는 무위하면서도 하지 않는 것이 없다. 일체를 하고 있다."

無 恒 産 心
무 항 산 심

• **出典** : 『맹자』의 「양혜왕 상」
• **文意** : 본래의 떳떳한 마음을 잃지 않음
없을 무 / 항상 항 / 낳을 산 / 마음 심

제나라 선왕(宣王)이 물었다.

"선비가 죄를 범하게 된 뒤에 법으로 그들을 처벌한다는 것은 곧 백성을 그물질하는 것과 같습니다. 어떻게 어진 임금이 위에 있으면서 백성들을 착취할 수 있습니까?"

법률이 너무 까다롭다. 이러한 법. 코에 걸면 코걸이, 귀에 걸면 귀걸이가 되는 악법이 망민법(網民法)이다. 백성들을 그물질한다는 뜻으로 사용되는 이 말은 맹자에게서 유래한 말이다.

군왕이라면 어떻게 백성들을 편하게 만들어 주느냐를 연구하며 실행해야 한다. 백성들이 평안함으로써 모든 백성이 유항산(有恒産)하여 유항심(有恒心) 하게 된다. 이렇게 함으로써 왕도의 길은 자연이 열린다고 맹자는 주장한다.

墨 守
묵 수

• **出典** : 『묵자』의 「공수반편」
• **文意** : 묵자가 지킨다
잠잠할 묵 / 지킬 수

묵자(墨子)는 사랑을 주장하며 유가들이 인(仁)을 내세우면서도 그것을 실천하지 못한 데에 코웃음을 날렸다. 공손고(公孫高)가 묵자를 만나보려고 몇 번이나 찾아갔다.

"그대들은 입으로는 요순을 찬양하지. 그러나 행실은 어떤가. 개나 돼지를 본보기로 삼지 않는가. 참으로 한심한 일이지."

묵자는 공수반이 소란을 피우자 그를 만나 말했다.

"나는 북방에 있으면서 당신이 운제를 만들어 성을 공격한다는 말을 들었네. 도대체 송나라가 무슨 죄가 있는가? 당신네의 모자라는 것을 채우기 위해 사람을 죽이고 빼앗는데 이것은 군왕의 잘못인줄 알면서도 간하지 않으니 충이라 할 수 없네. 많은 사람을 죽이려 드는 것은 옳지 않다 그 말이네."

刎 頸 之 交
문 경 지 교

• 出典 : 『사기』의 「인상여열전」
• 文意 : 생사를 함께할 정도의 절친한 친구
목벨 문 / 목 경 / 의 지 / 사귈 교

인상여의 이름이 유명해 진 것은 화씨벽(和氏璧) 때문이었다. 진왕은 전날의 수치를 갚기 위해 국경에서 만났을 때 거문고 한 곡을 타 달라고 부탁했다. 거문고를 타자 진왕은 사관으로 하여금, '몇 월 며칠에 진왕이 조왕으로 하여금 거문고를 타게 하다'라고 쓰게 하였다. 이때 인상여가 나섰다. 예(禮)라는 것은 서로 주고받는 것이므로 조왕을 위해 축(筑)을 타 달라고 청했다. 당연히 진왕의 호통이 터져 나왔다.

"대왕은 대군이 있으나 인상여의 칼끝이 더 가까이 있습니다."

결국 진왕은 축을 탈수밖에 없었다. 인상여는 귀국하여 군왕의 다음 자리에 앉았다. 성질 급한 염파 장군이 처음엔 인상 여를 죽이겠다고 찾아왔으나 나중에는 백배 사죄하고 죽을 때까지 우의를 다졌다.

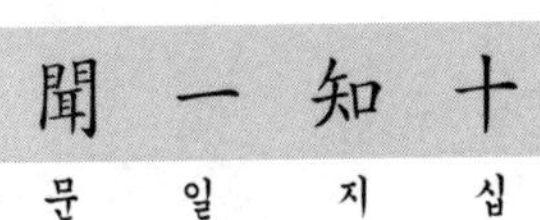

聞 一 知 十
문 일 지 십

• 出典 : 『논어』의 「공야장편」
• 文意 : 한 부분을 통하여 전체를 앎
들을 문 / 한 일 / 알 지 / 열 십

공자께서 공야장(公冶長)을 평하였다.

"공야장은 사위를 삼아도 좋은 사람이다. 그가 한 번 감옥에 들어간 것은 없는 죄를 덮어 쓴 것이다."

그렇게 하여 사위를 삼았다. 공자께서 자공(子貢)에게 물었다.

"너는 안회와 비교하여 누가 낫다고 생각하느냐?"

"제가 어찌 안회를 바라겠습니까? 안회는 하나를 들으면 열을 알지만(聞一知十), 저는 하나를 듣고 겨우 둘을 알 정도입니다."

"그렇다. 그에게는 못 미치리라. 너도나도."

위의 대화에서 보듯이 안 회라는 제자의 학문적 태도나 성취를 볼 수 있다. 하나를 알면 열을 아는 안회에 대하여 자공이나 공자는 솔직히 자신들의 능력이 떨어짐을 시인했다

門 前 成 市
문 전 성 시

• 出典 : 『한서』「손보전」 · 「정숭전」
• 文意 : 집앞이 마치 저자처럼 혼잡하다
문 문 / 앞 전 / 이룰 성 / 저자 시

후한 성제 때에 대사마였던 왕망이 밀려나고 조정은 전희를 비롯하여 정명 등이 실권을 장악했다. 이러는 와중에 군왕(애제)의 비행은 심해지고 독단과 생트집은 날이 갈수록 깊어졌다. 조창(趙昌)이 비난하고 나섰다.

"정숭은 대궐 밖의 종족들과 내통하고 있습니다. 그 자를 특별히 조사하여 경계하여야 합니다."

이렇게 되자 애제도 정숭을 불러들였다.

"너희 집 문간이 시장 바닥처럼 혼잡스럽다는 데 그게 사실이냐?"

"남들이 보기에는 그렇게 보일 지 모르나 신의 마음은 물처럼 맑습니다."

애제는 정숭을 즉시 가둬버렸다.

物 極 必 反
물 극 필 반

• 出典 : 『당서』
• 文意 : 극에 달하면 반드시 반전한다
만물 물 / 다할 극 / 반드시 필 / 뒤칠 반

당나라 3대 황제 후에 무씨 성을 쓰는 여자가 천하의 주인이 된다는 예언을 성공시킨 무조(武照).

고종의 총애를 독점한 무조는 마침내 자신에게 주어진 기회를 최대한으로 이용했다. 무조는 차츰 병약한 고종을 대신하여 정치에 관여하였다. 그후 고종이 죽자 뒤이어 보위에 오른 중종을 대신하여 섭정했다. 그녀는 중종을 폐위시키고 여황제가 되었다. 나라도 주(周)로 바꾸고 스스로 신성황제(神聖皇帝) 또는 측천황제(則天皇帝)라 칭하였다. 소안환(蘇安桓)이라는 대신이 간했다.

"이제 태자의 나이는 성년에 달했습니다. 모든 것은 극에 달하면 반드시 반전하고(物極必反), 그릇이 가득 차면 쏟아집니다. 신이 이렇듯 목숨을 걸고 간하는 것은 천하를 위해서입니다."

勿忘在莒
물 망 재 거

• **出典** : 『사기』의 「전단열전」
• **文意** : 곤란을 겪었을 때를 잊지 말라
없을 물 / 잊을 망 / 있을 재 / 볏단 거

전국시대에 연나라의 장수 낙의(樂毅)가 대군을 이끌고 제나라를 공격했다. 순식간에 70여성이 점령당하고 남은 건 고작 거성(莒城)과 즉묵성(卽墨城) 뿐이었다.

이때 거성 안에서는 전단(田單)을 수비대장으로 뽑았다. 그는 성민들의 기대를 져버리지 않고 과감히 계책을 강구하여 연나라 진영을 쑥밭으로 만들어 버렸다. 이 전투에서 연나라 병사들의 시체는 산을 이루고 흘린 피가 내를 만들어 흘렀다.

어느 때인가 음식을 걸쭉하게 차리고 관중과 포숙아 · 영척 등을 불러다가 덕담으로 축복해 달라고 포숙아에게 청했다. 포숙아가 말했다.

"저는 성상께옵서 거국으로 피신 가서 곤궁을 겪었던 때를 잊지 않으셨으면 합니다(勿忘在莒)."

물 의

• **出典** : 『한서(漢書)』의 「사기경전」
• **文意** : 세상 사람들의 공론을 뜻함
견줄 물 / 의논 의

『한서』의 「사기경전(謝幾卿傳)」에 의하면, 그는 양무제 때에 상서좌승(尙書左丞)의 자리에 있었다. .

그는 언제나 크게 취하여 돌아왔다. 길을 가는 중이라도 친구를 만나면 수레를 한 쪽에 세워놓고 술을 마셨다. 그만큼 호방한 사내였다. 술버릇이 심하다보니 양무제는 전쟁터로 내몰았다. 그러나 여전히 버릇을 고치지 못하자 파직시켜 버렸다.

군문에서 사기경이 왔다는 말을 듣고 선배와 친구들이 찾아왔다. 그 중에 유중용도 있었다. 그들은 함께 술을 마시며 시간을 보냈다. 이를테면 '세상의 평판(物議)'이라는 것은 그들에겐 아무런 장애가 되지 않았다. 여기에서 말하는 평판, 즉 물의라는 것은 아무래도 정도(正道)에 있다고는 생각되지 않는다.

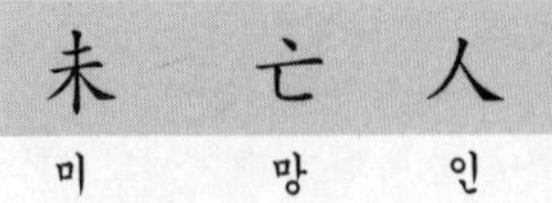

未亡人
미 망 인

• 出典 : 『춘추좌씨전(春秋左氏傳)』
• 文意 : 남편을 따라 죽지 못한 여인
아니 미 / 죽을 망 / 사람 인

춘추시대 노나라에서는 성공(成公)이 보위에 올라 다스리고 있었다. 성공 9년에 노나라의 백희(伯嬉)가 송공(宋公)에게 출가하게 되어 이들을 호위하며 계문자(季文子)가 따라갔다. 임무를 마치고 돌아오자 성공은 잔치를 성대히 열어주었다.

"계문자는 선군 때부터 충성을 다하였을 뿐만 아니라 미망인(未亡人)인 나에게까지 힘써 주시니 이보다 고마울 데가 있으리."

『춘추좌씨전』의 「성공 조」에 실린 이 얘기는 우리가 알고 있는 미망인과는 사뭇 의미가 다르다. 요즘엔 남편이 세상을 떠난 여인을 미망인이라 하지만, 예전에는 그런 뜻이 아니었다. 남편이 세상을 떠나면 아내는 물론 그 첩실까지 함께 묻히는 '순장'이라는 풍습이 있었다. 그런 점에서 '미망인'은, 남편을 따라서 죽지 못한 여인을 말한다.

彌縫策
미 봉 책

• 出典 : 『춘추좌씨전』의 「주환왕전」
• 文意 : 모자라는 부분을 때우고 잇는다
기울 미 / 기울 봉 / 꾀 책

춘추시대 제(齊)나라의 환왕은 어떻게 하면 국력을 신장시킬 수 있을 지에 고심했다. 당시의 상황은 정나라 장공(莊公)의 기세가 매서웠으므로 어떻게든 그를 다스리는 것을 시급하다고 보았다. 군사를 일으키자 이들의 배치도를 본 정나라의 원(元)이 의견을 내놓았다.

"이곳에 온 병사들은 각 제후국에서 동원되었습니다. 지금 진나라는 내분이 있으므로 이들부터 공격해야 합니다."

이 전투의 진용을 『좌전』에는 '둥근 형태의 진을 짜(魚麗) 전차를 앞머리에 세우고 후진에 병력을 배치하여 전차 사이의 빈자리를 메우는(伍承彌縫)의 방법을 취한 것'이다. 이 전투에서 제환왕은 장공의 부하 축담(祝聃)이 쏜 화살에 맞아 말 등에서 굴러 떨어졌다..

尾生之信
미 생 지 신

• 出典 : 『사기』의 「소진전(蘇秦傳)」
• 文意 : 쓸데없는 약속을 가리킴
꼬리 미 / 날 생 / 의 지 / 믿을 신

노나라에 미고(尾高)라는 이가 있었다. 그는 벼슬을 하지 못했기 때문에 당시의 관습에 따라 그의 이름 대신 생(生)을 붙여 미생이라 하였다. 그는 평소에 크고 작은 약속을 중히 여겼다. 그러던 어느 날 사랑하는 여인과 다리 밑에서 만나자는 약속을 했다. 이날 따라 비가 억수같이 쏟아졌으므로, 미생이 사랑하는 여인은 '오늘 같은 날은 그분도 안나왔을 거야' 하고 아예 약속 장소로 갈 생각을 하지 않았을 것이다.

이런 줄도 모르고 미생은 밤이 늦도록 기다렸다. 점차 시간이 지나자 다리 아래로 물이 밀려들었다. 물은 발등을 적시더니 점차 무릎 위로 차 오르고 급기야 가슴께에 이르렀다. 결국 위험하다는 생각으로 나오려고 했을 때엔 이미 사태가 늦어 있었다.

未然防
미 연 방

• 出典 : 『문선(文選)』, 『시경(詩經)』
• 文意 : 일이 잘못 되기 전에 미리 막음
아니 미 / 그럴 연 / 막을 방

육기(陸機)라는 시인은 후대에까지 문장의 화려함으로 인하여 이름을 날렸다. 그는 조식 이후 시부의 1인자라고 할 만큼 뛰어난 문재(文才)의 소유자였다.

그의 시부 가운데 『문선』에 기록된 것으로, '군자는 일을 미연에 막고 혐의 사이에 두지 않는다'고 하였다.

올빼미야 올빼미야 내 자식 뺏었거든 / 내 둥우리는 헐지마라 / 알뜰살던 길러내던 어린 자식 불쌍하다 / 하늘 흐려 비오기 전 / 뿔뿌리를 벗겨다가 창과 문을 엮었거니 / 사람들이 쳐다보며 어찌하여 얄보는가

이 두 손을 바삐 놀려 갈대 이삭 뽑아다가 / 하루 모으고 이틀 모으고 입부리도 병들었네

미리 예방하는 것을 가리킨다. 이를테면 장차 닥쳐올 우환에 대비하여 다가올 환난을 미연에 예방한다는 비유의 말이다.

여해 한문서당 12단계 선정 문제
제4단계

〈응용카드 1〉

※ 다음의 보기처럼 비어 있는 괄호 안에 한자를 써넣으시오.

<보기> 옳을 가 — (可), 맡을 사 — (司)

一. 아름다울 가 — (　　), 살 주 — (　　)
二. 껍질 각 — (　　), 곡식 곡 — (　　)
三. 줄기 간 — (　　), 돌 알 — (　　)
四. 붙을 착 — (　　), 볼 간 — (　　)
五. 사이 간 — (　　), 물을 문 — (　　), 열 개 — (　　)
六. 갑옷 갑 — (　　), 납 신 — (　　)
七. 손님 객 — (　　), 얼굴 용 — (　　)
八. 험할 험 — (　　), 조사할 검 — (　　)
九. 지름길 경 — (　　), 지날 경 — (　　),
十. 계수나무 계 — (　　), 기둥 주 — (　　)
十一. 끝 계 — (　　), 빼어날 수 — (　　)
十二. 괴로울 고 — (　　), 연고 고 — (　　)
十三. 생각 고 — (　　), 늙을 로 — (　　)
十四. 곤할 곤 — (　　), 가둘 수 — (　　)
十五. 오이 과 — (　　), 손톱 조 — (　　)
十六. 무너질 괴 — (　　), 좋은 흙 양 — (　　)
十七. 아홉 구 — (　　), 알 환 — (　　)

十八. 갖출 구 — (　　), 아침 단 — (　　)
十九. 구절 구 — (　　), 열흘 순 — (　　)
二十. 굽을 굴 — (　　), 이을 계 — (　　)

※ 다음의 보기처럼 비어 있는 괄호 안에 음과 훈을 쓰시오.
<보기> 勸 — (권할 권), 歡 — (기쁠 환)

二十一. 鬼 — (　　), 蒐 — (　　)
二十二. 己 — (　　), 已 — (　　)
二十三. 技 — (　　), 枝 — (　　)
二十四. 起 — (　　), 赴 — (　　)
二十五. 奴 — (　　), 如 — (　　)
二十六. 納 — (　　), 訥 — (　　)
二十七. 能 — (　　), 態 — (　　)
二十八. 端 — (　　), 瑞 — (　　)
二十九. 旦 — (　　), 且 — (　　)
三十. 膽 — (　　), 擔 — (　　)
三十一. 踏 — (　　), 蹈 — (　　)
三十二. 撞 — (　　), 憧 — (　　)
三十三. 大 — (　　), 犬 — (　　)
三十四. 待 — (　　), 侍 — (　　)
三十五. 島 — (　　), 鳥 — (　　)
三十六. 代 — (　　), 伐 — (　　)
三十七. 刀 — (　　), 刃 — (　　)
三十八. 徒 — (　　), 徙 — (　　)
三十九. 桃 — (　　), 挑 — (　　)
四十. 獨 — (　　), 燭 — (　　)

〈응용카드 2〉

※ 다음의 보기처럼 비어있는 괄호 안에 한자를 써넣으시오.

<보기> 어그러질 랄 — (剌), 찌를 자 — (刺)

一. 지낼 력 — ( ), 책력 력 — ( )
二. 벌릴 렬 — ( ), 갈라질 렬 — ( )
三. 진 루 — ( ), 겹쳐질 첩 — ( )
四. 밤나무 률 — ( ), 조 속 — ( )
五. 게으를 만 — ( ), 질펀할 만 — ( )
六. 끝 말 — ( ), 아니 미 — ( )
七. 잠잘 면 — ( ), 눈 안 — ( )
八. 밝을 명 — ( ), 벗 붕 — ( )
九. 그릇 명 — ( ), 피 혈 — ( )
十. 어미 모 — ( ), 말 무 — ( )
十一. 무릅쓸 모 — ( ), 밥통 위 — ( )
十二. 꿈 몽 — ( ), 어두울 몽 — ( )
十三. 창 모 — ( ), 너 여 — ( )
十四. 모 묘 — ( ), 피리 적 — ( )
十五. 수 자리 수 — ( ), 개 술 — ( )
十六. 맛 미 — ( ), 어두울 매 — ( )
十七. 빽빽할 밀 — ( ), 꿀 밀 — ( )
十八. 칠 박 — ( ), 넓을 박 — ( )
十九. 묶을 박 — ( ), 장부 부 — ( )
二十. 나눌 반 — ( ), 얼룩질 반 — ( )

※ 다음의 보기처럼 비어 있는 괄호 안에 음과 훈을 쓰시오.

<보기> 飯 — ( ), 飲 — ( )

二十一. 反 — (　　　), 友 — (　　　)
二十二. 拔 — (　　　), 跋 — (　　　)
二十三. 栢 — (　　　), 拍 — (　　　)
二十四. 復 — (　　　), 複 — (　　　)
二十五. 紛 — (　　　), 粉 — (　　　)
二十六. 佛 — (　　　), 拂 — (　　　)
二十七. 婢 — (　　　), 碑 — (　　　)
二十八. 貧 — (　　　), 貪 — (　　　)
二十九. 師 — (　　　), 帥 — (　　　)
三十. 士 — (　　　), 仕 — (　　　)
三十一. 思 — (　　　), 恩 — (　　　)
三十二. 償 — (　　　), 賞 — (　　　)
三十三. 暑 — (　　　), 署 — (　　　)
三十四. 惜 — (　　　), 借 — (　　　)
三十五. 析 — (　　　), 折 — (　　　)
三十六. 涉 — (　　　), 陟 — (　　　)
三十七. 俗 — (　　　), 裕 — (　　　)
三十八. 損 — (　　　), 捐 — (　　　)
三十九. 衰— (　　　), 愛 — (　　　)
四十. 遂 — (　　　), 逐 — (　　　)

〈응용카드 3〉

※ 다음의 보기처럼 비어 있는 괄호 안에 한자를 써넣으시오.
<보기> 억 억 — (億), 생각할 억 — (憶)

一. 더불 여 — (　　), 흥할 흥 — (　　)
二. 또 역 — (　　), 붉을 적 — (　　)
三. 더러울 오 — (　　), 땀 한 — (　　)
썩을 후 — (　　)

四. 낮 오 — (　　), 소 우 — (　　)
五. 구슬 옥 — (　　), 임금 왕 — (　　)
　아홉째 천간 임 — (　　)
六. 흔들 요 — (　　), 멀 요 — (　　)
　노래 요 — (　　)
七. 근본 원 — (　　), 근원 원 — (　　)
八. 탐낼 욕 — (　　), 바랄 욕 — (　　)
九. 생각할 유 — (　　), 밀 추 — (　　)
　오직 유 — (　　)
十. 어릴 유 — (　　), 미혹할 환 — (　　)
十一. 말미암을 유 — (　　), 밭 전 — (　　)
十二. 사람 인 — (　　), 들 입 — (　　)
　여덟 팔 — (　　)
十三. 날 일 — (　　), 가로 왈 — (　　)
十四. 맵시 자 — (　　), 방자할 자 — (　　)
十五. 의장 장 — (　　), 지팡이 장 — (　　)
十六. 마를 재 — (　　), 심을 재 — (　　)
十七. 낮을 저 — (　　), 밑 저 — (　　)
十八. 따를 적 — (　　), 물방울 적 — (　　)
　맞을 적 — (　　)
十九. 아우 제 — (　　), 차례 제 — (　　)
二十. 억제할 제 — (　　), 지을 제 — (　　)

※ 다음의 보기처럼 비어 있는 괄호 안에 음과 훈을 쓰시오.
　<보기> 早 — (일찍 조), 旱 — (가물 한)

二十一. 族 — (　　), 旅 — (　　)
二十二. 重 — (　　), 童 — (　　)
二十三. 衆 — (　　), 象 — (　　)

二十四. 織 — (　　　), 幟 — (　　　)
　　熾 — (　　　)
二十五. 直 — (　　　), 眞 — (　　　)
二十六. 捉 — (　　　), 促 — (　　　)
二十七. 賤 — (　　　), 踐 — (　　　)
二十八. 哲 — (　　　), 晳 — (　　　)
二十九. 侵 — (　　　), 浸 — (　　　)
三十. 澤 — (　　　), 擇 — (　　　)
三十一. 編 — (　　　), 徧 — (　　　)
　　偏 — (　　　)
三十二. 捕 — (　　　), 浦 — (　　　)
　　鋪 — (　　　)
三十三. 乏 — (　　　), 之 — (　　　)
三十四. 肛 — (　　　), 紅 — (　　　)
　　訌 — (　　　)
三十五. 偕 — (　　　), 楷 — (　　　)
　　諧 — (　　　)
三十六. 波 — (　　　), 破 — (　　　)
三十七. 閉 — (　　　), 幣 — (　　　)
三十八. 互 — (　　　), 瓦 — (　　　)
三十九. 候 — (　　　), 侯 — (　　　)
四十. 輝 — (　　　), 揮 — (　　　)

〈응용카드 4〉

※ 다음의 보기처럼 비어 있는 괄호 안에 적당한 말을 써넣으시오.
<보기> (嘲笑) — 조롱하는 태도로 웃음

一. (　　　) — 참아야할 자리에서 툭 터져 나오는 웃음
二. (　　　) — 상대방을 깔보며 쌀쌀하게 웃는 웃음

三. (　　　) — 폭발하듯 갑자기 웃는 웃음
四. (　　　) — 달갑지 않은 웃음
五. (　　　) — 소리를 내지 않고 빙그레 웃는 웃음
六. (　　　) — 기뻐서 웃는 웃음
七. (　　　) — 아양을 떠는 웃음
八. (　　　) — 큰소리를 내며 웃는 웃음
九. (　　　) — 빈정대며 웃는 웃음
十. (　　　) — 거짓 웃음

〈응용카드 5〉

※ 다음의 보기처럼 괄호 안에 적당한 단어를 써넣으시오.

<보기> 광릉에 사는 순우분이 자기 집 남쪽의 커다란 고목 나무 아래에서 꾸었던 꿈. 그는 꿈속에서 남가군의 태수가 되었는 데 깨어보니 덧없는 꿈이었다 — (南柯一夢)

一. 상대를 서로 그리워하고 사모하며 꾸는 꿈 — (　　　)
二. 당나라 때의 『침중기(枕中記)』라는 소설에 나오는 이야기로 일명 '한단지몽'이라고 한다. 노생이라는 청년이 여옹이라는 도사의 베개를 빌어 자는 동안 꾸었던 입신출세를 누린 꿈에 관한 이야기 — (　　　)
三. 황제가 꿈길에서 화서 지방에서 놀고 온 고사에서 따온 꿈을 뜻한다 — (　　　)
四. 꿈속에서의 젊음 — (　　　)
五. 꿈속에서 선인과 즐겁게 놀았던 꿈에 관한 이야기. 신선과의 야릇한 유선(遊仙)에 대한 고사 — (　　　)
六. 한바탕 꿈길에서 벗어난 소요스러운 강호의 소용돌이. 모든 것이 덧없기만한 강호에서의 덧없는 하룻밤의 꿈 — (　　　)
七. 이 세상의 모든 일이 한판의 꿈과 같다 — (　　　)

〈응용카드 6〉

※ 다음의 보기처럼 비어있는 괄호 안에 맞는 성어를 2자의 한자로 써넣으시오.

<보기> (破鏡) — 부부간에 사이가 좋지 않아 헤어짐

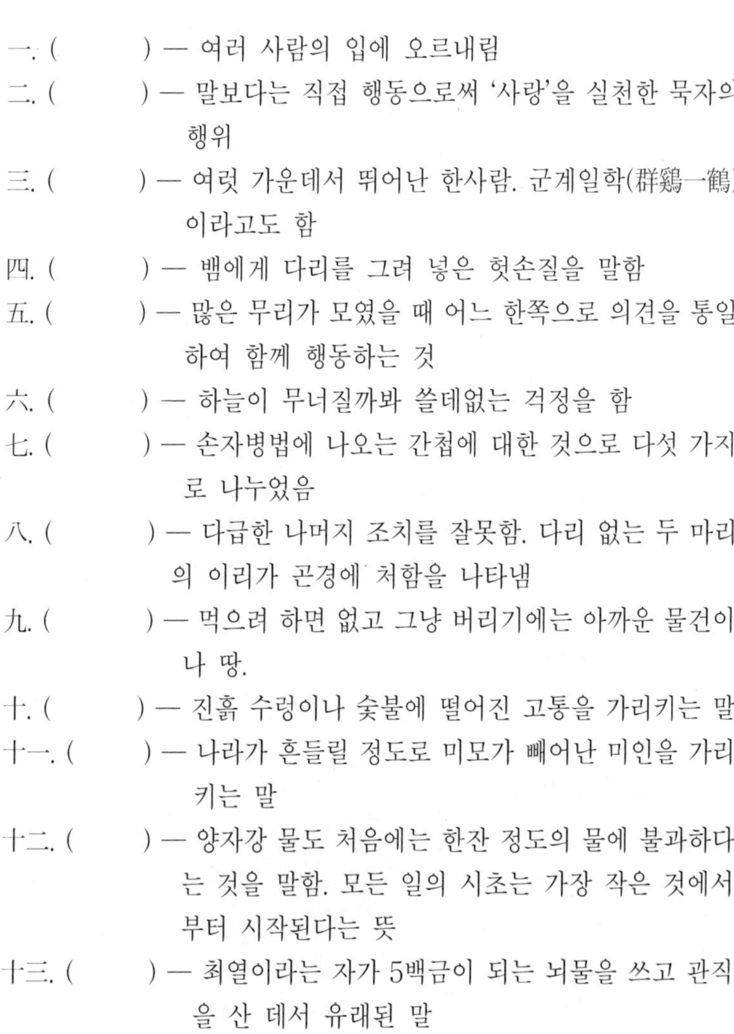

一. (　　　) — 여러 사람의 입에 오르내림

二. (　　　) — 말보다는 직접 행동으로써 '사랑'을 실천한 묵자의 행위

三. (　　　) — 여럿 가운데서 뛰어난 한사람. 군계일학(群鷄一鶴)이라고도 함

四. (　　　) — 뱀에게 다리를 그려 넣은 헛손질을 말함

五. (　　　) — 많은 무리가 모였을 때 어느 한쪽으로 의견을 통일하여 함께 행동하는 것

六. (　　　) — 하늘이 무너질까봐 쓸데없는 걱정을 함

七. (　　　) — 손자병법에 나오는 간첩에 대한 것으로 다섯 가지로 나누었음

八. (　　　) — 다급한 나머지 조치를 잘못함. 다리 없는 두 마리의 이리가 곤경에 처함을 나타냄

九. (　　　) — 먹으려 하면 없고 그냥 버리기에는 아까운 물건이나 땅.

十. (　　　) — 진흙 수렁이나 숯불에 떨어진 고통을 가리키는 말

十一. (　　　) — 나라가 흔들릴 정도로 미모가 빼어난 미인을 가리키는 말

十二. (　　　) — 양자강 물도 처음에는 한잔 정도의 물에 불과하다는 것을 말함. 모든 일의 시초는 가장 작은 것에서부터 시작된다는 뜻

十三. (　　　) — 최열이라는 자가 5백금이 되는 뇌물을 쓰고 관직을 산 데서 유래된 말

十四 (　　　) — 어떤 일에 대한 시작을 말함. 본래는 휘파람 소리

를 내는 신호용 화살을 가리킴

十五. (　　　) — 절대자의 치명적인 약점을 건드림. 용의 턱밑에 돋은 수염인 이곳은 용의 치명적인 약점이다.

十六. (　　　) — 소득이 없는 전쟁을 하면서 적에게 이로움을 준다는 뜻. 본래는 먼 나라와 교제하고 가까운 나라를 공격한다는 말에서 파생되었음

〈응용카드 7〉

※ 다음의 보기에 든 숙어를 성어의 풀이에 맞는 괄호 안에 써넣으시오.

病入膏肓	守株待兎	他山之石	衣食足知禮節	溫故而知新
殷鑑不遠	過而不改	隨處作主	桃李成蹊	不擇紙筆

一. 사람에게는 누구나 과실이 있다. 그것을 여하히 고치느냐 그렇지 못하느냐가 무엇보다 중요하다. 일의 결과를 다른 사람 탓으로 돌리기 보다는 자신의 과실이라고 생각하는 데에서 군자와 소인의 차이가 있는 것이다 — (　　　)

二. 다른 사람의 산에서 나오는 보잘것없는 돌도 때로는 자신에게 유리하게 소용될 때가 있다. 이를테면 자신의 옥을 닦는 숫돌로 사용될 수 있다는 것으로, 다른 사람의 행동을 보고 자신의 행동을 고치라는 의미로도 사용된다 — (　　　)

三. 병이 깊은 곳에 이르러 도저히 손을 댈 수 없는 상태를 의미한다. 도락이나 취미같은 것이 처음에는 하잘것없이 생각되는데 나중에는 그로 인하여 자신을 수렁에서 건져올릴 수 없는 상태에 빠져버리게 된다는 뜻 — (　　　)

四. 오래된 옛사람의 글이나 성현들의 말씀을 자신의 학문을 닦는데

사용하여 새로운 의미를 연구하고 파악하는 것을 말한다. 옛것을 익힘으로써 새것을 안다는 뜻 — ( )

五. 사람은 살기가 편해지면 마음에 여유가 생긴다고 한다. 그런 의미로 「관자」는 의식이 충족하니 비로소 예절을 안다고 하였다. 큰그늘 밑에 있어야 그늘의 혜택을 누릴 수 있다는 말도 같은 의미다 — ( )

六. 훗날 주나라의 문왕이 된 서백이 한 말입니다. 나라를 다스리는 데에 거울로 삼아야 할 것은 멀리 있는 것이 아니라 바로 전조인 주왕(紂王)에게 있다는 충고입니다 — ( )

七. 복숭아와 자두는 아무런 말이 없어도 자연이 열매를 맺으며 그 아래에 사람들이 모여든다는 뜻입니다. 이를테면 훌륭한 인물 주변에는 많은 사람들이 모여든다는 뜻입니다 — ( )

八. 어떤 일에 임하였거나 본래의 뜻을 꺾지않고 나간다면 모든 것이 자연스럽게 열린다는 뜻입니다 — ( )

九. 글씨를 잘 쓰는 명필가는 결코 붓을 고르지 않는다는 뜻입니다. 명인의 솜씨를 가리키는 말입니다 — ( )

十 갑자기 생긴 횡재로 인하여 평소의 일을 멀리하고 요행을 바랄 때에 쓰는 말입니다. 쓸데없이 고집을 부리며 새로운 환경이나 변화에 적응하지 못하는 것을 의미합니다 — ( )

〈응용카드 8〉

※ 다음은 한자 숙어의 풀이입니다. 본문을 읽고 단어를 보기에서 골라 써넣으시오.

一. 切磋琢磨	二. 吐哺握發	三. 恬不爲愧	四. 過猶不及
五. 觀過知仁	六. 靑出於藍	七. 水淸無魚	八. 隷尾塗中
九. 曲學阿世	十. 井底之蛙		

一. (   ) — 어떤 일에 넘치는 것은 부족한 것만도 못하다는 뜻

二. (   ) — 물이 아주 맑으면 고기가 그 몸을 감출 곳이 없어 그곳에는 살지를 않는 것처럼 사람이 너무 명철하면 남들이 꺼리어 벗이 없다는 뜻

三. (   ) — 사람이 덕을 쌓고 배움을 이루는 것은 한결같이 온힘을 다하여 학문을 갈고 닦아야 한다는 뜻

四. (   ) — 식사 때에나 머리를 감을 때에 손님이 찾아오면 입안의 밥을 뱉고 또는 감던 머리를 쥐고 나와 맞이한다는 뜻

五. (   ) — 진리에 어그러진 학문으로 세상에 아첨함을 이르는 말

六. (   ) — 군자의 허물은 후한 데서 오고 소인의 과오는 박덕한 데에서 빚어진다. 이것은 과오를 저지른 과정을 보고 그 사람의 어질고 그렇지 않음을 알 수 있다는 뜻

七. (   ) — 푸른 물감은 쪽에서 뽑아낸 것이지만 그보다 오히려 더 푸르다. 이것은 제자가 스승보다 더 뛰어났을 때에 쓰는 말이다. 「출람」의 본디말

八. (   ) — 세상 물정을 모르고 함부로 날뛰는 소인배. 소견이 좁은 자를 가릭켜 말할 때에 사용한다

九. (   ) — 옛날에는 신령스런 거북이를 귀히 여겼다. 그러므로 거북이는 죽어서 점 치는 도구로 사용되었다. 그러나 꼬리를 흙탕물에 담가도 살아있는 게 좋다는 뜻

十. (   ) — 올바르지 못한 짓을 하고도 부끄러운 것을 모르는 것

〈응용카드 9〉

※ 아래의 빈곳에 적당한 다리의 명칭을 한자로 쓰시오.

一. (   ) — 제3한강교라고 부르는 아홉번째 교량. 폭은 27미터 연장 915미터이다.

二. (　　　) — 한강 상류에서 여덟 번째 교량. 성동구 옥수동과 강남구 압구정을 잇는 폭이 31.4미터 연장 1,161미터이다.

三. (　　　) — 한강 상류에서부터 여섯 번째 교량. 성동구 성수동과 청담동을 잇는 폭이 25미터 연장 1,040미터이다.

四. (　　　) — 서울의 가장 위쪽에 있는 다리. 경기도 구리시에서 하일동을 지나 중부고속도로로 이어진다. 폭은 35미터 길이는 1,126미터이다.

五. (　　　) — 한강 상류에서부터의 두 번째 다리. 서울에서 이곳을 거쳐 충주로 향했던 곳으로 광나루라는 옛이름이 있다. 폭은 9.4미터 연장 1,037미터이다.

六. (　　　) — 한강상류에서 세 번째 교량. 성동구 광장동과 풍납동을 잇는 폭은 25.6미터 연장 1,150미터이다.

七. (　　　) — 한강 상류에서부터 다섯 번째 교량. 성동구 자양동과 송파구 신천동을 잇는 폭이 25미터 연장 1,280미터이다.

八. (　　　) — 한강상류에서부타 11번째의 다리. 동작진의 이름을 따서 다리 이름을 붙인 이곳은 용산구 이촌동과 동작구 동작동을 잇는 폭은 40미터 연장 1,330미터이다.

九. (　　　) — 예전에 노들나루를 이어주는 교량으로 한강 상류로부터 열두번째 교량. 폭은 36.8미터 연장 1,005미터이다.

十. (　　　) — 한강 상류에서 14번째 교량. 폭은 20미터 연장 1470미터이다.

〈응용카드 10〉

※ 다음의 보기처럼 괄호 안에 알맞는 단어를 써넣으시오.

<보기> (石坡亭) — 흥선 대원군의 아호를 따서 이름을 붙인 정자의 이름

一. (　　　) — 병자호란 때 인조 임금이 삼밭 나루터에서 항복하여

수항단 아래에서 치욕을 겪은 후 세운 '청태종 공덕비'를 말함

二. (　　) — 세종 임금이 하천을 파내고 물이 잘 빠지도록 청계천에 세운 다리. 이곳에 물의 수위를 조절하는 양수표를 세웠음

三. (　　) — 최초의 천주교 순교자 김범우의 집터에 세운 곳으로, 종현 성당이라고도 불리운다. 병인년의 박해 때에 8천여명이 순교한 새남터의 흙을 가져와 그 흙으로 벽돌을 구워 만들었다. 흥미로운 사실은 1909년에 이재명 의사가 이완용을 칼로 찔렀으나 죽이지는 못했다.

四. (　　) — 종로구 신영동의 자하문 밖에 있는 곳으로 연산왕 때에는 탕춘대라 불리던 곳이다. 조선 광해군 때에 왕의 폭정이 갈수록 심해지자 서인이었던 이귀 등이 이곳에 모여 거사를 모의하고 우물에서 칼을 씻고 맹세하였다는 곳이다, '새롭게 진영을 설치하였다'는 뜻에서 신영동(新營洞)이라는 이름이 생겨났다.

五. (　　) — 중종 대왕 때에 세워진 한글 최초의 비석. 효성이 지극했던 사람이 부모를 위해 세운 것이다.

六. (　　) — 구로구 시흥동 산93번지에 소재한 우물. 큰우물이라 불리는 이곳은 용추(龍秋)라는 이름도 있다. 가뭄 때에는 이곳에서 기우제를 지냈으며 임진왜란 때엔 선거이(宣居怡) 장군이 진을 친 곳이다. 샘 옆에는 돌해태가 있는데, 풍수지리학상 화산(火山)에 속하는 관악산의 기운을 누르기 위한 것이다.

七. (　　) — 종로구 자하문 길옆에 있는 사당. 본래는 영조의 생모, 숙종의 후궁인 숙빈 최씨의 사당이었으나 나중에는 아들을 낳은 다섯 분의 신위를 함께 모시어 육궁으라 하였다. 이곳에는 최숙빈을 미워한 장희빈의 신위도 함께 모셔져 있다.

八. (　　　) — 종로구 부암동에 있는 무릉계곡을 뜻하는 정사. 세종 임금의 셋째 아드님인 안평대군이 꿈에 무릉의 계곡에서 논 것을 기념하여 세운 정사이다.

九. (　　　) — 종로구 종로 2가 사거리의 남쪽에 소재해 있는 곳으로 본래 이름은 보신각이다. 이곳에서는 밤 10시경에 28번의 종을 쳐 통행을 금지시키고 새벽 4시에 33번의 종을 쳐 성문을 열었다. 종을 처음 단 것은 1395년이었으며, 지금의 종은 1890년에 만든 것이다.

十. (　　　) — 고려 시대 귀주대첩에서 40만의 거란군을 무찌른 명장 강감찬이 탄생한 곳. 장군이 태어날 때에 큰 별이 떨어진 일화로 알려져 있다. 별이 떨어진 곳에 세운 3층 석탑은 사리탑(舍利塔) 양식이며, 이곳은 서울 지방유형문화재 제4호로 지정되어 있다.

모범답안과 해설

〈응용카드 1〉

一. 佳, 住　二. 殼, 穀　三. 幹, 斡　四. 着, 看
五. 間, 問　六. 甲, 申　七. 客, 容　八. 險, 儉
九. 徑, 經　十. 桂, 住　十一. 季, 秀　十二. 苦, 故
十三. 考, 老　十四. 困, 囚　十五. 瓜, 爪
十六. 壞, 壤　十七. 九, 丸　十八. 具, 旦
十九. 句, 旬　二十. 屈, 屆　二十一. 귀신 귀, 모집 수
二十二. 몸 기, 뱀 사　二十三. 재주 기, 낱 매　二十四. 일어날 기, 다다를 부　二十五. 종 노, 같을 여　二十六. 들일 납, 말더듬을 눌
二十七. 능할 능, 모양 태　二十八. 끝 단, 상서 서　二十九. 아침 단, 또 차　三十. 쓸개 담, 멜 담,　三十一. 밟을 답, 밟을 도
三十二. 칠 당, 그리워할 동　三十三. 큰 대, 개 견
三十四. 기다릴 대, 모실 시　三十五. 섬도, 새 조

三十六. 대신할 대, 칠 벌　　三十七. 칼도, 칼날 인
三十八. 무리 도, 옮길 사　　三十九. 복숭아 도, 돋을 도
四十. 홀로 독, 촛불 촉

〈응용카드 2〉

一. 歷, 曆　二. 列, 裂　三. 壘, 疊　四. 栗, 粟
五. 慢, 漫　六. 末, 未　七. 眠, 眼　八. 明, 朋
九. 皿, 血　十. 母, 毋　十一. 冒, 胃　十二. 夢, 蒙
十三. 矛, 予　十四. 苗, 笛　十五. 戌, 戍　十六. 味, 昧
十七. 密, 蜜　十八. 搏, 博　十九. 縛, 簿　二十. 班, 斑
二十一. 돌이킬 반, 벗 우　　二十二. 빨 발, 밟을 발
二十三. 잣 백, 칠 박　　二十四. 회복할 복, 겹칠 복
二十五. 어지러울 분, 가루 분　　二十六. 부처 불, 떨칠 불
二十七. 계집종 비, 비 비　　二十八. 가난할 빈, 탐할 탐
二十九. 스승 사, 장수 수　　三十. 선비 사, 벼슬 사
三十一. 생각 사, 은혜 은　　三十二. 갚을 상, 상줄 상
三十三. 더울 서, 마을 서　　三十四. 아낄 석, 빌릴 차
三十五. 쪼갤 석, 꺾을 절　　三十六. 건널 섭, 오를 척
三十七. 풍속 속, 넉넉할 유　　三十八. 덜 손, 버릴 연
三十九. 쇠할 쇠, 슬플 애　　四十. 이를 수, 쫓을 축

〈응용카드 3〉

一. 與, 興　二. 亦, 赤　三. 汚, 汗, 朽　四. 午, 牛
五. 玉, 王, 壬　六. 搖, 遙, 謠　七. 原, 源　八. 慾, 欲
九 惟, 推　十. 幼, 幻　十一. 由, 田　十二. 人, 入, 八
十三. 日, 曰　十四. 姿, 恣　十五. 仗, 杖
十六. 裁, 栽,　十七. 低, 底　十八. 摘, 滴, 適
十九. 弟, 第　二十. 制, 製　二十一. 겨레 족, 나그네 려
二十二. 무거울 중, 아이 동　　二十三. 무리 중, 코끼리 상

二十四. 짤 직, 표기 치, 성할 치 二十五. 곧을 직, 참 진
二十六. 잡을 착, 재촉할 촉 二十七. 천할 천, 밟을 천
二十八. 밝을 철, 밝을 석 二十九. 침노할 침, 적실 침
三十. 늪 택, 가릴 택 三十一. 엮을 편, 두루 편, 깨우칠 편
三十二. 잡을 포, 포구 포, 펼 포 三十三. 다할 핍, 이를 지
三十四. 똥구멍 항, 붉을 홍, 어지러울 홍 三十五. 함께 해, 해서 해, 어울릴 해 三十六. 물결 파, 깨뜨릴파 三十七. 닫을 폐, 한가할 한
三十八. 서로 호, 기와 와 三十九. 물을 후, 제후 후 四十. 빛날 휘, 휘두를 휘

〈응용카드 4〉

一 失笑 二. 冷笑 三. 爆笑 四. 苦笑
五. 微笑 六. 喜笑 七. 巧笑 八. 哄笑
九. 嗤笑 十. 假笑

〈응용카드 5〉

一. 相思夢 二. 黃粱之夢 三. 一場華胥夢 四. 夢裡青春
五. 遊仙一枕 六. 一場江湖夢 七. 萬事皆如夢

〈응용카드 6〉

一. 膾炙 二. 墨守 三 .白眉 四 .蛇足
五. 左袒 六. 杞憂 七 .反間 八. 狼狽
九. 鷄肋 十. 塗炭 十一. 傾國 十二. 濫觴
十三. 銅臭 十四. 嚆矢 十五. 逆鱗 十六. 盜糧

〈응용카드 7〉

一. 過而不改 二. 他山之石 三. 病入膏肓
四. 溫故而知新 五. 衣食足知禮節 六. 殷鑑不遠
七. 桃李成蹊 八. 隨處作主 九. 不擇紙筆

十. 守株待兎

〈응용카드 8〉

一. 過猶不及
二. 水淸無魚
三 .切磋琢磨
四. 吐哺握發
五. 曲學阿世
六. 觀過知仁
七. 靑出於藍
八. 井底之蛙
九. 隸尾塗中
十. 恬不爲愧

〈응용카드 9〉

一. 漢南大橋
二. 東湖大橋
三. 嶺東大橋
四. 江東大橋
五. 廣津橋
六. 千戶大橋
七. 蠶室大橋
八. 銅雀大橋
九. 漢江大橋
十. 麻浦大橋

〈응용카드 10〉

一. 三田渡碑
二. 水標橋
三. 明洞聖堂
四. 洗劍亭
五. 古碑
六. 天井
七. 毓祥宮
八. 武溪精舍
九. 鐘閣
十. 落星垈

제5장

<바>

反 間
반 간

• 出典 : 『손자병법』의 「용간편」
• 文意 : 이중간첩을 가리킴
돌이킬 반 / 사이 간

『손자병법』에서는 다섯 종류의 첩자를 오간(五間)이라 하는데, 현대 용어로는 '제오열'이라 부르는 것들이다.

첫째, 향간(鄕間). 적국의 주민들을 이용하여 정보를 얻는 것.

둘째, 내간(內間). 적국의 관리를 이용하여 정보를 얻는 것.

셋째, 반간(反間). 적의 간자를 포섭해 아군의 간자로 삼는 것.

넷째, 사간(死間). 죽기를 각오하고 적국에 침투해 정보를 얻는 것.

다섯째, 생간(生間). 적국에 들어가 정보를 가지고 돌아오는 것.

이러한 다섯 가지의 간첩에 대한 것 중에서, 세 번째가 반간인데 서로 간에 이간을 한다는 뜻을 담고 있다. 그러므로 '반간고육지책(反間苦肉之策)'이라 한다면 자신을 희생의 제물로 삼아 상대를 갈라놓는 것이다. 이중간첩이 여기에 해당한다.

盤 根 錯 節
반 근 착 절

• 出典 : 『후한서』의 「우후전(虞詡傳)
• 文意 : 뿌리가 깊어 제거하기 힘듦
소반 반 / 뿌리 근 / 섞일 착 / 마디 절

후한의 안제(安帝)는 나이가 어려 그의 어머니 등태후(鄧太后)가 섭정했다. 그녀는 오빠 등즐(鄧騭)을 대장군으로 삼아 군권을 일임했다. 이때에 서북 방향에서 이민족이 양주와 병주를 공격해왔다.

"아무래도 양주를 내놓는 것이 좋겠습니다."

이때 우후(虞詡)가 반대하고 나섰다. 그는 홀로 남은 할머니를 모시고 살고 있었다. 이런 때에 조가현에서 좋지 않은 소식이 전해졌다. 등즐은 이후를 보내 진압하게 하였다. 사람들은 죽은 목숨이라고 위문을 왔다. 그러나 이후는 웃으며 말했다.

"구부러진 뿌리가 내려 엉클어진 것이 머리에 부딪치지 않으면 날카로운 칼날의 진가를 알 도리가 없거든."

反求諸己
반구제기

• 出典 : 『사기』
• 文意 : 잘못된 원인을 자신에게서 찾다
돌이킬 반 / 구할 구 / 모든 제 / 몸 기

하(夏)나라의 국왕 우(禹)는 치수사업에 공이 있어 보위를 물려받았었다. 어느 날 배반했던 유호씨(有扈氏)가 대거 병사를 이끌고 침범하자 그의 아들 백계(伯啓)로 하여금 막게 하였다. 그러나 이 싸움은 백계의 대패로 막을 내렸다.

“승복할 수 없습니다. 다시 한 번 싸웁시다.”

백계의 부하들은 어이없는 결과에 반신반의하며 다시 한 번 싸울 것을 강력히 주장했다. 그러나 백계는 고개를 저었다.

“나는 그의 근거지에 비해 작지 않고 병사의 수효도 부족하지 않는데 우리가 패했다. 이것은 결코 우연이 아니다. 분명 무슨 이유가 있을 것이다. 아무래도 내 덕행이 부족하여 부하들을 가르치는 것에 소홀함이 있었을 것이다. 분명 내 자신으로부터 원인을 찾아야겠다.”

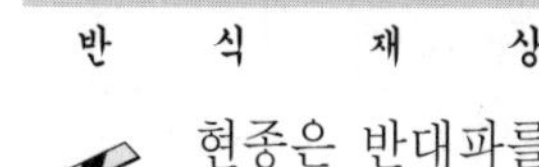

伴食宰相
반식재상

• 出典 : 『당서』의 「노회신전」
• 文意 : 자리만 지키는 재상
짝 반 / 밥 식 / 재상 재 / 정승 상

현종은 반대파를 완전히 제거하고 난 후에 정승 두 사람을 등용했다. 요숭(姚崇)과 노회신(盧懷愼)이었다.

요숭은 당나라 전기에 있어 명재상으로 손을 꼽는다. 자(字)는 원지(元之)이며 하남성 출신이다. 그는 측천무후와 예종 · 현종의 3대에 걸쳐 재상이었다.

둘은 판이했다. 요숭은 문무를 겸비한 훌륭한 재상이었으나 노회신은 그냥 이름만 걸쳐놓았다. 그렇다보니 요숭이 반나절이면 끝낼 일을 노회신은 10여일이나 소비했다. 그러므로 두 사람을 부르는 호칭이 자연스럽게 달라졌다.

“요숭은 ‘구시재상(救時宰相)’이고 노회신은 ‘반식재상(伴食宰相)’이라네.”

拔 本 塞 源
발 본 색 원

- **出典** : 『춘추좌씨전(春秋左氏傳)』
- **文意** : 폐해를 일으키는 근원을 제거한다

뽑을 발 / 근본 본 / 채울 색 / 근원 원

『춘추좌씨전』의 소왕 9년조에서 주왕은 이렇게 말했다.

“나는 백부에게 있어 마치 옷에 갓이 있는 것과 같으며 나무와 물에 근원이 있듯 백부에게는 주모자가 있어야 한다. 만약 백부께서 갓을 찢어버리고 근원을 막으며(拔本塞源) 집주인을 버린다면 오랑캐나 나를 어떻게 볼 것인가.”

『사기』의 「열전」에는 이런 애기가 기록되어 있다.

“사람은 궁하면 당연히 근본으로 돌아가게 된다. 그런 까닭에 괴롭고 피곤하면 하늘을 부르지 않는 자가 없다. 굴평은 바르게 행동했으면서도 남의 이간질로 인해 곤궁하게 되었다. 신의를 지키고도 의심을 받았으며 충성을 다했으면서도 비방을 받았다.”

모름지기 군왕은 이런 일이 있기 전에 뿌리를 뽑아야 한다.

跋 扈
발 호

- **出典** : 『후한서』의 「양기전」
- **文意** : 통발을 뛰어넘는다

밑동 발 / 뒤따를 호

어느 때인가 나라에 큰 변고가 생겼다. 갑작스럽게 지진이 일어나 85장(丈)이나 땅이 갈라졌다. 당시 순제의 총애를 받고 있던 이고(李固)라는 대신이 말했다.

“이것은 정치가 문란하여 하늘이 노한 것입니다.”

정치의 문란은 곧 환관들의 수효가 많다는 것으로 귀착되었다. 따라서 환관의 권한이 축소되었다. 부친이 세상을 떠나자 양기는 그 자리를 이어받아 대장군이 되었다. 여덟 살 짜리 질제(質帝)가 즉위한 후 문무백관이 모인 자리에서 한 마디 했다.

“이 사람은 발호장군(跋扈將軍)일세”

고작 여덟 살에 불과한 황제였지만, 양기의 거만한 전횡이 거슬린 것이다. 그러나 질제는 그 말을 한 탓에 독살 당하고 말았다.

傍若無人
방 약 무 인

- 出典 : 『사기』의 「자객열전」
- 文意 : 건방지고 무례한 행동

곁 방 / 같을 약 / 없을 무 / 사람 인

형가가 연나라에 들어가 사귄 친구 중에 고점리(高漸利)가 있었다. 축(筑)의 명수였다. 둘은 날마다 어울리며 춤추며 거리를 떠돌았다. 그것은 주위에 아무도 없는 듯이 행동하는 방약무인(傍若無人)한 행동이었다.

이러한 형가를 연나라의 태자 단(丹)은 천하 만민을 위해 진나라 시황제 정(政)을 암살하여 줄 것을 청하였다. 당시 연나라에는 진나라에서 투항해 온 번어기(樊於期)라는 장수가 있었다. 그에게는 천금과 만호후(萬戶侯)의 현상금이 걸려 있었다. 번어기가 자결하자 형가는 그의 목을 가지고 연나라를 떠나며 한 수의 시를 지었다.

바람은 쓸쓸하고 역수는 차가운데(風蕭易水寒) / 장사는 한 번 가면 다시 오기 어려우네(將士去復還)

方寸已亂
방 촌 이 란

- 出典 : 『삼국지』
- 文意 : 마음이 흔들려 추진할 수가 없다

모 방 / 마디 촌 / 그칠 이 / 난리 란

서서(徐庶)의 호는 원직(元直)이다. 그는 한말의 삼국시대에 살았는데 병서를 많이 읽어 병략에 뛰어났다. 그는 유비 밑에 있으면서 충실히 보좌한 탓에, 조조가 사람을 보내 자기 쪽으로 건너와 일해 줄 것을 청하였으나 단호히 거절했다.

조조의 모사 정욱(程昱)은 서서가 효성이 지극하다는 점을 들어 모친의 필체를 흉내 낸 편지를 서서에게 보냈다.

서서는 유비와 병략에 대해 논의하고 있다가 어머니의 편지를 받자 조조가 자신의 어머니를 위협하고 있다는 것을 유비에게 알렸다.

"제가 주군을 도와 한나라를 부흥시키고자 했으나 조조가 어머니를 포로로 잡고 있으니 마음이 이미 산란해져(方寸已亂) 일을 할 수 없습니다. 이제 주군 곁을 떠나 어머니에게 가겠습니다."

杯 盤 狼 藉
배 반 낭 자

• 出典 : 『사기』의 「순우곤전」
• 文意 : 난잡한 술자리의 모습
잔 배 / 소반 반 / 어지러울 랑 / 깔 자

순우곤이 소기의 목적을 이루고 돌아오자 제나라의 위왕은 후궁에서 축하연을 열었다. 술기가 도도해지자 주량에 대하여 묻자 한 말로도 취하고, 한 섬으로도 취한다 했다

"그것참 이상합니다. 어떻게 한 말로 취하고 한 섬으로 취한다는 말입니까. 한 말을 마시고 취한다면 어찌 한 섬을 마실 수가 있습니까?"

순우곤이 말했다.

"술이라는 것은 무릇 상대에 따라 다릅니다. 세상 사람들이 분위기에 따라 술을 마신다고 하는 것과 같습니다. 그것은 남녀가 섞이어 마시는 경우지요. 주연은 절정에 이르고 등불이 꺼지면 술잔과 그릇이 어지럽게 널려 있습니다(杯盤狼藉). 내 곁에서 여인의 살 냄새와 분 냄새가 나면 능히 그 정도는 마십니다."

背 水 之 陣
배 수 지 진

• 出典 : 『사기』의 「회음후열전」
• 文意 : 일전을 비장한 각오로 준비함
등 배 / 물 수 / 갈 지 / 진칠 진

유방이 보위에 오르기 2년전. 한신은 조나라로 밀고 들어갔다. 조나라에서는 이좌거가 진여(陳餘)에게 이십만 대군을 주어 정형(井陘)의 좁은 길목 어구에 진지를 구축하여 적이 오면 무찌를 수 있다고 계책을 내놓았다. 그러나 채택되지 않았다.

첩자의 보고를 받은 한신은 계략을 세웠다. 조나라 병사가 진을 친 10여리 지점에서 몸을 숨기게 하고 자신은 싸움이 일어나면 거짓으로 패하여 도망할 것이니 그 틈에 성을 함락시키라는 것이었다. 다음날 전투는 한신의 계책대로 이뤄졌다. 사기가 오른 적이 추격해오자 한신은 진을 칠 때에 물을 등뒤로 하는 '배수지진'을 쳤다. 적과 대치해 있는 상태에서 등뒤가 물이니 더 이상 물러설 수가 없었다. 살기 위해서는 죽기를 각오하고 싸우지 않으면 안되었다.

杯中蛇影
배 중 사 영

• **出典** : 『진서(晉書)』의 「악광전」
• **文意** : 쓸데없이 의심하여 근심을 만듦
잔 배 / 가운데 중 / 뱀 사 / 그림자 영

진나라 때에 악광(樂廣)이라는 사람이 하남 태수로 있을 때였다. 평소 인의지덕이 넘친 사람으로 소문이 난 탓에 주위에 친구들이 많았다. 그러던 어느 날 친구가 찾아와 술자리를 하였는데 다음날 친구가 몸이 아파 누워있다는 말을 듣게 되었다.

친구가 몸이 아픈 이유가 잡히지 않는 것이다. 이런 저런 생각으로 골몰해 있는데 벽에 걸린 활 그림자가 기다란 그림자를 만들어냈다.

"아, 저것 때문이로구만."

그의 시선이 멈춘 곳은 뱀 모양의 조각이 달린 활이었다. 그 조각은 마치 뱀이 살아있는 것처럼 그림자가 흔들렸기 때문이었다. 악광은 즉시 그 친구를 데려오게 하였다. 술잔에 비친 것이 활그림자인 것을 알고 나자 언제 그랬느냐 싶게 친구는 즐겁게 술을 마셨다

白駒過隙
백 구 과 극

• **出典** : 『장자(莊子)』
• **文意** : 인생의 지나감이 빠름을 비유
흰 백 / 망아지 구 / 지날 과 / 틈 극

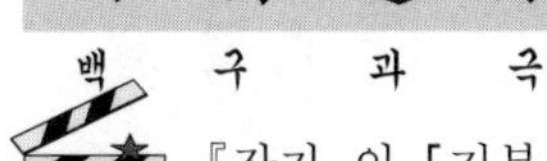

『장자』의 「지북유편」에는 다음과 같은 말이 있다.

"사람이 하늘과 땅 사이에 사는 것은 흰말이 달려가는 것을 문틈으로 보는 순간일 뿐이다."

참으로 인생이라는 것이 허망하다는 말이다. 그러므로 인생에 있어서 삶과 죽음은 한 조각의 구름이 '일어났다'가 '스러지는 것'인가. 참으로 허망한 말이다. 사마천의 『사기』에 여태후가 유후(留侯;장량)에게 장탄식을 흘리며 말하는 것을 볼 수 있다.

"사람의 한평생이 이토록 허망한 것을 어찌 몰랐던가. 인생이란 것이 마치 흰 망아지가 틈을 지나는 것처럼 빠르지 않은가. 오호라, 어찌 괴로워함이 이와 같은가."

百年河清
백　년　하　청

• **出典** : 『춘추좌씨전』「양공 8년조」
• **文意** : 실현될 가능성이 없음
일백 백 / 해 년 / 물 하 / 맑을 청

정나라가 채나라를 공격하자 채와 동맹을 맺은 초나라가 가만있지 않을 것이라는 소문이 돌았다. 초나라의 자양(子襄)이라는 이가 조련된 군사들을 이끌고 정나라를 공격할 것이라는 소문이 전해진 것이다. 의견을 내놓은 이는 자사(子駟)였다.

"주나라의 시에 이런 것이 있습니다. '황하의 물이 맑아지기를 기다린다는 것은 사람의 수명으로서는 도무지 상상할 수 없는 기일'입니다. 그러므로 우리들이 이렇게 탁상공론으로 이러쿵저러쿵 하는 것은 참으로 실속 없는 계획에 불과합니다."

맞서 싸워야 한다는 주장도 만만치 않았다. 항복하는 것은 대세의 흐름에 맞지를 않으니 일전불사의 싸움을 벌여야 한다는 것이었다. 이 날의 논쟁은 자사의 의견을 받아들여 화평을 맺고 위기를 넘기었다.

白面書生
백　면　서　생

• **出典** : 『송서』의「심경지전」
• **文意** : 세상 경험이 없는 서생
흰 백 / 얼굴 면 / 글 서 / 날 생

송나라 때에 무강(武康) 지방에 심경지(沈慶之)라는 이가 있었다. 그는 어려서부터 큰 뜻을 품고 있었는데 난을 일으킨 손은(孫恩)을 정벌한 공으로 관직에 나갔다. 문제가 그 후 변방을 넓히려고 왕현모 등을 파견하여 북벌을 감행했다.

심경지는 너무나 놀라 이 일을 중지해 줄 것을 요청했으나 문제는 잡다한 이유를 들어 심경지의 말을 들어주지 않았다.

"농사는 농부에게 묻는다면 실패가 없습니다. 또한 베를 짜려면 길쌈하는 여인에게 물어야 합니다. 한데, 적을 공격하는 일을 일개 백면서생(白面書生)에게 묻는다면 그 일이 성공할 수 있겠습니까?"

그렇게 말했는데도 송 문제는 받아들이지 않았다. 비합리적인 방법으로 밀고 가는 바람에 결국은 실패하고 말았다.

不 如 一 見
불 여 일 견

• 出典 : 『한서』의 「조충국전」
• 文意 : 듣는 것보다 확인하는 것이 낫다
아니 불 / 같을 여 / 한 일 / 볼 견

이 성어는 '백문(百聞)이 불여일견(不如一見)'이다. 백 번 듣는 것보다 한 번 보는 것이 훨씬 낫다는 뜻이다. 얘기는 한나라 선제(宣帝) 때로 거슬러 간다. 서북쪽에 터를 잡은 티베트계통의 유목민 강(羌)이 반란을 일으켰다.

이때 토벌군 장수를 자원한 사람은 70세가 넘은 조충국(趙充國)이었다. 그는 한무제 때에 이사장군 이광리를 따라 원정을 갔었다. 그 전투에서 20여군데의 상처를 입었으나 끝까지 고군분투하여 활로를 연 덕택에 조충국은 거기장군(車騎將軍)에 봉해졌다. 이러한 조충국의 뜻이 너무 강했으므로 선제는 전략에 대해 물었다. 그가 말했다.

"전략은 백번 듣는 것보다 그곳에 가서 한 번 보고 작전을 세우는 것이 좋습니다."

不 入 難 得
불 입 난 득

• 出典 : 『사기』
• 文意 : 들어가지 않으면 얻기 어렵다
아니 불 / 들 입 / 어려울 난 / 얻을 득

반초라는 이는 흉노와의 전쟁에서 승리하자 서역으로 파견되었다. 처음에 선선국 왕은 반겨 주었으나 한 달 가량이 지나자 무례하게 대했다. 반초는 36명의 일행을 모은 채 말했다.

"지금 선선국 왕은 흉노의 회유를 받고 있으니 우리의 처지가 다급하다. 시일을 지체하면 모두 포박되어 흉노에게 넘어갈 것이다. 이제 우리가 취할 방법은 한가지다."

반초는 두려워하는 일행을 돌아보며 자신의 뜻을 밝혔다.

"호랑이 굴에 들어가지 않으면 어찌 호랑이 새끼를 얻겠는가. 우리가 살 수 있는 방법은 흉노의 사자를 공격하여 죽이는 일이다"

그날 밤이 이슥한 시각에 반초는 흉노의 사신이 머물고 있는 숙소를 습격하여 모두 살해해 버렸다.

白 眉
백 미

• **出典** : 『삼국지』의 「마량전」
• **文意** : 여럿 가운데 뛰어난 사람
흰 백 / 눈썹 미

유비가 적벽대전이 끝난 후에 형주와 남양 등지를 얻은 자리에서 장차 어찌해야 하는 지를 묻자 이적(伊籍)이 마씨 오상(五常) 중 흰눈썹을 가진 사내를 천거했다.

눈썹이 하얀 사내. 바로 마량(馬良)이었다. 그에게는 다섯 형제가 있었는데 자(字)에 상(常) 자가 들어갔다. 그래서 오상(五常)이라 불렀다. 그들 형제는 슬기롭고 평판도 좋았다. 인물도 좋았다. 이러한 다섯 형제 가운데 가장 빼어난 인물은 흰눈썹의 사나이 마량이었다.

당시의 천하는 위오촉(魏吳蜀)의 삼국이 세발 솥(鼎)처럼 세력의 균형을 유지하고 있었다. 이적의 권유로 유비는 마량을 만났는데 마치 용이 비를 얻은 것처럼 혁혁한 전과를 이루었다. 이것이 연유가 되어 여러 가운데 뛰어난 인물을 '백미'라 부른다.

百 發 百 中
백 발 백 중

• **出典** : 『사기』
• **文意** : 계획했던 바가 그대로 이루어지다
일백 백 / 펼 발 / 일백 백 / 가운데 중

진나라가 위를 격파하고 양나라를 공격하자 주나라의 난왕은 백기장군을 설복해 보자는 안을 내놓았다. 그것은 양유기(養由基)라는 장수에 관한 것이었다.

양유기는 초나라 장수로 활을 쏘는 데 지나가던 사나이가 한마디 던졌다.

"정말 잘 쏘는구만. 가르칠만 해."

양유기는 벌컥 화를 내었다. 어떻게 자신을 가르칠 수 있는지 말해보라는 것이었다. 그러자 사내는 말했다.

"나는 양장군에게 활쏘기의 기술을 가르친다고 한 적은 없소이다. 오늘은 당신이 백발백중이지만, 한 번 실수하면 과거의 공은 무산됩니다. 여타의 전투에는 몸이 아프다는 핑계로 출전하지 마시오."

白髮三千丈
백 발 삼 천 장

• **出典** : 이백의 시 「추포음(秋浦吟)」
• **文意** : 너무 늙었음을 한탄함
흰 백 / 터럭 발 / 석 삼 / 일천 천 / 어른 장

추포라는 곳은 안휘성의 무호(蕪湖)라는 곳이다.

추포음 70수 가운데 17수는 만년의 고독을 방불케 하는 것으로, 어느 날 자신의 모습을 거울에 비쳐보았더니 머리가 하얗게 셌다. 그것이 마치 삼천 장(三千丈)이나 되는 것처럼 길다고 하였으니 대단한 과장법을 사용한 것 같다. 이른바 과대 포장을 좋아하는 중국식 표현법이다.

백발이 삼천장으로 / 어느새 길었구나
알지 못하겠네 거울 속 / 어느 곳에서 가을 서리 얻었나

나이가 들어버린 자신의 몸을 어느 날 거울을 통해서 보고 놀라워하는 쓸쓸함을 나타내고 있다. 이는 모두 중국식 표현법, 즉 과장법을 사용하고 있다.

伯牙絶絃
백 아 절 현

• **出典** : 『열자』의 「탕문편」
• **文意** : 참다운 친구의 죽음을 슬퍼함
맏 백 / 어금니 아 / 끊을 절 / 악기줄 현

전국시대에 거문고의 명인으로 이름이 난 백아(伯牙)라는 이가 있었다. 그에겐 자신의 음악을 이해해주는 종자기(鍾子期)라는 친구 가 있었다. 백아가 산의 모습을 표현하여 거문고를 타면 종자기는,

"태산의 높음을 표현하고 있구나."

그러다가 흐르는 물소리를 표현하면,

"강물의 흐름이 양자강과 같도다."

이렇게 말할 정도였다. 즉, 친구의 음악을 가장 잘 이해하고 있었다는 말이다. 그러던 종자기가 세상을 떠났다. 그러자 백아는 그토록 아끼던 거문고의 줄을 끊어버리고(伯牙絶絃), 다시는 거문고를 타지 않았다.

白 眼 視

백 안 시

• 出典 : 『진서』의 「완적전(阮籍傳)」
• 文意 : 남을 냉대할 때에 흘겨보는 것
흰 백 / 눈 안 / 볼 시

위오촉(魏吳蜀)의 삼국 대립이 막을 내리고 천하는 조조가 이끄는 위(魏)의 수중으로 들어갔다. 위나라는 다시 진(晉)으로 넘어가면서 세상은 몹시 어수선했다. 이러한 때에 속세를 등지고 경치가 수려한 곳을 찾아가 자연을 벗삼아 지내며 노장사상(老莊思想)에 빠져있던 일곱 명의 선비들이 있었는데, 세상에서는 이들을 죽림칠현(竹林七賢)이라 하였다.

이들 일곱 명 중에 완적이라는 이가 있었다. 그가 모친상을 당하였는데 문상을 온 선비들 가운데 마음에 들지 않은 이가 오면 흰눈으로 흘겨보았다.

그때 혜강의 동생 혜희가 오자 역시 속물을 대하듯 흰눈동자를 섬뜩하게 흘겨보았다. 소식을 들은 혜강이 술과 거문고를 들고 찾아왔다. 완적은 몹시 기뻐하며 검은 눈동자를 보이며 환영했다.

柏 舟 之 操

백 주 지 조

• 出典 : 『시경』의 「용풍(鄘風)」
• 文意 : 아내가 절개를 지키는 것
측백나무 백 / 배 주 / 갈 지 / 잡을 조

위(衛)나라 제후의 공자 공백(共伯)이 일찍 세상을 떠나자 그의 아내 공강은 부모의 권유(개가)를 물리치고 백주라는 시를 지어 자신의 굳은 지조를 표현했다.

제목은 「잣나무 배」였다.

두둥실 저 잣나무 배 / 황하 가운데 떠 있다
더벅머리 드날리는 그 사람만이 / 진정한 내 남편
죽어도 다른 마음 아니 가지리 / 어머니는 하늘이신데
어찌 내 마음을 몰라 줍니까 / 두둥실 저 잣나무 배가
저 황하 물가에 떠 있도다 / 늘어진 다발머리
진정 내 남편이었으니 / 죽어도 다른 마음 아니 가지리

伯 仲 之 勢
백 중 지 세

• 出典 : 위문제(魏文帝)의 「전론(典論」)
• 文意 : 한쪽으로 기울지 않은 팽팽한 상태
맏 백 / 버금 중 / 갈 지 / 형세 세

『예기』의 「단궁」 상편에 '어려서 이름을 짓고 20세에 관례(冠禮)를 하며 자(字)를 붙이고 50세에 백중(伯仲)으로 하고 죽으면 시호를 내리는 것은 주(周)나라의 도리다'라 쓰고 있다. 그런가하면 백중숙계(伯仲叔季)라는 말도 있다.

이것은 형제의 순서를 나타내는 것으로, 백은 장형이고 중은 다음 형이며 숙은 그 다음 계는 막내 동생이다.

위의 글에 나오는 백중은 '형과 아우'라는 의미다. 이 말을 처음으로 쓴 사람은 위나라의 문제 조비로, 그기 「전론(典論)」이라는 글의 첫머리에 '부의지어반고 백중지간(傅毅之於班固 伯仲之間)이라 하였다. 즉, 부의와 반고는 그 실력의 우열을 가리기 함들 정도로 막상막하였다는 뜻이다.

法 三 章
법 삼 장

• 出典 : 『사기』의 고조본기
• 文意 : 간단 명료한 법
법 법 / 석 삼 / 글 장

기원전 206년. 유방이 먼저 관중에 들어가 진왕 자영(子嬰)의 항복을 받고 옥새와 절부(節符)를 인수하였다. 항복한 자들은 죽이지 않았으나 궁안에 들어가자 눈부신 궁안의 위용과 많은 미녀들의 교태에 돌아갈 줄을 몰랐다.

장량과 번쾌의 간곡한 진언으로 야영지에 돌아와 여러 현의 노인들과 호걸들을 불러 말했다.

"나는 항우와 내기하기를 누가 먼저 관중에 들어가 왕이 되는가에 이겼으니 내가 마땅히 관중의 왕이오. 나는 진나라의 법 대신 세 가지만 시행하려 하오. 첫째 사람을 죽인 자는 사형에 처하고, 둘째 사람에게 중상을 입힌 자와 도적질하는 자는 응분의 벌을 내리겠소. 마지막으로 진나라의 모든 법은 폐지하겠소."

兵 聞 拙 速
병 문 졸 속

• **出典** : 『손자병법(孫子兵法)』
• **文意** : 전투는 속전 속결이다
군사 병 / 들을 문 / 못날 졸 / 빠를 속

손자는 일찍이 병사를 움직이는 데에 불리한 점을 지적한 바 있다. 전쟁이란 병거가 수천대 병사가 수만명 군량을 운반할 수레가 수천 대가 투여된다. 이러한 인력과 장비로 천 리 밖의 원정을 나갔다면 그 경비나 어려운 점이 막대할 것이다. 이렇다 보니 시일을 오래 끄는 전쟁은 형편이 좋아지기는커녕 날이 갈수록 나빠지는 쪽으로 기울게 된다는 것이다.

손자가 지적한 내용은 이러하다. 병사를 한곳에 두지 않고 속력행군(速力行軍)을 하여 성공한 예는 많다는 것이다. 다시 말해 병사를 한곳에 오래 두어 성공한 예는 찾기가 힘들다는 뜻이다. 손자는 졸속(拙速)이나 교구(巧久)에 대해 비교하여 설명했다. '졸'은 아무런 재간을 부리지 않는 것이며 '교'는 억지 꾸밈 또는 작위(作爲)라고 했다

兵 爲 死 地
병 위 사 지

• **出典** : 『사기』「염파 · 인상여열전」
• **文意** : 일을 할 때엔 최선을 다한다
군사 병 / 하 위 / 죽을 사 / 땅 지

조(趙)나라의 명장 조사(趙奢)는 본래 평범한 시골의 말단 관리에 불과했다. 그가 워낙 청렴결백하다는 소문 탓에 평원군의 귀에까지 들어가 발탁된 후 공을 세워 나중에 마복군(馬服君)이라는 칭호를 받게 되었다.

이러한 조사에게는 조괄(趙括)이라는 아들이 있었다. 그는 두뇌가 명석하여 병략에 대해서는 모르는 것이 없었으나, 조사는 우쭐해 하는 아들을 보며 오히려 근심스러운 낯을 할뿐이었다.

"전쟁이란 목숨을 걸어야 하는 병위사지(兵爲死地)요. 우리 괄이는 말만 무성할 뿐이오. 목숨을 걸어야 하는 전쟁에 이론만 번지르하니 장차 저 놈이 장군이 된다면 일을 크게 망칠 것이오."

훗날 조괄은 나라를 큰 근심으로 몰아넣었다.

病 入 膏 肓
병 입 고 황

• **出典** : 『춘추좌씨전(春秋左氏傳)』
• **文意** : 병이 깊어져 고치기 힘든 상태
병 병 / 들 입 / 염통 고 / 명치 황

춘추 시대 진(晉)나라의 경공이 즉위하였을 때에 사구(司寇;법무대신)로 임명한 도안고(屠岸賈)라는 위인이 죄없는 조가에게 죄를 뒤집어 쓰고 죽었다. 그로부터 10년이 지난 어느 날 밤. 한 여인이 경공의 꿈길에 나타나 덤벼들었다.

"네가 내 자손을 죽였으니 너를 데려가야겠다."

경공은 놀라 도망치다 깨어났다. 다음날 꿈 해몽을 잘하는 점쟁이를 불러 길흉을 물었다. 점쟁이는 경공이 햇보리를 먹지 못하고 죽을 것이라는 점괘를 내놓았다. 경공은 이때부터 자리에 눕게 되자 진(秦)나라에 고완이라는 명의를 불러오게 하였는데 그가 도착하기 전에 경공의 꿈에 병(病)들이 말했다.

"고완은 명의이니 우리가 황(肓)의 위, 고(膏)의 아래에 숨자."

覆 水 不 返 盆
복 수 불 반 분

• **出典** : 『사기』의 「제태공세가」
• **文意** : 돌이키지 못함을 이르는 말
엎어질 복 / 물 수 / 아니 불 / 돌이킬 반 / 동이 분

강태공의 부인은 마씨(馬氏)였다. 마씨는 태공이 늙도록 공부만 할 뿐 집안 일을 돌보지않자 친정으로 돌아가 버렸다. 세월이 흘렀다. 강태공은 주문왕(周文王)을 만나 폭군 주왕(紂王)을 멸하고 주나라가 천하를 얻는 공을 세워 제왕(齊王)에 봉해졌다. 성공한 강태공 앞에 마씨가 나타났다.

"당신이 나와 살기를 원한다면 땅에 쏟은 물을 다시 동이에 담으시오. 그러면 당신을 받아들이겠소."

마씨는 물을 양동이에 담으려 했다. 그러나 손에 잡히는 것은 질퍽한 흙뿐이었다. 태공은 말했다.

"그대는 우리가 합쳐질 수 있다고 생각할 지 모르나 이미 엎질러진 물이라 담을 수 없는 것이오."

付 驥 尾
부 기 미

• **出典** : 『사기』의 「백이열전」
• **文意** : 가치가 세상에 뚜렷히 나타남
붙을 부 / 천리마 기 / 꼬리 미

백이와 숙제는 고죽국의 왕자였다. 왕은 둘째인 숙제를 임금으로 세울 계획이었는데 그만 세상을 떠나고 말았다. 당연히 아우는 그 자리를 형에게 양보했다.

백이는 동생에게 임금 자리를 양보하기 위해 멀리 국외로 떠나버렸다. 소식을 들은 숙제는 대신들에게 말하여 다른 왕자로 하여금 보위에 오르게 하고 급히 형이 떠나간 뒤를 쫓아갔다. 백이와 숙제는 주문왕이 노인을 잘 공경한다는 말을 들은 터라 주나라를 찾아갔다. 그러나 이미 주문왕은 세상을 따나고 그의 아들 주무왕이 은의 주왕을 치기 위해 출병하려는 참이었다.

"아, 이곳도 우리가 머무를 곳이 못되구나."

두사람은 곧 수양산에 들어가 고사리를 캐먹고 살다가 죽었다.

不 得 要 領
부 득 요 령

• **出典** : 『한서』의 「장건전(張騫傳)」
• **文意** : 아주 긴요한 일을 이루지 못함
아니 부 / 얻을 득 / 중요할 요 / 옷깃 령

한무제(漢武帝)가 흉노를 공격하기 위해 BC. 139년에 낭관 장건을 대월지국(大月支國)에 사신으로 보냈다. 이때 길을 안내한 자는 흉노 출신 감부(甘父)였다.

장건은 체포되어 흉노 여인과 혼인해 두 아들을 두었으나 이래저래 세월은 10년이 지나갔다. 이때 대월지국에서는 왕이 흉노와의 싸움에서 죽은 직후라 새로운 왕은 대하국(大夏國)을 정복하여 그곳에 머물러 있었다. 땅은 기름지고 인심이 넉넉하여 흉노에 대한 복수는 이미 잊은 지 오래였다. 더구나 멀고도 먼 한나라와의 통교(通交)에는 관심조차 없었다. 장건은 소득 없이 귀국할 수밖에 없었다. 비록 소기의 목적은 부득요령(不得要領)으로 끝났지만 서역 문명을 소개하는 자로서는 역사에 길이 남을 업적이었다.

駙 馬
부 마

• **出典** : 『수신기(搜神記)』
• **文意** : 공주의 남편을 가리키는 말
곁말 부 / 말 마

간보(干寶)가 쓴 『수신기』에 전하는 내용이다. 농서 지방으로 신도탁(辛道度)이라는 이가 유학을 왔었다. 어느 날 그가 옹주 근처를 지나다가 큰 저택에서 하룻밤 쉬게 되었다.

식사가 끝나자 여주인이 정중한 어조로 말했다.

"나는 진민왕(秦閔王)의 딸입니다. 이곳에서 사흘만 묵어 주십시오."

여인의 청을 받아들여 사흘을 함께 지내고 길을 떠날 때 여인은 정표로 황금 베개를 내주었다. 문득 뒤를 돌아다 본 신도탁은 자신의 눈을 의심했다. 거대한 저택이 깜쪽 같이 사라져버리고 무덤만이 있을 뿐이었다. 도성에 도착한 신도탁이 저자 거리에 나가 황금 베개를 팔려 했는데 그 사실이 황제에게 알려졌다. 자초지종을 들은 황후는 그를 사위로 인정하여 부마도위(駙馬都尉)라는 벼슬을 내렸다.

釜 中 之 魚
부 중 지 어

• **出典** : 『자치통감』의 한기(漢記)
• **文意** : 솥안에 있는 고기
솥 부 / 가운데 중 / 이를 지 / 고기 어

양기(梁冀)는 후한 시대의 외척이다. 그의 아우 불의(不疑)가 하남 태수가 되었을 때 여덟 명의 사자로 하여금 주군(州郡)을 순찰하게 하였다.

이러한 여덟 명 가운데 장강(張綱)이라는 위인은 결연히 무리에서 벗어났다. 장강은 양기 형제의 허물을 탄핵하는 15개 항목의 상소를 제출했다. 양기의 미움을 산 장강은 광릉군(廣陵郡) 태수로 임명되었다. 이 지방은 장영(張嬰)이라는 도적 떼가 양주와 서주를 십여년간이나 휩쓸고 다니던 곳이었다. 장강은 부임한 즉시 단신으로 장영을 만나 설득했다. 장영은 이에 크게 감복하여 말했다.

"저희들이 이곳에서 목숨을 보존할 지라도 솥안에서 헤엄치고 있는 고기(釜中之魚)일 것입니다."

附 和 雷 同
부 화 뇌 동

• 出典 : 『예기』의 「곡례상(曲禮上)」
• 文意 : 앞 뒤 생각 없이 경솔히 따름
붙을 부 / 화할 화 / 우레 레 / 같을 동

예(禮)라는 것은 함부로 말을 하지 않으며 망령되게 사람을 즐겁게 하지 않는다고 했다. 그런 의미로 손 위의 사람들에게 대한 예절을 다음같이 말하고 있다.

"사람의 자식된 자는 나아갈 때는 반드시 나아간다고 말을 해야 하고 돌아와서는 반드시 뵙고 인사를 드려야 한다."

그렇다면 뇌동(雷同)이란 무언가?

우레가 울리면 만물이 이에 의해 울리는 것처럼, 다른 사람의 말을 듣고 그 말의 옳고 그른 지를 생각해 보지 않고 경솔하게 부화(附和)하는 것을 의미한다. 『논어』의 「자로편」에도 '군자화이부동 소인동이불화(君子和而不同 小人同而不和)'라고 하였는데, 여기에서 화(和)는 화합을 나타내며 동(同)은 아부하고 아첨하는 것을 의미한다.

焚 書 坑 儒
분 서 갱 유

• 出典 : 『사기』의 「진시황본기」
• 文意 : 서적이나 인사들을 탄압하는 행위
불땔 분 / 글 서 / 묻을 갱 / 선비 유

진시황 34년. 함양궁에 잔치를 열었다. 이때 승상 이사(李斯)가 의견을 내놓았다.

"예전에는 천하가 소란스러워도 이들을 다스릴 영웅이 없었기에 도처에서 군웅이 일어났습니다. 이젠 천하가 통일되어 안정 속에 있는데도 어떤 무리들은 도당을 앞세워 군왕의 절대적인 위덕에 손상을 입힙니다. 소신이 보건대 사관이 맡고 있는 진나라의 기록 이외의 것은 태워야 하며 복술과 의약 · 농경에 관한 서적을 제외하고는 30일 이내에 없애야 합니다."

이사의 말을 채택하여 실시케 하였는데 이것이 분서(焚書)다. 그리고 조정을 비난하는 학자들을 잡아 구덩이에 묻어 버렸다. 이것이 갱유(坑儒)였다.

不 俱 戴 天
불 구 대 천

• 出典 : 『예기』의 「곡례 상」
• 文意 : 사생결단을 내야할 원수
아니 불 / 함께할 구 / 일 대 / 하늘 천

옛적의 윤리관은 부모의 원수는 살해하여도 죄가 되지 않는 것으로 되어 어버이의 원수는 같은 하늘을 이고 살 수 없다는 말이 생겨났다. 불구대천(不俱戴天)은 불공대천(不共戴天)과 같은 의미다. 이 말들은 한결같이 '지수(之讎)'라는 말이 생략되어 있다.

『예기』의 「곡례 상」에 다음 같은 내용이 있다.

<어버이의 원수는 함께 하늘을 질 수 없다. 반드시 죽여야 한다. 항상 무기를 휴대하고 있다가 즉시 죽여야 한다. 친구의 원수는 나라를 같이 하고 살 수 없다. 역시 죽여야 한다>

『맹자』의 「진심장 하」에는, 살인은 살인을 부르는 복수의 악순환이 계속되므로 내 부모 형제를 귀히 여기듯 다른 사람의 부모 형제도 귀하게 여겨야 한다고 주장했다.

不 死 藥
불 사 약

• 出典 : 『십팔사략(十八史略)』
• 文意 : 죽음을 피할 수 있는 약
아니 불 / 죽을 사 / 약 약

『한비자(韓非子)』의 「설림 상편」에 이런 내용이 있다.

어떤 사람이 불사약을 초나라 임금에게 바쳤다. 내시(內侍)가 그것을 들고 다닐 때에 궁전을 지키는 사람이 물었다.

"먹을 수 있는 것이오?"

"먹을 수 있소."

궁문지기는 달려들어 그것을 빼앗아 먹었다. 임금이 크게 노하여 궁문을 지키는 사람을 사형에 처하게 하였다. 그러자 그가 말했다.

"마마, 신이 내시에게 물어보니 그 약을 먹어도 괜찮다고 하기에 먹었습니다. 또한 손님이 먹으면 죽지 않는다는 불사약을 바쳤는데 신이 그것을 먹었습니다. 신을 죽이시면 그것은 죽는 약이 됩니다. 그러면 그 손님이 임금을 속인 것이 됩니다."

不 肖
불 초

• 出典 : 『맹자』의 「만장편 상」
• 文意 : 아버지를 닮지 않아 어리석다
아니 불 / 작을 초

『맹자』의 「만장편 상」에 이런 얘기가 나온다. 만장이 물었다.

"요 임금이 보위를 순에게 주었다는 것이 사실입니까?"

"그렇지 않다. 하늘이 준 것이다."

이를테면 요 임금의 아들 단주는 불초하였으며 순 임금의 아들 또한 불초하였다. 순 임금이 요 임금을 도운 것과, 우 임금이 순 임금을 도운 것은 해가 지나기를 많이 하였으며, 백성들에게 은택을 베풀어 오래되었다(丹朱之不肖 舜之子亦不肖).

이것은 무슨 말인가? 요 임금이 죽고 3년 상을 치른 후 순은 요 임금의 아들을 피해 남쪽으로 내려갔다. 사람들은 요 임금의 아들 단주가 불초하다하여 모두 순에게로 갔다. 만약 요 임금이 돌아가셨을 때에 순이 보위를 이었다면 찬탈이었다고 맹자는 지적한다.

不 惑
불 혹

• 出典 : 『논어』의 「위정편(爲政篇)」
• 文意 : 나이 40세
아니 불 / 미혹할 혹

일찍이 공자는 「위정편」에서 다음과 같이 자신의 경험이 풍부해 지는 것을 말하고 있다.,

나는 열다섯에 학문에 뜻을 두었고(十五而志學) / 서른에 뜻을 확고히 세웠으며(三十而立) / 마흔에 온갖 유혹에 흔들리지 않았고(四十而不惑) / 쉰에 하늘의 명을 알았다(五十而知天命) / 예순에 사물의 이치를 알게 되었으며(六十而耳順) / 일흔에 무엇을 하건 법도가 있었다(七十而從心所欲不踰矩) /

나이 40이 불혹이다. 세상의 온갖 유혹에 흔들리지 않는다는 나이다. 그러므로 나이 사십은 인생의 분수령인 셈이다.

이를테면 학문이 덕에 의하여 세워지고, 그 학문에 흔들림이 없는 신념이 부여되는 것을 말한다. 그러나 엄밀히 따지면 위의 단어들은 일반인들이 쓰기에는 무리가 있다.

誹謗之木
비 방 지 목

• 出典 : 『사기』의 「효문제기」
• 文意 : 군왕의 실정을 글로 써 보게한 나무
중얼댈 비 / 나무랄 방 / 갈 지 / 나무 목

제요 도당씨(帝堯陶唐氏)의 성은 이기(伊祁)요 이름은 방훈(放勛)이다. 성품은 어질고 총명하여 숭앙 받기에 충분했다. 천하의 백성들에게 숭앙받은 그의 처소는 초가로 쌓은 집이었다. 그는 재물을 탐하지도 않았으며 항상 선정을 베풀려고 노력했다. 그래도 자신에게 허물이 있을 것을 염두에 두어 궁문 앞에 큰북을 매달고 문전 다리 목에는 네 개의 나무로 만든 기둥을 세웠다. 이것을 감간지고(敢諫之鼓)라 불렀다.

누구든지 군왕의 허물을 발견하면 그 북을 두드려 말할 수 있게 하였으며, 세워놓은 나무는 군왕의 정치에 불만을 품은 자가 원하는 것을 적어 기둥에 붙여 놓으라는 뜻이었다. 이른바 '비방의 나무'였다. 백성들의 민의가 어디에 있는지를 수렴한다는 뜻이다.

髀肉之嘆
비 육 지 탄

• 出典 : 『삼국지』의 「촉지(蜀志)」
• 文意 : 세월만 허비하였음을 탄식함
넓적다리 비 / 살찔 육 / 갈 지 / 탄식할 탄

유비가 도원결의를 하고 장비와 관우 등과 한실(漢室)의 중흥을 꾀하고자 일어선 지도 상당한 시간이 흘렀다. 그러나 힘이 미약한 유비는 조조에게 쫓기어 기주와 여남 등지를 전전하다 마침내 형주의 유표(劉表)에게 의탁하게 되었다.

어느 날 유비는 유표의 초청을 받고 그 자리에 임하게 되었다. 술자리에서 일어나 변소를 가게 된 유비는 자신의 넓적다리에 살이 유난히 쪘음을 발견하고 유비는 눈물을 흘렸다. 자리로 돌아온 유비의 처연한 표정을 보고 유표가 그 까닭을 물었다.

"지금까지는 하루도 말안장에서 떠난 날이 없어 넓적다리에 살이 붙을 여가가 없었습니다. 그런데 오랫동안 말을 타지 않아 이렇게 허벅지에 살이 올라 있으니 한심스럽습니다."

比 翼 連 理
비 익 연 리

• 出典 : 『장한가(長恨歌)』
• 文意 : 남녀의 사랑이 영원함
견줄 비 / 날개 익 / 이을 련 / 다스릴 리

현종은 당나라의 6대 황제인데 이름은 융기(隆基)다. 처음에는 정치에 힘을 써 '개원(開元)의 치(治)'를 구가한 명군이었다. 그런데 만년에 들어서는 어진 재상 장구령(張九齡)을 몰아내고 이임보(李林甫)를 기용하면서 전연 다른 길을 가게 되었다.

특히 현종이 아들의 비 양옥환을 빼앗아 총애함으로써 국정은 날로 어지러워졌다. 이 와중에 안록산이 난을 일으켜 마외파에서 액살시킬 수밖에 없었다. 시인 백낙천은 「장한가」에서 아름답게 노래하고 있다.

하늘에 있어서는 바라건대 비익조(比翼鳥)가 되고
땅에 있어서는 바라건대 연리지(連理枝)가 되리라

비익조는 암수가 서로 한쪽이기 때문에 함께 해야만 날 수 있는 새다. 또 연리지는 나뭇가지가 서로 얽혀 있는 것을 나타낸다.

牝 鷄 之 晨
빈 계 지 신

• 出典 : 『서경』의 「목서편(牧誓篇)」
• 文意 : 이치가 바뀌어 망할 징조
암컷 빈 / 닭 계 / 갈 지 / 새벽 신

『서경』의 「목서편」에는 주무왕이 은의 주왕(紂王)을 멸하려는 이유 중의 하나로 '빈계지신'을 꼽는다. 무왕은 이렇게 말하며 혁명의 당위성을 주장한다.

"옛사람이 이르기를 암탉은 아침에는 울지 않는 법이다. 또 암탉이 새벽에 울면 집안이 망한다고 하였다. 오늘날 은왕 주(紂)는 여인의 말만을 듣고 있다. 조상의 제사를 전연 돌보지 않고 한 조상을 모신 백이와 숙제 형제들도 전혀 돌보지 않았다. 다만 천하 곳곳에서 많은 죄를 짓고 사방에서 도망쳐 온 자들을 높이며 기르고 믿고 중용 하였다. 또 이들을 대부와 경사로 삼아 백성들에게 포악한 일을 저지르게 하여 은나라는 범죄로 인하여 문란해지게 하였다. 이제 나 발(發)은 삼가 하늘의 명을 대신하여 죄를 묻노라."

貧者一燈
빈 자 일 등

• 出典 : 『현우경(賢愚經)』
• 文意 : 가난한 자의 정성을 다한 등불
가난할 빈 / 놈 자 / 한 일 / 등불 등

부처님께서 사위국(舍衛國)의 한 정사(精舍)에 계실 때였다. 그 마을에는 난타(難陀)라는 가난한 여인이 살고 있었다. 부모 형제는 물론이려니와 일가친척 한 사람도 없었다.

국왕을 비롯한 나라 안의 사람들은 크고 훌륭한 등불을 밝혀 부처님께 공양을 드렸지만 난타는 가진 돈이 없어 공양할 수가 없었다.

다음날 그녀는 구걸하기 시작했다. 그렇게 하여 생긴 한 푼을 들고 기름가게로 달려갔다. 난타는 한푼 어치의 기름을 사서 불을 붙였다. 그리고 시간이 흘렀다. 모든 등불이 꺼졌으나 꺼지지 않은 등불이 있었다. 겨우 한 푼을 구걸하여 불을 켠 난타의 등이었다. 난타는 온갖 정성을 다했기 때문에 꺼지지 않은 것이다. 부처님은 그녀를 비구니로 받아들였다.

氷炭不相容
빙 탄 불 상 용

• 出典 : 『사기』의 『골계전(滑稽傳)』
• 文意 : 도저히 화합될 수 없음
얼음 빙 / 숯 탄 / 아니 불 / 서로 상 / 얼굴 용

한무제 때에 동방삭(東方朔)이라는 사람이 있었다. 그는 워낙 박학다식하여 한무제의 말 상대로 부족함이 없었다. 그는 특히 옛 서적을 즐겨 읽었으며 경학에 뛰어났으므로, 한무제는 그를 총애하여 나라의 중대사를 의논하였다.

『초사(楚辭)』라는 책에는 동방삭이 굴원을 추모하여 지은 시가 있는데 제목은 「칠간(七諫)」이다. 여기에는 굴 원이 고향을 떠나 고민하는 모습을 그리고 있다.

얼음과 숯이 같이 할 수 없음이여 / 내 본래 목숨이 길지 못한 것을 알았노라 / 홀로 외로이 죽어 낙이 없으니 / 내 나이를 다하지 못함을 슬퍼하노라

이 시는 간신들의 모함을 받아 멀리 귀양살이를 떠나게 되었다는 것으로, 간신과는 얼음과 숯처럼 뜻을 같이할 수 없다는 내용이다.

여해 한문서당 12단계 선정 문제

제5단계

〈응용카드 1〉

※ 다음의 보기처럼 괄호 안에 알맞은 단어를 써넣으시오.

<보기> (癘壇) — 자손이 없어서 제사를 받아먹지 못한 귀신들에게 한성부에서 일괄적으로 지내준 제사

一. (　　　) — 고대 중국의 서릉씨를 제사지내던 곳으로, 백성에게 누에 치기를 장려하고 정종(1401) 때에 비로소 단을 만들어 제사를 지냈다. 이후 왕비가 몸소 누에 치는 친잠례를 거행하였다.

二. (　　　) — 말의 조상에게 제사를 지내던 곳. 말이 돌림병이 걸리지 않도록 선목과 마사와 마보에게 제사를 지냈다.

三. (　　　) — 성북동 75번지에 소재한 단으로 매년 입추 후 별에게 제사를 지냈다. 인간의 수명을 북두칠성이 관장한다는 믿음 아래 단을 만들어 제사를 지냈다.

四. (　　　) — 종로구 사직동에 소재한 단으로 홍익인간 사상의 실천과 민족 정신의 함양을 위해 마련한 것으로, 어천절과 개천절에 제례를 올린다.

五. (　　　) — 관우를 모신 사당으로 서울에는 본래 네 곳이 있었다. 명나라 신종 황제가 황금 4천냥을 보내어 축조했었다.

六. (　　　) — 고대 중국에서 인간에게 논사짓는 법을 처음 가르친

신농씨에게 제사를 지내던 곳이다. 매년 경칩 후에 지냈으며, 가뭄이 들면 기우제도 올렸다. 또한 이날에는 왕이 직접 1백 이랑을 쟁기질하는 친경 행사도 있었다.

七. (　　　) — 조선 시대 최고의 교육기관을 가리킨다. 이곳에는 대성전과 동서 양무로 나뉘어져 있으며, 대성전에는 공자를 비롯하여 4성, 10철, 송나라 6현의 위패를 모시며 동서 양무는 공자의 70제자 또 우리나라의 유학자 111위의 위패를 모신다.

八. (　　　) — 태조 이성계가 한양으로 천도할 때에 나라의 번영을 기원하여 북악산과 남산에 산신을 모시고 제사를 지냈다. 이태조는 백악산신을 진국백(鎭國伯)이라 하였으며, 백악신사에는 정녀미인상이 걸려 있기도 하였다.

九. (　　　) — 경복궁에 난입한 일본 낭인들이 명성 황후를 시해할 때에 순국한 홍계훈 등의 영혼을 배향한 곳이다. 맨년 봄과 가을로 제사를 지내오다 일제 때 폐지되었다.

十. (　　　) — 용산구 한남동에서 호랑이 머리를 잘라 물속에 던져 제사를 지내던 단

〈응용카드 2〉

※ 다음의 보기처럼 알맞은 단어를 괄호 안에 써넣으시오.

<보기> 죄를 혐의자에게 자백을 강요하여 육체적인 고통을 주어 심문하는 것 — (拷問)

一. 남을 협박하여 불법적인 이익을 얻음 — (　　　)

二. 자신의 잘못을 뉘우침 — (　　　)

三. 다른 사람을 속임 — (　　　)

四. 재판의 판결을 공표함 — (　　　)

五. 남을 속여 착오에 빠지게 하는 행위 ―(　　　)
六. 범인이나 범행을 감춤 ―(　　　)
七. 공무원의 위법을 조사하고 소정의 소추 방식에 의하여 파면시키는 절차를 가리킴 ―(　　　)
八. 다른 사람의 재물을 훔침 ―(　　　)
九. 거짓으로 꾸미는 일 ―(　　　)
十. 체면이나 명예를 손상함 ―(　　　)

〈응용카드 3〉

※ 아래의 보기에서처럼 비어 있는 괄호 안에 알맞는 단어를 써넣으시오.

<보기> 上和下(睦) ― 위에서 화락하면 아래에서 화목한다

一. 夫唱婦□ ― 남편이 부르면 아내는 따른다
二. 知過□改 ― 허물을 알면 반드시 고친다
三. 得□莫忘 ― 능함을 얻으면 잊지 말라
四. □地玄黃 ― 하늘과 땅은 검고 누르다
五. 宇□洪荒 ― 우주는 넓고 크다
六. 日月□昃 ― 해와 달은 차고 기운다
七. 辰宿列□ ― 별자리는 펼쳐져 있다
八. 寒來□往 ― 추위가 오면 더위가 간다.
九. 秋□冬藏 ― 가을에 거두어 겨울에 저장한다
十. □餘成歲 ― 윤달이 남아 한 해를 이룬다.
十一. □□調陽 ― 6률과 6려로 음양을 조리한다
十二. 雲騰□□ ― 구름이 올라가서 비를 이룬다.
十三. □□爲霜 ― 이슬이 맺혀 서리가 된다
十四. 父生□□ ― 아버님은 내 몸을 낳으시고
十五. □□我身 ― 어머님은 내 몸을 기르셨도다
十六. 腹以懷我 □□哺我 ― 배로써 나를 품어 주시고, 젖으로써 나

를 배 부르게 하셨도다

十七. □□溫我 以食飽我 — 옷으로써 나를 따뜻하게 하시고, 밥으로써 나를 배부르게 하셨도다

十八. 恩高□□ 德厚似地 — 은혜가 높기는 하늘과 같고, 덕이 두텁기는 땅과 같도다

十九. 爲人子者 曷不□□ — 사람의 자식된 자가 어찌 효도를 하지 않으리오

二十. 欲報□□ 昊天罔極 — 그 은덕을 갚고자 하나 하늘처럼 가이 없도다

〈응용카드 4〉

※ 다음의 보기처럼 빈곳의 괄호 안에 적당한 말을 써 넣으시오. 한자 쓰기는 4급까지는 20문항, 2급까지 30문항, 1급은 40문항의 출제 빈도를 나타냅니다.

<보기> 하루가 너무 길다. 잠시도 기다리는 것이 너무 지루하다는 것을 의미한다. 하루를 기다리는 것이 가을 세 번을 기다리는 것과 같다 — (一日如三秋)

一. 지난 허물을 고치고 새 사람이 됨. 개과자신(改過自新)이라고도 함 — (　　　)

二. 무릇 모든 일에는 일 처리가 공정해야 된다는 뜻. 『진서』에 의하면 '모든 일엔 사가 없다'는 것이다 — (　　　)

三. 다른 산에서 나는 거친 돌이라도 자신의 옥을 가는 데에 도움이 된다는 뜻 — (　　　)

四. 길흉을 헤아리는 불에 구운 거북이 등과 사물을 비춰보는 거울을 가리키는 말. 본보기라는 뜻으로 쓰임 — (　　　)

五. 사람이 살아가면서 범하는 허물을 말한다. 이 허물은 고쳐야 한다 — (　　　)

六. 항상 곁에 두고 볼 수 있는 경구. 인생을 살아가면서 지침이 될

만한 내용을 의미한다 — (　　　)

七. 백번 듣는 것보다 한 번 보는 것이 나음 — (　　　)

八. 설운담총(說苑談叢)에 의하면, 부(富)라는 것은 만족하는 데 있다는 것이다. 즉, 분수를 지키며 만족하는 것이야말로 스스로 가난하다는 것을 물리칠 수 있다 — (　　　)

九. 일을 처리하는 데에 있어서 공평무사하여 이치에 맞는 도리로 몸을 보호한다는 뜻 — (　　　)

十. 증자(曾子)는 스승의 도를 충(忠)과 서(恕)로 표현했다. 자신에게 집착을 하지 않고 성의로써 다른 사람에게 배려하는 것을 의미한다. 자신의 몸을 바쳐 올바른 도리를 이룸 — (　　　)

〈응용카드 5〉

※ 빈곳의 괄호 안에 한자를 써넣으시오.

一. 나의 번쩍이는 칼을 갈며 내 손에서 심판(　　)을 잡고 나의 대적에게 복수하며 나를 미워하는 자에게 보응할 것이다.<『구약』/신명기>

二. 물 속에서는 용을 그린 배를 자르고 육지(　　)에서는 물소 가죽으로 만든 갑옷을 자른다.<『회남자』/수무편>

三. 남자는 검(　　)을 위해 있고, 여자는 바늘을 위해 있다.<A.테니슨/공주 푸롤로그>

四. 은장도는 칼집이 있는 작은 칼로 여자들이 호신용(　　)으로 사용한다.

五. 칼은 이미 부러졌다. 그러나 나는 절단(　　)된 칼을 잡고 끝까지 싸울 것이다.<C.A.J.M. 드골>

六. 소와 말을 베고 단단한 쇠그릇을 자르는 예리(　　)한 칼을 단우마절반이(斷牛馬截盤匜)라고 한다.<『전국책』>

七. 물건을 자르려면 장검(　　)과 같으면 되는 것이지 반드시 막야(鏌鋣)와 같은 명검일 필요는 없는 것이다.<『여씨춘추』

八. 식칼이 없는 자(　　)는 빵을 자를 수 없다.<스페인 속담>

九. 칼을 쥐는 자는 칼로써 망(　　　)한다.<영국 속담>
十. 날이 날카로운 단검을 비수(　　　)라 한다.<칼의 명칭>

〈응용카드 6〉

※ 아래의 보기처럼 빈곳의 괄호 안에 적당한 말을 써넣으시오.

<보기> 힘의 명성을 쟁취(爭取)하는 것이지, 명성이 힘을 쟁취하는 것은 아니다.<마키아벨리>

一. 힘은 생물(　　)과 같이 안으로부터 솟아나는 것이다. 힘을 얻으려면 자기 내부(　　)의 샘을 파야 한다. 밖으로 힘을 구할수록 사람은 점점 약해질 뿐이다. 그러므로 강하게 되려면 자기의 사상을 확고(　　)히 해야 한다.<R.W. 에머어슨>
二. 힘은 반드시 정의(　　)를 나타내지 않는다.<영국 속담>
三. 힘 없는 정의는 무능(　　) 하며, 정의 없는 힘은 압제(　　)다. 힘없는 정의는 반항(　　)을 받는다. 왜냐하면 악인은 끝이 없이 나오는 것이므로. 정의없는 힘은 탄핵된다. 그렇기 때문에 정의와 힘을 결합시키지 않으면 안된다.<B.파스칼>
四. 새로운 빛으로 더욱 밝아지는 진로(　　) 속에서 힘은 점차 경쾌(　　)해질 것이다.<P.엘뤼아르>
五. 일반적으로 말하면 인간의 힘이라는 것은 분명히 이익이 될만한 미래(　　)를 얻기 위한 오늘의 수단(　　)이다.<T.홉스>
六. 모든 일에는 세 가지의 요소(　　)가 있다. 힘과 지혜(　　)와 의지(　　)다.<노르웨이 속담>
七. 힘의 숭배(　　)는 그 자체가 악에 대한 패배적(　　　) 굴종이다.<러셀>
八. 카알라일과 니이체와 군국주의의 신조(　　) 때문에 우리는 힘에 익숙해졌다.<러셀>
九. 남성의 힘은 진보적(　　　)이고 방어적(　　　)이다.<J.러스킨>
十. 힘은 육체적(　　　　) 능력에서 나오는 것이 아니라 불굴의

의지에서 나오는 것이다.<M.K. 간디>

〈응용카드 7〉

※다음은 가난에 대한 고금의 명언들입니다. 아래의 보기처럼 빈곳의 괄호 안에 알맞은 단어를 써넣으시오.

<보기> 가난은 가난하다고만 하여 결코 불명예(不名譽)로 여길 것이 아니다. 문제는 가난의 원인(原因)이다. 가난이 나태나 제멋대로의 고집(固執), 어리석음의 결과가 아닌가를 생각해보라.(『플루타아크 영웅전』)

一. 가난이 살며시 집안으로 들어오면 엉터리 우정(　　)은 부랴부랴 창 밖으로 도망간다.(『막스뮐러의 시집』)

二. 가난하다는 것은 결코 매력적(　　)인 것도 교훈적인 것도 아니다. 나의 경우에 있어서의 가난은 부자나 상류 계급의 우아함을 과대 평가(　　) 하는 것밖에 가르쳐주지 않았다.(『채플린』)

三. 피카소는 어려서부터 동물(　　)을 무척 좋아하여 아주 가난했던 시절(　　)에도 고양이를 기르고 있었다. 그런데 어찌나 가난했던 지 고양이도 저희가 먹을 식량(　　)을 마련하지 않으면 안되었다.(『피카소 전기』)

四. 가난은 사람을 분발(　　)하게 한다.(『영국 속담』)

五. 가난의 괴로움을 면하는 길은 두 가지가 있다. 자기의 재산을 늘이는 것과 욕망(　　)을 줄이는 것으로 전자는 힘으로 해결되지 않지만 후자는 언제나 우리의 마음가짐으로 가능(　　)한 것이다.(「톨스토이」)

六. 노자(老子)가 위(衛)나라에서 어려움을 당했을 때엔 삼일간 밥을 끓이지 못하고 십년 동안 옷을 해 입지 못했다. 이불을 덮고 있으면서도 늠름(　　)하게 앉아서 상송(商頌)의 노래를 불렀다. 그 소리가 천지(　　)에 가득하여 금석성(金石聲)과 같았다.(「장자」)

七. 장자(莊子)가 어느 날, 군데군데 꿰멘 베옷을 입고 띠를 띠고 헤어진 짚새기를 신고 위나라의 혜왕을 찾았을 때에 왕이 물었다.
"선생은 어찌 그토록 피폐(　　) 하십니까?"
장자가 대답했습니다.
"이것은 가난한 것이지 피폐한 것이 아닙니다. 선비로서 도덕을 가지고 행(　)하지 않는 것은 피폐한 것입니다. 그러나 옷이 해어지고 신이 뚫린 것은 가난한 것이지 피폐한 것이 아닙니다. 이것은 때를 만나지 못했다는 것입니다."
(『장자』/산목편)

八. 인간은 가령 노동자(　　　　)로 전락(　　　) 했더라도, 나의 아들에게 산뜻한 옷을 입히고 싶어하는 어머니의 마음을 잃지 않는다. 가난한 사람은 가난한 나름으로 있는 힘껏 자신의 불행(　　　)을 숨기려 한다.(『인간을 찾는 자』/메르쉐)

九. 빈천(　　　) 하면 벗이 적다.(『사기』/사마천)

十. 가난한 사람이 암탉 한 마리를 잡아먹을 때에는 그가 병(　)에 걸렸거나 암탉이 병에 걸렸거나 둘 중 하나다.(이스라엘 속담)

〈응용카드 8〉

※ 다음의 보기처럼 빈 괄호 안에 알맞는 단어를 써 넣으시오.
<보기> 가장 넘기 어려운 산은 대문(大門)이다.(영국속담)

一. 영혼은 자기 자신의 사회(　　)를 선택(　　)한다. 그리고는 문을 닫아 버린다.(『인생』/디킨스)

二. 닫고 싶은 문은 지옥(　　)의 문이다.(『팔만대장경』)

三. 문은 칼이다. 세계(　　)를 둘로 가르니까.(『엘리』/넬리색)

四. 나는 죽음이 다른 삶으로 인도(　　)함을 믿지 않는다.(카뮈)

五. 기둥이 네 개가 사각문(　　　)이다.

六. 정문(　　)은 집의 정면에 있는 문이다.

七. 아주 짧은 순간(　　)에도 문에 의해서 서로 분리(　　)되어 있는 집의 세계와 거리의 세계가 빛이 꺼진 두 개의 별처럼 서로 부딪친다.(『대통령각하』/M.A. 아스투리아스)

八. 우리는 두 번 같은 길을 통과(　　)하는 것이 아니고 전에 통과한 일이 없는 문에 들어가는 것이다.(T.S 엘리어트)

九. 때로는 문(　　)을 연 사람이 나중에 들어간다.(『전나무와 종려』/E.A 비베스코)

十. 문전성시(　　)란 출입하는 사람이 많다는 뜻이다.(『전국책』)

〈응용카드 9〉

두 글자로 이루어진 단어입니다. 아래의 보기처럼 괄호 안에 적당한 한자를 써넣으시오.

<보기> □□ — 어떤 물건에 대한 값어치.(정답은 價値)

一. □□ — 줄여서 적게 만듦
二. □□ — 다른 종교로 바꿈
三. □□ — 지하에 마련한 길
四. □□ — 윗사람의 명령을 어김
五. □□ — 모자라거나 빠져있음
六. □□ — 합쳐서 하나로 뭉쳐짐
七. □□ — 권하여 타이름
八. □□ — 항상 그 임무를 맡아봄
九. □□ — 아직 때가 이름
十. □□ — 요금을 받고 빌려줌
十一. □□ — 나무가 무성한 들
十二. □□ — 대대로 이어지는 후손
十三. □□ — 비교하여 덜어냄
十四. □□ — 일이 잘못 되어 실패함
十五. □□ — 덕행을 세상에 밝힘

十六. □□ — 세간에 널리 알림
十七. □□ — 품에 껴안음
十八. □□ — 거짓과 진실
十九. □□ — 언니의 남편
二十. □□ — 고향을 떠나 떠도는 사람

〈응용카드 10〉

※다음의 보기처럼 비어 있는 곳에 알맞은 한자어를 쓰시오.

<보기> 辦公□ — 봉급 이외에 공무상 교제비 등으로 주는 돈(정답은 費)

一. □頭堡 — 작전을 수행하기 위한 중요한 거점
二. 白□戰 — 맹렬히 싸우는 전쟁이나 경기
三. 象牙□ — 학문의 전당
四. 致□傷 — 아주 위태로운 부상
五. □手人 — 어떤 일에 손을 댄 사람
六. 角□戰 — 승부를 다투는 싸움
七. 謀利□ — 이익만을 좇는 부도덕한 무리
八. 似□非 — 진짜 같지가 않음
九. □外漢 — 그 방면에 전연 지식이 없는 사람
十. 淸□吏 — 청렴한 관리
十一. 下□□ — 임관할 후보자에 대해 떠도는 평
十二. 登□□ — 입신 출세의 관문
十三. 健□□ — 잘 잊어버리는 증세
十四. 托□□ — 마을로 다니면서 동냥을 하는 중
十五. □□鄕 — 이상적인 향역(鄕域)
十六. □□佛 — 실효성이 없는 헛소리
十七. □□大 — 아주 중요함을 강조함
十八. □□壯 — 늙을수록 기력이 왕성함

十九. □夜□ — 밤에도 대낮같이 훤함
二十. □不□ — 몹시 어리석은 사람
二十一. □□□ — 모든 진상이 그대로 드러남
二十二. □□□ — 비장한 각오로 임함
二十三. □□□ — 밤하늘에 반짝이는 무수한 별
二十四. □□□ — 난봉꾼
二十五. □□□ — 길게 늘어진 행렬

모범 답안과 해설

〈응용카드 1〉

一. 先蠶壇　二. 馬祖壇　三. 星壇　四. 檀君聖殿
五. 東廟　六. 先農壇　七. 文廟　八. 白岳神祠
九. 獎忠壇　十. 龍壇

〈응용카드 2〉

一. 공갈(恐喝)　二. 개전(改悛)　三. 기만(欺瞞)
四. 선고(宣告)　五. 사기(詐欺)　六. 은닉(隱匿)
七. 탄핵(彈劾)　八. 절도(竊盜)　九. 허위(虛僞)
十. 훼손(毁損)

〈응용카드 3〉

一. 隨　二. 必　三. 能　四. 天　五. 宙　六. 盈　七. 張　八. 暑
九. 收　十. 閏　十一. 律呂　十二. 致雨　十三. 露結　十四. 我身
十五. 母鞠　十六. 以食　十七. 以衣　十八. 如天　十九. 爲孝
二十. 其德

〈응용카드 4〉

一. 改過遷善 二. 大公無私 三. 他山之石
四. 龜鑑 五. 過則勿憚改 六. 座右銘
七. 百聞不如一見 八. 知足者富 九. 大公無私
十. 殺身成仁

〈응용카드 5〉

一. 심판(審判) 二. 육지(陸地) 三. 검(劍)
四. 호신용(護身用) 五. 절단(切斷) 六. 예리(銳利)
七. 장검(長劍) 八. 자(者) 九. 망(亡)
十, 비수(匕首)

〈응용카드 6〉

一. 生物, 内部 二. 正義 三. 無能, 壓制
四. 進路, 輕快 五. 未來, 手段
六. 要素, 智慧, 意志 七. 崇拜, 敗北的
八. 信條 九. 進步的, 防禦的 十. 肉體的

〈응용카드 7〉

一. 友情 二. 魅力的, 過大評價 三. 動物, 時節, 食糧
四. 奮發 五. 慾望, 可能 六. 凜凜, 天地
七. 疲弊, 行 八. 勞動者, 轉落, 不幸 九. 貧賤 十.病

〈응용카드 8〉

一. 社會, 選擇 二. 地獄 三. 世界
四. 引導 五. 四角門 六. 正門
七. 瞬間, 分離 八. 通過 九. 門
十. 門前成市

〈응용카드 9〉

一. 減縮 二 .改宗 三. 坑道 四 .拒逆
五. 缺如 六. 結合 七. 勸諭 八. 常任
九 .尙早 十. 賃貸 十一 .林野 十二. 子孫
十三. 差減 十四 .蹉跌 十五. 彰德 十六 .布敎
十七 .抱擁 十八. 虛實 十九. 兄夫 二十. 流民

〈응용카드 10〉

一. 橋 二 .兵 三. 塔 四. 命
五. 下 六. 逐 七. 輩 八. 而
九. 門 十. 白 十一. 馬評 十二. 龍門
十三. 忘症 十四. 鉢僧 十五. 理想
十六. 空念 十七. 重且 十八 .老益
十九. 不,城 二十 八,出 二十一. 赤裸裸
二十二. 背水陣 二十三. 綺羅星 二十四. 破落戶
二十五. 長蛇陳

제6장

<사>

四面楚歌
사 면 초 가

• 出典 : 『사기』의 「항우본기」
• 文意 : 적에게 완전히 포위되어 있는 상태
넉 사 / 얼굴 면 / 초나라 초 / 노래 가

초한의 전쟁. 거의 7년간을 끌어온 전쟁이 막바지에 접어든 것은 해하(垓下)의 싸움이었다. 한신은 조여오는데 이미 초나라 병사들은 군량미가 바닥 나고 전의도 상실했다.

"이제 결판을 낼 때가 온 것 같다."

장량은 이곳 저곳에 초나라 노래를 잘하는 사람을 풀어놓았다. 그리고 그들은 장량의 신호를 받아 초나라 노래를 불렀다. 고향을 떠나 온지 여러 해 만에 듣는 고향의 노래. 초나라 병사들은 향수병을 이기지 못하고 깊은 밤에 도망을 쳤다.

"어찌 사방에서 초나라 노랫소리가 들린단 말인가? 천하가 모두 한나라 수중에 들어갔단 말인가?"

뒤늦게 이 사실을 안 항우는 모든 것이 끝장이라 생각했다.

事半功倍
사 반 공 배

• 出典 : 『맹자(孟子)』
• 文意 : 일은 반인데 공은 배로 세움
일 사 / 반 반 / 공 공 / 배 배

전국시대에 초나라가 진(陳)나라를 공격했다. 진의 요청을 받고 오나라가 원병을 몰아왔다. 서로 대치된 가운데 내린 비가 10일이 지나서야 겨우 멈추자 좌사 이상이 자기(子期) 장군에게 말했다.

"열흘 동안 비가 왔으니 분명 오나라 군이 공격해 올 것입니다."

아닌게 아니라 오나라 병사들이 공격해 왔으나 초나라의 방비가 튼튼한 것을 알고 물러갔다. 이번에도 좌사 이상이 계책을 내놓았다.

"오나라 병사들은 60리를 돌아가야 쉴 수 있습니다만 우리는 30리만 가면 쉽니다. 이 얼마나 좋은 기회입니까. 우리가 그곳에 가서 기다리고 있다가 공격하면 분명 사반공배(事半功倍)가 될 것입니다."

자기 장군은 그 말대로 했다. 좌사 이상의 계책은 여지없이 들어맞아 오나라 군대를 크게 깨뜨렸다.

四分五裂
사 분 오 열

• **出典** : 『전국책』의 「위책(魏策)」
• **文意** : 힘이나 세력이 나뉘어 짐
넉 사 / 나눌 분 / 다섯 오 / 찢어질 렬

『전국책』은 주나라의 원왕때부터 진시황에 이를 때까지 유세가들의 변론을 나라별로 기술한 책이다.

이 책의 「위책(魏策)편」에는 소진(蘇秦)이 위나라 양왕을 찾아와 설득하는 장면이 있다.

"대왕의 땅은 남으로는 홍구에서 무소에 이르고 서쪽으로는 만리장성에 맞닿았습니다. 또한 북으로는 하외에서 산조에 이르니 천지는 민가가 즐비하여 우마를 사육할 여지가 없을 정도입니다. 그런데 연횡가(장의를 뜻함)가 왕을 속이고 진나라와 외교를 맺게 했습니다. 위나라는 천하의 강국인데도 진나라의 모든 악습을 이어받고 있습니다."

소진의 얘기는 여섯 나라가 하나로 연합하면 강대국인 진나라로 벗어날 수 있으며 사분오열을 면할 수 있다는 것이었다.

駟不及舌
사 불 급 설

• **出典** : 『논어』의 「안연편(顔淵篇)」
• **文意** : 소문이 빨리 퍼지는 것
사마 사 / 아니 불 / 미칠 급 / 혀 설

『논어』의 「안연편」에 이런 얘기가 있다. 극자성(棘子成)이 자공을 보고 말했다.

"군자는 그 바탕만 있으면 됐지 어찌 문(文)이 필요합니까?"

이 말을 들은 자공은 안타까운 표정을 지었다.

"참으로 안타깝구나. 그대의 말은 군자답지만 사(駟)도 혀에는 미치지 못한다. 문(文)이 질(質)과 같고 질이 문과 같으면 호랑이와 표범의 가죽이나 개나 양의 가죽이 같다는 말인가."

『명심보감』에 '입은 사람을 상하게 하는 도끼요, 말은 혀를 베는 칼이다. 입을 막고 혀를 깊숙이 감추면 몸이 어느 곳에 있으나 편할 것이다.'라고 하였다. 그런가하면 『전등록(傳燈錄)』에는 '나쁜 소문은 천리를 간다'고 하였다.

私淑

사 숙

• 出典 : 『맹자』의 「이루편 하」
• 文意 : 옛사람의 덕을 표본으로 삼음
사사로울 사 / 사모할 숙

맹자는 제나라의 남쪽 노(魯)나라 부근에서 태어났다. 그는 공자의 손자 자사(子思)의 제자가 되어 유학을 배웠으며 그가 내세운 것은 왕도정치였다.

어느 날 맹자가 만장과 나눈 문답이다.

"한 고을 사람이 모두 훌륭한 사람이라고 칭찬한다면 어디를 가더라도 훌륭한 사람일 터인데, 공자께서는 어찌 그런 사람이 덕을 해친다고 말씀을 하십니까?"

맹자가 공자를 그리워하며 말했다.

"군자가 끼친 덕은 다섯 대에 끊어지고 소인도 마찬가지다. 나는 공자의 제자가 되지 못했지만 이를 통해 어진 덕이나 학문에 대해 사숙(私淑)하였다."

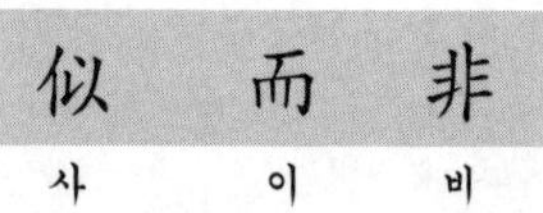

사 이 비

• 出典 : 『맹자』의 「진심편 하」
• 文意 : 진짜처럼 보이나 사실은 다름
같을 사 / 어조사 이 / 아니 비

어느 날 만장(萬章)이 스승 맹자에게 물었다.

"공자께서 진나라에 오셨을 때에 무슨 생각으로 내 고장 선비는 광견(狂猥)이라 했습니까?"

"광이라는 것은 큰 뜻을 품은 사람으로서 입버릇처럼 고인을 찾으며 추모하는 사람이다. 허나 그들의 행동을 볼 때는 말을 따르지 못한다. 또한 견이라는 것은 적극적이지는 않지만 행동만큼은 야비하지 않는 자다. 그러나 이들은 사이비(似而非)는 아니다."

다시 양화편으로 얘기가 이어진다. 이번에는 만장이 향원(鄕原)에 대해 물었다. 어느 한 곳 나무랄 데가 없어 보이지만 '덕의 적'이야말로 사이비라는 것이다. 이 점에 대하여 맹자는 결론을 지었다.

"군자는 묵묵히 도덕의 본 바탕 위에서 실천을 하는 것이다."

射人先射馬
사 인 선 사 마

• 出典 : 두보의 「전출색(前出塞)」
• 文意 : 사람을 쏘려면 먼저 말을 쏘아라
쏠 사 / 사람 인 / 먼저 선 / 쏠 사 / 말 마

당나라 때의 시인 두보(杜甫)의 「전출색(前出塞)」에 있는 내용이다.

활을 당기려거든 마땅히 센 것을 당기라
화살을 쓸 때엔 마땅히 긴 것을 쓰라
사람을 쏘려거든 먼저 말을 쏘고
적을 사로잡으려거든 먼저 왕을 사로 잡으라
사람을 죽이는 것 또한 한이 있고
나라를 세우면 스스로 국경이 있다
진실로 능히 침략을 제지한다면
어찌 살상이 많을 필요가 있겠는가

이것은 사람을 많이 죽이는 것이 전쟁의 목적일 수 없다는 것을 나타내는 글이다.

獅子身中蟲
사 자 신 중 충

• 出典 : 불경의 「범강경(梵綱經)」
• 文意 : 은혜를 입고 원한으로 갚음
사자 사 / 아들 자 / 몸 신 / 가운데 중 / 벌레 충

사자는 죽은 후에도 다른 짐승이 가까이 가지 않는다. 또한 벌레들도 사자의 몸을 먹지 않는다. 이러한 사자의 살은, 그 몸 안에 절로 생긴 벌레가 깨끗이 먹어치운다는 뜻이다.

그러므로 「범강경」에 '사자 몸 안의 벌레가 스스로 사자의 살을 먹는다(如獅子身中蟲 自食獅子肉)'고 지적한다. 이것은 무슨 말인가?

불도에 정진해야할 불제자가 스스로 불법을 파괴하는 이치와 같은 뜻이다. 다시 말해 하늘에 있는 마군(魔軍)이 불법을 파괴하는 것이 아니다. 부처의 바른 법을 파괴하는 것은 그 제자 가운데 나쁜 사람이 있기 때문이라는 뜻이다. 그러므로 불가에서는 예로부터 불법을 파괴하는 것은 외부로부터의 세력이 아니라 바로 불제자 자신들이라는 지적이었다. 즉, 자신들의 성불(成佛)을 방해하는 것은 스스로의 탓인 '사자신중충'과 같은 의미이다.

獅 子 吼

사 자 후

• 出典 : 불경의 『범강경(梵綱經)』
• 文意 : 은혜를 원수로 갚는다

사자 사 / 아들 자 / 울 후

한무제 때의 인물 곽사인(郭舍人)은 광대였다. 그는 무제의 유모인 동무후모(東武侯母)를 만나게 되었다. 이 유모는 대단한 세력가여서 그 폐해가 이만저만이 아니었다. 곽사인은 이 유모의 허물을 무제에게 말했으나 황제는 믿으려 들지 않았다. 그런데도 열성을 다해 허물을 지적하자 마침내 무제는 믿게 되었으며 허물을 따지게 되었다.

그런가 하면 『전등록』에는 석가모니 부처님께서 태어나시자 한 손은 하늘을 가리키시고 한 손은 땅을 가리켜 돌아다니셨다. 그리고 일곱 발자국을 떼시고 눈으로 사방을 돌아보시며 말했다.

"천상천하 유아독존(天上天下 唯我獨尊)이라!"

석가모니가 외친 소리가 이른바 사자후다. 이러한 사자후는 그후 웅변이나 설법을 잘하는 사람을 가리켰다.

사 족

• 出典 : 『전국책』의 「제책(齊策)」
• 文意 : 긁어 부스럼을 냄

뱀 사 / 다리 족

초회왕(楚懷王) 6년 때, 진나라에서 온 진진(陳秦)이라는 사자가 초로 가서 소양을 만나 영윤(令尹) 이상의 벼슬에 대해 물었다.

"없소이다."

"신이 얘기 하나를 하겠습니다. 어떤 사람이 하인들에게 술을 내렸는데 양이 적어 땅에 뱀을 먼저 그리는 자가 먹기로 했답니다. 어떤 자가 뱀을 그리고 술잔을 집어들었습니다. 그리고는 뱀의 발도 그릴 수 있다하여 그려 넣었습니다만, 그 그림은 잘못 됐다하여 술잔을 빼앗겼습니다. 뱀은 발이 없으니까요. 선생은 영윤이라는 높은 자리에 있습니다. 더 높은 직책이 없는데도 제나라를 공격하려 합니다. 싸움에 지면 오히려 비난을 받게 됩니다. 마치 뱀의 발을 그린 격이지요."

소공은 제나라 정벌을 포기하고 급히 군사를 돌렸다.

四 知
사 지

• **出典** : 『십팔사략』의 「양진전」
• **文意** : 세상에는 영원한 비밀이 없다
넉 사 / 알 지

후한의 6대 임금 안제 때에 관서공자(關西公子)라는 칭호를 받은 양진(楊震)이라는 이가 있었다. 그가 동래 태수로 부임해 가는 중에 날이 저물어 창읍(昌邑)에서 하룻밤 묵게 되었다. 그때 창읍 현령 왕밀(王密)이 그를 찾아왔다.

양진도 무척 반가워 하였다. 그가 형주자사로 있을 때 발탁한 왕밀은 학식과 재능이 뛰어난 젊은이였다. 지난날의 얘기를 밤늦도록 나누다가 돌아갈 때 쯤 되어 열 냥의 금덩이를 내놓았다.

"나는 이런 물건을 받아본 적이 없네. 참으로 누가 볼까 두려우이."

"아닙니다, 지금은 밤이라 볼 사람도 없습니다."

"그 무슨 소리. 하늘과 땅, 자네와 내가 알지 않은가. 그런데 아무도 보는 사람이 없다 하는가?"

私 聚
사 취

• **出典** : 『삼국지(三國志)』
• **文意** : 노력을 기울이지 않고 재물을 모음
개인 사 / 모을 취

역사적으로 보면 전한을 건국한 소하가 상국이 된 후, 후한을 통해서는 한 사람도 상국이 된 사람이 없었다. 그러나 동탁은 스스로 그 자리에 앉아 무소불위의 권도를 휘둘렀다. 또한 재물을 빼앗고 부녀자들을 멋대로 잡아들여 농락했다.

동탁의 잔학상이 높아지면서 백성들은 하나 둘 떠나갔다. 그는 자신의 세력이 강해지자 도읍을 장안으로 옮기고 백성들을 강제로 이주시켰다. 동탁은 미(郿)라는 땅에 마을 하나를 만들고 사적으로 재물을 축적했다(私積聚穀). 곡식은 30년 정도 먹을 양이었으며 금은 비단과 온갖 보화가 넘쳐 났다. 천하를 도모하다가 말년에 들어 호의호식하리라는 그의 꿈은 여포(呂布)에게 죽임을 당하여 아침 이슬처럼 덧없이 끝나버렸다.

四 海 兄 弟

사 해 형 제

• 出典 : 『논어』의 「안연편(顔淵篇)」
• 文意 : 천하만민이 모두 형제라는 뜻
넉 사 / 바다 해 / 맏 형 / 아우 제

공자의 제자에 사마우(司馬牛)라는 이가 있다. 그의 형은 환퇴(桓魋)라는 자였는데 무엇에나 불만이 많고 뚝심이 세어 반란을 꾀하다가 국외로 도망갔다는 소문을 들었다. 사마우는 그의 형이 불행한 일을 당할 것이라는 생각에 괴로워했다.

"사람들은 모두 형제가 있는데 나만 없구나."

"어찌 그것을 걱정하는가."

그러자 자하(子夏)가 위로했다.

"내가 듣기로 사람의 생사는 명에 있고, 부귀는 하늘에 있다 하였네. 군자가 공경하면 실수가 없고 사람들과 사귐에 공손하여 예절이 있으면 천하 사람들이 모두 형제(四海之內 皆兄弟也)라 하였네. 그러니 군자가 어찌 형제가 없음을 걱정하겠는가."

殺 身 成 仁

살 신 성 인

• 出典 : 『논어』의 「위영공편」
• 文意 : 몸을 바쳐 올바른 도리를 이룸
죽일 살 / 몸 신 / 이룰 성 / 어질 인

공자가 『논어』의 「이인편」에서 말했다.

"군자가 인(仁)을 떠나 어떻게 군자가 될 수 있느냐?"

여기에서 공자가 말하는 인의 설명은 간단하지가 않다. 인을 이해하기 위해서는 무엇보다 군자가 되는 것이 어떤 것인지를 살펴 볼 필요가 있다. 『논어』의 「태백편」엔 이런 내용이 있다.

"군자는 의연하고 확고한 마음을 지니지 않으면 안 된다. 그것은 자신의 짐이 무겁고 갈 길이 멀기 때문이다. 그렇다면 지고 있는 짐은 무언가. 인(仁)이다. 인이 무거울 수밖에 없는 것은 죽을 때까지 노력해야 하기 때문이다. 다시 말해 다른 사람을 위해 스스로를 희생시키는 것이 살신성인(殺身成仁)이지만 공자는 인을 이루기 위해 살신 한다는 결의를 품었다.

殺 風 景
살 풍 경

• 出典 : 『잡찬(雜纂)』
• 文意 : 경치를 파괴하는 행위
죽일 살 / 바람 풍 / 경치 경

『잡찬』이라는 책에는 눈살을 찌푸리게 하는 여섯 가지의 행위가 나타난다. 첫째, 청천탁족(淸泉濯足)이다. 약수터에서 발을 씻는 행위이다.

둘째, 화상건군(花上乾裙)이다. 아름다운 꽃 위에 빨래를 널어 말리는 행위이다. 셋째, 배산기루(背山起樓)이다. 산을 등지고 집을 지어 산세를 조망할 수 없게 한 행위이다. 넷째, 분금자학(焚琴煮鶴)이다. 거문고를 불 쏘시게 삼아 학을 삶아 먹는 행위이다. 다섯째, 대화상차(對花嘗茶)이다. 꽃을 감상하면서 술을 마시지 않고 차만 홀짝거리는 것을 말한다. 여섯째, 송하갈도(松下喝道)이다. 청량한 바람이 불어오는 곳에서 쉴 때에 사또 행차를 알리는 행위가 이른바 살풍경이다.

물론 이러한 여섯 가지가 현대에는 다르게 나타날 수 있다.

三 顧 草 廬
삼 고 초 려

• 出典 : 『삼국지』의 「제갈량전」
• 文意 : 초가집을 세 번 찾아가다
석 삼 / 돌아볼 고 / 풀 초 / 풀집 려

조조에게 쫓기어 형주의 유표에게 몸을 의탁하고 있던 유비에게 어느 날 서서(徐庶)가 찾아와 제갈량을 천거했다.

유비는 관우와 장비를 대동하고 제갈량을 찾아갔다. 그러나 제갈량은 출타 중이었다. 두 번째도 마찬가지였다. 다시 얼마의 시간이 지난 뒤 세 번째로 찾아갔을 때에 제갈량은 낮잠을 자고 있었다.

해가 뇌엿뇌엿 서산에 넘어갈 때쯤 깨어난 제갈량은 유비를 맞아들였다.

"선생의 가르침을 받고자 하오니 물리치지 마십시오."

제갈량은 유비의 성실함을 흠모하여 그의 군사가 되었다. 마침내 유비는 초려를 세 번 찾아가 뜻을 이룬 것이다. 삼고초려는 귀인을 맞아들이는 정성의 표현으로 자주 쓰인다.

三 十 六 計
삼 십 육 계

• 出典 : 『남제서(南齊書)』
• 文意 : 도망치는 것이 상책이다
석 삼 / 열 십 / 여섯 륙 / 꾀 계

송(宋)나라의 마지막 임금이었던 순제(順帝)는 제나라의 소도성(蕭道成)과 왕경칙(王敬則)의 압력에 못 이겨 나라를 빼앗기고 암살 당했다.

왕경칙은 마지막으로 병력을 이끌고 제나라의 수도 건강(建康;남경)을 공격했다. 그 당시 황실 쪽에서 퍼뜨린 소문은 왕경칙이 도망을 하려 한다는 것이었다. 왕경칙은 코웃음 치며 고함질렀다.

"흐음, 단장군의 계략 가운데 삼십육계는 주위상(走爲上;도망가는 것이 최상책)이었거든. 네놈들이 사는 길은 달아나는 길이야."

여기에서 말하는 단공이란 송나라 초기의 명장 단도제(檀道濟)를 가리킨다. 그가 북위(北魏)와 싸울 때에 도망을 잘 쳤기 때문에 단공 삼십육계라고 말한 것이다.

三 人 成 虎
삼 인 성 호

• 出典 : 『전국책』의 「위책(魏策)」
• 文意 : 뜬소문이 세상을 덮는다는 뜻
석 삼 / 사람 인 / 이룰 성 / 범 호

전국 시대에 외교적 관례에 따라 위나라의 방총(龐葱)이 태자를 모시고 한단으로 가면서 왕의 관심이 자신에게 멀어질 것을 걱정하며 위 혜왕에게 물었다.

"어떤 사람이 달려와 거리에 범이 나타났다고 하면 믿겠습니까?"

"믿지 않지. 세 사람쯤 달려와 그런 말을 하면 믿겠지."

방총은 나직이 한숨을 뿌렸다.

"거리에 범이 나타나는 것은 있을 수 없는 일입니다. 그런데도 세 사람이 그런 말을 하면 믿게 됩니다. 마마, 조나라의 한단은 먼길입니다. 그곳을 가고 오는 데에 여러 날이 걸리므로 신을 비난하는 사람이 있겠지요. 부디 명찰 하십시오."

방총이 업무를 마치고 돌아오자 위 혜왕은 다시는 만나지 않았다.

喪家之狗

상 가 지 구

• **出典** : 『사기』의 「공자세가」
• **文意** : 상갓집의 초라한 개
초상 상 / 집 가 / 이를 지 / 개 구

공자가 노나라를 떠나 정나라에 갔을 때였다. 공자는 제자들과 서로 길이 어긋나 홀로 성문 앞에서 제자들이 오기만을 우두커니 기다리고 있었다. 스승을 찾아다니는 자공(子貢)이 길을 가던 노인들에게 물었다.

"저의 스승님을 보셨습니까?"

"그 사람이 당신 스승인지는 알 수 없으나 이런 사람이 동문밖에 서 있는 것을 보았습니다. 이마는 요 임금이오, 목은 고요 재상, 어깨는 자산 재상과 비슷하고 허리 아랜 우 임금에 세 치 남짓 못 미치는 사람이 있는데, 그 지쳐있는 모습이 상갓집 개(喪家之狗)와 같았습니다."

그 말을 듣고 자공이 급히 동문 밖으로 가 보니 과연 그곳에 공자가 서 있었다

相思病

상 사 병

• **出典** : 간보(干寶)의 「수신기」
• **文意** : 서로가 애틋하게 생각하는 병
서로 상 / 생각 사 / 병 병

춘추시대에 대국이었던 송나라를, 전국시대 말기에 망하게 한 강왕(康王)의 시종 중에 한빙(韓憑)이라는 자가 있었는데 부인은 대단한 절세 미녀로 부부 사이의 금슬이 좋았다. 강왕은 한빙의 처를 궁으로 데려와 후궁으로 삼고 죄없는 한빙은 변방에 위치한 형(刑)에 보내어 성을 쌓는 인부가 되게 하였다. 어느 날 한빙의 처 하씨는 짤막한 편자를 남편에게 보냈다.

그러나 편지는 강왕의 수중에 들어가 소하라는 자가 해석했다.

"남편을 그리워하는데 방해자가 있어 어쩔 수 없다는 뜻입니다."

얼마 후 한빙이 자살했다는 보고를 받고 하씨도 성루에서 떨어져 목숨을 버렸다. 무덤을 떨어지게 만들었는데 밤사이에 무덤에서 두 그루의 노나무가 나더니 위로 가지가 얽히었으므로 상사수라 하였다.

常山蛇勢
상산사세

• 出典 : 『손자병법(孫子兵法)』
• 文意 : 군대가 긴밀하게 움직이는 형세
항상 상 / 메 산 / 뱀 사 / 형세 세

상산에는 솔연(率然)이라는 뱀이 살고 있다. 이 뱀은 머리를 치면 꼬리로 덤비고, 허리를 공격하면 머리로 덤빈다. 병사의 움직임도 유기체가 되어 움직이는 것을 뜻한다.

병법의 대가 손자는 병사의 움직임에 대해 이렇게 말한다.

"솔거하는 병사의 움직임은 마땅히 상산의 뱀과 같아야 합니다. 한쪽이 공격당하면 한쪽이 반격을 합니다."

그 다음엔 오월동주(吳越同舟)를 설명했다. 왜 손자는 그런 말을 했을까? 그것은 진법을 구사하는 상산사세(常山蛇勢) 역시 전투에 휩쓸리다 보면 비록 껄끄러운 상대라 해도 함께 힘을 합쳐야 한다는 것이다. 다시 말해 전투에 임하는 한 사람 한 사람이 필사적인 마음가짐이 있어야 한다.

桑田碧海
상전벽해

• 出典 : 『신선전』, 유정지의 시
• 文意 : 세상이 몰라 볼 정도로 변하다
뽕나무 상 / 밭 전 / 푸를 벽 / 바다 해

상전벽해(桑田碧海)라는 말이 처음 모습을 드러내는 것은 「신선전」이다. 「신선전」에서 마고선녀가 왕방평에게 말했다.

"동해가 세 번이나 뽕나무밭으로 바뀌는 것을 보았습니다."

"그러기에 성인들이 이르시지 않으셨나요. 바다의 녀석들이 먼지를 일으키고 있다고 말입니다."

그후 당나라 때에는 유정지(劉廷芝)의 「대비백발옹(代悲白髮翁)」이라는 시에 나타난다.

낙양성 동쪽의 복숭아꽃 오얏꽃 / 이리 저리 휘날려 어느 집에 떨어지나 낙양의 어린 처녀 고운 얼굴 만지며 / 떨어지는 꽃 바라보며 한숨 짓는다 꽃이 지면 그 얼굴엔 또 나이가 들어 / 내 년에 피는 꽃은 누가 보여 주나 / 뽕나무밭이 변해 바다가 되는 것이 옳은 말인 것을

塞 翁 之 馬
새 옹 지 마

• **出典** : 『회남자(淮南子)』의 인간훈
• **文意** : 길흉화복은 변화가 무쌍하다
변방 새 / 노인 옹 / 의 지 / 말 마

북쪽의 변경에 점을 잘 치는 노인이 살고 있었다. 어느 날 그 노인의 말(馬)이 국경을 넘어 오랑캐 땅으로 도망쳤으나 굳이 밝은 낯으로 이렇게 말했다.

"이것이 복이 될 줄 어찌 알겠소."

몇 달 후 도망갔던 말은 오랑캐 땅의 좋은 말과 함께 돌아왔다. 사람들은 노인을 찾아와 횡재를 하였다고 축하하였다. 그러자 노인은,

"이것이 화가 될 줄 어찌 알겠소."

어느 날 노인의 아들이 말에서 떨어져 다리가 부러졌다. 사람들은 위로했으나 노인은 대수롭지 않은 표정이었다.

전쟁이 일어나 젊은이들이 끌려나가 목숨을 잃었다. 노인의 아들은 불구자이기 때문에 전쟁터에 나가지 않고 목숨을 부지할 수 있었다.

生 寄 死 歸
생 기 사 귀

• **出典** : 『십팔사략』
• **文意** : 삶은 머물고, 죽음은 돌아가는 것
날 생 / 부칠 기 / 죽을 사 / 돌아갈 귀

우 임금이 제후의 모임을 마치고 강을 건널 때 갑자기 황룡이 나타나 배를 등에 지고 들어올리자 배 안에 있던 사람들은 두려움에 떨었다. 우 임금은 하늘을 우러러 탄식하였다.

"나는 하늘로부터 명을 받아 백성들을 위하여 온 힘을 기울였다. 삶은 붙여 사는 것이요, 죽음은 돌아가는 것이다(生寄也 死歸也)."

우 임금은 황룡을 도마뱀 정도로 생각했다. 그러자 사납던 황룡은 안색이 변하며 고개를 숙이고 꼬리를 낮게 하며 떠나갔다. 그런가하면 이태백의 「춘야연도리원서(春夜宴桃李園序)」에는 이렇게 써 있다.

'대개 하늘과 땅이라는 것은 모든 것이 와서 잠시 머물다 가는 여관(逆旅)과 같은 곳이고, 세월은 끝없이 뒤를 이어가는 나그네와 같은 것이다.'

席 卷
석 권

• 出典 : 『사기』의 「위표팽월전」
• 文意 : 한쪽으로 공격하는 것을 나타냄
자리 석 / 접을 권

초한 전쟁은 오랫동안 계속되었다. 밀고 밀리는 국면을 접하자, 승패에 요동하는 장수도 나타났다. 위표(魏豹)가 그런 인물이었다. 그는 형세의 추이에 따라 초에 붙은 것이 화근이 되어 결국 죽임을 당하였다.

천하를 통일한 고조 10년에 조나라의 재상 진희가 반란을 일으켰다. 한신도 이에 호응하다 역적으로 몰려 죽임을 당했다. 그 해에 양왕으로 봉해진 팽월이 반란을 일으켰다. 고조가 출병했는데도 팽월은 병을 핑계 삼아 출병치 않은 것이 유방에게 미움을 산 것이다

이에 대하여 『사기』의 작가 사마천은 이렇게 기술하였다.

<위표와 팽월은 비천한 집안 출신으로 천리의 땅을 석권(席卷) 하였는데…….>

先 覺 者
선 각 자

• 出典 : 『맹자(孟子)』
• 文意 : 시대에 앞서 깨달음을 얻은 자
먼저 선 / 깨달을 각 / 놈 자

일찍이 맹자는 이윤(伊尹)의 말을 인용하여 스스로를 '선각자'라 하였다. 그렇다면 이윤은 누구인가? 그는 탕왕(湯王) 때의 현자로 왕의 부름에 따라 나섰다.

탕왕은 이윤의 도움으로 국력을 신장시켰다. 이때는 하왕조의 제왕 사이계(姒以癸;桀)의 천하였다. 그는 폭군이었으나 신하로서의 도리를 탕은 다하였다. 얼마 후 사이계는 탕을 방백(方伯)으로 임명했다. 이때의 방은 제후국의 장(長)에 해당되었다. 방이라는 것은 토지나 지역의 경계를 의미하며 백은 패(覇)와 같은 뜻이다. 결국 세력을 떨친 탕은 폭군 사이계를 멸하고 은(殷)을 세웠다.

"나는 선각자다."

이윤은 스스로를 그렇게 말했다.

先 發 制 人
선 발 제 인

• 出典 : 『사기』의 「항우본기」
• 文意 : 먼저 공격하여 상대를 제압함
먼저 선 / 펼 발 / 지을 제 / 사람 인

진나라 2세 황제 원년에 진섭(陳涉)이라는 자가 반란을 일으켰다. 이때 항량과 그의 조카 항우는 하상 지방에서 오중으로 도망쳐 몸을 숨기고 있었다.

그러던 어느 날 회계태수 은통(殷通)이 찾아왔다. 자신을 도와 함께 군사를 일으킨다면 천하를 도모할 수 있다는 뜻밖의 제안이었다. 항량 역시 이 제안에 수락하였다.

"지금 강서 일대에는 잦은 변란이 일어난다는 소문을 듣고 있습니다. 그러므로 선발제인(先發制人)이라면 굴복시킬 수 있습니다."

은통은 즐거운 마음으로 말을 잇는다.

"그대는 초나라 장수의 후손이오. 이처럼 큰일은 그대 밖에는 할 수 없을 것이오."

善 事 左 右
선 사 좌 우

• 出典 : 『십팔사략』, 『한비자』
• 文意 : 왕의 좌우에 있는 사람을 잘 섬김
착할 선 / 일 사 / 왼 좌 / 오른쪽 우

제(齊)나라 왕이 어느 날 즉묵대부(卽墨大夫)를 불러 이렇게 말했다.

"그대가 즉묵대부의 자리에 있으면서 모든 일을 잘못 처리한다는 말이 들렸소. 그런데 과인이 조사해보니 그것은 낭설에 불과하다는 것을 알았소. 과인이 은밀히 내사해 보았더니 토지는 개간되었으며 백성은 풍족하고 관리는 일이 없고 동쪽 방면이 평안하였소. 이것은 그대가 내 좌우를 섬겨 구하지 않았기 때문이오."

이렇게 말하고는 즉묵대부를 식읍 만 호에 봉했다. 그런 다음에 이번에는 아대부(阿大夫)를 불렀다.

"대왕께서 부르셨사옵니까."

"그대에 대한 칭찬의 말이 들려와 과인이 은밀히 조사해 보았소. 그대가 뇌물을 넉넉히 뿌려 과인의 좌우에 칭찬을 구했기 때문이로다."

先 入 見
선 입 견

• 出典 : 『한서』「식부궁전(息夫躬傳)」
• 文意 : 먼저 들어온 생각
먼저 선 / 들 입 / 볼 견

한나라 애제(哀帝) 때에 식부궁이라는 변사가 있었다. 그는 남달리 수완이 좋은 데다 애제의 장인 공향후(孔鄕侯)와는 고향 친구였기 때문에 교제의 범위가 넓을 수밖에 없었다. 그렇다보니 애제의 총애를 극진히 받고 있었다.

언젠가 식부궁은 애제에게 열변을 토했었다. 장차 흉노가 침범해 올 것이므로 만반의 준비가 필요하다는 것이었다. 왕가가 말했다.

"폐하, 그 옛날 진목공은 백리혜의 주장을 물리치고 정나라를 치려 한 까닭에 효(殽)에서 대패했습니다. 그후로는 입이 가벼운 자를 가까이 하지 않은 덕분으로 좋은 군주가 되었사옵니다."

애제는 왕가의 말을 듣지 않았다. 식부궁에 대한 믿음의 선입견 때문이었다.

城 下 之 盟
성 하 지 맹

• 出典 : 『춘추좌씨전』의 「환공12년」
• 文意 : 성밑에서 체결한 굴욕적인 맹약
성 성 / 아래 하 / 이를 지 / 맹세 맹

환공 12년(BC. 700)에 초나라가 교(絞)로 쳐들어가 남문에 진을 쳤다. 그때 막오(莫敖) 벼슬에 있는 굴하(屈瑕)라는 이가 말했다.

"폐하, 교의 사람들은 몹시 편협하고 경솔합니다. 인부를 내놓아 그들을 유인하면 어떻겠습니까?"

굴하의 계책대로 땔나무 인부들로 유인하자 교의 사람들은 초의 인부 30명을 잡아들였다. 그 다음날에는 교의 사람들은 인부들이 나타나면 앞을 다투어 나와 인부들을 잡으려고 뒤를 쫓았다.

"폐하, 저들이 우리의 계책에 빠졌습니다."

초나라 사람들은 북문을 지키고 매복해 있었으므로 교의 사람들은 크게 패하여 성 아래에서 맹세하고(大敗之 爲城下之盟而還) 물러났다. 교의 굴욕적인 패배였다.

世世不輟
세 세 불 철

• 出典 : 『여씨춘추』「맹동기(孟冬紀)」
• 文意 : 대대로 제사가 끊이지 않음
인간 세 / 인간 세 / 아니 불 / 그칠 철

초나라의 장왕(莊王)은 전쟁에 나가 공이 많은 사람에게 땅을 하사했다. 크고 작은 전투에서 공을 세운 손숙오(孫叔敖) 역시 장왕에게 봉지를 하사 받았다.

한데 그곳은 모래자갈이 무척 많은 척박한 땅이었다. 초나라의 법에 의하면 신하에게 녹으로 준 땅은 이대(二代) 후엔 회수하는 것으로 정해 있었다. 전쟁에 공을 세운 여러 사람들의 땅은 이대 후에 회수되어 있었다. 오직 손숙오의 봉지만은 그의 집안에 그대로 남아 있었다. 그것은 그 땅을 회수하여 다른 공신들에게 주려 했으나 받으려는 이가 없었다. 워낙 척박했기 때문이다.

이런 이유로 손숙오의 후손들은 9대(代)가 넘도록 대대로 제사가 끊이지 않았다(世世不輟).

歲月不待人
세 월 부 대 인

• 出典 : 도연명의 「잡시」
• 文意 : 시간을 아껴 쓰라는 뜻
해 세 / 달 월 / 아니 부 / 기다릴 대 / 사람 인

도연명(陶淵明)의 「잡시」는 격언으로도 유명한 데 내용은 다음과 같다.

인생은 뿌리가 없는 것 / 바람에 휘날리는 길 위의 먼지와 같다
바람따라 흩어져 전전하나니
이는 불변의 몸이 아님을 알리라
땅에 떨어져 형제가 됨은 / 어찌 골육간의 친척뿐이랴
기쁨을 얻으면 마땅히 즐김을 누릴 것이
말술을 앞에 놓고 이웃을 모으라
청춘은 거듭 오는 것이 아니고
하루해는 두 번 새벽 되기 어려워라
좋은 때를 잃지 않고 면려할지니
세월은 사람을 기다리지 않는다

小 國 寡 民
소 국 과 민

• **出典** : 『노자』의 「도덕경」
• **文意** : 노자가 그린 이상 사회를 나타냄
적을 소 / 나라 국 / 적을 과 / 백성 민

『노자』 80장에 나오는 말이다.

<나라는 적고 백성도 적어서(小國寡民) 다른 사람의 열 배나 백배의 재주가 있는 사람이 있어도 쓰지 못하게 한다…>

하였으며 또 이런 내용도 있다.

<…백성들로 하여금 옛날로 돌아가 새끼를 묶어서 문자로 사용하게 하며 그 음식을 달게 여기고 그 옷을 아름답게 여기며 그 풍속을 즐겁게 여기게 해야 한다. 이웃 나라가 서로 바라보이고 닭과 개의 소리가 들리며…>

그런가하면 또 47장에는,

<문을 나가지 않고서 천하를 알고 창문을 엿보지 않고서 하늘의 도리를 본다>

宋 襄 之 仁
송 양 지 인

• **出典** : 『십팔사략(十八史略)』
• **文意** : 전연 쓸모 없는 인정
성 송 / 도울 양 / 이를 지 / 어질 인

춘추오패의 한사람인 제환공(齊桓公)의 부탁으로 아들 소(昭)를 제나라 임금으로 앉히는 데 공을 세우자, 패자의 꿈을 송양공(宋襄公)도 가지게 되었다. 상대가 송나라를 공격해왔다.

"우리는 지금 병력이 많지 않습니다. 그러니 적군이 강을 건너기 전에 공격을 해야 합니다."

"당치않네. 그건 정당한 싸움일 수가 없네. 적의 어려움을 이용하여 공격한다면 세상 사람들이 우리를 보고 비웃을 것이야."

"아닙니다. 지금 공격하지 않으면 우리가 어려워집니다."

공자 목이는 수차에 걸쳐 공격할 것을 권했다. 그러나 송양공은 전연 움직일 기세가 아니었다. 모름지기 군자는 어려움에 처한 적을 공격하지 않는다는 말이었다. 결과적으로 송양공은 대패하였다.

首丘初心
수 구 초 심

• **出典** : 『예기』의 「단궁상편」
• **文意** : 자신의 근본을 결코 잊지 않음
머리 수 / 언덕 구 / 처음 초 / 마음 심

주나라의 문왕과 무왕을 도와서 은의 주왕(紂王)을 멸하고 천하의 패자가 된 주나라에 공을 세운 여상 태공망. 그는 제나라 왕에 봉해졌으나 계속하여 다섯 대에 이르도록 주의 호경(鎬京)에 묻히게 되었다. 이러한 인정이 바로 예악의 도였다.

『예기』에 의하면, '음악은 사람이 태어날 수 있었던 본원(本源)에서 비롯된다'고 하였다. 이를테면 순 임금은 자기의 왕업이 요의 덕을 입는 것을 즐거워하여 그 악(樂)의 이름을 대소(大韶)라 하였다. 그런가 하면 우는 홍수를 잘 다스려 중국의 땅을 넓혔다하여 그 악의 이름을 대하(大夏)라 하였다. 따라서 예(禮)란 근본을 잊어서는 아니 되는 것이다. 여우는 죽을 때에 자기가 살던 곳으로 머리를 똑바로 하는 것은, 비록 짐승이지만 근본을 잊지 못하는 본능적인 행동이라는 것이다.

首鼠兩端
수 서 양 단

• **出典** : 『사기』의 「위기무안열전」
• **文意** : 진퇴를 결정 못하고 관망하는 상태
머리 수 / 쥐 서 / 짝 량 / 끝 단

『사기』에 호적수가 등장한다. 전한의 제4대 경제와 제5대 무제에 이르기까지 위기후(魏其侯) 두영과 무안후(武安侯) 전분은 끝없이 다툼질을 계속하고 있었다.

어느 날 무안후가 새장가를 들고 축하연을 베풀었다. 그 자리에서 무안후는 위기후 사람 쪽의 사람에 대해 차별대우를 하였다. 그것을 보다 못해 위기후의 친구 관부(灌夫)가 술김에 행패를 부리게 되었다. 무안후는 관부를 옥에 가두고 불경죄로 몰아 사형에 처하고 가족까지 몰살시키려 들었다. 이때 한안국으로 하여금 백성들에게 그 뜻을 묻게 하였다. 양쪽 주장에 일리가 있다고 할 뿐 내사(內史)로 있던 정당시(鄭當時)도 어물쩍 넘어가 버렸다. 황제는 어사대부에게 호통을 쳤다.

"그대는 어찌 쥐처럼 나갈까 말까를 망설이는가?"

漱 石 枕 流
수 석 침 류

• 出典 : 『진서』의 「손초전」
• 文意 : 자기 말이 틀렸는데도 끝까지 우김
이 닦을 수 / 돌 석 / 베개 침 / 흐를 류

진(晉)나라에 손초(孫楚)라는 이가 있었다. 이 무렵은 노장 사상의 공리주의가 크게 성행하여 뜻있는 선비들은 속세를 떠나 깊은 산 속에 은거하였다. 이른바 청담(淸談)이었다. 죽림칠현에 관한 얘기가 심심찮게 떠돌 무렵, 손초라는 젊은이가 속세를 떠나 산중에 은거할 뜻을 지니고 왕제라는 친구를 찾아갔다.

이런 저런 얘기를 하는 중에 한 수 시구를 읊조렸다. 그런데 실수를 범한 것이다. 이를테면, '돌을 베개 삼아 눕고 흐르는 물로 양치질을 한다(枕石漱流)' 라고 해야 할 것을 '돌로 양치질을 하고 흐르는 물로 베개 삼는다(漱石枕流)'라고 한 것이다.

"이보시게, 어찌 돌로 이를 닦을 수 있단 말인가? 또 흐르는 물을 베개로 벨 수 있단 말인가?"

修 飾 邊 幅
수 식 변 폭

• 出典 : 『후한서』 「마원전(馬援傳)」
• 文意 : 불필요한 허식을 부리는 것
닦을 수 / 꾸밀 식 / 갓 변 / 폭 폭

신(新)나라를 세운 왕망이 망한 후 각지에서 폭동이 일어났다. 이때 낙양의 유수(劉秀)와 농서(隴西)의 공손술(公孫述)이 큰 세력으로 나뉘어 가닥을 잡고 있었다.

서주의 상장군 외효는 마원(馬援)을 사신으로 보냈다. 마원은 공손술과 같은 고향이었으므로 서로 허심탄회하게 대화를 할 수 있을 것으로 생각했다. 공손술이 만나주지 않자 마원은 씹어뱉듯이 말했다.

"지금 천하의 주인은 결정되어 있지 않다. 만약에 천하를 얻고 싶거든 선비를 두텁게 대우하여야 한다. 그때 식사 중이라면 씹고 있던 음식을 뱉고 맞이해야 한다. 그런데도 그대는 소용없는 옷깃을 신이 나서 꾸민다(修飾邊幅). 그렇게 해서야 어찌 천하의 어진이들이 찾아와 머물겠는가."

守株待兎
수주대토

• **出典** : 『한비자』의 「오두편(五蠹篇)」
• **文意** : 융통성과 판단력이 없는 사람
지킬 수 / 줄기 주 / 기다릴 대 / 토끼 토

『한비자』의 「오두편」에 있는 얘기다. 송(宋)나라의 어느 농부가 밭에서 일을 하고 있었다. 그때 토끼 한 마리가 갑자기 뛰어오더니 밭 가운데 있는 그루터기에 몸을 부딪쳐 목이 부러져 죽는 것을 보았다. 토끼 한 마리를 공짜로 얻은 농부는 희희낙락하여 중얼거렸다.

"그래, 지금부터는 농사를 지을 필요가 없어. 이곳에 가만있으면 토끼가 그루터기에 부딪쳐 죽을 게 아닌가."

농부는 매일 이곳에서 기다리기만 하면 큰 이득을 얻겠다고 생각하고 밭두둑에 앉아 토끼가 오기를 기다렸다(守株待兎). 그러나 토끼를 두 번 다시 만나지 못했다. 밭엔 잡초가 무성하였으며 결국 농사는 망치고 말았다. 한비자는 이 비유로 요순(堯舜)을 이상으로 하는 왕도 정치는 시대에 뒤떨어진 것이라 주장했다.

脣亡齒寒
순망치한

• **出典** : 「춘추좌씨전(春秋左氏傳)」
• **文意** : 한쪽이 망하면 다른 쪽도 잘못됨
입술 순 / 없을 망 / 이 치 / 시릴 한

춘추시대 초기에 진헌공(晉獻公)이 괵(虢)나라를 정벌하러 가는 길에 우(虞)나라로 하여금 길을 열어달라고 사신을 보냈다. 사신으로 온 순식(荀息)은 좋은 말과 야명주를 내놓고 우왕에게 청했다.

우왕으로서는 썩 마음에 내키지는 아니했으나 진나라에서 온 예물이 탐이 나 허락했다. 소식을 듣고 궁지기(宮之奇)가 나섰다.

"괵나라가 망하면 우나라도 결코 순탄치 못할 것입니다. 속담에 이르기를 '덧방나무와 수레는 서로 의지한다고 했습니다. 또 입술이 없으면 이가 시리다고 했습니다(輔車相依 脣亡齒寒). 이것은 우리 우나라와 괵국을 두고 한 말입니다. 어느 한쪽이 무너지면 다른 쪽도 지탱할 수가 없습니다. 그러므로 결코 진나라를 통과해서는 안됩니다."

궁지기의 예측은 들어맞았다.

尸 位 素 餐
시 위 소 찬

• **出典** : 『한서』의 「주운전(朱雲傳)」
• **文意** : 공짜로 녹을 먹는 사람
시동 시 / 자리 위 / 한갓 소 / 먹을 찬

『시경』의 「사의(絲衣)」라는 시에 다음과 같은 내용이 있다.

깨끗이 제복 차려 입고 / 다소곳이 고깔을 썼네 / 당에 올랐다 내려오더니 / 소와 양이 있는 곳을 살펴보네

이것은 고깔을 쓴 시동(尸童)이 제단에서 내려와 주위를 둘러보는 모습이다.

옛날에는 조상에게 제사를 지낼 때에 혈통을 이어받은 어린아이를 조상의 신위(神位)에 앉혀놓고 제사를 지냈다. 시동을 앉히면 조상의 영혼이 접신을 한다는 믿음 때문이다. 이것은 조상의 혼령이 어린아이의 입을 통해 마시고 또 먹고 싶은 것을 맘껏 들게 하는 데서 유래를 찾을 수 있다.

여기에서 말하는 소찬은 볼품없는 반찬을 의미한다.

視 子 蚤 虱
시 자 조 슬

• **出典** : 『한비자』의 「설림상편」
• **文意** : 벼룩이나 이처럼 보인다
볼 시 / 아들 자 / 벼룩 조 / 이 슬

송나라의 대부 자어(子圉)는 공자와 송나라의 태재(太宰;재상)가 만날 수 있도록 주선했다. 공자가 태재를 만나고 나오자 자어가 들어가 물었다.

"공자를 만나니 어떻습니까?"

"내가 공자를 본 후에 당신을 보니 마치 벼룩이나 이를 본 것처럼 보입니다. 이제 나는 임금을 만날 수 있도록 주선하겠습니다."

"태재께서는 공자를 임금에게 데려가지 않는 것이 좋을 것입니다."

"그게 무슨 말이오?"

"생각을 해 보십시오. 장차 임금님께서 공자를 만나고 태재를 보시면 어떻겠습니까? 임금님 역시 태재 보기를 벼룩이나 이처럼 하찮게 생각하실 것이 아닙니까."

食 少 事 煩
식 소 사 번

• **出典** : 『삼국지(三國志)』
• **文意** : 일만 분주함을 이르는 말
밥 식 / 적을 소 / 일 사 / 번거로울 번

『삼국지연의』에 의하면, 제갈량은 두 번째 출사표(出師表)를 올리고 위(魏)나라를 공격하기 위해 떠난다. 얼마 후 오장원(五丈原)에서 위의 명장 사마의와 대치하게 되는데 제갈량은 전투를 빨리 끝내려고 서둘렀다. 이러는 중에서도 양쪽 진영의 사자는 오고 갔다. 사마의가 촉의 사자에게 물었다.

"요즘 제갈량 승상은 어찌 지내신가?"

"승상께서는 바쁘십니다. 경황이 없는 참이라 식사는 적게 들고 새벽부터 밤중까지 손수 일을 처리합니다. 또한 20대 이상의 태형에 해당하는 죄는 직접 조사하시나 식사는 조금 밖에 하시지 않습니다."

사자가 돌아간 후 제갈량은 오래 살지 못할 것이라고 사마의는 단언했다. 얼마 후 제갈량은 세상을 떠났다.

食 言
식 언

• **出典** : 『서경』「탕서」. 『춘추좌씨전』
• **文意** : 말을 밥먹듯이 번복하는 것
밥 식 / 말씀 언

『서경』의 「탕서」는 탕 임금이 하조(夏朝)의 걸왕을 방벌하기에 앞서서 장수들을 모아놓고 서언한 내용이다. 또 『춘추좌씨전』에는 노나라의 애공이 오오(吾梧)라는 곳에서 축하연을 할 때에 두 대신을 꼬집어 한 말이다.

탕왕이 하나라 걸왕의 무도함을 보다 못해 방벌하려고 군사를 일으켰을 때에 영지인 박(毫)의 백성들에게 말했다.

"이제 그대들이 말하되 하(夏)의 죄가 어떠냐 하니 하왕이 백성들을 해친즉 백성이 따르지 않는다. 이 해(日)는 언제 망할꼬 우리도 너와 함께 망하리라 하니 짐이 가서 반드시 치리라. 원컨대 나 한사람을 도와 하늘의 벌을 이루게 하라. 분명히 말하건대 나는 식언을 아니 하리라(朕不食言)."

識 字 憂 患
식 자 우 환

• 出典 : 『삼국지연의』
• 文意 : 글자를 아는 게 오히려 근심이다
알 식 / 글자 자 / 근심 우 / 근심 환

유비가 제갈량을 얻기 전에 병략을 짠것은 서서(徐庶)였다. 그는 유비 휘하에 있으면서 조조를 무척 괴롭혔다. 그러한 이유로 조조는 서서가 효자라는 것을 알고 그의 어머니 위부인의 필체를 흉내내어 서서로 하여금 그의 진중으로 오게 하였다.

<…서야, 서야. 별고 없느냐. 이 어미도 무사하다만 네 아우 강(康)이 일찍 세상을 떠난 탓에 외롭기 그지없구나. 나는 지금 편안하다. 한시라도 빨리 어미 곁으로 오너라. 너의 모습이라도 보여 주려무나.>

편지는 정욱이 모사(模寫)했다.

"오호라, 이 노릇을 어찌 할거나. 여자가 글씨를 안다는 것 자체가 근심을 낳게 했구나(識字憂患)"

위부인은 자식의 앞길을 망친 것이 자신 때문이라고 탄식하였다.

神 出 鬼 沒
신 출 귀 몰

• 出典 : 『회남자』의 「병략훈」
• 文意 : 귀신처럼 출입이 자유자재이다
귀신 신 / 날 출 / 귀신 귀 / 잠길 몰

『논어』에서 공자는 '군자는 결코 위험한 곳에 가지 않고 귀신을 떠받들어 멀리하라'고 쓰여 있다. 『회남자』의 「병략훈」에서는 도가 사상을 기본 이념으로 삼아 전략(戰略)을 논하고 있다.

"병사들이 움직이는 것은 귀신이 나타나고 귀신이 돌아다니는 것과 같이, 하늘의 별과 같이 빛나고 운행하는 것이다. 나아가고 물러감과 굽히고 펴는 것은 아무런 전조도 없고 형태도 나아가지 않음과 같다."

여기에 나오는 용어가 '신출귀행(神出鬼行)'으로 귀신과 같이 행동하는 것을 의미한다.

또 '신출귀몰'로 나타나는 것은 '두 머리 세 얼굴의 귀신이 나타나고 없어진다(兩頭三面神出鬼沒)'는 구절에서인데 이것은 당희장어(唐戲場語)에 나온다.

實事求是
실사구시

• **出典** : 『한서(漢書)』
• **文意** : 사실을 토대로 진리를 구함
참 실 / 일 사 / 구할 구 / 옳을 시

『한서』의 「하간헌왕덕전(河間獻王德傳)」에 이런 말이 있다.

"학문을 닦아 옛것을 좋아하며 일을 참되게 하여 옳은 것을 찾는다(修學好古 實事求是)."

실사구시 운동은 청나라 때 고증학을 표방하는 학자들에 의해 시작됐다. 중심에 있는 인물이 대진(戴震)이었다. 대진은 이렇게 말했다.

"모름지기 학자는 남의 것으로 자신을 가리지 말고, 내 것으로 남을 가리지 않아야 한다."

고증학의 능정감(凌廷堪)은 이렇게 말했다.

"진실된 사실 앞에서는 내가 옳다고 하는 것을 남이 억지 말로 그르다 할 수 없으며, 내가 옳지 않다고 하는 것을 남이 억지 말로 이를 옳다고 하지 못한다."

心猿意馬
심원의마

• **出典** : 『참동계(參同契)』
• **文意** : 마음이 이랬다 저랬다 함
마음 심 / 원숭이 원 / 뜻 의 / 말 마

불교의 경전에 이런 말이 있다.

<마음의 원숭이는 가만히 있지 못하고 생각의 말은 사방으로 달리며 신기(神氣)는 밖으로 어지럽게 흩어진다.>

양명학을 창시한 왕양명(王陽明)은 심원의마를 다음과 같이 설명하고 있다.

"처음에 배울 때는 마음이 원숭이 같고 생각이 말과 같아 붙들어 맬 수가 없다."

다시 말해 왕양명은 학문을 참구 하는 목적이 지식을 구하는 것이 아니라 한 것이다. 학문을 하는 근본 목적은 지식보다는 심신을 안정시키는 데에 있다는 것이다. 이 말은 다른 쪽으로도 해설이 가능하다. 즉, 마음이 안정되지 못한 상태를 '심원의마'라 할 수 있다.

여해 한문서당 12단계 선정 문제

제6단계

〈응용카드 1〉

※ 다음은 수부(手部)에 대한 총획수에 관한 문제입니다. 다음의 보기처럼 괄호 안에 총획수를 써넣으시오.

<보기> 扣(두드릴 구, 당길 구, 덜 구) — (총 6획)

一. 扞(막을 한, 거절할 한, 덮을 한) — (　　　)
二. 扱(거두어 가질 급, 미칠 급, 다룰 급) — (　　　)
三. 把(잡을 파, 묶을 파, 자루 파) — (　　　)
四. 拐(속일 괴, 지팡이 괴) — (　　　)
五. 抛(던질 포, 버릴 포) — (　　　)
六. 括(묶을 괄, 단속할 괄, 궁구할 괄) — (　　　)
七. 挽(당길 만, 말릴 만) — (　　　)
八. 挫(꺾을 좌, 눌릴 좌, 깨뜨릴 좌) — (　　　)
九. 控(당길 공, 챌 강) — (　　　)
十. 捧(받들 봉, 들 봉) — (　　　)
十一. 掩(가릴 엄, 감쌀 엄, 숨길 엄) — (　　　)
十二. 措(둘 조, 처리할 조, 베풀 조) — (　　　)
十三. 揭(들 게, 걷을 게) — (　　　)
十四. 描(그릴 묘, 묘사할 묘) — (　　　)
十五. 揖(읍할 읍, 모일 집, 절할 의) — (　　　)
十六. 搨(베낄 탑, 박을 탑) — (　　　)

十七. 摩(갈 마, 닦을 마, 쓰다듬을 마) — (　　　)
十八. 摯(지극할 지, 잡을 지, 도타울 지) — (　　　)
十九. 撈(잡을 로) — (　　　)
二十. 撮(취할 촬, 모을 촬) — (　　　)
二十一. 擁(안을 옹, 지킬 옹, 거느릴 옹) — (　　　)
二十二. 攀(더위잡을 반, 매달릴 반) — (　　　)
二十三. 攝(당길 섭, 대신할 섭, 기를 섭) — (　　　)
二十四. 攤(펼 탄, 벼를 탄, 노름 탄) — (　　　)
二十五 攪(어지럽힐 교, 뒤섞을 교, 물소리 교) — (　　　)

〈응용카드 2〉

※ 다음은 어머니에 대한 어휘들이다. 괄호 안의 빈곳에 적당한 한자를 써넣으시오.

一. 한국의 어머니는 신식 바람이 불면서 날로 외로워져 가고 있는 것이 사실(　　)이다. 세대의 격차(　　)가 심하고 또 옛날처럼 며느리 앞에 군림(　　)할 수 없기 때문에 자연히 한 가정으로부터 소외되는 일이 많다.(이어령/생각하는 캘린더)
二. 여성에게는 본능적(　　)으로 모성애가 있다. 어머니의 어린애에 대한 사랑에는 아름답고 위대(　　)한 것이 있다. 그러나 본능적인 사랑만으로는 자녀(　　)를 키울 수 없다.(페스탈로찌)
三. 인생(　　)에 있어서 또는 생물에 있어서 가장 원시적(　　)인 굳센 힘을 어머니는 가지고 있다. 하늘이 무너지고 땅덩이가 갈라지는 한이 있더라도 목숨이 끊어지는 최후의 순간(　　)까지 변하지 않는 것은 자애뿐이다.(심훈)
四. 이 세상에서 우리가 고향(　　)이라 부를만한 것이 있다면, 새로 생긴 자에게 영양(　　)을 제공하고 그에게 생명(　　)을 부여하는 어머니야말로 참된 향도가 아닐까요.(김진섭/모송론)
五. 남자인 나는 어머니의 기쁨을 경험(　　)할 수는 없다. 그러나 모든 기쁨 중에서 가장 큰 기쁨이 주는 데서, 저를 잊어버리는 데서 나오는 줄을 믿는 나는 이 일을 가장 단적으로 또는 계속적( )으로 가장 철저( )하게 하는 어머니의 기쁨이야말로 인류가 맛보는 기쁨 중에서 가장 큰 기쁨인 것이다.(이광수/여성교실)

六. 너의 외모( )가 살아있는 한 평화( )의 온갖 희망을 포기( ) 하라.(유베나리스/풍자시)

七. 주택은 어머니의 신체( )의 대리물( )이다. 어머니의 몸이야 말로 언제까지나 사람이 동경( )하는 최초의 주거이다.(프로이트)

八. 아버지의 의의는 인간( )의 문명( ) 속에서 자라난 하나의 배양된 감정( )이다.(임어당)

九. 어머니는 어린 것의 피난처( )요, 호소처( )요, 선생이요, 간호부( )다.(전영택/나의 어머니)

十. 우리는 어머니에 대하여 무한한 사모( )와 감격( )을 가진다. 어머니에 대한 우리의 사모는 영구적( )이다.(이광수)

〈응용카드 3〉

※ 다음은 화부(火部)에 관한 한자 총획수에 관한 문제입니다. 다음의 보기처럼 괄호 안에 총획수를 써넣으시오.

<보기> 炙(고기 구을 적, 구은 고기 자) — (총 12획)

一. 炒(볶을 초, 떠들 초) — ( )

二. 炳(밝을 병, 잡을 병) — ( )

三. 烽(봉화 봉, 경계 봉) — ( )

四. 烹(삶을 팽) — ( )

五. 焦(그슬 초, 애탈 초) — ( )

六. 焚(불사를 분, 불을 놓을 분) — ( )

七. 煜(빛날 욱, 불꽃 욱) — ( )

八. 煥(불꽃 환, 밝을 환) — ( )

九. 熊(곰 웅) — (　　)
十. 燉(이글거릴 돈, 불빛 돈, 찔 돈) — (　　)
十一. 燐(도깨비불 린, 반딧불 린) — (　　)
十二 燦(빛날 찬, 눈부시게 아름다울 모양 찬) — (　　)
十三 燿(빛날 요, 비출 요) — (　　)
十四 燼(깜부기불 신, 나머지 신) — (　　)
十五. 燮(화할 섭, 조화할 섭) — (　　)
十六. 燁(빛날 엽) — (　　)
十七. 煮(삶을 자, 삶을 저) — (　　)
十八. 煬(쬘 양, 쇠녹일 양) — (　　)
十九. 煖(따뜻할 난, 불기운 난) — (　　)
二十. 炯(빛날 형, 밝을 형) — (　　)

〈응용카드 4〉

※ 다음의 보기처럼 격언과 속담의 괄호 안에 알맞은 한자(漢字)를 써넣으시오.

<보기> 의식이 족하여 영욕(榮辱)을 안다.(관자)

一. 음식의 최상의 조미료(　　)는 굶은 것이며, 음료인 경우는 갈증이다.(시세로)
二. 음식을 사랑하는 것보다 성실(　　)한 사람은 없다.(쇼오/사람과 초인)
三. 음식(　　)만 아는 사람은 곧 사람이 천히 대한다.(맹자)
四. 음식물이 신체의 모든 부분에 분배(　　) 되어 그 자체를 파괴함으로써 다른 신체를 산출케 한다.(루크레티우스)
五. 음식과 남녀의 정은 사람의 큰 욕망(　　)이고 죽음과 빈고(貧故)는 사람이 크게 싫어하는 바다.(예기)
六. 인구는 기아급수의 비율로 증가(　　) 하지만 음식은 등차 급수로 밖에는 증가하지 않는다. 그러기 때문에 음식을 서로 빼앗는

싸움이 되어 강한 자는 이겨서 살고 약한 자는 져서 멸한다.(다아윈/종의 기원)

七. 어떠한 정신적인 인간도 144시간 이상이면 먹는 것을 잊을 수는 없다. 수시간 만큼 틀림없이 뇌리(　　)에 일어나는 불변부동의 생각은 '언제 먹을까'이다.(임어당/생활의 발견)

八. 쇼펜하우어는 철학자답지 않게 굉장한 대식가(　　)였다. 그 자신도 이것을 인정하여 '확실히 나는 두 사람 몫을 먹는다. 그러나 그 대신 나는 두 사람의 몫만큼 생각하는 것이다.(쇼펜하우어)

九. 사랑하는 사람을 위하여 식사 준비(　　)를 하는 여인의 자태처럼 아름다운 것은 없다.(울트)

十. 포식(　　)은 싫증을 낳는다.(몽테에뉴/수상록)

十一. 식사에 초대(　　)해 주기를 기다리는 자는 아무 것도 먹지 못할 때가 많다.(집시)

十二. 개가 약과(　　)를 먹은 것 같다.(한국 속담)

〈응용카드 5〉

※ 다음의 □ 안에 알맞은 말을 써넣으시오.

一. □□度日 : 하는 일 없이 시간을 보냄

二. □□藏之 : 물건을 깊숙이 감추어 둠

三. □□不進 : 일이 매우 더디게 진척이 됨

四. □□之聲 : 아이가 세상에 나올 때 우는 소리

五. □□益甚 : 갈수록 더욱 심해짐

六. □□月色 : 맑고 고요한 달빛

七. □□得生 : 간신히 살아남

八. □□不當 : 조금도 이치에 맞지 않음

九. □□相顧 : 말없이 얼굴만 물끄러미 바라봄

十. □□大路 : 장래가 순탄함

十一. □□應感 : 분명히 마음에 응하여 느낌

十二. □□大夫 : 외모가 준수한 사내

十三. □□益善 : 많을수록 좋음
十四. □□愁心 : 수심이 겹겹이 쌓임
十五. □□自適 : 자기가 하고 싶은 대로 느긋이 사는 일
十六. □□長松 : 가지가 길게 늘어진 소나무
十七. □□不樂 : 마음이 답답하고 즐겁지 않음
十八 □□之心 : 만족하지 못하는 마음
十九 □□多士 : 쟁쟁한 선비
二十. □□言聽 : 매사를 남의 말대로 따라함

〈응용카드 6〉

※ 다음의 □ 안에 적당한 말을 써넣어 완성시키시오.
一. □之□之 : 대단히 고맙게 여김
二. □耶□耶 : 있는 지 없는 지 알 수 없는 흐릿한 모양
三. □心□心 : 마음에서 마음으로 전함
四. 不□不□ : 어느 쪽에도 치우치지 않고 중립을 지킴
五. 說□說□ : 자신의 주장을 내세워 옥신각신함
六. 善□善□ : 착한 남자와 여자
七. 自□自□ : 스스로 자기의 전도 등을 돌보지 않음
八. □之□之 : 마음대로 처리함
九. 曰□曰□ : 옳다거나 그르다거나 말함
十. 大□大□ : 부처께서 중생을 불쌍하게 여김

〈응용카드 7〉

※ 다음 보기처럼 □ 안의 빈곳에 적당한 말을 써넣어 단어를 완성시키시오.
<보기> □□琢磨 : 어떤 일에 정성을 다함(해답은 절차탁마)
一. 冠□喪□ : 집안의 각종 의식
二. □怒□樂 : 사람의 여러 가지 감정
三. 起□□結 : 시문을 지을 때의 격식

四. 士□工□ : 옛날의 신분 계급
五. 梅□菊□ : 매화와 난초, 국화와 대나무
六. □義□智 : 사단을 가리킴
七. 公□正□ : 떳떳한 도리
八. 酒□□技 : 술과 계집과 노름 등의 잡스러운 기술
九. 王□將□ : 지위가 아주 높은 사람
十. □目□鼻 : 얼굴의 각·부분에 대한 칭호
十一. □日□日 : 이 날 저 날
十二. □之□之 : 매우 사랑하는 것을 말함
十三. 私□私□ : 사사로이 이익을 차림
十四. 適□適□ : 인재를 적당한 자리에 쓰는 것
十五. 無□無□ : 끝이 없음
十六. 自□自□ : 수요를 자기가 생산하여 충당함
十七. 難□難□ : 형이나 동생으로 부를 정도의 사이
十八. 多□多□ : 일이 많은데다 어려움도 많음
十九. 莫□莫□ : 서로 우열을 가리기 어려움
二十 自□自□ : 스스로를 칭찬함

〈응용카드 8〉

一. 사람이란 법만 가지고 사는 것이 아니다. 법만 가지고 산다면야 오늘날처럼 밝은 법이 밝은 세상이 또 어디에 있겠는가. 넌 법에 안 걸리는 일만 하고 사는 성 싶지만 그런 게 아니니라. 올 가을에도 면소 뒤 과수원(　　)에서 사과를 하나 따 먹다가 징역을 갔느니라(이무영의『제1과 제1장』).

二. 법으로 성인을 보호(　　) 하려는 시도는 인생에 투쟁에는 나쁘다.(A.렛키/『데모크라시와 자유』)

三. 법은 사람들을 지배(　　) 하는 전제 군주로서 자연(自然)에 반하는 것을 여러 가지로 강제한다(히피아스).

四. 너무 관용적(　　)인 법률은 거의 지켜지지 않고, 너무 엄격한

법률은 또한 여행(勵行) 되지 않는다(B.프랭클린/『가난한 리처드의 알마나크』)

五. 정의의 여신은 한 손에는 권리를 저울질 하는 저울을 쥐고 있으며, 다른 한손에는 권리를 실지로 주장하는 칼을 쥐고 있다. 저울을 못 갖는 칼은 단순한 물리적( )인 폭력이 지나지 않으며, 반대로 칼을 못 갖고 저울만 가져 보았자 강제적인 힘이 없는 만큼 그때에는 법은 무력한 것이 되고 만다. 저울과 칼이 함께 갖추어질 때에만 법은 지켜진다(예에링/『권리를 위한 투쟁』

六. 진정한 자유는 인간의 자연적 불평등을 시정(是正) 하는 법률, 즉 부자와 빈자, 위대한 자와 비소(卑小)한 자, 군주와 신하를 평등하게 보호하는 법률을 준수( ) 하는 것이다. 한 말로 표현하면 자유롭다는 것은 법률에 복종하는 것이다(LA. 포이에르바하/『사회제도』)

七. 인간의 법률이란 무엇입니까? 인간을 교살( ) 하는 하나의 구실입니다(JB. 쇼오/『사람과 초인』)

八. 모든 법률은 노인과 남자에 의해서 만들어지고 있다. 젊은 사람과 여자는 예외( ) 이기를 바라고, 늙은 사람은 규칙을 바란다(JW.괴에테/『격언과 반성』).

九. 법을 소중히 여겨정의를 바라는 것은, 모자( )나 신을 귀히 여겨 머리와 발을 잊는 것이다(유안/『회남자』)

十. 선택( ) 되어진 자는 평범한 사람 앞에서 법을 무시할 권리가 있다(FM.도스도예프스키/『죄와 별』

〈응용카드 9〉

제3단계에서는 역사 인물에 대한 설명입니다. 시대적인 배경을 숙지하시기 바랍니다.

◇□□□ : 고려 때에 귀주(龜州)의 싸움에서 거란족을 크게 무찌른 고려 정종 때의 사람(一).

◇□□ : 백제 31대 의자왕 때에 신라군을 맞이하여 황산벌에서 산

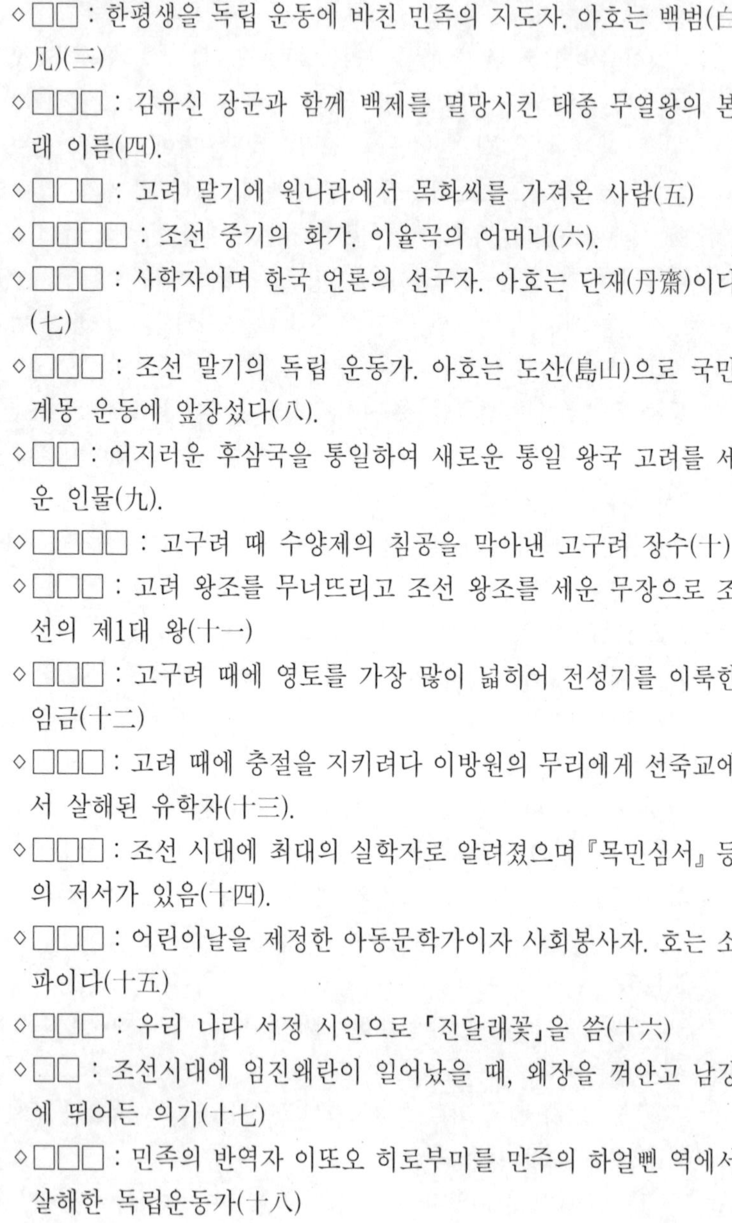

화한 백제의 명장(二).

◇□□ : 한평생을 독립 운동에 바친 민족의 지도자. 아호는 백범(白凡)(三)

◇□□□ : 김유신 장군과 함께 백제를 멸망시킨 태종 무열왕의 본래 이름(四).

◇□□□ : 고려 말기에 원나라에서 목화씨를 가져온 사람(五)

◇□□□□ : 조선 중기의 화가. 이율곡의 어머니(六).

◇□□□ : 사학자이며 한국 언론의 선구자. 아호는 단재(丹齋)이다(七)

◇□□□ : 조선 말기의 독립 운동가. 아호는 도산(島山)으로 국민 계몽 운동에 앞장섰다(八).

◇□□ : 어지러운 후삼국을 통일하여 새로운 통일 왕국 고려를 세운 인물(九).

◇□□□□ : 고구려 때 수양제의 침공을 막아낸 고구려 장수(十)

◇□□□ : 고려 왕조를 무너뜨리고 조선 왕조를 세운 무장으로 조선의 제1대 왕(十一)

◇□□□ : 고구려 때에 영토를 가장 많이 넓히어 전성기를 이룩한 임금(十二)

◇□□□ : 고려 때에 충절을 지키려다 이방원의 무리에게 선죽교에서 살해된 유학자(十三).

◇□□□ : 조선 시대에 최대의 실학자로 알려졌으며 『목민심서』 등의 저서가 있음(十四).

◇□□□ : 어린이날을 제정한 아동문학가이자 사회봉사자. 호는 소파이다(十五)

◇□□□ : 우리 나라 서정 시인으로 「진달래꽃」을 씀(十六)

◇□□ : 조선시대에 임진왜란이 일어났을 때, 왜장을 껴안고 남강에 뛰어든 의기(十七)

◇□□□ : 민족의 반역자 이또오 히로부미를 만주의 하얼삔 역에서 살해한 독립운동가(十八)

◇□□□ : 기미년 3월 1일날. 전국이 도립만세를 외치며 일어설 때에 나이 열 여섯의 어린 나이로 독립만세를 외치다 일경에 체포되어 감옥에서 죽은 순국 소녀(十九)

◇□□ : 조선시대에 청렴 결백한 재상. 조선 초기의 문신(二十)

〈응용카드 10〉

※다음의 보기처럼 (　　) 안에 적당한 단어를 써넣으시오.

<보기> 조세(租稅)를 과대하게 과해진 국민은 대제국인에게 어울리지 않는다(F.베이컨).

一. 본래는 낭떠러지에서 조금 높은 터를 의미했다. 맹자가 제(齊)나라를 떠날 때에 봉록을 미끼로 그를 붙잡아 두려고 제나라의 선왕이 앞을 막을 때에 맹자가 인용한 얘기의 하나이다. 아주 옛날에는 시장에서 평화로운 가운데 물물교환이 이루어 졌으나 여기에 사람의 눈을 속이는 교활한 자가 나타나 사람들 눈에 뜨이는 농단(　　)에 자리하여 시장 형편을 정탐한 후 야무진 장사를 하여 이득을 얻었다. 상인들은 이 사내의 얌체 같은 행위를 미워하여 세금을 부과하기로 결정하였다. 상인에게 부과한 세금의 시초이다.

二. 세금(　　)만은 예외다(엘레자베드)

三. 세금은 우리가 문명된 사회(　　)를 대가로 지불하는 표징이다(OW.호움즈)

四. 세(稅)라는 것은 많은 곡식을 수확(　　)한 기쁨으로 신에게 제사 지내는 것을 의미한다. 나아가서 곡식으로 내는 조세를 뜻하다가 세금이 되었다.

五. 가렴주구(苛斂誅求)라는 것은 세금을 가혹(　　) 하게 거둬들이는 것을 나타낸 말이다.

六. 전세대동(田稅大同)이란, 땅이나 구실에 기준(　　) 하여 쌀이나 무명 같은 것을 상납하던 기준을 가리킨다.

七. 준민고택(浚民膏澤)이라는 것은 재물을 몹시 착취(　　) 하여 백

성들에게 힘을 다하게 하는 것을 뜻함

八. 코난 도일은 그의 생애( )를 런던 교외의 의사로 출발하였다. 맨 처음에는 환자가 한사람도 오지 않았다. 그가 소득세의 신고를 할 때 사실대로 '수입 없음'이라고 했더니 '승인할 수 없음'이라는 쪽지가 붙어 되돌아왔다. 그래서 자신의 의견으로 가(하)하다는 글을 써 다시 세무서로 되돌려 보냈다.

九. 세금 징수관과 가죽 제조자와의 유일한 차이( )는 가죽 제조자가 가죽을 남기는 데 있다.

十. 우리는 납세의 서식( )에 대해 알고 있다.

모범답안과 해설

〈응용카드 1〉

一. 총 6획　二. 총 7획　三.총 7획　四. 총 8획
五. 총 8획　六. 총 9획　七.총 10획　八. 총 10획
九. 총 11획　十. 총 11획　十一. 총 11획　十二. 총 11획
十三. 총 12획　十四. 총 12획　十五. 총 12획
十六. 총 13획　十七. 총 15획　十八. 총 15획
十九. 총 15획　二十. 총 15획　二十一. 총 16획
二十二. 총 19획　二十三. 총 21획　二十四. 총 22획
二十五. 총 23획

〈응용카드 2〉

一 .事實, 格差, 君臨　二. 本能的, 偉大, 子女　三 .人生, 瞬間　四. 故鄕, 營養, 生命　五. 經驗,, 繼續的, 徹底　六. 外貌, 平和, 抛棄　七. 身體, 代理物, 憧憬　八. 人間, 文明, 感情　九. 避難處, 呼訴處, 看護婦　十. 思慕, 感激, 永久的

〈응용카드 3〉

一. 총 8획　二. 총 9획　三. 총 11획　四. 총 11획

五. 총 12획　六. 총 12획　七. 총 13획　八. 총 13획

九. 총 14획　十. 총 16획　十一. 총 16획　十二. 총 17획

十三. 총 18획　十四. 총 18획　十五. 총 17획

十六. 총 16획　十七. 총 13획　十八. 총 13획

十九 .총 13획　二十. 총 8획

〈응용카드 4〉

一. 調味料　二. 誠實　三. 飮食　四. 分配

五. 慾望　六. 增加　七. 腦裏　八. 大食家

九. 準備　十. 飽食　十一. 招待　十二. 藥果

〈응용카드 5〉

一 .悠悠　二. 深深　三. 遲遲　四. 去去

五. 呱呱　六. 皎皎　七. 僅僅　八. 萬萬

九.面面　十. 坦坦　十一. 昭昭　十二. 軒軒

十三. 多多　十四. 疊疊　十五. 悠悠　十六. 落落

十七 .鬱鬱　十八. 怏怏　十九. 濟濟　二十. 事事

〈응용카드 6〉

一. 感之德之　二. 有耶無耶　三. 以心傳心　四. 不偏不黨

五. 說往說來　六. 善男善女　七. 自暴自棄　八. 左之右之

九. 曰可曰否　十. 大慈大悲

〈응용카드 7〉

一. 冠婚喪祭　二. 喜怒哀樂　三. 起承轉結　四. 士農工商

五. 梅蘭菊竹　六. 仁義禮智　七. 公明正大　八. 酒色雜技

九.王侯將相　十. 耳目口鼻　十一. 此日彼日　十二. 愛之重之

十三. 私利私慾 十四 .適材適所 十五 .無窮無盡 十六. 自給自足
十七 .難兄難弟 十八. 多事多難 十九. 莫上莫下 二十. 自畵自讚

〈응용카드 8〉

一. 果樹園 二. 保護 三. 支配 四. 寬容的
五 .物理的 六. 遵守 七. 絞殺 八. 例外
九. 帽子 十. 選擇

〈응용카드 9〉

一. 강감찬 二. 계백 三. 김구 四. 김춘추
五. 문익점 六. 신사임당 七. 신채호 八. 안창호
九. 王建 十. 을지문덕 十一. 이성계 十二. 장수왕
十三.정몽주 十四. 정약용 十五. 방정환 十六. 김소월
十七.논개 十八. 안중근 十九. 유관순 二十. 황희

〈응용카드 10〉

一 壟斷 二. 稅金 三. 社會 四 .收穫
五. 苛酷 六. 基準 七. 搾取 八 .生涯
九. 差異 十. 書式

제7장

<아>

안 도

• 出典 : 『사기』의 「전단열전」
• 文意 : 아무 걱정 없이 편히 쉴 수 있다
편안할 안 / 담 도

전국시대 후기에 연나라의 재상 악의(樂毅)가 진나라를 위시하여 동맹했던 6국을 이끌고 제나라를 공격하였다. 5년 여가 지난 동안 제나라 70여성이 떨어지고 즉묵성(卽墨城)과 거성(莒城)만 남았다.

아무리 공격했지만 소득이 없자 악의는 병력을 즉묵성으로 돌렸다. 그러나 성안의 군민들은 일사분란하게 전단의 지시를 따라 방어해 나갔다. 이때 연나라에서 소왕이 죽고 혜왕이 등극하자 간첩을 보내 이간시켰다.

"우리가 항복하면 집안 사람들과 처첩들을 손대지 말고 안심하고 살 수 있도록 안도(安堵)해 주십시오."

이제야 끝났다고 연나라 병사들은 병장기를 놓고 안심하고 술을 마셨다. 이때 전단은 화우계(火牛計)로 대승을 거두었다.

안 서

• 出典 : 『한서』의 「소무전(蘇武傳)」
• 文意 : 멀리서 온 반가운 편지
기러기 안 / 글 서

소무(蘇武)는 한나라 때의 중랑장(中郎將)이었다. 그는 포로를 교환하기 위해 흉노의 나라로 떠났다가 산허리에 만든 땅굴 속에 가두고 하여금 양을 치게 하였다.

"이놈들이 새끼를 낳으면 네 고향으로 보내주마."

그러나 그에게 맡겨진 것은 수놈뿐이었다. 세월이 흘러 무제(武帝)가 죽고 소제(昭帝)가 보위에 올랐다. 사신들이 다시 흉노의 나라로 보내졌다. 다음날 회견이 다시 열렸다.

"한나라 황제께서 상림원에서 사냥을 하실 때에 기러기 한 마리를 잡은 적이 있었소. 한데 그 기러기 발목에 '소무는 대택(大澤) 속에 살아 있다'라는 내용이 나왔소. 어서 데려오시오."

흉노의 추장은 별 수 없이 소무를 내놓을 수밖에 없었다.

眼中之釘

안 중 지 정

• **出典** : 『오대사보(五代史補)』
• **文意** : 눈에 가시 같은 사람
눈 안 / 가운데 중 / 갈 지 / 못 정

역대의 관리 가운데 백성들로부터 재물을 긁어모은 사람들처럼 절도사 조재례(趙在禮) 역시 그 중 한사람이었다. 그는 재물을 긁어모으기만할 뿐 인정미라고는 눈곱만큼도 없었다. 그가 백성들에게 못할 짓을 저지른 조재례는 후양(後梁) · 후당(後唐) · 후진(後晉)의 삼대에 걸쳐 절도사를 역임하였다.

송주 땅에서 백성들의 고혈을 짜내더니 영홍으로 옮겨가게 되었다. 백성들은 눈에 박힌 못이 빠진 것 같다고 환호했다. 소문을 들은 조재례는 발끈했다.

"눈에 박힌 못을 빼려거든 1천전을 써라. 그렇게 하면 송주를 떠나주마."

그는 1년 동안에 백만관(1관이 천전)의 돈을 거둬들였다.

暗中摸索

암 중 모 색

• **出典** : 『당서(唐書)』
• **文意** : 방법을 몰라 어림하여 찾음
어두울 암 / 가운데 중 / 더듬을 모 / 찾을 색

당나라 3대 고종(高宗)이 황후 왕씨를 폐하고 무사확의 딸 무조(武照)를 황후로 맞아들이려는 교지를 내렸다. 이 무조가 중국 천하를 쥐락 펴락 했던 측천무후 그 사람이다.

고종 황제가 무조를 황후로 맞아들이려 하자 왕씨를 지지하는 장손무기(長孫無忌) 등의 중신들이 일제히 들고일어났다. 이때 그들을 몰아친 인물이 허경종(許敬宗)이었다. 그는 남조에 벼슬한 집안이었다. 성격이 경솔하고 한 번 보았던 사람의 얼굴을 곧잘 잊어버렸다. 그런데도 그는 문장의 명수였다.

"나는 말일세. 평범한 사람들의 얼굴은 기억하기 어렵단 말일세. 그러나 하손이나 유효작 · 심약 같은 문단의 대가들이야 어둠 속에서 물건을 손으로 더듬어 찾듯(暗中摸索) 기억할 수 있네."

殃 及 池 魚
앙 급 지 어

• 出典 : 『여씨춘추(呂氏春秋)』
• 文意 : 뜻하지 않은 곳에 재난이 미침
재앙 앙 / 미칠 급 / 못 지 / 고기 어

춘추시대 송나라에 사마환(司馬桓)이라는 이가 있었다. 그는 대단히 훌륭한 보주(寶珠)를 가지고 있었는데 죄를 짓자 잽싸게 그것을 가지고 도망쳤다.

왕은 평소에 그가 귀한 물건을 가지고 있다는 말을 들었으므로 그를 찾아내 보주의 행방을 물었다.

"몸을 피할 때 연못 속에 던져버렸습니다."

"흐음, 연못이라. 어디에 있는 연못이냐?"

"예전에 소신이 살던 집의 연못입니다."

왕은 곧 많은 사람들을 동원하여 연못의 물을 퍼내게 하였다. 그러나 보주는 없고 애꿎은 물고기만 죽게 하였다. 이것은 일을 급히 서둘러 재난이 생겼다는 것을 의미한다.

仰 天 大 笑
앙 천 대 소

• 出典 : 『십팔사략(十八史略)』
• 文意 : 하늘을 우러르며 크게 웃음
우러러볼 앙 / 하늘 천 / 큰 대 / 웃음 소

제(齊)나라 위왕(威王)이 정치를 잘못하여 주변 나라들이 침공해 오더니 왕 8년에는 초나라 군사가 쳐들어왔다. 조나라에 사신으로 순우곤(淳于髡)이 가게 되었다.

"나라가 어려움에 처했으니 어서 가라. 과인이 백근의 금과 네 필의 말을 준비했노라."

순우곤이 하늘을 향해 크게 웃자(仰天大笑) 왕이 그 연유를 물었다. 순우곤은 표정을 굳히며 말했다.

"어떤 농부가 풍년을 빌면서 돼지 발굽 하나와 술 한 병을 놓고 빌었습니다. 그 농부가 신(神)에게 올리는 제물은 빈약하기 이를 데 없는데 원하는 것은 너무 크지 않습니까?"

왕은 예물로 황금 천근과 흰 구슬 십 상, 거마 백 마리를 내놓았다.

野合
야 합

- **出典** : 『사기(史記)』
- **文意** : 합당하지 못한 결합

들 야 / 합할 합

『사기』의 「공자세가」에 다음과 같은 말이 있다.

<공자는 노나라의 창평왕 때 추읍에서 태어났다. 그의 선조는 송나라 사람으로 공방숙(孔防叔)이라 하였다. 방숙은 백하를 낳고 백하는 숙량흘을 낳았다. 숙량흘은 안씨의 딸과 야합(野合)하여 공자를 낳았다. 이구산에서 기도를 한 후에 공자를 얻은 것이다. 공자는 노나라 양공 22년에 탄생했다. 아이가 출생하고 보니 머리 가운데가 쑥 들어간 반면 주위가 불쑥 솟아있어 구(丘)라 이름지었다. 자는 중니(仲尼)고 성은 공(孔)이다. 숙량흘은 공자가 태어난 얼마 후에 세상을 떠났고 방산에 매장되었다.>

공자는 부친의 무덤을 알지 못했다. 그것은 어머니가 공자에게 자신들이 야합한 것을 알려주지 않았기 때문이다.

弱冠
약 관

- **出典** : 『예기』의 「곡례상편」
- **文意** : 나이 스무 살을 가리키는 말

약할 약 / 어른 관

공자께서는 「곡례상편(曲禮上篇)」에 사람이 태어나 죽을 때까지의 과정을 나타내고 있다.

<사람이 태어나 열 살이 되면 유(幼)라 하여 배워야 한다. 스무 살이 되면 약(弱)이라 하여 성인식을 해야 한다. 서른이 되면 장(壯)이라 하여 아내를 맞이하고, 마흔 살이 되면 강(强)이라 하여 벼슬길에 나아간다. 쉰이 되면 애(艾)라 하여 정치에 참여하고, 예순 살이 되면 기(耆)라 하여 사람에게 지시하여 일을 한다. 일흔이 되면 노(老)라 하여 집안의 모든 것을 자식들에게 물려준다. 그리고 여든 살, 아흔 살이 되면 모(耄)라 한다.>

일곱 살은 도(悼)라 하는데 도와 모의 나이는 죄를 짓더라도 벌을 가하지 않는다. 또 100살은 기(期)라 하여 부양을 받는다.

羊 頭 狗 肉
양 두 구 육

• **出典** : 『안자춘추(晏子春秋)』
• **文意** : 좋은 걸 내놓고 나쁜 걸 파는 것
양 양 / 머리 두 / 개 구 / 고기 육

이 말의 어원을 따라면 「무문관(無門關)」에 이런 말이 있다.

"양의 머리를 걸어놓고 말 머리를 판다(縣羊頭賣馬肉)."

그런가 하면 『안자춘추』에는,

"소의 머리를 문에 걸어놓고 안에서 말고기를 판다(縣牛首于門而賣馬關於內)."

또 『설원(說苑)』에는 다음과 같이 쓰여 있다.

"소의 뼈를 걸어놓고 말고기를 안에서 판다(縣牛骨于門而賣馬肉於內)."

『후한서』에는 광무제가 내린 조서에 그런 말이 있다.

"양머리를 걸어놓고 말머리를 팔고 있으며, 도척이 공자의 어(語)를 행한다."

梁 上 君 子
양 상 군 자

• **出典** : 『후한서』의 「진식전(陳寔傳)」
• **文意** : 대들보 위를 달음질치는 생쥐
대들보 량 / 위 상 / 군주 군 / 아들 자

후한 사람 진식(陳寔)이 태구현(太丘縣) 현감으로 부임해 왔다. 그는 어진 선비요, 세상사의 단맛과 쓴맛을 고루 경험한 인물이었다. 한때는 살인 혐의를 뒤집어쓰고 기소되기도 하였으나 혐의가 풀려 태구현 현감으로 발령을 받은 것이다.

진식이 책을 읽을 심산으로 방안에 들어갔을 때였다. 그는 문득 대들보 위에 도둑이 침입한 것을 눈치채고 아들과 손자를 불러들였다.

"내 너희들에게 일러줄 말이 있어 이렇게 불렀다. 사람의 본 바탕은 본래 악한 것이 아니므로 하루하루를 반성해야 할 것이다. 그렇지 않고 한두 번의 잘못된 버릇을 고치지 않는다면 지금 대들보 위에 올라가 있는 도둑과 같이 될 것이다."

도둑은 질겁하여 밑으로 내려와 사죄했다.

良 藥 苦 口
양 약 고 구

• **出典** : 『공자가어』, 『사기』
• **文意** : 충신의 말은 귀에 거슬림
좋은 량 / 약 약 / 쓸 고 / 입 구

『사기』의 「유후세가(留侯世家)」에 의하면, 초나라의 항우와 한나라의 유방은 진(秦)나라의 관중에 들어가는 사람이 왕이 되기로 약속했다고 하였다.

"진나라가 하늘의 뜻을 져버리고 폭정을 하다 오늘에 이르렀습니다. 그러므로 패공(沛公;유방)께서는 이렇듯 궁에 들어올 수 있었습니다. 모름지기 천하를 얻기 위해서는 이러한 작은 유혹을 물리쳐야 합니다. 진나라의 보물이나 미인을 수중에 넣는다면 포악한 진나라 임금과 다를 게 무엇이겠습니까. 옛말에 이르기를 '충언은 귀에 거슬려도 행실에 이롭고 양약은 입에 쓰나 병에 이롭다(忠言逆於耳利於行 良藥苦於口利於病)고 했습니다. 부디 번쾌의 말을 들어주십시오."

그제야 유방은 지체없이 궁을 떠났다.

楊 布 之 狗
양 포 지 구

• **出典** : 『한비자(韓非子)』
• **文意** : 겉모습을 보고 속까지 변했다고 함
버들 양 / 베 포 / 의 지 / 개 구

『한비자』의 「설림 하」에 등장한 양주(楊朱)는 전국시대의 묵자(墨子)와는 대조적인 사상을 가진 인물이다. 맹자는 그들에 대해 혹평을 거침없이 쏟아 부었다.

"양주라는 이는 부모도 없고 오로지 나 뿐이다. 또한 묵자는 모든 이를 똑같이 사랑하니 아비가 없고 군주가 없다. 그러니 길짐승이나 들짐승과 무엇이 다르겠는가."

어느 날 흰옷을 입고 밖에 나갔는데 돌아올 때엔 비가 온 탓에 후줄근히 젖어 있었다. 게다가 군데군데 흙탕물이 튀어 우중충한 빛을 띄게 되었다. 집에서 기르던 개가 낯선 사람으로 생각하고 으르렁거렸다. 양포가 주인을 몰라본다고 때리려 하자 양주가 나무랐다.

"개가 밖에 나가 묻히어 왔다면 이상히 여겼을 일이 아니냐."

養虎貽患
양 호 이 환

• 出典 : 『사기』의 「항우본기」
• 文意 : 공연히 화근을 만들어 걱정함
기를 양 / 범 호 / 끼칠 이 / 근심 환

진(秦)나라 말기에 유방과 항우는 각기 진나라 병사와 대치하며 함양으로 진격했다. 그러나 먼저 함양에 들어온 것은 유방이었다. 당연히 항우는 화가 치솟아 유방을 공격했다. 세가 약한 유방은 간신히 탈출하여 지금의 형서 남부로 물러났다.

세월이 흘러 유방의 세가 강해졌다. 그 반면에 항우는 세가 약해졌다. 유방은 사신을 보내 홍구(鴻溝)를 경계 삼아 서로 침범하지 않는다는 불가침 조약을 맺자고 제안했다.

"지금 그를 공격해야 합니다. 여기에서 그를 죽이지 않는다면 마치 호랑이를 산으로 돌려보내 우환거리를 만드는 것과 같습니다."

유방은 그 의견을 받아들여 불가침 조약을 어기고 공격했다. 항우는 오장에서 자살하고 마침내 천하는 통일되었다.

漁夫之利
어 부 지 리

• 出典 : 『전국책(戰國策)』
• 文意 : 제3자가 이익을 얻는다는 의미
고기잡이 어 / 사내 부 / 갈 지 / 길할 리

전국시대에 연나라는 주변국으로부터 시달림을 받고 있었다. 서쪽의 조나라가 연나라를 공격하려 하자 연나라에서는 합종책으로 소진의 동생 소대를 조나라 혜왕(惠王)에게 보내 설득하게 하였다. 왕을 알현하고 소대가 말했다.

"제가 조나라로 오는 도중에 역수(易水)를 건너게 되었습니다. 언뜻 강변을 보니 큰 조개가 살을 드러내고 햇볕을 쬐고 있는 것이 아니겠습니까. 그때 도요새가 나타나 살을 쪼아대자 조개는 껍질을 닫아 도요새의 부리를 물었습니다. 이때 어부가 그곳을 지나가게 되어 모두가 어부의 손에 들어가게 됐습니다. 지금 연과 조가 헛된 싸움을 하면 진나라가 힘들이지 않고 두 나라를 수중에 넣을 것입니다."

조왕은 이 말을 듣고 연나라 공격을 취소하였다.

掩 耳 盜 鈴
엄 이 도 령

• 出典 : 『여씨춘추(呂氏春秋)』
• 文意 : 귀를 막고 방울을 훔침
가릴 엄 / 귀 이 / 도적 도 / 방울 령

이 성어는 「불구론(不苟論)」과 「자지론(自知論)」에도 내용이 보인다. 본래는 '귀를 가리고 종을 훔친다(掩耳盜鐘)'이었는데 『여씨춘추』에는 방울로 표현하였다.

진(晉)나라의 명문가에 범씨(范氏)가 있었다.

호화찬란한 가문의 위상은 몇 대를 거치면서 몰락의 길을 걸었다. 집안이 어수선 하자 도둑이 들었다. 도둑은 이 집안에 종이 있다는 말을 들었었다. 엄밀히 말한다면 도둑은 종을 훔치러 온 것이다. 그러나 종은 생각보다 컸기 때문에 도저히 혼자의 힘으로는 훔쳐낼 수가 없었다. 도둑은 조각을 내어서라도 훔쳐갈 생각을 하고 망치로 내려쳤다. 커다랗게 울리는 종소리를 다른 사람이 들을 새라 도둑은 얼른 자신의 귀를 틀어막았다.

餘 桃 之 罪
여 도 지 죄

• 出典 : 『한비자』의 「설난편」
• 文意 : 먹다 남은 복숭아를 드린 죄
남을 여 / 복숭아 도 / 의 지 / 죄 죄

위(衛)나라에 미자하(彌子瑕)라는 신하가 왕의 총애를 받고 있었다. 어느 날 미자하의 어머니가 병이 났다. 미자하는 왕의 허락을 받은 것처럼 거짓말을 하고 여섯 필이 끄는 왕의 수레를 타고 어머니에게 달려갔다.

한 번은 왕이 미자하의 과수원을 방문하였다. 미자하는 먹고 있던 복숭아 반쪽을 왕에게 주었다. 왕은 그것을 맛있게 먹었다. 그리고는 미자하의 행위를 극구 칭찬했다. 세월이 흘러 미자하도 나이 들고 왕의 총애도 떨어졌다. 미자하는 죄를 얻게 되었다. 그것은 거짓말을 하여 왕의 수레를 탔으며 또 왕에게 먹던 복숭아를 주었다는 것이다. 먼저는 덕행이라 하였고 뒤에는 무엄하다 한 것이다. 이것은 사랑을 받는 것이 그만큼 죄를 받는 이유가 될 수 있다는 것이다.

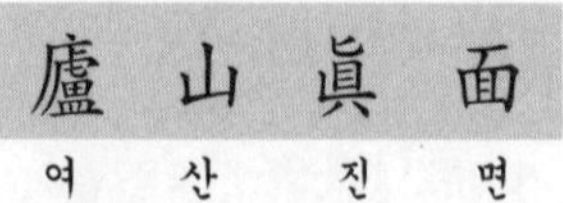

盧山眞面
여 산 진 면

• 出典 : 소식(蘇軾)의 시
• 文意 : 사물의 진상이 없을 때
생각 려 / 메 산 / 참 진 / 낯 면

주(周)나라 무왕(武王) 때에 광속(匡俗)이라는 은자가 여산 깊숙이 은거하고 있었다. 그는 몇 간 안 되는 띠집을 지어 놓고 주야로 신선이 되는 술법을 익히었다.

주무왕이 사람을 보내 그를 높이 쓰려 했으나, 사신이 도착했을 때는 몇간의 띠집만 있을 뿐이었다. 그러므로 이때부터 사람들은 이 산을 광려(匡廬) · 광려산(匡廬山) · 여산(廬山)이라 하였다. 송나라 때에 시인 소식은 이 산을 둘러보고 한 수의 시를 읊었다.

가로 보면 재를 이루고 가까이 봉우리를 이뤘네 / 멀고 가까움 높고 낮음이 저마다 다르고 / 여산의 참 모습을 알 수 없음은 / 이 몸이 산중에 묻혀 있기 때문이로다

안개 속에 묻혀 있는 이곳은 구름인지 재인지 알 수 없다는 것이다.

逆鱗
역 린

• 出典 : 『한비자』의 세난편
• 文意 : 군주의 허약한 곳
거스를 역 / 비늘 린

『한비자』의 「세난편」에는 다음과 같이 적고 있다.

"용은 순한 짐승이다. 길들이면 능히 타고 다닐 수 있다. 그러나 턱밑에 지름이 한 자 쯤 되는 거꾸로 붙은 비늘이 있는데 이것을 '역린'이라 한다. 만약 누군가가 이 비늘을 손댄다면 용은 반드시 그를 죽이고 만다. 이러한 역린이 군주에게도 있다."

'역린'이라는 것이 군주의 허물에 비견할 수 있기 때문이다. 이를테면 주색에 빠진 군주에게 충성스러운 신하들이 자꾸만 그것을 멀리하라고 간언을 한다면 이 역시 역린에 해당한다.

우리는 지난 역사를 볼 때 이러한 '역린'에 빠진 절대 군주들을 보아왔다. 또 죽음을 두려워하지 않고 군주의 역린을 과감히 건드리는 충성스런 신하도 보아왔다. 바로 이점 때문에 나라가 지탱된다.

緣 木 求 魚
연 목 구 어

• **出典** : 『맹자』의 「양혜왕편」
• **文意** : 불가능한 일을 억지로 하려 드는 것
인연 연 / 나무 목 / 구할 구 / 고기 어

맹자가 제나라에 오십이 넘어서 갔을 때의 일이다. 어느 날 제선왕(齊宣王)이 죽으러 가는 소를 보고 불쌍히 여겨 그것을 양으로 바꾸라고 하는 일이 있었다.

그것을 보고 맹자는 왕의 마음에 인자함이 있음을 칭찬했다. 그리고 나서 이렇게 말했다.

"왕께서 천하를 쟁취하는 것은 어렵지 않습니다. 다시 말해 하지 않는 것이지 못하는 게 결코 아닙니다."

왕은 그 차이에 대하여 물었다. 맹자가 말했다.

"예를 들면 이런 것입니다. 태산을 옆에 끼고 바다를 건너뛰는 것은 못하는 일이지만, 어른을 위하여 작은 나무 가지 하나 꺾지 못 한다고 하지 않습니다."

燕 雀 鴻 鵠 知
연 작 홍 곡 지

• **出典** : 『사기』의 「진섭세가」
• **文意** : 소인이 어찌 대인의 뜻을 알겠는가
제비 연 / 참새 작 / 기러기 홍 / 고니 곡 / 알 지

연작(燕雀)은 제비와 참새를 뜻한다. 또한 홍곡(鴻鵠)은 기러기와 고니다. 그러므로 위의 성어는 '제비나 참새 따위가 어찌 기러기나 고니의 뜻을 알겠는가'하는 의미다. 위의 연작홍곡지(燕雀鴻鵠知)는 '연작안지홍곡지지(燕雀安知鴻鵠之志)'의 줄임 말이다.

진(秦)나라의 시황제가 세상을 떠난 후 가장 먼저 반기를 든 것은 양성에 사는 진승(陳勝)이었다.

그가 젊을 때에 어느 집에서 고용살이를 하고 있었는데 잠시 쉴 때면 동료들에게 '우리가 장래 귀한 몸이 되면 서로를 잊지 말자' 하였다. 그 말을 들은 고용인은 비웃었다. 그러자 진승은 탄식하며 말했다.

"참새나 제비 따위가 어찌 기러기나 고니의 뜻을 알겠는가."

반란이 일어났을 때, 가장 먼저 봉기한 인물이 바로 진승이었다.

吮 疽 之 仁
연 저 지 인

• 出典 : 『사기』의 「손자 · 오기열전
• 文意 : 목적을 위한 가식적인 사랑
빨 연 / 등창 저 / 의 지 / 어질 인

오기(吳起)라는 장수가 노나라에서 벼슬할 때에 제(齊)나라가 공격해왔다. 여러 대신들이 소란을 떠는 가운데 오기를 대장으로 삼자는 의견이 나왔다. 그러나 그의 아내가 제나라의 귀족 딸이라는 것을 이유로 탈락될 처지에 이르렀다. 그러자 오기는 자기 아내를 죽이고 그 목을 들고 대신들 앞에 내놓았다.

오기는 다시 위나라 문후(文侯)에게로 가서 장군이 되었다. 한 번은 종기를 앓는 병사가 있었는데 오기는 종기의 고름을 빨아낸 뒤 손수 약을 발라주었다. 소문을 들은 병사의 어머니가 대성통곡했다.

“지난해에도 그애 부친의 종기를 빤 일이 있는데 전쟁터에서 죽었습니다. 오장군이 다시 내 아들의 종기를 빨아주었으니 이제 그 아이는 장군을 위해 물불을 가리지 않을 것이니 언제 죽을 지 모릅니다.”

曳 尾 塗 中
예 미 도 중

• 出典 : 『장자』의 「추수편, 열어구편」
• 文意 : 속박받는 것보다 자유롭게 사는 것
끌 예 / 꼬리 미 / 진흙 도 / 가운데 중

초나라의 왕이 사람을 보내 장자(莊子)에게 정치를 맡아달라는 부탁을 해왔다. 장자가 사신에게 말했다.

“내가 들으니 초나라에는 신귀(神龜)라 불리는 3천년 묵은 죽은 거북이를 묘당(廟堂) 안에 간직하고 있다 들었소이다. 그 거북이가 살았을 때에, 그처럼 죽어 소중히 여기는 뼈가 되기를 바랐겠소. 아니면 살아서 꼬리를 진흙 속에 끌고 다니기를 바라겠소?”

“그야 살아서 진흙 속이라도 꼬리를 끌고 다니는 걸 바라겠지요.”

“그렇다면 돌아가시오.”

“예에?”

“나는 진흙 속에 꼬리를 끌고 다니고 싶으니까.”

『장자』의 예미도중은 무위이화(無爲而化) 사상에서 나왔다.

五 里 霧 中
오 리 무 중

• 出典 : 『후한서』 「장해전(張楷傳)」
• 文意 : 오리 사방이 안개 속이다
다섯 오 / 마을 리 / 안개 무 / 가운데 중

후한 때에 지조가 굳은 장해(張楷)라는 학자가 있었다. 그의 아버지 장패(張覇)도 이름이 있는 학자였는데, 그는 세상과 야합을 하지 않고 고고하게 살았다. 장해도 아버지의 그런 기상을 이어받아서인지 많은 학자들이 그를 따랐다..

그러나 벼슬은 원하지 않고 화음산(華陰山) 아래 은거한 바람에 공초시(公超市) 하나가 생겨났다. 조정의 중신들이 몇 번이나 그를 추천하여 벼슬길에 나오게 했으나 사양했다. 안제(安帝)가 죽고 순제(順帝)가 즉위했다. 순제는 하남윤(河南尹)에게 장해를 격찬했다.

그를 맞이하려 했으나 장해는 이때도 병을 칭하며 나오지를 않았다. 이때 관서 사람 배우(裵優)라는 자도 3리나 안개를 일으키는 술수를 썼는데 장해는 5리에 걸치는 안개를 일으켜 모습을 감춰버렸다.

五 十 步 百 步
오 십 보 백 보

• 出典 : 『맹자』의 「양혜왕편」
• 文意 : 오십 보와 백 보
다섯 오 / 열 십 / 걸을 보 / 일백 백 / 걸을 보

전국시대에 맹자가 위나라의 혜왕에게 초청 받았을 때였다. 어느 날 왕은 맹자에게 물었다.

"나는 하내 지방에 흉년이 들면 하동의 곡식을 그쪽으로 옮겨 백성을 보살폈습니다. 그런데도 사람의 숫자가 늘어나지 않으니 이유가 무엇입니까?"

맹자는 왕의 물음에 비유를 들어 답했다.

"왕께서 전쟁을 좋아하시니 그것으로 말하겠습니다. 싸움이 계속되는데 겁을 먹은 병사가 도망을 칩니다. 오십 보를 도망친 자가 백보를 도망친 자를 겁쟁이라 했습니다. 도망친 것으로 본다면 오십 보나 백보나 똑같은 일이지요. 이웃나라보다 백성의 숫자가 적다고 하여 많아지는 것을 바랄 필요는 없겠지요."

吳 越 同 舟
오 월 동 주

• 出典 : 『손자병법』의 「구지편」
• 文意 : 사이 좋지 않은 사람이 같이 있음
오나라 오 / 월나라 월 / 같을 동 / 배 주

『손자병법』의 저자 손빈(孫臏)은 전국시대 사람이다. 그러나 대부분의 기록에는 『손자병법』의 저자를 오나라의 손무(孫武)라고 밝힌다. 그 『손자병법』에 병(兵)을 쓰는 아홉 가지의 방법이 있는데, 그 아홉 번째를 사지(死地)라 하였다.

"병사를 움직이는 것은 솔연(率然)이라는 뱀과 같아야 하는데, 이놈은 목을 때리면 꼬리로 덤비고 꼬리를 때리면 머리로 덤빈다. 병을 움직이는 것도 이와 같은 것이다. 오나라와 월나라 사람들은 옛날부터 원수지간이다. 그들은 백성들까지도 서로 미워하고 있다. 그러나 오와 월의 사람이 함께 배를 타고 강을 건널 때에 바람이 불어와 배가 뒤집히게 되었다면 당연히 묵은 감정을 잊고 서로 도와야 한다."

'오월동주'는 여기에서 나왔다.

烏 合 之 衆
오 합 지 중

• 出典 : 『후한서』 「경연전」 「비동전」
• 文意 : 어중이떠중이가 모인 무리
까마귀 오 / 합할 합 / 이 지 / 무리 중

전한(前漢)을 이어 신(新)을 세운 왕망은 정치를 잘못한 탓에 도둑들이 날뛰었다. 이때 대사마로 있던 유수(劉秀)는 왕망의 군대를 격파하고 경제의 자손 유현(劉玄)을 세웠다. 어느 때인가 경엄이 군대를 이끌고 유수에게 항복을 하러 가는 데 왕랑(王郞)이라는 자가 한나라의 정통이라고 말했다. 이에 경엄은 꾸짖었다.

"우리의 기병대로써 오합지중을 치는 것은 썩은 고목을 꺾고 썩은 것을 깎음이다."

그런가하면 패공(沛公)의 상객 역이기가 진류의 교외에 주둔한 병사들을 보고 평한 내용이 있다.

"당신이 까마귀떼 무리를 규합하여 어수선한 군대를 모을지라도 만 명은 차지 않을 것이오."

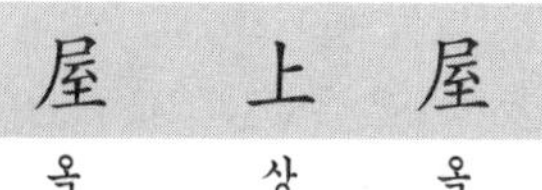

옥 상 옥

• **出典** : 『세설신어』의 「문학편」
• **文意** : 이중으로 한 필요 없는 일
집 옥 / 윗 상 / 집 옥

동진의 유중초(庾中初)가 수도인 건강(建康;남경)의 아름다움을 노래한 「양도부(楊都賦)」를 지었을 때에 그것을 친척인 세도재상 유양(庾亮)에게 보냈다.

"이 시는 좌태충(左太忠)이 지은 「삼도부(三都賦)」에 비하여 조금도 손색이 없습니다.

이렇듯 경박한 인심에 대하여 태부(太傅)로 있던 사안석(謝安石)은 당치않은 일이라고 힐책했다.

"이 시부는 지붕 위에 지붕을 걸쳤을 뿐이다."

위의 작품은 좌사(左思)의 작품을 모방하여 만든 것으로 일고의 가치가 없다는 뜻이었다. 위의 말은 다르게 옥상가옥(屋上加屋) 또는 옥상가옥(屋上架屋)으로 쓰인다.

玉 石 俱 焚

옥 석 구 분

• **出典** : 『서경』의 「하서 윤정편」
• **文意** : 선인과 악인이 함께 난을 만남
구슬 옥 / 돌 석 / 함께 구 / 태울 분

불이 붙으면 옥석이 함께 탄다. 당연한 말이다. 사나운 불길이 어찌 돌은 태우고 옥은 그만 둘 것인가. 이 말은 『서경(西經)』의 「하서(夏書)」 윤정편(胤征篇)에 나온다.

여기에서 말하는 '윤정'은 하왕의 명을 받은 윤후(胤侯)가 희화(羲和)를 치러갈 때의 선언문을 가리킨다.

<…불이 곤륜산에 붙으면 옥과 돌이 다 타고 만다. 하늘의 도가 무릇 그 덕을 잃으면 해독은 사나운 불보다 무섭다. 비록 그 괴수는 죽음에 이르게 할지라도 함께 한 자 가운데서 차마 한 사람은 죄를 주지 않는다. 그것은 더러운 옛 습관을 버리고 다함께 새로운 사람이 되라는 것이다.>

이러한 옥석구분의 종류는 너무나 많다.

玉 石 混 淆
옥 석 혼 효

• 出典 : 갈홍(葛洪)의 「포박자」
• 文意 : 섞이면 선악을 구분 못한다
구슬 옥 / 돌 석 / 섞을 혼 / 잡될 효

『포박자』의 저자 갈홍의 자(字)는 치천(稚川)이다. 어릴 때부터 유학을 배웠으나 신선이 되는 선술과 양기술에 심취하여 그 길로 정진하였다. 그런데 흥미로운 것은 집안 내력이다. 조부의 사촌인 갈현(葛玄)은 선인이 되어 갈선옹(葛仙翁)이라는 칭호를 받았으며, 갈홍은 소갈선옹(小葛仙翁)이라 하였다. 그러나 갈홍 자신은 스스로 포박자(抱朴子)라 하였다. 갈홍이 지은 『포박자』라는 책의 「상박편」에 이런 내용이 있다.

"참(眞)과 거짓(僞)이 뒤바뀌고 구슬과 돌이 뒤섞이는(混淆) 것으로, 아악이 속악인양, 아름다운 의복을 남루한 옷으로 똑같이 생각하여 깨어날 줄을 모른다. 참으로 한심스러운 생각이다."

이렇게 갈홍은 탄식한다.

溫 故 知 新
온 고 지 신

• 出典 : 『논어』의 「위정편」
• 文意 : 옛것을 익혀 새 것을 앎
더울 온 / 옛 고 / 알 지 / 새로울 신

공자께서는 '옛것을 익히어 새로운 것을 온전히 앎으로 다른 사람의 스승이 된다'고 하였다.

여기에 등장하는 '고(故)'는 역사를 가리키며 '온(溫)'은 고기를 모닥불에 끓여 국을 만든다는 의미다. 역사를 깊이 탐구함으로써 새로운 사태를 정확히 안다는 뜻이다.

하루는 자장(子張)이 십대(十代) 후 왕조의 형편에 대해 공자에게 추측이 가능한 지를 물었다. 공자가 답했다.

"은(殷)나라는 하나라의 예의와 법도를 이어받았다. 그러므로 서로를 비교해 보면 무엇이 같고 다른 것인지 알 수 있을 것이다. 뒤를 이어 주나라를 보면 그 전왕조와 무엇이 같고 다른 지 알 수 있을 것이다. 이렇게 하면 십대가 아니라 백대까지도 추정이 가능해진다."

臥 薪 嘗 膽
와 신 상 담

• **出典** : 『사기』의 「월세가」
• **文意** : 복수를 위해 어려운 일을 참고 견딤
누울 와 / 섶 신 / 맛볼 상 / 쓸개 담

오왕 합려(闔閭)가 취리의 전투에서 패하여 도망을 치다가 '경'이라는 곳에 이르러 숨을 거두었다. 이때 그는 부차에게 복수해 줄 것을 명하였다.

뒤를 이어 보위에 오른 부차는 장작 위에서 자며 방을 나가고 들어올 때에는 사람들로 하여금 이렇게 묻게 하였다.

"부차여, 원수를 잊었느냐?"

"어찌 잊을 수가 있겠습니까. 반드시 삼년 안에 원수를 갚겠습니다."

부차는 임종 때에 합려가 남긴 유언의 말을 되뇌며 이후 월왕을 회계산에서 무찔러 항복을 받아냈다. 겨우 목숨을 건진 월왕은 항상 자리 옆에 쓸개를 매달아놓고 핥으며 복수를 다짐하였다. 월왕 구천은 이로부터 18년 후에 원수를 갚았다.

蝸 牛 角 上 爭
와 우 각 상 쟁

• **出典** : 『장자』의 「즉양편」
• **文意** : 아주 보잘 것 없는 일로 다투는 것
달팽이 와 / 소 우 / 뿔 각 / 윗 상 / 다툴 쟁

위(魏)나라의 혜왕은 제(齊)나라의 위왕이 불가침 동맹을 깨뜨리자 노기가 등등하여 당장에 자객을 보내 암살을 해야 한다고 떠들어댔다. 이때 혜왕의 신하 공손연은 정정당당히 병사를 일으켜 제나라를 칠 것을 주장했으나 계자(季子)가 반대했다. 재상 혜자가 대진인(戴晋人)이라는 인물을 추천했다. 그는 대뜸 달팽이를 아느냐고 묻고 이렇게 말했다.

"달팽이라는 놈의 왼쪽 뿔에는 촉씨(觸氏) 나라가 있고, 오른쪽 뿔에는 만씨(蠻氏) 나라가 있습니다. 두 나라 사이에는 끊임없이 영토 싸움을 해왔는데 어떤 때엔 양측의 병사들이 수십만이나 다치거나 죽임을 당했습니다. 끝이 없는 우주에 비한다면 제나라와 위나라는 달팽이 뿔 위의 나라인 촉씨와 만씨에 비해 다를 것이 없습니다."

完 璧
완 벽

• 出典 : 『사기』의 「인상여열전」
• 文意 : 모자라거나 부족함이 없음
온전할 완 / 구슬 벽

전국시대 말에 조(趙)나라의 혜문왕이 우연히 화씨벽(和氏璧)을 얻게 되었다. 그것은 일종의 야광주다.

진나라의 소왕이 화씨벽을 탐내어 진나라의 15성과 바꾸자는 제의를 해왔다. 이때 인상여(藺相如)라는 이가 그 구슬을 가지고 진나라로 들어가겠다고 청하여 허락을 받아냈다.

진의 소왕은 구슬을 보고 크게 기뻐하며 여러 대신들과 후궁들이 돌려가며 구슬을 보게 하였다. 아무래도 성을 주려는 태도는 아니어서 인상여가 구슬을 깨뜨리겠다고 협박하자 진의 소왕은 열 다섯 성을 주겠다고 허둥지둥 말했다. 인상여는 곧이 듣지 않았다. 목욕 재계하고 닷새 후 받으라는 말을 하고 은밀히 조나라로 구슬을 빼돌렸다. 완벽은 '흠이 없다' '온전히 되돌아 왔다'는 뜻이 있다.

樂 山 樂 水
요 산 요 수

• 出典 : 『논어』
• 文意 : 산과 물을 좋아한다
좋아할 요 / 메 산 / 좋아할 요 / 물 수

사마우가 인(仁)에 대해 묻자 공자가 답했다.

"인자는 말하는 것을 어려워한다."

"말함을 어려워한다는 것은 무엇입니까?"

"행함이 어려운데 어찌 말하는 것이 어렵지 않겠느냐."

어느 날 자장이 공자에게 물었다.

"초나라의 자문이라는 자가 세 번이나 영윤 자리에 올랐는데 기쁜 내색이 없으며, 세 번을 파면 당했는데 원망하는 빛이 없이 이전에 했던 일을 새로운 영윤에게 보고를 했습니다. 이 일을 어찌 생각하십니까?"

공자는 진실하다고 답했다. 자장은 그것을 인이라 할 수 있느냐고 되물었다. 공자가 그렇다고 답했다.

遼 東 豕
요 동 시

• 出典 : 『한서』
• 文意 : 귀한 것인 줄 알았는데 평범한 것임
멀 료 / 동녘 동 / 돼지 시

유수(광무제)는 도탄에 빠진 백성들을 구하려고 온갖 애를 쓰는 한편으로 덕이 있는 선비들을 발탁하여 행정에 관한 일을 맡기려고 하였다. 이 일의 적임자가 유주목(幽州牧)으로 있는 주부(朱浮)라는 장수였다. 이때 주부가 하는 일을 반대하고 나선 것은 어양 태수 팽총(彭寵)이었다. 그는 병사를 휘몰아 주부를 공격하려 들었다. 주부는 즉시 편지를 썼다.

"옛날 요동의 어떤 사람이 머리가 흰 돼지새끼를 얻었소. 그것을 바치려고 도성으로 가던 중 강동에 이르렀는데 어찌된 셈인지 그곳에는 온통 머리가 흰 돼지뿐이었소. 그는 몹시 부끄럽게 여기어 돌아갔소이다. 지금 태수께서 예전의 공을 내세워 조정에 있는 공신들과 비교하려 든다면 그대는 한낱 요동 돼지에 불과할 것이오."

要 領 不 得
요 령 부 득

• 出典 : 『사기』의 「대완전」, 『한서』
• 文意 : 중요한 것을 얻지 못하고 돌아옴
구할 요 / 옷깃 령 / 아니 부 / 얻을 득

장건(張騫)은 흉노족들이 득세했던 한무제 때에 사신으로 간 인물이다. 그들에게 억류되어 10년의 세월을 보냈는데 도중에 탈출하여 천산 산맥을 넘어 대완국에 머물렀다.

장건이 한무제의 뜻을 전할 때에는 천하의 사정이 너무나 달라져 있었다. 생활은 넉넉하여 풍요로웠으니 이들이 새삼스럽게 전쟁을 일으킬 명분이 없었다.

어떻게든 이들을 움직여 흉노족을 공격하려 했으나 소득이 없자 장건은 대하로 갔다. 그러나 결과는 마찬가지였다. 『한서』에는 이렇게 씌어 있다.

"끝내 사신의 사명인 월지의 요령(要領)을 얻지 못하고(不得) 1년 반만에 돌아오고 말았다."

欲 速 不 達
욕 속 부 달

• 出典 : 『논어』의 「자로편」
• 文意 : 서두르면 일이 잘 되지를 않는다
욕심 욕 / 빠를 속 / 아니 부 / 이를 달

공자의 제자 자하(子夏)가 거보(莒父)라는 마을의 장관이 되었다. 그는 스승을 찾아와 정치하는 방법에 대해 물었다.

"무릇 모든 일을 처리하는 데에 있어, 빨리만 하려 들지 말라. 또한 눈앞의 작은 이익만을 보지 말라. 빨리 하려고 하면 일이 잘 되지를 않고 작은 이익을 보면 큰 일이 이루어지지 않는다."

본문에 나오는 '욕속(欲速)'은 빠른 행동이 아니다. 일을 빨리 마무리 짓고싶은 조급함을 의미한다.

역사적으로나 현세적으로 보면 대개 큰일을 하는 사람들은 눈앞의 작은 이익에 현혹되지 않는다. 정확한 판단을 앞세워 윤리적으로 솔선수범해야 하는 것을 강조한다. 이 말의 뒤를 이어 짝을 이룬 단어가 욕교반졸(欲巧反拙)이다.

龍 頭 蛇 尾
용 두 사 미

• 出典 : 『벽암집(碧岩集)』
• 文意 : 시작은 그럴 듯 하나 마무리가 안됨
용 룡 / 머리 두 / 뱀 사 / 꼬리 미

진존자(陳尊者)는 목주(睦州) 사람이다. 그는 그 지방에 있는 용흥사(龍興寺)라는 절에 머물러 있었는데, 나이가 들자 각지로 돌아다니며 짚신을 삼아 나그네들에게 나누어주었다. 하루는 중을 한 사람 만났는데 눈빛이 날카로워 예사롭지가 않았다. 더구나 그는 '에잇!' 하는 기합만을 낼 뿐으로 그 다음의 행동은 이어가지를 않았다. 이때 진존자의 머리에 스쳐 가는 것이 있었다.

"이 사람은 그럴 듯 하나 진면목은 다를 것이다. 분명 용의 머리에 뱀의 꼬리이기가 쉬울 것이야(似則似 是則未是 只恐龍頭蛇尾)."

진존자는 말했다.

"스님께서는 계속 기합만 지르시는 데 결론은 언제 짓습니까."

그제야 스님은 슬그머니 떠나버렸다.

愚 公 移 山
우 공 이 산

• 出典 : 『열자』의 「탕문편」
• 文意 : 우공이 산을 옮기다
근심 우 / 어른 공 / 옮길 이 / 메 산

태행산(太行山)과 왕옥산(王屋山)은 사방 둘레가 7백리나 되고 높이는 1만 킬로에 해당된다. 이때 북산에 사는 우공(愚公)은 나이가 90이 되었는데 집을 나서면 앞을 막는 이 산을 허물어 불편을 없애고자 가족들이 회의를 하였다.

그것은 산을 파서 평평하게 만들자는 것이었다. 우공이 세 아들과 손자들에게 흙을 파서 운반하게 하는데 황하 강변에 사는 지수(智水)라는 이가 그만 두라고 충고했다.

"늙은 내가 일을 하면 얼마나 하겠소. 그러나 아들과 손자, 그리고 손자에 손자가 이 일을 계속하면 언젠가는 끝이 나겠지."

이 말을 들은 사신(蛇神)의 청으로 괴아 씨의 두 아들은 두 산을 옮겨주었다.

迂 直 之 計
우 직 지 계

• 出典 : 『손자병법』의 「군쟁편」
• 文意 : 돌아서 가는 계책
굽을 우 / 곧을 직 / 이를 지 / 셀 계

『손자병법』의 저자 손자(孫子)는 전투에 있어서 승패는 종이 한 장 차이라 하였다. 다시 말해 승패의 요점은 우직지계를 알고 있느냐이다.

예를 들자면 병력을 휘몰아 원정에 나갔을 때 아군의 힘만을 믿고 밤낮으로 강행군을 한다면 실제 전투가 일어났을 때엔 전투력이 크게 저하될 것이 뻔하다. 이렇게 되면 승리는 기대할 수 없게 된다.

손자는 신출귀몰한 전투방식에 대하여 설명하고 있다. 이른바 병력의 집중과 분산이다.

"빠르기는 바람 같아야 하고 고요함은 숲처럼, 침공할 때엔 불처럼, 움직이지 않기는 태산처럼, 적이 알기 어렵게는 그림자처럼, 일단 움직일 때엔 벼락 치듯이 해야 한다."

羽 化 登 仙
우 화 등 선

• 出典 : 소동파의 「적벽부」
• 文意 : 신선이 되어 하늘로 올라감
날개 우 / 화할 화 / 오를 등 / 신선 선

송나라의 신종(神宗) 5년에 천자를 비방했다는 죄명으로 소동파는 적벽으로 귀양을 갔다. 당시에는 불교와 도교 등 선(禪)의 영향이 컸던 시대였다. 다음이 그의 「적벽부」이다.

<임술년 가을 7월 기망에 소자(蘇子)가 객과 더불어 배 띄워 적벽 아래에서 노닐었다. 청풍은 서서히 불어오니 물결도 일어나지 않는다. 술을 들어 손에게 주면서 명월의 시를 읊조리며 요조의 장을 노래하였다. 얼마 지나 달이 동산 위에 나타나 둘 사이에 배회하였다. 백로는 강에 비끼고 수광은 하늘에 닿았다. 한 척의 배가 멋대로 가게 내버려 두니 만경의 넓은 강변엔 망연함이 넘어가는구나. 허공을 타고 바람을 탄 듯하여 머무를 바를 모르는 것 같으며 나불나불 세상을 잊고 독립하여 날개가 생겨 신선이 되어 오르는 것 같았다(羽化登仙)>

運 籌 帷 幄
운 주 유 악

• 出典 : 『사기』의 「고조본기」
• 文意 : 들어앉아 기획을 함
궁리할 운 / 꾀 주 / 휘장 유 / 장막 악

초한 전쟁이 끝나고 통일 대업을 이룩한 한고조(유방)가 낙양의 남궁에서 주연을 베풀었다.

고기(高起)와 왕릉(王陵)이 말했다.

"폐하께서는 천하를 얻고 대신들에게 나누어줍니다. 그러나 항우는 현명한 자를 질투하고 공이 있는 자에게 해를 줍니다. 그것이 천하를 잃게 된 이유입니다."

"귀하는 하나는 알고 둘은 모르오. 본진의 군막 가운데 작전을 세워 (夫運帷幄之中) 천리 밖의 전투에서 승리를 얻게 하는 것은 장자방을 따르지 못하고 나라를 진정시키고 백성들을 어루만지며 군량을 끊기지 않게 공급하는 것은 소하만 못하고 군사를 휘몰아 승리를 얻는 것은 한신만 못하오. 이들 세 사람이 공을 세운 것이오."

遠交近攻
원 교 근 공

• 出典 : 『전국책』, 『사기』
• 文意 : 먼 곳은 사귀고 가까운 곳은 친다
멀 원 / 벗할 교 / 가까울 근 / 칠 공

위(魏)나라 사람 범수(范雎)는, 위왕의 총애를 받는 가수(賈修)의 문객이었다. 가수를 따라 왕명을 받고 제나라에 간 적이 있었는데, 이날 그는 가수가 못한 답변을 재치 있게 풀어주었다. 본국으로 돌아온 범수는 가수의 질투로 인하여 모진 고문을 받았다. 거의 반죽음을 당한 상태에서 진나라로 들어갔다. 진의 소양왕이 그를 불러 의견을 물었다. 범수가 말했다.

"옛날에 비간은 충간을 하였다가 간이 꺼내지는 형벌을 당했습니다. 공연히 말을 하여 화를 자초한 것입니다."

"부디 좋은 계책을 일러주십시오."

"다른 나라를 지나면서 공격하는 것은 지극히 위험합니다. 먼곳은 사귀고 가까운 나라는 공격하는 것이 실속 있는 계책입니다."

遠水不近火
원 수 불 근 화

• 出典 : 『한비자』의 「설림편」
• 文意 : 먼 곳에 있는 건 도움이 안됨
멀 원 / 물 수 / 아니 불 / 가까울 근 / 불 화

노(魯)나라의 목공(穆公)은 제나라의 침략을 막기 위해 고심했다. 그러다가 한가지 방책을 생각해냈다. 그것은 제나라가 득세하는 것을 싫어하는 초, 한, 위, 조나라에 공자를 보내어 그들 나라들을 섬기게 하였다. 그러자 이서가 말했다.

"멀리 있는 월나라 사람들을 불러 물에 빠진 아이를 구하려 하면 그 사람들이 아무리 헤엄을 잘 쳐도 아이는 살지를 못합니다. 불이 났을 때에 물이 많다고 하여 바닷물을 끌어들일 수는 없습니다. 결코 멀리 있는 물은 가까운 곳에 일어난 불은 끄지 못합니다(遠水不救近火)."

이서는 다시 말했다.

"지금은 초, 위, 한, 조나라가 우리를 도와줄 수가 있으나 그들 나라보다 제나라가 가까이 있어 노나라의 위급을 구할 수 없습니다."

月 旦 評
월 단 평

• 出典 : 『십팔사략』, 『후한서』
• 文意 : 매월 초하룻날의 인물평
달 월 / 아침 단 / 품평 평

후한 말기에 여남(汝南)에 관상을 잘 보는 두 명의 점쟁이가 있었다. 한사람은 허소(許劭)라 하였고 다른 한 명은 사촌형 허정(許靖)이었다. 그들은 인근에서 찾아온 사람들의 인물평을 해주었는데 그날은 매월 초하룻날이었다.

그 평이 얼마나 잘 맞았는 지 세상 사람들은 '여남의 월단(月旦)'이라 하였다. 인물평에 대한 소문을 듣고 조조가 자신의 평을 요구했다.

"정히 원한다면 해주겠습니다. 그대는 태평한 세월에는 유능한 정치가일 것이오. 그러나 세상이 어지러워지면 난세에는 간웅(奸雄)이 될 것입니다."

조조는 그 말에 기뻐했다. '난세에는 간웅'이라는 말에 군사를 일으켜야겠다는 결심을 굳힌 것이다.

月 下 氷 人
월 하 빙 인

• 出典 : 『진서(晋書)』
• 文意 : 중매꾼을 가리킴
달 월 / 아래 하 / 얼음 빙 / 사람 인

당나라 때에 위고(韋固)라는 젊은이는 천하를 떠돌며 여행하는 것을 좋아하였다. 그가 송성(宋城)이라는 곳에 이르렀을 때엔 달빛이 비단결 같은 월광을 뿌리는 밤이었다.

무심히 길을 걷는 그의 시야에 청실과 홍실을 든 노인의 모습이 들어왔다. 그것은 길이 끝나는 지점인 모퉁이 거리였다. 월하빙인이었다. 위고는 노인에게서 자신의 아내가 될 사람에 대해 물었다.

노인은 한동안 곁에 있는 인연의 책을 뒤적이다 말했다.

"자네 부인은 송성 땅에 있네. 시장에서 채소를 팔고 있는 진(陳)할머니가 안고 있는 젖먹이지."

세월이 흘렀다. 상주 땅의 관리가 된 위고는 그곳 태수의 딸과 혼인했다. 부인은 태수의 양녀가 된 진 할머니가 업고 있던 젖먹이였다.

韋 編 三 絶
위 편 삼 절

• 出典 : 『사기』의 「공자세가」
• 文意 : 책을 여러 번 읽었음을 나타내는 말
가죽 위 / 엮을 편 / 석 삼 / 끊어질 절

공자는 만년에 이르러 『주역(周易)』이라는 책에 몰입하였다. 그것을 얼마나 읽고 또 읽었던 지 대쪽으로 엮은 가죽끈이 세 번이나 끊어졌다.

그래서 「공자세가 편」에는 다음과 같은 구절이 눈에 보인다.

<공자가 늦게 역을 좋아하여 역을 읽어 가죽끈이 세 번 끊어졌다(孔子晩而喜易 讀易 韋編三絶)>

세상에 태어나면서부터 모든 것을 알았다는 공자 같은 성인도 학문을 연구하는 데에는 부단한 노력을 게을리 하지 않았다. 그러한 공자가 만년에 역을 읽으면서 탄식한 내용이 눈에 들어온다. 좀더 젊은 시절에 역을 읽었더라면 자신의 학문 연구가 정진했을 것이라고 아쉬워한 것이다.

有 敎 無 類
유 교 무 류

• 出典 : 『논어』「위령공편」
• 文意 : 교육에는 차별을 두지 않는다.
있을 유 / 가르칠 교 / 없을 무 / 무리 류

풍기가 문란한 호향(互鄕)이라는 곳에 사는 어떤 아이가 공자를 뵈려고 찾아왔다. 제자들은 아이의 출신 성분을 알았으므로 당연히 돌려보내려고 했다.

공자는 제자들을 일책 하고 아이를 불러들였다. 그리고는 아이가 궁금해하는 것을 하나 하나 대답해 주었다. 아이가 돌아가고 나자 제자들은 스승 앞에 나아와 따지듯 말했다.

“어찌하여 선생님께서는 호향에 사는 아이를 불러들여 가르침을 주십니까?”

“사람들이 깨끗한 마음으로 찾아오면 그 깨끗한 마음을 받아들일 뿐이다. 그가 과거에 어떤 일을 했건 또 어디에 살건 굳이 그런 것을 따질 필요가 있겠느냐.”

柔 能 制 剛
유 능 제 강

• **出典** : 『황석공소서』, 『노자』 36장
• **文意** : 부드러운 것이 강한 것을 제압한다
부드러울 유 / 능할 능 / 마를 제 / 군셀 강

『황석공소서(黃石公素書)』에 다음과 같은 말이 있다.
<부드러운 것이 능히 단단한 것을 이기고, 약한 것이 능히 강한 것을 이긴다.>

부드러운 것이 강한 것을 이긴다는 것은 상당한 시간을 두고 비유로써 하는 말이다. 예를 들면 이는 모든 음식물을 분쇄시킬 수 있는 단단한 특성이 있다. 그러나 세월이 흐르면 이(齒)는 빠지지만, 혀는 그렇지가 않다.

『노자』의 도덕경에는 '약한 것이 강한 것을 이긴다(柔弱勝强)'라고 하고 있다. 또 있다.

『군참』이라는 병서에는 부드러움이 능히 강함을 제어할 수 있다고 하였다. 부드러운 것은 '지극히 아름다운 덕'이다.

有 備 無 患
유 비 무 환

• **出典** : 『서경』의 「열명(說命)」
• **文意** : 사전에 준비하여야 근심이 없다
있을 유 / 예비 비 / 없을 무 / 근심 환

은나라의 고종(高宗)이 부열(傅說)이라는 어진 재상을 얻게 되었다. '열명'은 바로 이 부열이라는 사람을 얻게 되는 경위에 대하여 쓴 내용인데, 유비무환이라는 말은 부열이 고종에게 올린 말 가운데 있는 내용이다. 이런 내용이 있다.

"생각이 옳으면 이를 행동으로 옮기되, 옮기는 것을 시기에 맞게 하십시오. 또한 능한 것을 자랑하게 되면 그 공을 잃게 됩니다. 오직 모든 일은 나름대로 그 갖춘 것이 있는 법이니, 갖춘 것이 있어야 근심이 없게 됩니다(惟事事 乃其有備 有備無患)."

그런가하면 『춘추좌씨전』에는 이런 내용이 있다.

"무릇 평안히 지낼 때에는 항상 위태로움을 생각해야 하고, 위태로움을 생각하게 되면 항상 준비가 있어야 한다."

有 酒 亡 國
유 주 망 국

• 出典 : 『십팔사략』
• 文意 : 술은 혼미하므로 정사를 그르친다
있을 유 / 술 주 / 망할 망 / 나라 국

하나라의 우 임금 때에 의적이라는 사람이 술을 처음으로 만들었다. 우 임금은 그것을 마셔보고 탄식하며 말했다.

"오호라, 이것은 광음수(狂飮水)로다. 이 물을 마시면 본래의 정신은 오간 곳이 없고 혼미한 정신만 있을 뿐이다. 안타깝구나, 분명 내 후손 가운데 술 때문에 나라를 망칠 위인이 나타날 것이다(後世 必有以酒亡國者)."

이러한 예언처럼 과연 그의 후손 가운데 대단한 인물이 나타났다. 바로 걸(桀)이었다. 그는 술 연못과 고기 숲을 만들어 주연을 베풀었다. 북을 울리면 모두 술 연못으로 달려가 마치 소가 물을 마시듯 술을 마셨다. 결국 하나라는 기원전 1776년에 자천을이 이끄는 연합군단에 의하여 무너지고 말았다.

有 志 竟 成
유 지 경 성

• 出典 : 『후한서(後漢書)』
• 文意 : 뜻이 있으면 목적을 이룬다
있을 유 / 뜻 지 / 다할 경 / 이룰 성

동한 시대에 경감이라는 선비는 천하가 소란스러워지자 책을 집어던지고 당장에 전쟁터로 나갈 태도를 취했다. 마침 광무제(유수)가 병사를 모집한다는 방을 붙였으므로 그곳으로 달려가 군인이 되었다. 그는 여러 전투에서 공을 세웠다.

어느 때인가 경감은 명을 받고 장보(張步)를 치러 갔다. 당시에는 장보의 군세가 너무 강했기 때문에 그를 공격하는 것은 무리라는 결론을 내놓고 있었다..

"장군, 장보의 병사들은 사기가 높습니다. 일단 관망을 한 다음 공격을 하시지요."

서둘러 전투를 끝내고 잔치를 벌여야 할 판인데 그럴 수 없다고 했다. 경감은 병사를 이끌고 상대의 진영을 단번에 휩쓸어 버렸다.

六 事 自 責
육 사 자 책

• 出典 : 『십팔사략』
• 文意 : 여섯 가지 잘못을 하늘에 비는 것
여섯 륙 / 일 사 / 스스로 자 / 책할 책

은나라에 7년 대한이 있자 탕왕이 말했다.

"마땅히 하늘에 내 허물을 고해야겠다."

탕왕은 목욕 재계하고 몸을 흰 띠로 감았다. 그리고는 스스로의 몸을 희생의 재물로 삼아 상림의 들에서 기도했다. 기도의 내용은 다음과 같은 여섯 가지의 자책이었다.

첫째, 정치가 알맞게 조절이 되지 않았습니까? 둘째, 백성이 일할 곳을 잃었습니까? 셋째, 궁실이 화려합니까? 넷째, 여자들이 지나치게 앞서 나갑니까? 다섯째, 뇌물이 성행합니까? 여섯째, 아첨하는 사람이 들끓습니까?

탕왕의 자책이 끝나자 마자 하늘이 으르렁대더니 수천 리에 이르도록 큰비가 내렸다.

殷 鑑 不 遠
은 감 불 원

• 出典 : 『시경』의 「대아 탕편」
• 文意 : 이전의 실패를 거울로 삼는다
은나라 은 / 거울 감 / 아니 불 / 멀 원

주지육림으로 세상을 떠들썩하게 했던 하나라의 걸(桀)이 망하고 탕왕이 은을 세워 내려온 지 6백여년이 되었다.

평화롭던 은나라는 28대 주왕(紂王) 때에 이르러 포악한 정치를 펼쳐 천하만민으로부터 공분을 사고 있었다. 주왕 곁에 달기(妲己)가 있었는데 그녀의 말 한마디에 대신들의 목이 덧없이 떨어졌다. 주왕 곁에는 세 명의 대신이 있었다. 구후(九候), 악후(鄂候), 서백(西伯)이다. 구후와 악후가 맷돌에 갈아져 살해되자 홀로 남은 서백은 주왕에게 간을 하였다. 그 내용이 『시경』에 실려 있다.

문왕께서 말씀하시되, 아 은나라여 / 세상에 떠도는 말이 있거니 쓰러진 나무 뿌리 드러날 땐 / 가지 잎이 상하지 않아도 뿌리는 먼저 죽어 있다고

은의 거울 가까이 있던 것을(殷鑑不遠) / 하의 망국 보는 것을 잊었도다

泣 斬 馬 謖
읍 참 마 속

• **出典** : 『촉지』「제갈량전」
• **文意** : 공정하게 법을 집행함
울 읍 / 벨 참 / 말 마 / 뛰어날 속

마속(馬謖)은 혈기가 넘친 젊은이었다. 그는 이족(夷族)과의 전투에서 목숨을 잃은 마량(馬良)의 아우였다.

제갈량은 그의 재주를 높이 평가하여 마속으로 하여금 중원을 제압하는 데 교두보 역할을 하는 가정(佳亭)이라는 지역의 전투에 출정케 하였다.

마속이 자원하자 공명은 왕평(王平)을 부장으로 딸려 보냈다. 제갈량은 떠나가는 마속에게 당부했다. 가정에 도착하면 산기슭에 진을 치라는 것이었다. 그러나 마속은 이 같은 당부를 무시하고 산 위에 진을 쳤다. 그 결과 물길이 차단 당해 위나라의 명장 사마의에게 대패하고 말았다. 제갈량은 쫓겨온 마속의 목을 치라는 명을 내렸다. 잠시후 마속의 목이 소반에 담겨오자 제갈량은 소리내어 울었다.

應 接 不 暇
응 접 불 가

• **出典** : 『세설신어(世說新語)』
• **文意** : 여유가 없이 매우 바쁨
응할 응 / 사귈 접 / 아니 불 / 겨를 가

왕자경(王子敬)은 진(晉)나라 서예가로서 문필에도 몹시 뛰어났으며 관직은 중서령(中書令)이었다. 빼어난 산수를 감상하는 데 취미가 있었는데 어느 날 산음(山陰)에 대한 얘기를 들었다.

"그렇다면 내 아니 갈 수 없겠네."

왕자경은 서둘러 산음을 찾아갔다. 그는 산음의 길을 가면서 감탄의 연속이었다. 높이 치솟은 산과 기암괴석은 서로의 모습을 다투며 돌기되어 있었다. 왕자경은 그것을 보고 글을 지었다. 이른바 산음도(山陰道)라는 글의 내용엔 다음과 같은 구절이 있다.

<산음의 길을 가면서 보니 치솟은 산과 강이 끊임없이 아름다움을 다투며 나타나 응접할 틈이 없을 정도이다>

'응접할 틈이 없다'는 것은 아름다운 경치 때문이었다.

疑 心 暗 鬼
의 심 암 귀

• 出典 : 『열자』의 「설부편」
• 文意 : 선입견이 판단을 흐리게 한다
의심할 의 / 마음 심 / 어둘 암 / 귀신 귀

어떤 이가 도끼를 잃어버렸다.

누가 훔쳐갔을까 하고 생각하다가 이웃집 청년을 의심하게 되었다. 아닌게 아니라 그 청년은 걸음걸이도 수상쩍었고 자신을 보는 눈빛도 이상했다.

"그래, 틀림없어. 내 도끼는 저 녀석이 가져 간 거야. 나를 볼 때마다 눈길을 피하고 있잖아."

그런데 며칠 후에 잃어버린 줄 알았던 도끼가 선반 위에서 발견되었다. 물론 처음에는 몰랐고 나중에 다른 물건을 찾다가 우연히 발견한 것이다. 이런 다음에 그 청년의 행동을 보니 조금도 이상한 곳이 없었다. 이것은 자신의 선입견으로 보아 수상하다는 것이 암귀를 낳은 것이다.

異 端
이 단

• 出典 : 『논어』의 「위정편」
• 文意 : 정통이 아닌 것
다를 이 / 살필 단

『논어』의 「위정편」에는 성인의 도가 아닌 양자(楊子)와 묵자(墨子)와 같은 이를 '이단'으로 치고 있다. 이들은 유학의 입장에서 보면 학문의 정통성이 없다는 것이다. 그런데 『논어』에서는 이러한 이단을 치는 것을 경계하고 있다.

"공자께서 그렇게 한 이유는, 이단을 치는 것은 '연구를 하기 때문이다'라는 것이다."

다시 말해 이단의 옳고 그름을 따지기 위해서는 당연히 그들의 설을 연구하기 마련이다.

공자는 이점 때문에 이단을 치지 못하게 한 것이다. 『논어』의 「위정편」에서 '이단을 치면 해가 멈춘다(攻乎異端 斯害也已)'라고 하는 것은 이단과의 투쟁을 의미한다.

二 桃 殺 三 士
이 도 살 삼 사

• **出典** : 『안자춘추(晏子春秋)』
• **文意** : 교묘한 책략으로 상대를 죽임
두 이 / 복숭아 도 / 죽일 살 / 석 삼 / 무사 사

춘추시대에 제나라의 재상 안자(晏子)가 만수금도(萬壽金桃)라는 복숭아를 가져와 임금과 재상이 하나씩 먹고 두 개를 경공에게 주어 공이 있는 신하에게 주게 하였다.

이때 공손접(公孫接)이라는 장사가 사냥을 갔을 때 맨손으로 범을 잡아 임금의 목숨을 구한 적이 있다고 하여 복숭아를 먹었다. 고야자(古冶子)가 나섰다. 그는 군주를 모시고 황하를 건널 때 괴물을 물리친 공이 있어 복숭아를 먹었다. 전개장(田開彊)이 말했다.

"나는 서(徐를) 쳐 5백의 군사를 사로잡았고 맹약하게 하였습니다."

공은 있었으나 주어야할 복숭아가 없었다. 공이 적으면서 복숭아를 먹은 공손접과 고야자가 자살하자, 전개강은 남이 죽는 것을 보고 따라죽지 못한 것은 용기가 없는 것이라 하여 자결하였다.

以 心 傳 心
이 심 전 심

• **出典** : 『전등록』, 「오등회원』
• **文意** : 마음에서 마음으로 전하는 것
써 이 / 마음 심 / 전할 전 / 마음 심

어느 날 세존께서 영취산에 제자를 모아놓고 말없이 연꽃을 들어 대중에게 보였다.

이러한 세존의 행위를 제자인 가섭(迦葉)만이 알고 미소를 지었다는 데에서 유래한 말이다.

이때 석가 세존이 말했다.

"나는 정법안장(正法眼藏;사람이 본래 갖춘 마음의 덕), 열반묘심(涅槃妙心;번뇌에서 벗어나 진리를 깨닫는 마음), 실상무상(實相無相;불변의 진리), 미묘법문(微妙法門;진리를 깨치는 마음)과 불립문자(不立文字)와 교외별전(敎外別傳;다같이 경전이나 언어 등에 의존을 하지 않고 이심전심으로 전한다는 뜻)이 있다. 나는 이것을 가섭에게 부탁한다."

李下不整冠
이 하 부 정 관

• **出典** : 『열녀전』, 문선』
• **文意** : 의심받을 일을 아예 하지 않음
오얏 리 / 아래 하 / 아니 부 / 고칠 정 / 관 관

제위왕이 총애하는 여인 중에 우씨가 있었다. 그녀는 심성이 곱고 애국심이 있었다. 세도 대신 주파호(周破胡)는 성격이 음흉하고 잔혹하여 궁안에 소란을 늘상 조장하였다. 그러므로 우씨는 주파호를 쫓아내고 북곽선생(北郭先生)을 등용해야 함을 청하였다. 이 사실을 안 주파호가 우씨를 모함했다.

"우씨는 궁에 들어오기 전에 북곽선생과 정분이 난 사이입니다."

왕은 직접 우씨를 심문했다. 그러자 그녀가 말했다.

"첩에게 죄가 있다면 오얏나무 아래에서 갓을 쓰지 말라는 말을 지키지 않은 것입니다. 첩은 평소 집안에만 있었고 단정히 살았으므로 첩의 편을 들어줄 사람이 없습니다."

왕은 우씨를 풀어주고 주파호를 기름에 튀겨 죽였다.

一刻千金
일 각 천 금

• **出典** : 소동파의 「춘야행」
• **文意** : 짧은 시간도 천금의 값어치가 있다
한 일 / 새길 각 / 일천 천 / 쇠 금

소동파는 이름이 식(軾)이고 동파는 호다. 송의 사천성 미산 출신으로 아버지는 순(洵)이며 동생은 철(轍)이다.

소동파는 성격이 쾌활하고 경사(經史)에 능통하였으며 시문에도 빼어났다. 그런가하면 글씨와 그림에도 상당한 수준이었다. 과거에 급제한 후, 신종 때엔 왕안석과 의견이 맞지 않아 황주에 유배되었는데 그곳에서 '동파(東坡)'라 작호하였다. 철종 때에는 한림학사와 병부상서의 자리에 올랐다.

「춘야행(春夜行)」은 그의 시 가운데 하나이다.

봄날 달밤의 한때는 천금의 값어치가 있네(春一刻直千金) / 꽃에는 맑은 향기가 있고 달은 희미하게 흐려져 있네 / 노래 부르고 피리 불던 누대는 소리 없이 적적하네 / 그네가 걸려있는 안뜰은 밤만 깊어 가누나

一 擧 兩 得
일 거 양 득

• **出典** : 『북사』, 『진서』, 『초책』
• **文意** : 뜻하지 않은 이익을 얻음
한 일 / 거동 거 / 두 량 / 얻을 득

『진서』의 「속석전(束石傳)」에는 다음과 같이 씌어 있다.
<속석은 서진의 무제 때에 솨저작랑을 지냈고 『진서(晉書)』와 『제기십지(帝紀十志)』를 엮어 박사가 되었다.>

한번은 그가 상소를 올렸는데 거기엔 이런 내용이 있다.

<무릇 10년의 세액면제를 내려 두 번을 이주시킴의 정을 위로한다면 한 번 들어 두 가지의 이득을 얻게 되어(一擧兩得), 밖으로는 실질적이고 안으로는 너그러우며, 궁한 사람들에게 일자리를 넓혀주고 경전도 넓어져 농사에 큰 이득이 된다.>

전국시대에 한위 두 나라가 1년 이상 싸우고 있었다. 진진(陣軫)이란 신하가 '일거양득'의 얘기를 하며, 방관하다가 힘이 다 빠진 다음에 공격하자고 하여 한번에 두 나라를 멸망시켰다는 기록이 있다.

一 犬 吠 形
일 견 폐 형

• **出典** : 왕부의 「잠부론」
• **文意** : 개가 헛그림자를 보고 짖는다.
한 일 / 개 견 / 짖을 폐 / 형상 형

이 성어는 왕부(王符)의 「잠부론」에 나오는 내용이다.

'개 한 마리가 헛그림자를 보고 짖으면 온 마을의 개가 소리를 따라 짖는다(一犬吠形 百犬吠聲)'와 짝을 이루는 말이다. 「잠부론」에서는 다음과 같이 말하고 있다.

"천하가 잘 다스려지지 않은 것은 현난(賢難)에 있다. 그렇다면 현난이라는 것은 무언가? 어진 사람을 얻기가 어려운 것을 말한다. 어진 사람의 말과 행동이 속된 사람의 질투를 받고 바른 말은 용납이 되지를 않으니 천자가 속된 말에 이끌리지를 말고 어진 사람을 지혜롭게 가려내야 한다. 속담에 말하기를 '개 한 마리가 그림자를 보고 짖으면 모든 개는 소리만 듣고 짖는다'고 하였다. 세상의 이와 같은 병은 참으로 깊은 것이다."

一 網 打 盡
일 망 타 진

• 出典 : 『송사』, 『십팔사략』
• 文意 : 죄 지은 자를 하나도 남김없이 잡음
한 일 / 그물 망 / 칠 타 / 다할 진

송나라 인종 때에 청렴강직하기로 이름이 높은 두연(杜衍)이 재상이 되었다. 이 무렵은 왕이 대신들과 의논을 하지 않고 마음대로 성조(聖詔)를 내려 역량 있는 자들에게 벼슬살이를 시켰는데 이것이 내강(內降)이다.

"짐의 내강을 두연이 무시하고 있구나."

이러던 차에 두연의 사위 소순흠(蘇舜欽)이 공금을 유용하고 파당을 만들어 그 폐해가 적지 않았다. 두연에 대한 탄핵서를 접수했던 왕공진(王拱辰) 어사는 이러지도 저러지도 못하고 있다가 뜻밖의 기회에 두연과 연루자들을 색출하여 모두 잡아들였다.

"내가 일망타진했다!"

죄인들을 모조리 검거했다는 것이다.

日 暮 途 遠
일 모 도 원

• 出典 : 『사기』의 「오자서 열전」
• 文意 : 뜻한 바를 이루기 어려움
날 일 / 저물 모 / 길 도 / 멀 원

초나라 평왕 때에 소부(少傅) 벼슬에 있던 비무기(費無忌)라는 자는 진나라에서 데려온 여인을 왕에게 바쳐 환심을 산 후 태자를 모함하여 곤경에 빠뜨렸다.

대부 오사(伍奢)는 소란이 일어나자 송나라로 도망쳐 버렸다. 비무기는 오사의 아들 형제인 오상(伍尙)과 오자서(伍子胥)를 불러 살해하려는 계책을 꾸몄다. 오상은 아버지와 함께 죽을 결심을 하였으나 오자서는 정나라를 거쳐 오나라를 찾아갔다. 이곳에서 태자를 도와 6년여를 보냈다. 마침내 태자가 왕이 되니 이가 곧 합려(闔閭)다. 합려왕 9년에 오자서는 꿈에도 잊지 못했던 초나라 정벌에 나섰다. 평왕의 무덤을 파헤치고 뼈를 들춰낸 뒤 곤장 3백대를 쳐 원한을 갚았다. '일모도원(日暮途遠)'이라 한 것은 자신이 늙었다는 뜻이다.

一 衣 帶 水
일 의 대 수

• 出典 : 『수서(隋書)』
• 文意 : 육지와 육지 사이에 흐르는 작은 강
한 일 / 옷 의 / 띠 대 / 물 수

남북조 시대의 혼란기를 종식시키고 천하를 통일한 것은 수왕조(隋王朝)였다. 옛왕조와의 인연을 끊은 수문제는 진(陳)나라를 공격하여 흡수해 버렸다.

왕실의 기강을 바로잡기 위하여 가장 먼저 손을 댄 게 구품관인법(九品官人法)의 정비였다. 이 법은 삼국에서부터 수나라에 이르기까지 관리등용법이었다. 이 법의 단점을 면밀히 검토하여 시행하였다. 이 법은 이후 1천3백여년이나 관리를 임용하는 데에 사용되었다. 양견이 즉위한 후 이런 말을 한 적이 있다.

"이제 양자강의 지형이 험함은 문제가 될 것이 없다. 저런 강을 두려워하여 백성들을 죽이는 것을 보고만 있을 수 없지 않은가(我爲民父母 豈可限一衣帶水 不逐之乎)."

一 以 貫 之
일 이 관 지

• 出典 : 『논어』의 「이인편」
• 文意 : 하나의 이치로 모든 것을 꿰뚫음
한 일 / 써 이 / 꿸 관 / 이를 지

어느 날 공자께서 제자들이 있는 곳으로 왔다. 그곳에 있던 증삼을 향해 미묘한 말을 던졌다.

"애야, 삼아. 나의 도는 하나로써 꿰뚫었다(吾道一以貫之)."

증삼은 숙연한 표정으로 조아렸다. 제자들은 도대체 그 말이 무슨 뜻인지 알지 못했다. 공자가 물러가자 증삼을 향해 제자들이 물었다.

"도대체 스승님께서 말씀하신 뜻이 무언가?"

"선생님의 말씀은 충(忠)과 서(恕)일 따름이다."

공자는 분명히 자신의 도는 하나로써 꿰뚫었다고 했다. 그런데 증삼은 '충과 서'로 풀어낸 것이다. 여기에서 충(忠)은 中과 心의 합자이다. 또한 서(恕)는 如와 心의 합자이다. 무릇 다른 사람의 마음을 자기의 마음과 같이 생각한다는 뜻이다.

一 日 三 秋
일 일 삼 추

• 出典 : 『시경』의 「왕풍」
• 文意 : 하루가 너무 길다.
한 일 / 날 일 / 석 삼 / 가을 추

이 성어는 '일일여삼추(一日如三秋)'라고도 한다. 삼추에는 세 가지의 뜻이 있다.

첫째는 일추(一秋)를 1년으로 간주한다. 모든 농작물은 1년에 한번 수확하므로 '일추'는 1년에 해당한다. 따라서 '삼추'는 3년이다.

둘째는 삼계(三季)로 가을 석 달이라는 뜻이다. 따라서 한 계절의 가을은 3개월이니 3번 해당되므로 9개월이다.

셋째는 단순한 가을 석 달로 삼추(三秋)라는 것이다.

하루를 못 보아도 석달이 지난 듯 / 하루를 못 보아도 세해 가을이 지난 듯 / 하루를 못 보아도 3년이 지난 듯

위의 시는 『시경』 「왕풍 채갈편」에 있는 내용이다. 삼추가 어느 뜻이건 간에 기다림은 지루하다는 것이다.

一 字 千 金
일 자 천 금

• 出典 : 『여씨춘추(呂氏春秋)』
• 文意 : 글자 한 자에 천금
한 일 / 글자 자 / 일천 천 / 쇠 금

춘추전국시대에 진(秦)나라의 상국(相國)이 된 여불위(呂不韋)는 권력과 배경을 바탕 삼아 인재들을 모았다. 당시에 널리 알려진 제자백가(諸子百家)들의 서적을 능가하는 책을 만들어 천하에 알리고 싶었다. 식객들에게 자신들이 보고 들은 것을 정리하게 하여 만든 것이 『여씨춘추』다. 팔람(八覽), 육론(六論), 십이기(十二紀) 등 20만 자가 넘는 방대한 양이었다.

"이 속에는 천하의 모든 것이 들어있다."

여불위는 함양의 성문 앞에 책을 매달고 방을 붙였다.

"책속의 글을 한 자 줄이거나 늘이면 천금을 주겠노라."

『여씨춘추』의 내용을 첨삭한다면 상을 주겠다는 뜻이었다.

一 敗 塗 地
일 패 도 지

• 出典 : 『사기』의 「고조본기」
• 文意 : 싸움에 패하여 땅을 더럽힌다
한 일 / 패할 패 / 더러울 도 / 땅 지

진시황이 세상을 떠나고 천하가 소란스러워지자 유방은 군사를 일으켜 지금의 패현(沛縣)에 이르렀다. 당시에 소하(蕭何)는 주리(主吏), 조참(曹參)은 옥리(玉吏)였다. 그들은 현령에게 말했다.

"진나라의 학정에 견디지를 못하여 도망간 자를 불러들여 현 내의 장정들을 협박하는 게 상책입니다. 이 일에는 유방이 적임자입니다."

유방을 불러올 적임자로 번쾌를 추천한 소하는 그를 성밖으로 보냈다. 그러나 사정이 바뀌었다. 패현의 현령은 불안하여 즉시 소하와 조참을 죽이라는 명을 내렸다. 성으로 들어오며 유방이 말했다.

"나는 일신의 영달을 위해 이런 일을 하는 것이 아닙니다. 장수를 선택하는 것이 잘못되면 일패도지(一敗塗地)하고 맙니다."

入 鄕 循 俗
입 향 순 속

• 出典 : 『회남자』의 「제속편」
• 文意 : 그 고장의 풍속을 따른다
들 입 / 마을 향 / 따를 순 / 풍속 속

『장자』의 「외편」에 있는 말이다.

<모름지기 그 나라에 가면 그 나라의 풍속을 따른다(入其俗從其俗)>

그런가 하면 『논어』에서도 '어느 고장에 가더라도 그 고장의 풍속을 따라야 한다'고 하였다.

지금은 국가주의가 확고하기 때문에 설득력이 떨어진다. 그러나 옛날에는 '입향순속'의 개념은 흐르는 물처럼 지극히 자연스러웠다. 사실 춘추전국시대에는 스스로가 살아남기 위한 방편으로 '입향순속'을 따랐을 것이다. 이러한 입향순속은 어떤 단체나 직장에도 적용이 된다. 다른 곳에서 전입을 해온 간부라 해도 그곳의 동료나 부하직원, 또는 규정 등에 따라야 하는 것이다.

여해 한문서당 12단계 선정 문제
제7단계

〈응용카드 1〉

※다음의 문장에서 비어있는 곳의 괄호 안에 적당한 한자어를 써넣으시오.

<1> 당태종이 일찍이 어느 나무 아래에 서서 그 나무를 보고 참으로 자랐다고 감탄(一)했다. 이때 곁에 섰던 한 신하(二)가 태종의 말을 받아서 참으로 지당(三)한 말씀이라 하였다. 태종은 이 말을 듣고 정색(四)했다. "예적에 위징이라는 신하가 있었는데 그는 아첨하는 신하를 만나면 멀리 하라고 했었는데 지금에 이르니 새삼 그의 의중(五)이 틀림없다는 것을 알았다"는 것이다.

<2> 후한 때에 애제는 정치(六)에 관심(七)이 없어 놀기를 즐겨하였다. 이를 보다 못한 일가 친척(八) 중의 한사람인 정숭이 애제를 뵙고, 번번히 간하였으나 듣지 않고 아예 그를 멀리하였다. 이때 어떤 이가 정숭을 참언했으므로 애제가 그를 불러 심문(九)했다. 정숭의 집앞이 문전성시(十)와 같다는 것이었다. 애제는 그를 하옥시켰다.

〈응용카드 2〉

※다음의 보기처럼 한 개의 단어를 참조하여 사자성어(四字成語)를 완성하시오.

<보기> □□□鄕 — 성공하여 고향에 돌아옴(정답은 錦衣還鄕)

一. □□□想 — 자기의 능력이나 생각을 지나치게 믿음

二. □□□海 — 세상이 몹시 변화가 심함
三. □□□親 — 가을에 글읽기를 좋아함
四. □□□忘 — 자나깨나 잊지를 못함
五. □□□樂 — 기쁜 빛이 얼굴에 가득함
六. □□□境 — 점점 흥미로운 경지로 들어감
七. □□□身 — 가산을 탕진하고 망함
八. □□□誠 — 정성이 지극하여 하늘에 닿음
九. □□□範 — 앞장을 서서 다른 사람에게 모범을 보임
十. □□□火 — 불을 보듯이 모든 게 분명함

〈응용카드 3〉

※다음의 비어있는 괄호 안에 적당한 한자어를 써넣으시오.

감승(甘蠅)이라는 사람은 옛날 활쏘기의 유명(一)한 사람이다. 그의 제자(二)에 비위(飛衛)라는 자가 있었는데 그는 스승 못지 않았다. 그런데 비위에게는 기창(紀昌)이라는 제자가 있었다. 비위는 기창에게 처음 활을 가르칠 때에 이르기를 '지극(三)히 작은 것을 크게 보고 지극히 가는 것을 굵게 보는 연습(四)하여 네 눈에 확실(五)히 크게 보이고 굵게 보이면 그때 와서 활 쏘는 법을 배우라 했다' 기창은 그날로 집에 돌아와 이를 한 마리를 잡아서는 머리털로 묶고 반듯이 앉아 바라보았다. 매일(六) 매일 반복(七) 하여 3년 후 필경(八) 작은 이가 큰 수레바퀴처럼 보였다. 기창은 스승 비위의 비법(九)을 터득하여 공명심(十)에 눈이 어두워 스승을 없애려 하였다. 어느 날 아무도 없는 들판에서 비위와 만나고자 청을 넣었다.

〈응용카드 4〉

※불에 관한 단어와 명칭을 살펴보겠습니다. 아래 문장의 비어있는 단락 안에 알맞은 한자어를 써넣으시오.

<1> 그저께 밤에는 건너편 심산(一)에 산불이 보였다. 백일홍(二)

같이 새빨간 불꽃이 어둠 속에 가깝게 솟아올랐다. 낮부터 타기 시작한 것이 밤이 되어서야 겨우 알려지기 시작한 것이다. 누구에게 먹히는 뽕잎 같이 아물아물 헤어지는 것 같으나 기실(三)은 한자리에서 아롱아롱 타는 것이었다. 아귀(四)의 혀같이 날름거리는 불꽃이 세상(五)에도 아름다웠다. 울밑의 꽃보다도 비단결보다도 무지개보다도 맨드라미 보다도 곱고 장하다. 불은 산등에서 산등으로 들러붙어 골짜기로 타 내려갔다. 화기(六)가 확확 틔워 가까이 갈 수 없었다. 후끈후끈 무더웠다. 나무뿌리가 탁탁 틔어 땅이 쨍쨍 울렸다. 민출한 자작나무는 가지가지에 불이 피어올라 한 포기의 산호수와 같은 불나무로 변하였다.(이효석/『산불』)

<2> 횃불은 사랑의 상징(七), 새벽의 여신 에오스의 횃불은 유명(八)하다. 그리고 전승(戰勝)과 가무(九)에도 횃불을 든다. 아테나 여신이 그리스 군을 도와 페르샤 군을 무찔러 마라돈 코린도에서 전승을 축하할 때, 횃불의 대행진(十) 하였다.(『그리스신화』)

〈응용카드 5〉

※다음 용어의 빈곳에 알맞은 한자어를 써넣으시오.

一. 전쟁은 평화를 위해 있는 것이며, 노동의 의무는 한가한 때의 권태(　　)로 말미암아 있고, 필수 유용한 것은 숭고한 것을 위해서 있지 않으면 안된다. 다시 말해 사람은 노동에 부지런하고 전쟁에 나가지 않으면 안되는 것이지만, 그러나 평화나 한가를 지닌다는 것은 그 이상으로 좋고 안해서는 견딜 수 없는 일이라든가 또는 유용한 일이란 이것을 해치워야겠지만 그러나 숭고한 일을 해 낸다는 것은 그 이상으로 좋은 일이 아닐 수 없다(아리스토텔레스/『정치학』)

二. 평상시에 있어 현명(　　)한 자는 앞으로 있을 지 모를 전쟁에 대비한다.(호메르스/『풍자시』

三. 어쩔 수 없을 때에 싸움은 정당(　　) 하고, 무기 이외에 희망이 없을 때는 무기도 다시 신성하다(마키아벨리/『리비우스론』)

四. 전쟁이라는 것은 가장 비천( ) 하고 죄과가 많은 무리들이 권력과 명예를 서로 빼앗는 것이다(톨스토이/『독서의바퀴』)

五. 전쟁을 비난( ) 해서 말하면, 전쟁은 승자를 바보로 하고 패자를 나쁘게 한다. 전쟁을 변호해서 말하면 앞에 말한 두 개의 작용이 그 어느 경우에서도 야만이 되게 하고 그것에 의해서 보다 자연적으로 낫게 한다.(니이체/『자연적인 너무나 인간적인』)

六. 전쟁으로 인하여 눈뜨게 되는 정욕, 각 국민 간에 생기는 증오는 전승에 대한 숭배, 승리 또는 복수에 대한 갈망은 사람들의 양심을 뭉개어 버리고 높은 협동적 본능을 낮은 맹목적( ) 자아애(自我愛)로 변하게 한다.

七. 궂은 날씨의 본성이 한두 번 내리는 비에 있는 것이 아니라, 며칠에 잇달아 비가 오려는 경향에 있는 것처럼 전쟁의 본성도 실제의 싸움에 있는 것이 아니라, 그 반대적 현상에 대한 보증이 없는 기간 동안 줄곧 거기에 기울어지는 공공연한 경향( )에 있는 것이다. 그밖의 기간은 평화인 것이다.

八. 인간이 전쟁을 하는 것을 잊어버렸을 경우, 그래도 인간에게 많은 것을 기대한다는 것은 공연한 몽상이며 축복할만한 일이다. 저 야영의 거치른 에네르기 그 깊이 맺힌 비개인적인 증오, 그 공명정대한 살인의 냉혈, 적을 섬멸하려고 하는 저 공동의 조직적 격정, 대손해, 자기의 목숨, 전우에 대한 그 자랑스러운 무관심, 그 무거운 지진에라도 비길만한 혼의 진동, 이와같은 것을 타락해 가는 민족에게 커다란 전쟁보다도 더한 것을 굳세게 줄 수 있는 수단( )을 우리들은 지금 전연 모르고 있다(니이체/『인간적인 너무나 인간적인』)

九. 관리를 잘못한 국가의 최초의 만병약( )은 통화의 인플레이며, 두 번째는 전쟁이다. 양자가 다 일시적인 번영을 안겨주고 또한 영구적인 파멸을 안겨다 준다. 그러나 양자 모두 정치적, 경제적, 기회주의자의 피난소다(헤밍웨이/『와야할 전쟁에의 각서』)

〈응용카드 6〉

※ 빈곳에 한자어를 채우시오.

一. □□□□ — 자신의 재주를 몹시 낮추어 말함
二. □□□□ — 일부를 고치려다 전체를 망침
三. □□□□ — 사람의 힘으로는 어쩔 수 없음
四. □□□□ — 도저히 헤아릴 수 없어 이상야릇함
五. □□□□ — 따끔한 충고
六. □□□□ — 자기편끼리 싸움
七. □□□□ — 지난날의 허물을 고치고 착하게 됨
八. □□□□ — 많은 것 중에서 적은 것
九. □□□□ — 의논이 서로 엇갈리어 분분함
十. □□□□ — 방비가 아주 튼튼함
十一 □□□□ — 대들보 위에 올라간 도둑놈
十二. □□□□ — 공의 대소를 논함

〈응용카드 7〉

※다음 빈곳의 괄호 안에 알맞은 한자어를 써넣으시오.

一. 예술(　　)이 쇠퇴할 때 학문은 번영한다. 거기에는 또 직장의 뼈 빠지는 노력이 필요하다. 지식은 예술이 아니기 때문에. (크루시포스)
二. 모든 사람이 배우고 싶어 하지만, 누구도 그 대가를 지불(　　) 하지 않는다(유베날리우스/「풍자시」)
三. 신학의 비밀(　　)은 인간학이다(F.바하)
四. 학문은 어떤 사람에게 있어서는 거룩한 여신이며, 다른 사람에게 있어서는 유능(　　)한 암소다.(실러/「풍자시집」)
五. 아무 것도 배우지 않는 것보다는 무용(　　)한 것이라도 배우는 것이 낫다(세네카).

六. 역사는 인간(　　)을 현명하게 하고, 시는 재주 많은 사람으로 하고 수학은 예민하게 하며, 자연철학은 심원하게 하고, 윤리학은 중후하게 하고, 논리학과 수사학은 의론에 뛰어나게 한다(F.베이컨/수필가)

七. 어진 이를 어질게 여겨 받들되 호색(　　) 함과 바꾸어 성심껏 할 것이며, 부모를 섬기되 능히 힘을 다하여, 임금을 섬기되 신명을 버리며, 벗과 더불어 사귀어 언행에 신의가 있으면 비록 배우지 못했다한들 나는 그를 학문 있는 사람이라 하리라.(공자/『논어』)

八. 배움을 그치지 말라. 관(　　)을 덮을 때까지(한앵/『한시외전』)

九. 오늘 배우지 않아도 내일이 있다고 말아라. 올해 배우지 않아도 내년(　　)이 있다고 하리라. 날과 달은 간다. 나로 하여 늦추지 않나니 아하 늙었구나. 이 누구의 허물인고!(주문공/『권학문』)

十. 학문에 집착(　　)해 있으면 안된다. 그것만으로는 완전 인물이 되어 있지 않기 때문이다.(RW.에머어슨)

〈응용카드 8〉

※다음의 빈곳에 적당한 한자어를 써넣으시오.

◇도살장(一)의 일층에서 소들이 씩씩하게 떼를 지어 아귀아귀 먹고 움메움메 울고 그 중에는 기분 좋게 사랑의 행위(二)를 감행(三)하는 놈도 있다. 그러나 이층에서는 이미 기계(四)가 쇠망치를 내려쳐서 동무들을 때려 뉘이고 짤라 토막을 내고 껍질을 벗기고 내장(五)을 끌어낸다고 생각하면 그보다 강렬한 인상은 없었다. 소들은 어리석게도 어디로 끌려가는 지는 모르는 일이다(S.쯔바이크)

◇황소가 싸움을 시작(六) 하려고 할 때에는 우선(七) 무서운 포효성(八)을 내지르며 그의 분노와 뿔을 시험하여 나무 등치를 들이받고 바람을 치며 공격(九)의 서곡(十)으로 발밑에 흙먼지를 파헤

쳐 던진다.(베르길리우스)

〈응용카드 9〉

※다음의 비어있는 □□ 안에 알맞은 한자어를 써넣으시오.

一. □□(응원) — 뒤쪽에서 선수들을 성원해 주는 것
二. □□(경기) — 기술이나 재간이 낫고 못함을 겨룸
三. □□(공격) — 방어를 하다 반대로 나섬
四. □□(부상) — 명성 등이 표면에 떠오름
五. □□(고배) — 쓰라린 경험에 대한 말
六. □□(영패) — 점수를 한 점도 내지 못하고 지는 것
七. □□(완봉) — 야구에서 점수를 한 점도 내주지 않음
八. □□(각축) — 이기려고 서로 경쟁함
九. □□(건각) — 튼튼한 다리. 잘 걸음
十. □□(격파) — 적을 쳐부수는 것

〈응용카드 10〉

※다음의 빈곳에 적당한 한자어를 써넣으시오.

◇나는 일에 몰두(一) 하여 자신(二)을 잊어야 한다. 그렇지 않으면 절망(三) 속에서 위축(四) 되고 말 것이다. 우리들 대부분은 매일 쉴새 없이 일하고 있기 때문에 일에 몰두하기란 어렵지 않으나 그 일이 끝난 후의 시간이 위험한 것이다. 자유롭게 자기의 시간을 즐기게 되고 가장 행복해야만 할 때에 고민(五)이라는 이름의 마귀가 우리를 공격해 오는 것이다(테니슨)

◇그대가 만약 술을 만드는 양조업자거든 그대의 양조장을 굳게 지키라. 그대가 만약 옷감을 짜는 방직업자거든 그대의 방직공장(六)을 굳게 지켜라. 사람은 한가지 길로 굳게 나간다면 대성할 수 있다. 그러나 혹시(七) 그대가 양조업과 방직업과 제빵을 겸한다

면 모두 실패하리라.(로스차일드)

◇온갖 즐거운 행복감이나 어떤 내면적 평화라든지 행복한 마비상태(八) 등은 일정한 사업에 몰두 하는 인간의 신경을 진정시키는 것이다(포이즈/『불안을 망각하는 기술』)

◇물리학자(九) 아이작 뉴턴은 연구에 몰두하면 다른 것은 생각하지 않는 것으로 유명했다. 늙어서 이런 일이 있었다. 난로 곁에 있으려니 더워서 견딜 수가 없었다. 참다못해 하인을 불러 난로의 불을 끌어내게 하였다. 하인이 말했다.

'선생님 어찌하여 의자(十)를 뒤로 물리시지 않으십니까?' '맞아 그런 방법이 있구만'.

모범답안과 해설

〈응용카드 1〉

一. 감탄(感歎) 二. 신하(臣下) 三. 지당(至當) 四. 정색(正色)
五. 의중(意中) 六. 정치(政治) 七. 관심(關心) 八. 친척(親戚)
九. 심문(審問) 十. 문전성시(門前成市)

〈응용카드 2〉

一. 誇大妄想 二 .桑田碧海 三 .燈火可親 四. 寤寐不忘
五. 喜喜樂樂 六. 漸入佳境 七. 敗家亡身 八. 至極精誠
九. 率先垂範 十 .明若觀火

〈응용카드 3〉

一. 有名 二. 弟子 三 .至極 四. 練習 五. 確實
六. 每日 七. 反復 八. 畢竟 九. 秘法 十. 功名心

〈응용카드 4〉

一. 深山 二. 百日紅 三. 其實 四. 餓鬼 五. 世上
六. 火氣 七. 象徵 八. 有名 九. 歌舞 十. 大行進

〈응용카드 5〉

一. 倦怠 二. 賢明 三. 正當 四. 卑賤 五. 非難
六. 盲目的 七. 傾向 八. 手段 九. 萬病藥

〈응용카드 6〉

一. 淺學菲才 二. 矯角殺牛 三. 不可抗力 四. 不可思議
五. 頂門一鍼 六. 自中之亂 七. 改過遷善 八. 九牛一毛
九. 甲論乙駁 十. 金城鐵壁 十一. 梁上君子 十二. 論功行賞

〈응용카드 7〉

一. 藝術 二. 支拂 三. 秘密 四. 有能 五. 無用
六. 人間 七. 好色 八. 棺 九. 來年 十 .執着

〈응용카드 8〉

一. 屠殺場 二. 行爲 三. 敢行 四. 機械 五. 內臟
六 .始作 七. 于先 八. 咆哮聲 九. 攻擊 十. 序曲

〈응용카드 9〉

一. 應援 二. 競技 三. 攻擊 四. 浮上 五. 苦杯
六. 零敗 七. 完封 八. 角逐 九. 健脚 十. 擊破

〈응용카드 10〉

一. 沒頭 二. 自身 三. 絶望 四 .萎縮 五. 苦悶
六. 紡織工場 七. 或是 八 .痲痺狀態 九. 物理學者 十. 椅子

제8장

<자>

煮 豆 燃 豆 萁
자 두 연 두 기

• 出典 : 『세설신어』
• 文意 : 형제가 서로 다투며 죽이려 함
삶을 자 / 콩 두 / 사를 연 / 콩 두 / 콩대 기

조조(曹操)는 자신의 죽음을 앞두고 누구를 보위에 앉힐 것인가에 고심했다. 맏아들 조비(曹丕)는 심성이 악하여 제왕으로 적합하지 못하고, 셋째 조식(曹植)은 덕성이 아름다워 능히 보위를 잇기에 적합하다고 평하였다.

궁안의 여러 정황으로 볼 때 분란이 일어날 조짐이 있어 조조는 조비로 하여금 보위를 잇게 하였다. 조비는 태자로 책봉되고 조조를 이어 위문제(魏文帝)가 되었다. 어느 날 조비는 겨우 열살 밖에 안된 동생에게 일곱 걸음을 걷는 동안에 시를 짓지 못하면 국법으로 엄히 다스리겠다고 명을 내렸다. 그러자 조식은 다음과 같은 시를 지었다.

콩을 삶는데 콩깍지를 태우니(煮豆燃豆萁) / 콩이 솥 가운데서 운다 / 본래 이들은 같은 뿌리에서 나왔는데 / 서로 삶길 어찌 급히 구는가

自 暴 自 棄
자 포 자 기

• 出典 : 『맹자』의 「이루편 상」
• 文意 : 자신을 내던져 학대함
스스로 자 / 사나울 포 / 스스로 자 / 버릴 기

『맹자』에 나오는 말이다.

『맹자』의 「이루편 상(離婁篇上)」에는 다음과 같은 내용이 눈길을 끈다.

스스로 해치는 사람과는 더불어 말할 것이 못 되고(自暴者 不可與有言也)

스스로 자신을 버리는 사람과는 더불어 행동할 것이 못되는 것이니(自暴者 不可與有爲也)

말로 예의를 헐뜯는 것을 스스로 해친다 말을 하고(言非禮義 謂之自暴也)

자기의 몸은 인에 살거나 의에 따르지 못한다고 하는 것을 스스로 버린다고 말한다(吾身不能居仁由義 謂之自暴也).

才高八斗
재 고 팔 두

• **出典** : 조식(曹植)의 시
• **文意** : 문인의 재질이 뛰어남
재주 재 / 높을 고 / 여덟 팔 / 말 두

조조의 뒤를 이어 보위에 오른 조비(曹丕)는 왕위 계승권을 위협하는 조식(曹植)을 미워하여 어떻게든 죽일 구실을 찾고 있었다.

장차 대세가 그에게 기울어 질 것을 염려하여 부친의 문상을 핑계삼아 대장 허도로 하여금 4천여의 병사를 데리고 가서 잡아오게 하였다. 조비의 모친 잡씨(卞氏)가 나선 것은 이 무렵이었다. 그녀는 눈물을 흘리며 통사정을 했다.

"너의 동생 식이의 재주가 여덟 말(才高八斗)이라는 소문이 있으나 권좌에 뜻이 없다는 것은 네가 알고 있지 않느냐. 그러니 어떠한 잘못이 있더라도 목숨만은 보존시켜 주어라."

모친의 간곡한 청을 물리치지 못하고 조비는 그렇게 하겠다고 승낙했다.

錢可通神
전 가 통 신

• **出典** : 『당서(唐書)』
• **文意** : 돈의 힘이 일의 결과를 좌우한다
돈 전 / 옳을 가 / 통할 통 / 귀신 신

당나라 때에 장연상(張延賞)이라는 관리는 경학에 뛰어났다. 그는 정치를 하는 데 능통하여 승진을 거듭하더니 하남 땅의 부윤(府尹)이라는 자리에 임명되었다. 이때 중요한 사건을 접하자 황제의 친척까지도 잡아들였다

다음날 한 통의 서찰이 장연상에게 배달되었다. 거기에는 3만냥을 바칠 것이니 더 이상 사건을 추궁하지 말아달라는 내용이었다. 장연상은 크게 노하여 서찰을 갈가리 찢어버렸다.

다음날 다시 한 통의 서찰이 배달되었다. 거기에는 '십만관(十萬貫)'이라고만 씌어 있었다. 장연상은 이 사건을 흐지부지 처리해 버렸다. 누군가 그 이유를 물었을 때 이렇게 말했다.

"10만 관이면 귀신도 살 수 있거든(錢可通神). 내가 못할 바 없지."

戰戰兢兢
전전긍긍

• 出典 : 『시경』, 『논어』
• 文意 : 겁을 먹고 몸을 움츠림
두려울 전 / 두려울 전 / 조심할 긍 / 조심할 긍

『시경(詩經)』에 나오는 시는 서주(西周)의 말엽에 모신(謀臣)들이 군주의 측근에서 정치하는 것을 개탄한 것이다. 옛 법을 무시한 정치가 자행되는 것을 한탄한 내용이다.

맨손으로 호랑이를 잡을 수가 없고 / 걸어서 황하를 건널 수 없네
모두 다 알고 있건만 / 도리어 먼일은 모르는구나
두렵게 여겨 경계하라(戰戰兢兢) / 깊은 못 물 임한 듯
엷은 얼음을 밟는 듯

그런가하면 『논어』의 「태백편」에는 증자가 병이 깊어지자 제자들을 불러 말한 대목이 있다. 증자는, '이불을 들치고 내 손발을 잡아보라. 매우 두려운 듯 겁내고 삼가기를 깊은 못에 다다른 듯 엷은 얼음을 건는 듯 하라 했다. 그걸 알겠노라' 하였다.

輾轉反側
전전반측

• 出典 : 『시경』「주남의 관저」
• 文意 : 밤새 뒤척이며 잠을 이루지 못함
돌아누울 전 / 구를 전 / 뒤집을 반 / 기울 측

『시경』의 첫 편인 「주남(周南)의 관저(關雎;물수리)에 나오는 내용이다.

운다 운다 물수리 섭가에서 물수리 / 아리따운 아가씨 사나이의 좋은 짝 올망졸망 조아리기를 이리저리 헤치며 / 아리따운 아가씨 자나깨나 그리네 / 그리워도 못 이룰 자나깨나 그 생각 / 가없는 그리움에 잠못들어 뒤척이네(輾轉反側)

이것은 남녀의 순수한 애정의 노래다. 이전에는 남녀 관계가 문란하다했는데 문왕(文王)의 교화로 말미암아 여인들이 정숙해져 남자들이 함부로 유혹하지 못하는 데서 유래를 찾을 수 있다. 그러므로 이 시의 내용을 정풍(正風)이라 한다. 공자께서는 이렇게 말했다.

"관저는 즐거우면서 음탕하지 않고 슬프지만 마음을 상하지 않는다(關雎樂而不淫 哀而不傷)".

轉 禍 爲 福
전 화 위 복

• 出典 : 『십팔사략』
• 文意 : 화가 변하여 복이 됨
구를 전 / 재앙 화 / 하 위 / 복 복

소진(蘇秦)과 장의(張儀)는 귀곡 선생의 제자로 둘다 세객들이다. 처음에 소진은 한(韓)나라 선혜왕을 찾아가 합종책을 펼쳤다. 이때 진나라에서 온 인물이 장의였다. 그는 소진의 합종을 정면으로 부인하여 말했다.

"지금 한나라의 강산을 돌아보면 대체로 산이 많은 편입니다. 이것은 나라 안에서 생산되는 물건이 적다는 것을 의미합니다. 어디 그뿐입니까. 지금 한나라의 국력으로 진나라를 대적하는 것은 계란으로 바위를 치는 격입니다. 그러므로 진나라를 대적하는 것 보다 차라리 섬기는 것이 훨씬 이로울 것입니다. 나라를 구할 수 있으니 이것이 전화위복(轉禍爲福)이 아니겠습니까."

결국 양왕은 진나라에 선양의 땅을 바치고 전쟁을 피했다.

竊 符 求 趙
절 부 구 조

• 出典 : 『십팔사략』
• 文意 : 병부를 훔쳐 조나라의 위난을 구함
훔칠 절 / 병부 부 / 구할 구 / 조나라 조

안회왕 20년에 조나라의 군사를 장평(長平)에서 크게 깨뜨린 진나라는 수도 한단을 포위하였다. 신릉군의 자형인 주나라의 평원군은 조나라 혜문왕의 아우였다.

혜문왕과 평원군은 각각 안회왕과 신릉군에게 거듭 사람을 보내 요청하였다. 그러나 진나라는 조나라를 돕는 나라가 있으면 조나라를 깨뜨린 다음 그 나라를 치겠다고 위협함으로 신릉군이 왕에게 간청을 해도 왕은 진나라가 무서워 허락하지 않았다. 스승처럼 여기는 후영 노인의 모사를 따라, 왕의 침실에서 안회왕이 총애하는 여희를 이용해 호부(虎符)를 훔치고 후영의 권고로 밤을 세워 군대가 주둔해 있는 국경으로 달려가 진비 장수에게 주었다. 절부를 보고도 지휘권을 넘겨주지 않자 주해는 40근 철퇴를 꺼내 머리를 쳐죽였다.

井 中 之 蛙
정 중 지 와

• **出典** : 『후한서』, 『장자』
• **文意** : 견문이 좁은 사람을 가리킴
우물 정 / 가운데 중 / 의 지 / 개구리 와

전한이 망하자 왕망은 신(新)나라를 세웠다.
이 무렵 마원(馬援)이라는 인물이 있었다. 그는 죄인을 호송하는 군장이었는데 언젠가 호송하던 죄인을 풀어주고 북방으로 몸을 피했다. 세월이 흘러 농서의 외효가 마원을 불러 막료로 삼았다. 이때 공손술이라는 자가 촉 땅에서 제(帝)를 칭하고 있었다. 둘은 같은 고향 사람이었기에 사신의 임무를 띠고 찾아갔으나 마원은 거드름을 피우는 상대에게 크게 실망했다.

마원은 그의 됨됨이를 외효에게 들려주었다.

"공손술은 우물 안의 개구립니다. 상대를 하지 마십시오. 이번에는 유수(광무제)를 만나 보겠습니다."

마원은 유수를 만나보고 그를 주인으로 삼았다.

糟 糠 之 妻
조 강 지 처

• **出典** : 『후한서』의 「송홍전」
• **文意** : 어려울 때 함께 고생한 아내
지게미 조 / 지게미 강 / 의 지 / 아내 처

후한의 광무제에게는 호양공주(湖陽公主)라는 누님이 있었다. 그 공주는 일찍 출가하였는데 과부가 되어 있었다. 어느 날 광무제가 재혼할 생각이 있느냐고 묻자 그녀는 대사공(大司空) 직책에 있는 송홍(宋弘)을 사모하고 있다고 말했다.

"송홍과 같은 사람이라면 시집을 가겠어요."

그러나 문제는 송홍에겐 아내가 있다는 점이었다. 광무제는 누님을 옆방에 있게 한 후 송홍을 불러 대사공 지위에 있으니 아내를 바꾸는 것이 어떻겠느냐 말했다. 송홍이 답했다.

"아닙니다, 폐하. 소신은 가난할 때에 사귄 친구를 잊지 말고 조강지처는 내치지 않는 것이 옳다고 생각합니다."

어려울 때 사귄 친구와 함께 고생한 아낸 버릴 수 없다는 말이었다.

朝 令 暮 改
조 령 모 개

• 出典 : 『사기』의 「평준서」
• 文意 : 명이 일관성 없이 내리는 것
아침 조 / 법 령 / 저녁 모 / 고칠 개

전한의 문제와 경제 때에 어사대부를 지낸 조착(鼂錯)은 학문이 빼어나 늘 황제에게 제후의 영토를 줄일 것과 법령의 개정과 변경을 침탈하는 흉노에 대하여 헌책 했다.

"요즈음 흉노가 자주 변경을 침탈하여 약탈해 가므로 변방엔 곡식이 부족합니다. 흉노가 변방을 침략하여 약탈을 자행하기 때문에 둔수(屯戍;경작하면서 수비하는 일)하는 사람이 많아져 변방의 수확량으로 공급할 식량이 부족합니다. 다섯 명 가족의 농가에서는 부역이 무겁기 때문에 농사를 짓는 데에 어려운 점이 많습니다. 또한 아침에 내려온 명령이 저녁에 다시 고쳐 내려오니(朝令暮改) 전답을 지닌 사람들도 그것을 반값에 팔고 남은 빚은 아녀자를 팔아 갚는다고 합니다."

朝 三 暮 四
조 삼 모 사

• 出典 : 『열자』, 『장자』
• 文意 : 실제로 농락하는 것
아침 조 / 석 삼 / 저물 모 / 넉 사

송(宋)나라 때에 저공(狙公)이라는 이가 있었다. 본래의 이름이 있었을 터이지만 워낙 원숭이를 좋아했기 때문에 그렇게 붙여진 것으로 풀이된다.

저공은 원숭이의 속내를 훤히 꿰뚫었다. 그러나 사정이 어려워지자 부득이 원숭이에게 줄 식량을 줄일 수밖에 없었다.

"이제는 너희들에게 도토리를 제한해 줄 수밖에 없다. 아침에는 셋, 저녁에는 네 개를 주겠다."

그러자 원숭이들은 마구 화를 냈다. 아침에 도토리 세 개를 먹는 것은 너무 배가 고프다는 것이었다. 저공은 다시 말했다.

"아침에는 넷, 저녁에는 세 개를 주겠다. 어떠냐?"

『장자』에서는 실제로 농락하는 것을 '조삼(朝三)'이라 표현한다.

釣 而 不 網

조 이 불 망

- **出典** : 『논어』의 「술이편」
- **文意** : 낚시질은 하되 그물질은 않는다

낚시 조 / 어조사 이 / 아니 불 / 그물 망

「술이편」에 나오는 원문에는 '낚시질은 하되 그물질은 하지 않았으며, 주살질은 하되 자는 것을 쏘지 않았다'고 적고 있다. 여기에 나오는 '망(網)'은 적당한 간격을 두고 여러 개의 실을 만들고 그 실 끝에 낚시를 장치한 것이다.

이것으로 강물을 가로질러 설치하면 고기들이 유영을 하다가 걸려든다. 흔히 이러한 모양을 줄 낚시라 부른다.

공자는 왜 이런 말을 했을까. 그 이유는 무엇인가? 낚시의 경우는 고기를 많이 잡는 데 목적이 있었던 것이 아니다. 그런 점에서 낚시는 당연히 한가로움을 달래는 데에 그 목적이 있었을 것이다. 그러므로 줄 낚시(그물질)은 하지 않는다고 한 것이다. 이른바 중용지도(中庸之道)를 뜻한다.

조 장

- **出典** : 『맹자』의 「공손축편」
- **文意** : 사물이나 일을 도와 성장시킨다

도울 조 / 넉넉할 장

어느 때인가 공손축(公孫丑)이 맹자에게 물었다

"선생께서 제나라 재상이 되는 성공을 거둘 생각은 없으십니까?"

"호연지기를 기르려면 도의에 맞아야 한다. 기(氣)만을 목적으로 기르는 것도 안되며 그렇다고 기를 잃어버리는 것도 좋지 않다. 송나라 사람처럼 억지로 안절부절못하여 조장(助長)하는 것은 옳지 못하다."

맹자가 가리키는 송나라 사람은 춘추 시대의 평범한 농부였다. 어느 날 모를 심었는데 잘 자라지 않자 모를 하나씩 잡아당겨 주었다. 일을 마친 농부는 집안으로 들어가 자신이 행한 일을 들려주었다.

"오늘은 몹시 피곤해 모가 잘 자라도록 도와주고(助苗長) 왔지."

이 말을 들은 그의 부인은 논으로 달려갔다. 모는 이미 죽어 있었다.

左 袒
좌 단

• **出典** : 『사기』의 「여후본기」
• **文意** : 어느 한 쪽을 지지하는 것
왼쪽 좌 / 옷을 벗어 던질 단

한고조 유방의 부인이 여치(呂雉)다.
유방이 세상을 떠난 후 평소 고조의 총애를 받았던 척희를 잔혹하게 살해하는 잔혹성을 보였다. 그러므로 자신이 운명하기 전에 북군은 여록에게 남군은 여산에게 맡겼다.

자신의 사후 어떤 일이 있더라도 병권을 놓아서는 안 된다고 당부했다. 여치가 세상을 떠나자 술로 세상을 보내던 진평이 돌아왔다. 그리고는 역기를 이용해 여록을 움직이는 방책을 일러주었다. 모든 계책이 성공하여 상장군으로 복귀한 주발은 병사들을 모아놓고 말했다.

"여러분의 뜻을 막지 않겠소. 여씨의 횡포를 묵인한다면 오른쪽 어깨를 벗고, 나와 뜻을 같이 하면 왼쪽 어깨를 벗고(左袒) 따르시오."

사람들은 왼쪽 어깨를 벗고 여씨 타도를 외쳤다.

座 右 銘
좌 우 명

• **出典** : 『공자가어』
• **文意** : 스스로를 경계하기 위한 경구
자리 좌 / 오른쪽 우 / 새길 명

'좌우명'이라는 것은 요즘처럼 전후 앞뒤에 걸어놓고 반성의 재료로 삼는 경구가 아니었다. 본래의 좌우명은 '술독'이었다. 제나라에 왔던 공자는 어느 날 이 술독을 보았는데 무릎을 치며 감탄하였다. 술독을 가져오게 하여 술을 채웠다.

제자들은 스승의 명에 따랐다. 비스듬히 서 있던 술독에 물이 부어지자 점점 똑바로 되었다. 이윽고 물이 가득 차 오르자 술독은 다시 쓰러져 버렸다.

"보았느냐. 학문을 하는 것도 이와 다름이 없다. 많이 배웠다고 교만을 떠는 것은 반드시 화를 부를 것이다. 이 점을 명심해야 한다."

공자는 고향으로 돌아왔을 때, 묘당에서 보았던 술독을 만들어 스스로를 경계하였다.

酒池肉林
주 지 육 림

• 出典 : 『십팔사략』
• 文意 : 음란하고 호화스러운 행위
술 주 / 못 지 / 고기 육 / 수풀 림

하왕조의 19대 제왕 사이계가 백여만의 대군을 이끌고 시부락(施部落)으로 쳐들어갔다. 이들을 대적할 수 없었던 시부락에서는 급히 공물을 내놓고 화친을 제의하였다. 그러한 화친의 공물 가운데 추장의 딸 시매희(施妹喜)가 있었다.

그녀의 모습을 본 사이계는 단숨에 반해 버렸다. 사이계는 그녀의 환심을 사기 위해 50평방 킬로미터가 되는 연못의 물을 퍼내고 술을 채우고 근처 숲에 고기를 매달아 고기 숲을 만들었다.

"북을 쳐라?"

사이계의 명이 떨어지면 벌거벗은 신하들은 술연못으로 달려갔다. 그리고는 다시 북소리에 맞추어 술연못의 술을 마셔댔다. 물론 안주는 고기 숲에 걸린 것을 뜯어먹었다. 이른바 주지육림 놀이다.

竹馬之友
죽 마 지 우

• 出典 : 『진서(晉書)』의 「은호전」
• 文意 : 대나무 말을 타고 놀았던 친구
대나무 죽 / 말 마 / 의 지 / 벗 우

은호(殷浩)라는 이가 숙부와 함께 역(易)을 공부하였는데, 어느 날 한 사람이 찾아와 꿈풀이를 해달라고 청을 넣었다.

"제가 꿈에 관(棺)을 보고 더러운 것을 보았습니다."

"관리란 썩을 대로 썩어 냄새가 나기 마련. 그렇기에 꿈속에서 관을 보게 되고 더러운 것을 보게 되는 것이네. 관리가 되는 꿈이네."

세월이 흘러 후조(後趙)에 반란이 일어나자 은호를 중군장군으로 삼아 정벌하게 하였다. 그런데 출발할 즈음 말에서 떨어지는 바람에 불길하게 여겼는데 크게 패하여 돌아왔다. 이것을 다행으로 생각한 것은 환온 뿐이었다. 그는 은호를 규탄하는 상소를 올렸다.

"그와 나는 죽마를 타고 놀았다. 내가 싫증 나서 버리면 그가 가지고 놀았으니 내 밑에 있는 게 당연하다."

衆 口 難 防
중 구 난 방

• 出典 : 『십팔사략』
• 文意 : 많은 사람이 떠들면 막기 어렵다
무리 중 / 입 구 / 어려울 난 / 막을 방

소공(召公)이 주여왕(周厲王)의 언론 탄압에 대하여 자신의 생각을 털어놓았다.

"무력을 사용해 백성들의 입을 막는 것은 내(川)를 막는 것보다 더한 것입니다. 백성들이 말을 하고자 할 때엔 그냥 두는 게 좋습니다."

그러나 여왕은 이 말을 듣지 않고 계속하여 함구령을 말고 나갔다. 그가 계속 폭정의 칼을 휘두르자 폭동이 일어나 도망을 치다가 잡히어 평생 동안 갇혀 사는 결과를 초래하였다. 그가 갇혀있는 동안에 대신들은 합의하여 정치를 하는 '공화 정치'를 탄생시켰다.

춘추시대 송나라 사람 화원(華元)이 성을 쌓는 책임자로 있을 때에 그가 적국에 포로가 된 것을 비웃어 노래를 부르자 그는 태연히 '여러 사람들의 입은 막기가 어렵다(衆口難防)' 하고 나타나지 않았다.

指 鹿 爲 馬
지 록 위 마

• 出典 : 『사기』의 「진시황본기」
• 文意 : 위압을 가하여 상대를 속이려 함
가리킬 지 / 사슴 록 / 하 위 / 말 마

진시황이 천하를 순행하는 중 사구(沙丘)에서 세상을 떠나자 환관 조고(趙高)는 유언을 거짓으로 짜 맞추어 호해(胡亥)를 2세 황제로 만들고 부소는 칙명을 사칭해 자살시켰다. 자신의 뜻대로 되어가자 조고는 경쟁자 이사(李斯)를 죽이고 자신의 뜻에 반대하는 대신들은 누구라 할 것 없이 궁에서 몰아냈다.

이렇게 되자 이번에는 호해가 앉은 용상이 탐이 났다. 우선은 조정 중신들의 의향이 어떤 지를 알아보는 게 급선무였다. 그는 호해 황제 앞에 사슴 한 마리를 끌고 와 말했다.

"그건 사슴이 아니오?"

조고는 말이라고 우겼다. 이렇게 하여 조정의 신하들에게 물었는데 말이라 하는 자도 있고 사슴이라고 하는 자도 있었다.

紙 上 談 兵

지 상 담 병

• 出典 : 『사기』의 「염파, 인상여열전」
• 文意 : 실제로는 도움이 되지 않은 이론
종이 지 / 윗 상 / 말씀 담 / 군사 병

전국시대에 조나라의 장수 조사(趙奢)에게는 조괄(趙括)이란 아들이 있었다. 대다수 사람들은 그의 용병술에 대한 이론에 대하여 칭찬했으나 그의 부친만은 달랐다.

"조괄의 말은 이론일 뿐이야. 실전에서는 전연 도움이 되지 않아."

얼마후 진나라가 조를 침공했다. 노장 염파 장군 만이 명을 받고 장평이라는 곳에서 적과 대치하고 있었다. 진나라에서 유언비어를 퍼뜨렸다. 진나라에선 조괄이란 장수를 두려워한다는 것이었다.

효성왕은 염파를 파면시키고 조괄을 대장으로 임명했다. 조괄의 모친을 비롯해 노장수들이 철회하여 달라는 상서를 올렸으나 소용이 없었다. 조괄은 당당히 출정했으나 전투에 나가 크게 패하였다. 역사에서는 이 전투에 대한 기록을 '장평지화(長平之禍)'라 쓰고 있다.

지 음

• 出典 : 『열자』의 탕문편
• 文意 : 마음이 통하는 절친한 친구
알 지 / 소리 음

춘추시대 진(晉)나라에 거문고의 연주를 잘 하는 유백아(兪伯牙)라는 이가 있었다. 그의 음악을 이해한 것은 초나라 사람 종자기(種子期)였다. 그는 초라한 나무꾼이었다. 유백아가 높은 산울림으로 거문고를 타면 종자기는 정확하게 짚어냈다.

어느 때인가 유백아가 종자기를 찾아갔는데 이미 그는 죽고 없었다. 그는 종자기의 묘 앞에서 거문고를 부숴 버렸다. 자신의 거문고 소리를 알아줄 사람이 없으니 더 이상 탈 필요가 없다는 것이었다.

『여씨춘추』에는 이러한 두 사람의 일화를 적고 '백아절현(伯牙絶絃)'이라 하였다. 종자기라는 친구가 죽은 뒤에는 거문고 줄을 끊고 다시는 타지 않았다는 내용이다.

여기에서 '백아절현'이 생겨나 '지음'이라는 것과 함께 쓰인다.

知 足 者 富
지 족 자 부

• **出典** : 『노자』「33장」
• **文意** : 만족할 줄 모르면 가난하다는 뜻
알 지 / 다리 족 / 놈 자 / 많을 부

어떤 상황에 처하여도 그 범위를 만족할 줄 알아야 한다. 이 성어가 예전에는 구도 생활을 목적으로 정진하는 사람들에게 통용되기도 하였다.

『노자』의 「33장」에서 소철은 이렇게 풀이하였다.

"만족을 할 줄 아는 사람은 도처에서 만족을 느껴 아직껏 부족함을 느껴본 일이 없다. 천하를 갖는다고 하여도 항상 부족한 것을 느끼는 사람은 평생을 만족할 줄 모른다."

그런가하면 『설원담총(說苑談叢)』에는, '부는 만족하는 데 있다(富在知足)' 하였으며

『명심보감(明心寶鑑)』에는,

'만족할 줄 알면 항상 즐겁다(知足常樂)'고 한다.

知 之 者
지 지 자

• **出典** : 『논어』의 「위정편」
• **文意** : 슬기롭게 대처하는 사람
알 지 / 이를 지 / 놈 자

공자의 제자 자로(子路)는 솔직하고 용기가 있었지만 강박한 면이 짙었다. 무슨 일을 할 때에도 덮어놓고 큰소리부터 내는 바람에 스승으로부터 여러 차례 꾸중을 들었다.

어느 날 공자께서 자로를 불러 앉혔다.

"자기가 아는 것은 남에게 얘기해도 무방하다. 그러나 자기가 모르는 것은 분명 모른다고 대답해야 한다. 이렇게 하는 것이야말로 아는 것이다."

자로는 그렇게만 대답했다. 자로에게 말한 공자의 의도는 무엇인가? 그것은 평소에 큰소리 치는 것을 좋아하는 자로로 하여금 생각하게 한 것이다. 무엇인지 모르고 있으면서도 큰소리를 치는 것이 결코 바른 이치가 아니라는 것이다.

여해 한문서당 12단계 선정 문제

제8단계

〈응용카드 1〉

※ 다음의 괄호 안에 적당한 한자어를 써넣으시오.

◇사람을 알아보는 데는 눈동자보다 좋은 것이 없다. 눈동자는 그 악을 덮지 못한다. 흉중(一)이 바르면 눈동자가 밝고 흉중이 바르지 못하면 눈동자가 바르지 못하다(『맹자』)

◇우리들은 눈이 둘 있다고 하여 그만큼 조건(二)이 좋아지는 것은 아니다. 한눈엔 인생(三)의 좋은 부분(四)을 보는 데 쓰여진다. 선을 보는 편의 눈을 가리는 나쁜 버릇을 갖는 사람은 많지만 악을 보는 편의 눈을 가리는 사람은 얼마 되지 않는다(볼테에르/『애꾸눈 인생』)

◇하나의 눈은 탄환(五)을 재어 겨눈 총처럼 위협을 할 수도 있다. 꾸짖거나 걷어차는 것 같은 모욕(六)을 줄 수도 있다. 그러나 그와 다른 환경 아래서는 친절(七)의 빛으로써 마음을 기쁨으로 뛰놀게 할 수도 있다(에머슨/「생활관리」)

◇하후돈이 여포를 공벌(八) 하다가 왼눈에 화살을 맞고 눈이 상했다. 그때 하후돈은 하후연과 함께 군수(軍帥)가 되어 군을 지휘하던 중 눈이 상한 후로는 하후돈을 가리켜 맹하후(盲夏侯)라 하였다. 하후돈은 그 말이 듣기 싫어 거울만 보면 노기등등하여 거울을 깨뜨렸다(『위서』)

◇그녀의 눈에는 근심이 들어있다. 주위에는 명암(九)에 따라 담갈

색에서 청색(十)으로 또 쇠빛으로 변했다(존.스타인백/『불만의 겨울』

〈응용카드 2〉

※괄호 안에 한자어의 정확한 음을 써넣으시오.

一.敗北(　　) 二.龜裂(　　) 三.洞察(　　) 四.散炙(　　)
五.暴虐(　　) 六.恰似(　　) 七.降伏(　　) 八.拓本(　　)
九.正鵠(　　) 十.充溢(　　)

〈응용카드 3〉

※다음의 빈곳에 알맞은 한자어를 채워 넣으시오.

안간사(一)의 길하고 흉한 일은 고정(二) 되어 있는 것은 아니다. 행이나 불행은 변(三)하는 것이다. 이것은 기쁨과 슬픔이 부질없음을 비유(四)로서 말하는 것이다. '새옹지마'의 새옹(五)은 국경 근처(六)의 요새(七) 주변에 살고 있는 노인이라는 뜻이다.

얘기의 전말(八)을 알아보면 내용이 이러하다. 옛날 중국의 북방 성채(九) 부근에 살던 점쟁이의 말이 도망(十) 갔다. 이웃 사람들이 위로(十一)의 말을 해 주자 점쟁이는, '가까운 시일 안에 반드시 좋은 일이 있다'고 말했다. 노인의 예측대로 도망친 말은 한 마리의 좋은 말을 데려 왔다. 이웃 사람이 축하(十二)해 주자 '화를 가져올 지도 모른다'고 하였다. 아닌게 아니라 노인의 아들이 말을 타고 나갔다가 부상(十三)을 당했다. 그러나 전쟁이 일어났을 때 이로 인해 나가지 않았으므로 징병(十四)을 면(十五)하게 되었다.

〈응용카드 4〉

※다음의 빈곳에 알맞은 한자어를 채워 넣으시오.

一. 服從(복종) : □□(반항)
二. 鈍感(둔감) : □□(민감)
三. 暗黑(암흑) : □□(광명)
四. 損害(손해) : □□(이익)
五. 儉素(검소) : □□(사치)
六. 謙遜(겸손) : □□(오만)
七. 不信(불신) : □□(신뢰)
八. 客觀(객관) : □□(주관)
九. 稱讚(칭찬) : □□(비난)
十. 否定(부정) : □□(긍정)

〈응용카드 5〉

※다음의 문항은 앞 항목과 연계됩니다. 각 문항의 반대어를 빈곳에 써넣으시오.

一. 無效(무효) : □□(유효)
二. 否認(부인) : □□(인정)
三. 過激(과격) : □□(온건)
四. 急騰(급등) : □□(폭락)
五. 近海(근해) : □□(원양)
六. 拒絶(거절) : □□(수락)
七. 不況(불황) : □□(호황)
八. 進化(진화) : □□(퇴화)
九. 實在(실재) : □□(架空)
十. 消極(소극) : □□(적극)
十一. 間選(간선) : □□(직선)
十二. 絶對(절대) : □□(상대)
十三. 原則(원칙) : □□(변칙)
十四. 原告(원고) : □□(피고)

十五. 支出(지출) : □□(수입)
十六 全體(전체) : □□(부분)
十七 分析(분석) : □□(종합)
十八. 私有(사유) : □□(공유)
十九. 留任(유임) : □□(전임)
二十. 統合(통합) : □□(분리)

〈응용카드 6〉

※다음의 빈곳에 한자어를 써넣으시오.

◇상자(一)를 열고 부대 주머니를 뒤지고 궤짝을 들추고 도둑을 막기 위해서는, 노끈으로 잡아매거나 빗장이나 자물쇠를 단단히 하면 되는 것이다. 이것은 세상(二)의 이른바 지혜(三)라는 것이다. 그러나 큰 도둑은 오면 궤짝을 지고 상자를 들고 주머니를 메고 달아나면서도 오히려 노끈이나 자물쇠가 실하지 않을까 걱정하는 것이다. 그렇다면 앞에서 말한 바 지혜 있는 사람이란 차라리 큰 도둑을 위하여 재물(四)을 쌓아둔 사람이 되지 않는가?
◇계강자가 도적(五)을 근심하여 공자에게 물었다. '진실(六)로 욕심(六) 내지 아니하면 비록 상(七)을 주어도 도적될 자는 없다'.
◇시냇물이 마르면 골짜기의 물이 없어질 것이요, 언덕이 무너지면 깊은 못이 메일 것이며, 성인(八)이 죽으면 큰 도적은 일어나지 않아서 천하(九)는 태평(十) 하여 스스로 일이 없을 것이다.

〈응용카드 7〉

※다음의 괄호 안의 빈곳에 알맞은 한자어를 써넣으시오.

一. 매춘부(　　)의 참된 범죄는 직업 도덕의 공허함을 적나라하게 했다는 것이다(러셀/「교육에 대하여」)
二. 너희가 정복(　　)한 죄의 하나하나의 구성원이 너희의 일부가 되고 힘으로 변한다(로버트슨/『설교집』)

三. 만일 네 형제가 죄를 범하거든 경계(　　) 하고 회개하거든 용서하라(『성서』)

四. 공허도 아니요, 바다도 아니다. 깊은 산 바위틈에 들어 숨어도 일찍 내가 지은 악업의 재앙(　　)은 이 세상 어디에도 피할 곳이 없다(『법구경』)

五. 사람은 죄의식(　　)으로 말미암아 범행을 멀리하게 된다(s.프로이트)

六. 죄는 소극적인 것이 아니고 적극적(　　)인 것이다(키에르케고르/『죽음에 이르는 병』)

七. 나는 내 죄를 모른다. 내 안에 있는 무지(　　)한 힘이 무엇을 지향하고 있는 지 나는 한번도 몰랐다. 그 힘이 나가는 길에서 파괴한 것, 그것에는 나 자신이 짓눌려 내려서 놀라지 않았겠는가.(모리악/『테레스데케루』)

八. 정숙(　　)하지 않는 것을 여자의 때라 하고 인색한 것을 시자(施者)의 때라 하고, 이 세상의 모든 행실은 이승이나 저승의 때라 한다.(『법구경』)

九. 인간은 그 존재의 모든 요소에 있어서 반드시 죄를 범하기 마련이다. 그것은 인간이 그 인격의 중심부에 있어서 신으로부터 소외(　　) 되어 있는 때문이다.(틸리히/『성서적 종교와 구극적 실재의 탐구』)

十. 법에 있어서는, 남의 권리를 침해(　　) 했을 때는 벌을 받는다. 도의적으로는 침해 하는 것만으로 죄가 된다.(칸트)

〈응용카드 8〉

※아래의 빈곳에 적당한 한자어를 써넣으시오.

◇충효(一)의 일은 금관으로 기록(二) 하고 덕행(三)은 은관으로 기록하고 문장(三)은 죽관으로 기록한다(당자서(唐子西)의 「고연명

(古硯銘)』)

◇유리나 상아(四)로 붓대를 만드는 것은 화려하나 붓을 사용하는 데는 무거워서 못 쓴다(왕희지의 『필경(筆經)』)

◇붓은 단순(五)한 필기 도구가 아니라 그 자체가 하나의 정신이다(이어령)

◇진(晉)나라 때에 강암은 꿈에 오색 붓을 얻는 후에 문장이 크게 진보(六)했다.

◇붓은 문장(七)의 돈이다.(나은)

◇후한 때에 반초(班超)라는 이가 붓을 던지면서 말했다. 대장부가 이역(八)에 나가 공을 세워 봉후를 얻어야 할 일이지 이까짓 필연에만 종사해서야 되겠는가.(『사문유취』)

◇이백(李白)이 붓에서 꽃이 피는 꿈을 꾸고 난 후로 문명(九)을 떨쳐 크게 유명(十)해졌다

〈응용카드 9〉

※다음 보기처럼 괄호 안에 알맞은 독음을 써넣으시오.

<보기> 謁見(알견) : (알현)

一. 內人(내인) : (　　)
二. 忖度(촌도) : (　　)
三. 吏讀(이독) : (　　)
四. 莫春(막춘) : (　　)
五. 分錢(분전) : (　　)
六. 相殺(상살) : (　　)
七. 衰服(쇠복) : (　　)
八. 數苦(수고) : (　　)
九. 標識(표식) : (　　)
十. 什長(집장) : (　　)
十一. 容易(용역) : (　　)

十二. 葉씨(엽씨) : (　　　)

〈응용카드 10〉

※다음 보기처럼 괄호 안에 알맞은 독음을 써넣으시오.

◇주나라 때에 보장씨는 오색(一) 구름을 보고 길흉(二)과 수한(三)을 짐작(四)했다. 푸른 빛은 충(蟲)이 생기고, 흰빛은 상(喪)하는 것이 있으며, 붉을 적에는 병란(五)이 생기고 검은은 수해(六)가 생기고 누른빛은 풍년(七)이 든다는 것이다

◇황제(黃帝)는 구름으로써 관등을 표시(八)했다. 하늘로부터 명을 받을 적에 구름의 서상(九) 때문이며 스스로 관명(十)에 운자를 붙였다.

모범답안과 해설

〈응용카드 1〉

一. 胸中　　二. 條件　　三. 人生
四. 部分　　五. 彈丸　　六. 侮辱
七. 親切　　八. 攻伐　　九 .明暗
十. 靑色

〈응용카드 2〉

一. 패배　　二. 균열　　三. 통찰
四. 산적　　五. 포학　　六. 흡사
七. 항복　　八. 탁본　　九. 정곡
十. 충일

〈응용카드 3〉

一. 人間事　二. 固定　三 .變
四. 比喩　五. 塞翁　六. 近處
七. 要塞　八. 顚末　九. 城砦
十. 逃亡　十一. 慰勞　十二. 祝賀
十三. 負傷

〈응용카드 4〉
一. 反抗　二. 敏感　三. 光明　四. 利益
五. 奢侈　六. 傲慢　七 .信賴　八. 主觀
九 .非難　十. 肯定

〈응용카드 5〉
一. 有效　二. 認定　三. 穩健　四 .暴落
五 .遠洋　六. 受諾　七. 好況　八 .退化
九. 架空　十. 積極　十一. 直選　十二. 相對
十三. 變則　十四. 被告　十五. 輸入　十六. 部分
十七. 綜合　十八. 共有　十九. 轉任　二十. 分離

〈응용카드 6〉
一. 箱子　二. 世上　三. 智慧　四. 財物
五. 盜賊　六. 眞實　七. 賞　八 聖人
九. 天下　十. 太平

〈응용카드 7〉
一. 賣春婦　二. 征服　三. 警戒　四. 災殃
五. 罪意識　六. 積極的　七. 無知　八. 貞淑
九. 疎外　十. 侵害

〈응용카드 8〉

一. 忠孝　二. 記錄　三. 德行　四 象牙
五. 單純　六. 進步　七. 文章　八. 異域
九. 文名　十. 有名

〈응용카드 9〉

一. 나인　二. 촌탁　三. 이두　四. 모춘
五. 푼전　六. 상쇄　七. 최복　八. 촉고
九. 표지　十. 십장　十一. 용이　十二. 섭씨

〈응용카드 10〉

一. 五色　二. 吉凶　三. 水旱　四. 斟酌
五 .兵亂　六. 水害　七. 豐年　八. 表示
九. 瑞祥　十. 官名

제9장

<차>

創 業 有 艱
창 업 유 간

• **出典** : 『당서』의 「방현령전」
• **文意** : 창업은 어렵다
비롯할 창 / 업 업 / 있을 유 / 어려울 간

당(唐)나라의 태종이 즉위한 후, 신하들이 모인 자리에서 황제가 물었다.

"창업과 수성은 어느 쪽이 어렵다 보시오?"

방현령이 대답했다.

"옛날에는 여러 영웅들이 천하 각처에서 일어나 목숨을 걸고 싸웠습니다. 그렇게 본다면 창업이 수성보다 어렵지 않나 생각을 합니다."

그러자 위징은 뜻을 달리한다.

"창업보다는 그것을 지키는 것이 더 어렵다고 봅니다."

태종은 두 대신의 의견을 듣고 나름대로 결론을 지었다.

"두 분의 말씀은 다 옳으오. 나 역시 백가지 일을 겪으며 창업을 했으니."

創 海 一 粟
창 해 일 속

• **出典** : 『소식』의 「적벽부」
• **文意** : 지극히 미약하여 볼 것이 없다
큰바다 창 / 바다 해 / 한 일 / 좁쌀 속

당송팔대가의 한사람인 소식(蘇軾)이 친구와 함께 뱃놀이를 즐겼다. 그때가 임술년 가을이었다. 강물 위를 미끄러지는 배는 어느새 적벽 아래에 이르렀다.

동행했던 친구에게 소식이 말했다.

"자네와 내가 이렇듯 뱃전에 앉아 술잔을 기울이고 있으니 인생은 새삼 무상한 것이 아니겠는가."

친구가 답했다.

"옳으이, 우리의 몸이라는 것도 따지고 보면 깊고 넓은 바다 한가운데 던져진 좁쌀 알갱이 같은 것이지."

훗날 소식은 적벽부를 쓸 때에 '창해일속(滄海一粟)'이란 용어를 사용하였다.

采 薇 歌
채 미 가

• 出典 : 『사기』의 「백이열전」
• 文意 : 고사리를 캐며 부르는 노래
캘 채 / 고사리 미 / 노래 가

고죽국의 왕자 백이와 숙제는 자기 나라를 떠나 덕이 높다고 소문이 난 서백(西伯;주문왕)을 찾아왔다. 그러나 서벡은 세상을 떠난 뒤였고, 그의 아들 무왕이 폭군 주왕(紂王)을 정벌하기 위해 출정하는 참이었다. 두 사람은 말고삐를 잡고 만류했다.

"부왕이 세상을 뜬 지 얼마 되지 않았고 주왕이 비록 폭군이라 해도 왕의 주군인데 어찌 신하된 몸으로 죽이려는 것이오."

무왕은 병사를 휘몰아가서 은나라를 멸하였다. 백이와 숙제는 소식을 듣고 수양산에 들어가 고사리를 캐먹으며 목숨을 연명하였다.

서산에 올라 고사리를 꺾는다 / 포악함으로 포악함을 바꾸고도 그것을 모르나니 / 신농, 우, 하의 아름다운 풍속은 사라졌구나 / 나는 장차 어디로 갈 것인가 / 아, 슬프구나. 운명의 기박함이여

天 高 馬 肥
천 고 마 비

• 出典 : 『한서』의 「흉노전」
• 文意 : 변방의 상황에 대한 표현
하늘 천 / 높을 고 / 말 마 / 살찔 비

중국의 역대 황제들은 변방에 출몰하는 흉노라 하면 머리가 지긋할 만큼 골머리를 앓았다. 역대의 제왕들은 이들을 강압적으로 다루기도 하고 회유책도 써 보았으나 일시적인 효과는 있었으나 장기적인 효험은 없었다.

진나라 때에는 그들의 출몰을 막기 위해 만리에 이르는 장성을 쌓았고, 한나라 때에는 미인을 비롯하여 값비싼 물건을 보내 회유하였다. 그러나 그 효과는 잠시뿐이었다.

구름은 맑고 요성도 사라져 / 가을은 높고 요새의 말도 살찌누나(秋高塞馬肥) / 안장에 기대면 영웅의 칼이 움직이고 / 붓을 휘두르면 깃을 꽂은 글이 난다

이것은 두보의 조부 두심언(杜審言)이 흉노를 막기 위해 변방으로 떠나는 친구 소미도(蘇味道)에게 준 시다.

千 金 買 笑
천 금 매 소

• 出典 : 『사기』
• 文意 : 천금을 주고 웃음을 사다
일천 천 / 쇠 금 / 살 매 / 웃을 소

서주(西周)의 마지막 임금은 유왕(幽王)이다.

어진 신하들의 충언에는 도무지 귀를 기울이지 않고 군왕은 포사(褒似)라는 여인에게 빠져있었다.

그런데 어찌된 셈인지 그녀는 웃지를 않았다. 그녀의 웃음을 찾기 위해 왕후를 내쫓고 태자의 왕위승계권을 박탈했다. 그런데도 웃지를 않자 괵국에서 온 괵석보가 방책을 내놓았다.

"여산에 있는 봉화에 불을 붙인다면 천하의 제후들이 달려올 것인데, 허탕치고 돌아가는 모습을 본다면 웃지 않겠습니까."

봉화 불을 올리자 천하의 제후들이 달려왔다. 그러나 자신들이 농락당한 것을 알고 물러가자 포사가 배시시 웃었다 괵석부는 이 공으로 황금 천냥을 받았다.

天 道 是 非
천 도 시 비

• 出典 : 『사기』의 「태사공자서」
• 文意 : 하늘에 피 눈물로 호소한다
하늘 천 / 길 도 / 이 시 / 옳을 시

한무제 때에 이릉(李陵)이라는 장수가 5천의 결사대로 흉노와 맞서다가 그들에게 포로가 된 사건이 일어났다. 사마천(司馬遷)은 그의 집안이 멸문 당하는 것을 막기 위해 전력으로 변호했다.

"폐하, 이릉이 투항을 했다면 이것은 우리 한나라 황실을 위하여 잠시 상대를 속인 것이지 본래의 뜻은 아닐 것입니다."

반역도를 비호했다는 죄명을 얻어 사마천은 궁형(宮刑;불알을 거세함)에 처해졌다. 이때 그는 하늘을 향하여 통곡했다. 정말 '하늘에는 도가 있는가 없는가' 하는 것이었다.

이렇듯 굴욕적인 형벌을 받은 사마천이 죽지를 않고 『사기』를 완성한 것은 자신의 손으로 정당한 기록을 남기겠다는 의지와 이미 세상을 떠난 부친의 유훈 때문이었다.

千 里 眼
천 리 안

- 出典 : 『위서』의 「양일전」
- 文意 : 먼 곳에서 일어나는 일을 잘 알아냄

일천 천 / 마을 리 / 눈 안

남북조 때 북위(北魏) 장제(莊帝)가 재위할 무렵 광주 자사가 된 양일(楊逸)은 고작 스물 아홉의 나이였다.

그는 명문 출신이었지만 덕성이 깊어 교만함을 찾아볼 수 없고, 또한 백성들이 어려움을 만나면 침식을 잃을 정도로 난관 타파에 고심하였다. 그런데 어느 누가 가르쳐 주지 않았는데도 양일은 자신이 본 것처럼 일을 처리했다.

"자사께서 천리를 보는 눈을 가지고 있다네."

모두들 그렇게 생각했다. 이 무렵은 전란이 잦은 시기다. 전란이 그치면 뒤를 이어 기근이 따랐다. 백성들은 초근목피로 연명할 수밖에 없었다. 양일은 황제의 허락도 받지 않고 창고를 열어 굶어 죽는 백성들을 살려냈으나 시기하는 무리로 인해 죽임을 당하였다.

天 涯 海 角
천 애 해 각

- 出典 : 「제십이랑문(祭十二郞文)」
- 文意 : 아득히 떨어져 있음을 비유하는 말

하늘 천 / 물가 애 / 바다 해 / 뿔 각

당송팔대가의 한사람인 한유(韓愈)는 세 살 때에 아버지를 여의고 형인 한회와 형수 밑에서 자랐다.

한회는 노성(老成)이라는 대를 이은 아들이 있었는데 한유보다는 어렸다. 노성이라는 아이는 항렬이 열두 번째이므로 곧잘 '십이랑(十二郞)'으로 통했다. 한유의 나이 열두 살 때에 한회는 원재(元載)라는 재상의 사건에 연류되어 귀양을 가던 중에 병사하였다.

한유는 <제십이랑(祭十二郞)>이라는 글을 짓고 시장에서 제수를 준비하여 제사를 지냈다. 제문에는 '일재천지애(一在天之涯) 일재지지각(一在之地角)'이라는 말이 나온다.

이 글은 나중에 '천애해각(天涯海角)' 또는 '천애지각(天涯地角)'으로 인용되었다.

天衣無縫
천 의 무 봉

• 出典 : 『영괴록(靈怪錄)』
• 文意 : 글이 매끄러워 손질할 필요가 없다
하늘 천 / 옷 의 / 없을 무 / 꿰맬 봉

어느 무더운 여름. 곽한(郭翰)이라는 이가 더위를 참지 못하고 마당에 놓인 평상 위에 몸을 뉘었다.

그때 하늘 저 멀리에서 한 점의 빛살이 빠르게 내려오더니 그의 곁에 깃털처럼 날아 내렸다. 그것은 아름다운 여인이었다.

"나는 하늘에 사는 직녀(織女;선녀)랍니다."

그녀는 천상에서 울화병을 얻어 상제의 허락을 받고 잠시 지상으로 내려왔다는 것이었다. 그런데 그녀가 입고 있는 옷이 이상했다. 어느 한 곳도 바느질을 한 흔적이 없었다. 그녀가 말했다.

"하늘에서 입는 옷이니 바늘을 쓰지 않는답니다."

직녀가 잠자리에 들면 옷은 그녀의 몸에서 자동적으로 떨어져 나가고 일어나면 어느새 몸에 붙었다.

千載一遇
천 재 일 우

• 出典 : 「삼국명신서찬」
• 文意 : 좀처럼 얻기 어려운 기회
일천 천 / 해 재 / 한 일 / 만날 우

예로부터 중국인들은 '천(千)'이라는 말을 즐겨 사용했다. '봉황새가 천년에 한 번 운다'느니 '황하의 누런 황톳물이 천년에 한 번 맑아진다'는 것 등이 그것이다.

동진(東晉) 시대에 원굉(袁宏)이라는 이가 있었다. 그는 삼국시절의 공신 스무 명을 골라 그들 한 사람 한 사람의 행장에 대해 칭찬을 하는 찬(贊)을 짓고 거기에 맞는 서문을 붙였다.

이른바 「삼국명신서찬(三國名臣序贊)」이다. 서문에는 다음과 같은 구절이 있다.

"백낙을 만나지 못하면 천년을 가도 천리마 하나가 생겨나지 않는다(夫未遇伯樂 則千載無一騎)."

훌륭한 임금과 신하가 서로 만나기 어려운 것을 비유하고 있다.

鐵 面 皮
철 면 피

• 出典 : 『북몽쇄언(北蒙瑣言)』
• 文意 : 표정을 고치지 않고 아첨하는 것
쇠 철 / 얼굴 면 / 가죽 피

왕광원(王光遠)이라는 이는 진사(進士)였다. 그는 재능이 그만하여 일찍 벼슬길에 나갔는데 어찌된 셈인지 권세가를 찾아다니며 아첨하는 것을 일삼았다.

어느 때인가 고관대작의 집에 잔치가 열렸다. 이때 술에 취한 관리가 말채찍을 들고 왕광원에게 말을 걸었다.

"이것으로 때리면 아플 거야. 자네가 맞아보겠는가?"

관리가 말채찍으로 사정없이 내리쳤다. 고통으로 왕광원은 얼굴을 찡그렸다. 그런데도 입으로는 여전히 아첨의 말을 했다.

이때부터 사람들은 왕광원이 지나가면 '광원이의 얼굴은 철갑 열 장을 둘렀다(光遠顔厚如十重鐵甲)'고 하였다. '철면피'라는 말은 여기에서 비롯되었다.

轍 鮒 之 急
철 부 지 급

• 出典 : 『장자』의 「외물편」
• 文意 : 다급한 위기에 처한 형편
쇠 철 / 붕어 부 / 의 지 / 급할 급

장자(莊子)가 어느 때인가 집안이 어려워 감하후(監河侯)라는 사람에게 양식을 빌리러 갔다. 그러자 감하후는 넉살스럽게 말했다.

"내 영지에 세금이 들어오는 대로 삼백금을 빌려 드리겠소이다."

"내가 어제 이리로 오는 데 부르는 소리가 나기에 돌아보았더니 수레바퀴 지나간 자리에 붕어가 있었소. 내가 왜 불렀느냐고 했더니 그 붕어가 자신은 동해에서 왔는데 물을 한두 바가지만 구하여 살려줄 수 없겠느냐는 것이었소. 내가 월나라와 오나라의 임금을 만나게 될 테니 그때 서강의 물을 끌어다가 살려주겠다고 했더니 붕어가 화가 나서, 나는 지금 죽느냐 사느냐의 기로에 있는데 당신의 일을 끝내고 물을 떠다 주겠다는 것이오? 일찌감치 나를 건어물 가게에서 찾으시오."

장자는 화가 났으나 정색하며 말했다.

掣 肘
철 주

• 出典 : 『공자가어(孔子家語)』
• 文意 : 남이 하는 일을 훼방놓음
당길 철 / 팔 주

공자의 제자 복자천(宓子賤)은 노나라의 애공(哀公) 때에 스무 살 남짓으로 지방장관이 되었다.

그는 임지에 도착한 즉시 신임 장관에게 하례 인사를 온 손님들의 이름을 적게 하였다. 그런데 두 관원이 그들의 이름을 적을 때면 복자천은 옆에 와서 팔을 잡아당겼다. 그 바람에 관원들은 글을 제대로 쓸 수가 없었다.

"복장관은 찾아온 사람의 이름을 적게 하고는 제대로 이름을 쓸 수 없도록 팔을 잡아당깁니다. 어찌 그분 밑에서 일을 할 수 있겠습니까. 그래서 돌아왔습니다."

애공은 빙그레 웃었다. 복자천이 자신의 허물을 지적하고 있다고 마음속으로 생각한 것이다.

淸 談
청 담

• 出典 : 『십팔사략』
• 文意 : 노장 철학을 논하던 거사들의 얘기
맑을 청 / 말씀 담

진(晉)나라 때에 세상 명리를 버리고 산 속으로 들어간 죽림칠현(산도, 완적, 혜강, 완함, 유영, 상수, 왕융)이라 불리는 선비들은 고상한 환담을 일삼으며 술 마시고 자연 속에 묻혀 있었다. 역사서에는 이들이 세상 명리를 털어 버리고 '청담(淸談)'으로 세월을 보냈다고 적고 있다.

청담은 고결하고 청아한 얘기다. 세속적인 것을 털고 세상 명리를 초월하려면 분명 술이 필요했을 것이다. 이런 얘기가 전한다. 한번은 유영이라는 인물이 이렇게 말했다

"나에게 천지는 곧 집안과 같다. 이렇듯 넝마와 같은 집안에 있는 것은 나의 속옷 속으로 들어오는 것과 같다. 도대체 어쩌자고 나의 속옷 속으로 들어오는가."

靑雲之志
청 운 지 지

• 出典 : 장구령의 「조경견백발」
• 文意 : 큰 포부를 뜻하는 말
푸를 청 / 구름 운 / 의 지 / 뜻 지

당나라의 현종은 두개의 연호를 사용하였다. 처음 30년은 개원(開元), 나머지 15년 동안은 천보(天寶)라 하였다. 개원의 연호를 사용한 시기는 비교적 안정적인 시기였다.

그러나 현종 말엽에는 어진 재상 장구령(張九齡)을 내쫓고 무씨와 이임보를 기용하여 천하를 어지럽게 만들었다. 장구령이 초야에 묻히게 되었을 때 인생의 감회에 젖어 다음과 같은 시를 지었다.

오래 전엔 청운의 꿈을 품고 나갔는데 / 다 늙은 지금에 와서야 그것을 접었노라 / 그 누가 알리, 밝은 거울 속의 그림자와 / 그것을 보고 있는 내가 측은히 여기는 것을

두 개의 연호를 사용하여 중국 역사상 전성기임을 나타내었으나 현종 말년 치세는 참으로 어두운 것이었다.

靑天白日
청 천 백 일

• 出典 : 한유의 「여최군서」
• 文意 : 죄가 없음을 뜻함
푸를 청 / 하늘 천 / 흰 백 / 날 일

한유(韓愈)의 친구 가운데 최군(崔群)이라는 관리가 있었다. 특별히 허물을 지적하여 '이것이다'라고 할 수 없었는 데도 애매하게 누명을 쓰고 양자강 남쪽에 위치한 선성(宣城)이라는 곳으로 좌천되었다.

그가 먼 지방으로 쫓겨가자 한유는 편지를 썼다.

<…봉황과 지초는 그 상서로움의 징후를 알리고 청천백일(靑天白日)은 노예라 하여도 그 청명함을 알고 있습니다…>

최군이라는 관리가 죄가 없음은 하늘이 알고 사람이 벌써 알고 있다는 뜻을 담고 있다.

『법구경』에도 다음과 같은 말이 있다.

<나보다 나은 것이 없고, 내게 알맞은 길벗이 없거든 차라리 혼자 가서 착하기를 지켜라.>

靑 天 霹 靂

청 천 벽 력

• 出典 : 육유(陸游)의 시
• 文意 : 뜻밖의 재난이나 변고
푸를 청 / 하늘 천 / 벼락 벽 / 벼락 력

남송 때의 시인 육우는 스스로의 붓끝에 바람을 달고 다닌다고 할 정도로 필치가 뛰어났다. 사람들의 칭송이 자자해지자 그는 거드름을 피우며 자평하더니 이렇게 시를 읊었다.

방옹이 병든 채 가을을 지나다가 / 홀연히 일어나 취한 붓끝을 놀린다

오랫동안 웅크렸던 용처럼 / 푸른 하늘에 벽력이 일어난다

비록 이 글을 괴이하게 여기나 / 가엾게 여긴다면 볼만도 하리

하루아침에 이 사람이 죽기라도 한다면 / 천금을 주어 구해도 얻지를 못하리

뜻밖의 재난을 '청천벽력'이라고 한다. 우리 나라 속담에도 '모진 놈 곁에 있다가 벙달아 횡액을 당한다'는 말이 있다.

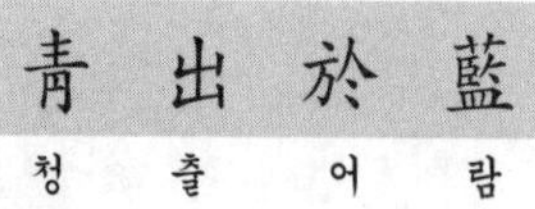

청 출 어 람

• 出典 : 『순자』의 「권학편」
• 文意 : 제자가 스승보다 뛰어나다
푸를 청 / 날 출 / 땅이름 어 / 쪽 람

춘추전국시대의 사상가 순황(荀況)은 이렇게 말했다.

"학문은 언제까지 멈추지 말라. 청(靑)은 남(藍)에서 나오지만 남보다는 더 푸르고 얼음은 물에서 나오지만 물보다 더 차다."

다시 말해 '제자가 스승보다 낫다'는 의미의 출람(出藍)이니 출람지예(出藍之譽)라는 말을 탄생시켰다. 『북사(北史)』「이밀전」에,

<이밀은 본디 공번 선생에게서 학문을 배웠다. 날이 갈수록 그의 학문은 진보되었다. 이제는 스승의 학문을 이밀이 능가하는 지경에 이르렀다. 당시 공번의 동문(同門)에서는 '출람'이라는 용어를 사용하여 이밀의 학문을 높게 평가했다.>

그런 이유로 이사에게는 '출남지예'가 있었다고 평을 하고 있다.

焦 眉 之 急
초 미 지 급

• 出典 : 『오등회원(五燈會元)』
• 文意 : 눈썹에 불이 붙듯 화급한 상태
태울 초 / 눈썹 미 / 의 지 / 급할 급

고승으로 알려진 불혜선사(佛慧禪師)가 왕명을 받고 대상국 지혜선사라는 절에 주지승으로 임명되었다. 어명을 받은 그는 사문을 불러놓고 물었다.

"내가 그곳으로 가는 게 옳으냐, 이곳에 있는 게 옳으냐?"

"선사님, 한 말씀 올리겠습니다."

"말하라."

"이 세상에는 다급한 상태가 많다고 합니다. 어느 경우라야 가장 다급합니까?"

"그것은 눈썹을 태우는 일이다."

이것은 원문대로 풀이하면 '화소미모(火燒眉毛)'다. 그 말이 '소미지급(燒眉之急)'으로 되었다가, '초미지급(焦眉之急)'으로 변하였다.

推 敲
추 고

• 出典 : 『상소잡기(湘素雜記)』
• 文意 : 추고'는 '퇴고'로도 읽는다.
가릴 추 / 두드릴 고

당나라 때 가도(賈島)가 노새의 등에 몸을 싣고 길을 가고 있었다. 그는 높은 관리가 오는 것을 보지 못하고 그 속으로 파고들었다가 퍼뜩 제정신으로 돌아왔다. 관리가 그 연유를 물었다. 그가 이렇듯 심각해 한 것은 '이응(李凝)의 유거(幽居)에 답하노라'하는 시의 제목 때문이었다.

한거하여 이웃은 적고(閑居隣並少) / 풀밭 길은 황혼에 들다(草徑荒園入)
새는 머문다 못가의 나무에(鳥宿池邊樹)

여기까지는 단숨에 썼으나 그 다음이 문제였다. '중이 달 아래 문을 두드린다(僧敲月下門)'에서 '미는 것(推)'으로 할 것인가, 아니면 '두드리는 것(敲)'으로 할 것인가의 고민이었다. 관리는 '두드리는 것'으로 하는 게 좋겠다고 하였다. 그는 당대의 시인 한유였다.

春 秋 筆 法
춘 추 필 법

• 出典 : 『춘추좌씨전』
• 文意 : 노나라 역사의 연대기
봄 춘 / 가을 추 / 붓 필 / 법 법

'춘추'라는 말은 공자의 손으로 이루어진 노나라의 연대기다. 공자의 뜻을 분명히 하기 위해 '춘추'를 해석하는 여러 방법이 나타났다. 이를테면 그것들은 춘추의 주석서인 셈인데 그중 하나가 『좌전』과 『춘추좌씨전』이다.

<…의부(儀父)는 주(邾)나라 군주인 극(克)의 자(字)다. 자를 기록하는 데엔 두 가지의 의미가 있다. 극은 작위를 받았으나 주나라 황실로부터 전달을 받지 못한 상태다. 그리하였으므로 작위를 기록하지 못했다. 또한 3월과 5월 사이의 여백을 두는 것은 그 사이에 사건이 없었기 때문만은 아니다. 4월에는 비백이 '랑'이라는 곳에 성벽을 구축하였다. 당시에는 성벽 쌓는 일이 왕명에 의한 것이 아니기 때문이다.>

이러한 모든 기록을 통틀어 '춘추필법'이라 하였다.

吹 毛 覓 疵
취 모 멱 자

• 出典 : 『한비자』의 「대체편」
• 文意 : 잔혹하고 각박한 행위
불 취 / 터럭 모 / 구할 멱 / 흠 자

『논어』에 의하면 허물은 누구에게나 있다고 하였다. 그러나 부류가 다르다는 것이다. 사람의 허물을 살펴보면 성품이 어떤 지를 어렵지 않게 가늠할 수가 있다.

"사람은 누구에게나 허물이 있기 마련이다. 사생활까지 아주 완벽한 사람을 볼 수가 없다. 그러므로 큰일을 하는 사람들은 일의 큰 원칙인 대체(大體)만을 알뿐이다. 그러므로 사소한 것까지 들추어서 찾아내는 것은 옳지 못한 일이다."

이런 점에서 한비자는 말한다.

"어지러움을 다스리는 것에는 법에 의지하였고, 가볍고 무거움은 저울에 따라 판단하였다. 하늘의 이치를 거스르지 아니하고 사람의 감정과 본성을 상하지 않게 하였다(不吹毛而求小疵)."

沈漁落雁
침 어 낙 안

• 出典 : 『장자』의 「제물론편」
• 文意 : 아름다운 미인을 형용하는 말
잠길 침 / 물고기 어 / 떨어질 락 / 기러기 안

미인에 대한 명칭은 많다. 『천보유사』에 나오는 해어화는 양귀비를 가리키고 명모호치는 삼국시대의 영웅인 조조의 셋째아들 조식이 영지와 절세의 미인 견일(甄逸)의 딸도 빼앗기고 말았다. 그 여인을 생각하며 지은 부가 낙신부(洛神賦)이다.

그런가하면 경국이라는 것은 한나라의 도성을 송두리째 흔들어버릴 미인이다. 한나라 무제 때의 악공인 이연년의 누이를 지칭하는 말이다. 왕소군도 달기도 서시도 있었다.

물고기나 새들이 숨는 것은 무엇 때문인가. 만약 모장과 여의를 절세의 미녀로 본다면 물고기나 새들이 숨는 것은 그녀들의 이름다움으로 인하여 부끄러움을 느꼈기 때문이다. 그러므로 '침어낙안'을 미녀로 해석하는 것은 매끄럽지 못하다.

浸潤之讒
침 윤 지 참

• 出典 : 『논어』의 「안연편」
• 文意 : 중상 모략을 뜻한다
적실 침 / 젖을 윤 / 의 지 / 참소할 참

자공(子貢)이 정치에 대해 묻자, 공자는 이렇게 답했다.

"먹을 것과 군비를 충분히 하여 백성들에게 신뢰를 받아야 한다. 이 셋 가운데 부득이 어느 한 가지를 제거한다면 군비다. 그 둘 가운데 하나를 제거해야 한다면 먹을 것이다."

이번에는 자장(子張)이 물었다.

"선생님, 총명이라는 것이 무엇입니까?"

공자가 답했다.

"물처럼 스며드는 남의 중상모략(浸潤之讒)과 피부에 와 닿는 멀쩡한 사람을 죄로 모는 모사가 통하지 않을 정도라면 총명하다고 해도 좋다. 또한 물처럼 스며드는 중상과 멀쩡한 사람을 죄로 모는 호소가 통하지 않을 정도라면 멀리 보는 식견을 가졌다 해도 좋다."

여해 한문서당 12단계 선정 문제

제9단계

〈응용카드 1〉

※다음의 글을 읽고 빈곳에 알맞은 한자어를 써넣으시오..

◇은혜를 모르는 자식(一)을 두기란 독사에게 물리는 것보다 더 고통스럽다(w.셰익스피어).

◇은혜를 너무 많이 입으면 우리는 초조(二)해 지고 부채보다 더 많은 것을 갚아주고 싶다(파스칼/『팡세』).

◇은혜를 받는 것은 자유(三)를 파는 것이다(시루스/『잠언』).

◇새로운 은혜를 베풀어서 그것으로 인하여 옛날의 원한을 잊어버리게 할 수 있다는 생각은 큰 착오(四)이다(마키아벨리/『군주론』)

◇사람의 은혜는 받은 것이 비록 깊을지라도 갚지 않고, 원망은 얕을지라도 이를 갚으며 사람의 악을 들으면 비록 명백하지 않아도 의심치 않고 선은 나타나도 또한 의심하나니 이는 각박(五)함의 가장 심함이라 마땅히 간절(六)히 경계할 일이다(『채근담』)

◇자기(七)가 은혜를 베푸는 사람을 만나면 곧 그 일을 생각하게 되는 법이다. 그런데 자기에게 은혜를 베풀어 준 사람을 만나서는 그것을 생각해내지 못하는 것이 얼마나 많이 있는 일일까?(괴에테)

◇남에게 은혜를 베풀 때에는 가볍게 하라. 만약(八) 처음에 무겁고 나중에 가볍게 한다면 그 은혜를 모르고 푸대접한다고 원망을 듣기가 쉽다(작자 미상)

◇그 음식(九)을 먹은 자는 그 그릇을 깨지 않고 그 나무 그늘에 있

는 자는 그 가지를 분지르지 않는다(한앵/『한시보전』)

◇고결(十)한 인물은 은혜를 베푸는 것을 좋아하지만, 은혜를 입는 것을 싫어한다(아리스토텔레스/니코마코스 윤리학』)

◇인간의 성정(十一)은 소극적(十二)인 은혜에 대해서는 감사할 줄 모른다(쇼오/『90년도의 나의 극장』)

〈응용카드 2〉

※'새로움(新)'에 대한 어휘를 살펴봅니다. 빈곳의 괄호 안에 알맞은 한자어를 써넣으시오.

◇낡은 인상만이 우리들을 한탄(一) 한다고는 할 수 없다. 새로운 힘의 매력(二)도 같은 힘을 가지고 있다(파스칼/『팡세』)

◇바야흐로 새로운 세대(三)의 지도력(四), 새로운 문제, 새로운 기회에 대처하는 새로운 인간이 출현해야할 때다(J.F.케네디)

◇새로운 것 중에서 가장 좋은 점은 인간의 가장 오랜 요구(五)에 응하는 점이다.

◇매일(六) 네 자신(七)을 새롭게 하라. 몇 번이라도 새롭게 하라. 내 마음이 새롭지 않고서는 새로운 것을 기대(八)하지 못한다(동양의 명언)

◇새로운 것은 낡은 것의 적(九)이다. 그러므로 새 시대(十)는 구 시대로부터 범죄시(十一)된다(쉴러)

◇이미 있던 것이 후에 다시 있겠고 이미 한 일을 후에 할찌라. 해 아래에는 새 것이 없나니 무엇을 가리켜 이르기를 보라. 이것이 새 것이라 할 것이 있으랴. 우리 오래전 세대(十二)에도 있었느니라(신약전서/『전도서』)

◇낡은 것은 결코 낡아지지 않는다. 새로운 것이 낡아질 따름이다. (륫켈트/『바라몬의 영지』)

〈응용카드 3〉

※다음의 빈곳에 알맞은 한자어를 써넣으시오.

一. □□ : 부양할 자를 돌보지 않고 내버려서 둠
二. □□ : 바퀴가 있는 차량에 의해 해를 당하는 일
三. □□ : 혐의 사실을 인정하고 사건을 성립시킴
四. □□ : 범죄 행위를 한 자나 적군의 출현이 나타날 것으로 보고 몸을 숨기고 있는 것
五. □□ : 더러운 것을 깨끗하게 함
六. □□ : 아주 참혹하게 살해함
七. □□ : 아주 수치스러운 몰골
八. □□ : 사람을 속여서 데려감
九. □□ : 남에게 주먹을 휘두르고 소란을 피움
十. □□ : 거주를 하고 있는 주위의 사물

〈응용카드 4〉

※다음은 경제의 동향과 관계 있는 용어입니다. 빈곳에 알맞은 한자어를 써넣으시오.

一. □□ : 재산상의 손실
二. □□ : 경제계가 급격한 혼란에 빠짐
三. □□ : 평등하게 이익을 받거나 혜택을 받음
四. □□ : 회사 등이 자산을 탕진함
五. □□ : 경기가 아주 좋지 않음
六. □□ : 근로자가 노동을 하여 받는 보수
七. □□ : 총이익에서 총비용을 제외한 순이익
八. □□ : 돈의 액수를 정하여 억지로 마련함
九. □□ : 상품가격이 아주 쌈
十. □□ : 경기가 하락하였다가 상승함
十一. □□ : 물건 가격을 나누어 냄
十二. □□ : 생산과 소비에 필요한 노무를 제공하는 일
十三. □□ : 샀던 물건을 되돌려 파는 것
十四. □□ : 하물을 실어보냄

十五. □□ : 주식이나 주권의 가격
十六. □□ : 어떤 계정에서 다른 계정으로 옮겨가는 것
十七. □□ : 바짝 줄이는 것
十八. □□ : 꾀어서 데려옴
十九. □□ : 일이 진전되지 않음
二十. □□ : 예정된 것보다 많은 수량
二十一. □□ : 외국 자본이 붙어 제 나라의 이익을 잊어버림
二十二. □□ : 물건 값이 오를 것을 예상하여 마구 사들임
二十三. □□ : 영업을 할 수 있는 기본이 되는 돈
二十四. □□ : 깎아서 줄임
二十五. □□ : 특별한 은전이나 혜택

〈응용카드 5〉

다음의 문장에서 빈곳의 괄호 안에 알맞은 한자어를 써넣으시오.

◇어느 날 황희는 자기의 훈계(一)를 듣지 않고 주색(二)에 빠진 아들이 집으로 돌아오는 것을 보고 문밖으로 나아가 공손(三)히 인사하고 맞아들였다.

◇아들이 의관 속대를 한 황희 정승을 향해 겸연쩍은 듯이 말했다. 그러자 황희는 정중히 말했다. 아비의 말을 듣지 않는데 어찌 아들이겠는가. 그러나 마치 객(四)을 맞는 것처럼 대해야 하지 않느냐였다.

◇공자가 말했다. '그 아들을 알지 못할 때에는 먼저 그 아버지를 보아야 하고 그 사람을 모를 때에는 그 벗을 보아야 하며, 그 땅을 모를 때에는 초목(五)을 보아야 한다. 선인과 한자리에 앉으면 지란(芝蘭)의 방에 앉아 있는 것처럼 그 향내에 동화하는 것이고 불선(不善)한 사람과 한자리에 있으면 생선가게에 앉아 있는 것 같이 그 냄새에 동화하는 것이다. 그러므로 군자는 그 처한 바로 삼가한다.'

◇다음은 이효석의 「석류(六)」라는 글에 실린 내용의 일부입니다.

'아버지는 쓸쓸한 집에서 돌부처같이 침묵(七)하였다. 반백의 머리에 턱에 주름살을 접고 온종일 늙은 앵무새만큼도 말이 적고 서툴렀다. 돌 같이 표정이 없고 차다. 개차반의 소행에 대하여 조차 한마디의 책망도 없었다. 모든 것을 긍정하고 굽어만 보는 조물주의 의지와도 같이 엄연하였다.'

◇아버지는 아들을 위해서 감추고, 아들은 아버지를 위해 감춘다.정직(八)한 것은 그 속에 있다(공자/『논어』)

◇내 아들이 주의 경계 하심을 경히 여기지 말며 그에게 꾸지람을 받을 때에 낙심(九)하지 말라. 주께서 그의 사랑하는 자를 징계하시고 그의 받으시는 아들마다 채찍질 하심이니라(신약성서/『히브리서』)

◇자기 자식을 아는 것은 현명한 아버지다.(셰익스피어/『베니스의 상인』)

◇한사람의 아버지가 백사람의 선생(十)보다 낫다(G.허버트)

〈응용카드 6〉

※다음의 글을 읽고 빈곳의 괄호 안에 알맞은 한자어를 써넣으시오.

◇싸움에는 확실(一)히 도박적인 면이 있다. 싸움을 만드는 것은 권태이다. 그 증거(二)로는 싸움만을 좋아하는 사람은 일이나 근심이 가장 없는 인간에 국한되어 있다(알랭/『행복론』)

◇연애는 결투(三)입니다. 왼쪽을 보거나 오른쪽을 보고 있으면 패배입니다(R.롤랑/『매혹된 삶)』

◇승리(四)는 원한을 가져오고 패한 사람은 괴로워 누워 있다. 이기고 지는 마음 모두 떠나서 다툼이 없으면 스스로 편안하다(『법구경』)

◇병법(五)에는 산이나 언덕을 뒤에 두고 진지(六)를 정하고 강은 앞에 자리해야만 유리하다고 되어 있다. 그러나 한의 무장 한신은 초군과 싸울 때에 강을 뒤에 두었다. 싸움에는 이겼으나 이 진은 훗날까지 많은 의문(七)을 남겼다.(배수의 진)

◇남과 싸움을 하지 않도록 경계(八)하라. 그러나 일단 싸움을 시작했으면 상대방이 당신을 경계할만큼 철저(九)하게 하라(셰익스피어/『햄릿』)
◇사랑하는 자끼리의 싸움은 갱신(十)이다.(데텐티우스/안드리아)

〈응용카드 7〉

※다음의 빈곳에 알맞은 한자어를 써넣으시오.
◇암새 한 마리가 일어나 불타는 신부(一)처럼 빛났었다. 눈을 뜬 암새 가슴에는 흰눈과 진홍빛 솜털이 있었다.(D.토마스/「겨울이야기」)
◇최초(二)에 새가 있었다 / 시간(三)의 면상(三)에 붙은 털 거품 하나(H.트리아스/「최초에 새가 있었다」)
◇선모(四)를 뒤흔드는 바람에 폐(五)를 앓고 / 바람에 휘날리는 선모는 모골(六)이 송연(七)한 듯 / 도마뱀 목줄기는 파리를 삼키어 풍선(八)처럼 부풀었다(H.크레인/「하늘에 자라는 식물」)
◇그 여인은 언젠가 흰 새를 한 마리 / 방 속으로 불러들여 목을 눌러 죽였다 /그 새털로 나를 장식(九)해 줬는데 / 한밤중에 나는 가끔 새의 비명(十)을 듣고 깨어난다(H.카로사/「환자」)

〈응용카드 8〉

※다음은 사마천의『사기(史記)』와『대보잠(大寶箴)』의 내용입니다. 빈곳에 알맞은 한자어를 써넣으시오.

<1> 한고조(漢高祖)가 자기 아버지를 높여서 태상황(太上皇)이라고 하고 5일에 한번씩 문안(一)을 드리는 데 태상황은 자기 아들이 오면 얼굴을 가리고 당하에까지 내려가 맞는다. 한고조가 놀래어 태상황을 부액(二) 하니 태상황이 말하기를 '황제가 비록 내 아들이긴 하지만 만민(三)의 어른이요 내가 비록 황제의 아버지이지만 인신의 것인데 주상으로서 신하의 절을 하는 것은 나로 인하여 천하의 공정(四)한 법을 문란(五)케 하는 것이니라.

<2> 임금이 덕이 바르면 춘하추동(六) 사시도 음양(七)의 조화가 잘 이루어져 만물의 영고(八)가 질서를 유지하게 되고 일, 월, 성 세 빛도 임금의 처사(九)에 따라 혹은 바르기도 하고 혹은 변하기도 하며 정도와 득실(十)을 같이 한다.

〈응용카드 9〉

※다음의 빈곳에 알맞은 한자어를 써넣으시오.

아무도 쥐를 보고 후덕(一)스럽다고 생각은 아니할 것이다. 또 할미새를 보고 진중(二)하다고 생각지는 않을 것이다. 도야지를 소담한 친구(三)라고 생각하지 않을 것이며, 토끼를 보면 방정맞아 보이지마는 고양이처럼 표독(四)스럽게는 아니 보이고, 수탉을 보면 걸걸은 하지만 지혜(五)롭게는 안 보이며, 뱀은 그림만 보아도 간특(六) 하고 독살(七)스러워 구약 작가(八)의 저주(九)를 받은 것이 과연(十)이다.

〈응용카드 10〉

※다음은 나라 이름과 도시 이름의 표기다. 아래의 보기처럼 알맞은 한자어를 써넣으시오. <보기> 羅馬(나마) — (로마)

一. 波蘭(파란) — (　　)

二. 伯林(백림) — (　　)

三. 香港(향항) — (　　)

四. 瑞西(서서) — (　　)

五. 聖林(성림) — (　　)

六. 波斯(파사) — (　　)

七. 和蘭(화란) — (　　)

八. 海牙(해아) — (　　)

九. 德國(덕국) — (　　)

十. 倫敦(윤돈) — (　　)

모범답안과 해설

〈응용카드 1〉

一. 子息　二. 焦燥　三. 自由　四. 錯誤
五. 刻薄　六. 懇切　七. 自己　八. 萬若
九. 飮食　十. 高潔　十一. 性情　十二. 消極的

〈응용카드 2〉

一. 恨歎　二. 魅力　三. 世代　四. 指導力
五. 要求　六. 每日　七. 自身　八. 期待
九. 賊　十. 時代　十一. 犯罪時　十二. 世代

〈응용카드 3〉

一. 遺棄　二. 輪禍　三. 立件　四. 潛伏
五. 淨化　六. 慘殺　七. 醜態　八. 誘拐
九. 行悖　十. 環境

〈응용카드 4〉

一. 缺損　二. 恐慌　三. 均霑　四. 倒産
五. 不況　六. 賃金　七. 純益　八. 捻出
九. 廉價　十. 浮揚　十一. 割賦　十二. 用役
十三 .轉賣　十四. 出荷　十五.·株價　十六. 對替
十七. 緊縮　十八 誘致　十九. 沈滯　二十. 過剩
二十一. 買辦　二十二. 買占　二十三. 資本　二十四. 削減
二十五. 特惠

〈응용카드 5〉

一. 訓戒　二. 酒色　三. 恭遜　四. 客
五. 草木　六. 石榴　七. 沈默　八. 正直

九. 落心　十. 先生

〈응용카드 6〉

一. 確實　二. 證據　三. 決鬪　四. 勝利
五 .兵法　六. 陣地　七. 疑問　八. 警戒
九. 徹底　十. 更新

〈응용카드 7〉

一. 新婦　二. 最初　三 .時間　四. 面上
五. 肺　六. 毛骨　七. 竦然　八. 風船
九. 裝飾　十. 悲鳴

〈응용카드 8〉

一. 問安　二. 扶腋　三. 萬民　四. 公正
五. 紊亂　六. 春夏秋冬　七. 陰陽　八. 榮枯
九 .處事　十. 得失

〈응용카드 9〉

一. 厚德　二. 鎭重　三. 親舊　四. 慓毒
五. 智慧　六. 姦慝　七. 毒殺　八. 作家
九. 咀呪　十. 果然

〈응용카드 10〉

一. 폴란드　二. 베를린　三. 홍콩　四. 스위스
五. 헐리우드　六. 페르시아　七. 네덜란드　八. 헤이그
九. 독일　十. 런던

제10장

<타>

他 山 之 石
타 산 지 석

• 出典 : 『시경』의 「소아 학명」
• 文意 : 다른 사람의 덕행도 도움이 된다
다를 타 / 메 산 / 의 지 / 돌 석

소아(小雅)의 학명(鶴鳴)에 다음과 같은 내용이 있다. 여기에선 돌을 소인(小人)으로 옥을 군자로 대체하여 설명한다.

먼 못가에 두루미 우니 / 그 소리 하늘 높이 퍼지고
기슭에 노니는 고기 / 때로 연못 깊이 숨네
즐거웁구나 저 동산에는 / 박달나무 솟아 있어도
그 밑에 닥나무만 자라고 / 다른 산의 돌이라도(他山之石)
숫돌 삼아 구슬을 갈거늘(可以攻玉)

위의 시는 초야에 묻힌 선비들을 데려다가 군왕의 덕을 아름답게 삼으라는 내용이다.

이를테면 '다른 산의 돌이라도 숫돌 삼아 구슬은 갈거늘'이란 부분이 소인에 대한 풀이다

打 草 驚 蛇
타 초 경 사

• 出典 : 『개원 유사(開元遺事)』
• 文意 : 공연히 긁어 부스럼을 만든다
두드릴 타 / 풀 초 / 놀랄 경 / 뱀 사

『수호전』에 나오는 얘기다. 양산박에 웅거한 송강의 무리가 동평부를 공격할 때, 구문룡 사진이 계책을 내놓았다.

성안에 있는 이서란(李瑞蘭)이라는 기생을 거점으로 삼아서 움직이자는 것이었다. 송강의 승낙을 받은 일행들이 찾아가 계획대로 일을 진행시키는데 어느 날 이서란은 뚜쟁이 할멈과 잡담을 하다가 그런 말을 해버렸다. 할멈은 몹시 화를 냈다.

"나라에서 방을 내건 중죄인을 서둘러 관가에서 고발해야 하는 데 왜 끼고 도느냐 말이야."

"그럼, 어떻게 해야 되죠?"

"서란으로 하여금 술을 가지고 들어가 만취를 시켜 도망을 못 가도록 해야지. 풀밭을 두드리면 뱀을 놀라게 하거든."

사진은 대수롭지 않게 여겼으나 관원에게 잡히는 신세가 되었다.

耽 於 女 樂
탐 어 여 악

• 出典 : 『한비자』의 「십과편」
• 文意 : 여악에 빠져 정사를 소홀히 함
탐할 탐 / 거할 어 / 계집 녀 / 풍류 악

공자께서 노나라의 중도 땅의 읍장을 지낸 지 1년만에 요즘으로 검찰총장이 되었다. 이 무렵은 나라를 다스린 지 3개월만에 거리에 물건이 떨어졌어도 줍는 사람이 없었다. 백성들은 태평가를 부르니 제나라의 경공은 그 근심이 이루 말할 수 없었다.

"중니(공자)를 노나라에서 제거하는 것은 터럭을 불어버리는 것과 같습니다. 크게 걱정할 일이 아닙니다. 중니에게 후한 봉급과 높은 지위를 약속하여 초빙하십시오. 또한 노나라의 정공(定公)에게 여악(女樂)을 보내면 됩니다."

"그 무슨 말인가?"

"정공은 교만해 여악에 미혹되어 정사를 뒷전으로 미룰 것입니다."

과연 그 계책은 들어맞았다.

太 公 望
태 공 망

• 出典 : 『십팔사략』
• 文意 : 조부가 기다리는 현자
클 태 / 어른 공 / 바랄 망

상왕조의 31대 제왕 자수신(子受辛)이 달기의 치마폭에 빠진 채 천하의 백성들을 괴롭히고 있었다. 당시 자수신에게는 세 명의 신하가 있었는데 삼공(三公)이라 불렀으며, 구후(九侯)와 악후(顎侯) 그리고 서백(西伯)이었다.

서백을 제외한 두 사람은 참혹한 죽음을 당하였고, 서백 역시 유리의 감옥에 갇히어 오랫동안 고통을 받다가 풀려났다. 한데, 문왕의 조부 고공단부(古公亶父)는 이런 말을 했었다.

"우리 주나라에 반드시 성인 한 사람이 찾아올 것이고 그로 인하여 크게 번창할 것이다."

어느 날 사냥을 나간 서백이 위수의 북쪽 강가에서 여상을 만났다. '태공망'은 조부가 기다리는 사람이라는 뜻이다.

泰 斗
태 두

- 出典 : 『당서』의 「한유전」
- 文意 : 어떤 분야에서 빼어난 사람

클 태 / 말 두

한유의 자는 퇴지(退之)다. 이백, 두보, 백거이 등과 함께 당대(唐代)의 4대 시인으로 알려져 있다.

<당나라 때 한유는 육경의 문장을 가지고 학자를 가르치고 인도하는 자가 되었다. 그가 죽은 뒤에는 그의 학문과 문장이 더욱 흥성해 사람들은 그를 태산북두(泰山北斗)처럼 우러러보았다>

태산은 오랜 옛날부터 시인이나 묵객들의 시문에 오르내리며 신령스러운 대접을 받았었다. 또한 북두(北斗)는 북신(北辰)을 가리키는 것으로 북극성을 의미한다. 『논어』에는 '북극성은 제 자리에 있어도 뭇별들이 우러러본다'고 하였다. 다음은 한유의 시다.

구름은 태령에 누웠는데 집은 어디쯤 있나 / 흰눈이 남관을 뒤덮어 말은 갈 길을 모르네

兎 死 狗 烹
토 사 구 팽

- 出典 : 『십팔사략』
- 文意 : 목적을 이루니 측근을 처벌한다

토끼 토 / 죽을 사 / 개 구 / 삶을 팽

진나라 말기에 권세 있는 호족들을 위하여 목숨을 내놓은 식객들이 있었는데 세상에서는 이들을 '유협(遊俠)의 무리'라 하였다.

하층 계통의 유협의 무리를 이끌던 유방은 초한 전쟁에서 승리하여 황제의 자리에 올랐다. 자신을 도와 공을 세운 장수들은 모두 왕과 후(侯)에 봉하였다. 가장 큰 문제는 영토가 분리되어 다시 전국시대로 돌아간 듯한 느낌이었다.

이렇듯 쪼개진 나라 중에 초나라의 왕 한신이 모반죄로 체포되어 낙양으로 향하는 수레 안에서 하늘을 우러러 탄식하였다.

"역시 세상 사람들이 하는 말이 옳았다. 날쌘 토끼가 없어지면 사냥개가 잡아 먹히고(兎死狗烹), 높이 나는 새가 없으니 활이 버림을 받는다. 토벌한 적국이 없으니 내가 죽는구나."

投 鞭 斷 流
투 편 단 류

• 出典 : 『진서』
• 文意 : 병력이 강대함을 뜻함
던질 투 / 채찍 편 / 끊을 단 / 흐를 류

동진의 효무제 때에 전진왕 부견이 군사를 일으켰다.

급보를 받은 동진에서는 대책 마련에 부산스러웠다. 병력은 고작 8만여명이었으니 직접 부딪치는 것은 불가하다는 의견이 지배적이었다. 이것은 전진도 마찬가지였다. 동진은 천연의 요새인데다 명장인 사현과 사석이 있으니 정벌은 불가하다고 만류했다.

"폐하, 비록 적의 수효는 8만에 이를 뿐이나 양자강의 험난함에 의지하고 있는 데다 명장 사현과 사석이 버티고 있습니다. 하오니 불가하옵니다."

부견은 큰 소리로 외쳤다.

"우리 대군의 채찍으로 강물을 차단시킬 수 있다(投鞭斷流)!"

동진과의 싸움은 마음과 같이 되지를 않았다.

投 筆 從 戎
투 필 종 융

• 出典 : 『후한서』의 「반초전」
• 文意 : 문관도 전장터에 나가야 한다
던질 투 / 붓 필 / 따를 종 / 오랑캐 융

흉노족은 후한의 광무제 때에 내분이 일어나 분열되었다. 남흉노는 한나라에 항복했으나 북흉노는 기회만 있으면 변경에 출몰하여 방화와 약탈을 일삼았다.

이 당시 장안교외에 자리한 부풍안릉(扶風安陵)의 학자 반표에게는 반초라는 아들이 있었다. 그는 역사학자인 반고의 아우였다. 반초는 요즘으로 말해 도서관장에 해당하는 난대영사(蘭臺令史)라는 자리에 있었다.

흉노족들이 너무 날뛰는 바람에 가곡관의 성문이 폐쇄되었다는 소문을 듣고 분연히 일어섰다.

"변경이 소란스러운데 어찌 붓을 만지작거리고만 있겠는가!"

그는 무장을 갖추고 전쟁터로 떠났다. 이것이 투필종융이다.

여해 한문서당 12단계 선정 문제

제10단계

〈응용카드 1〉

※아래의 빈곳에 보기처럼 나라 이름을 써넣으시오.

<보기> 紐育(뉴육) — (뉴욕)

一. 埃及(애급) — (　　)

二. 西班牙(서반아) — (　　)

三. 新西蘭(신서란) — (　　)

四. 希臘(희랍) — (　　)

五. 愛蘭(애란) — (　　)

六. 丁抹(정말) — (　　)

七. 巴里(파리) — (　　)

八. 羅星(나성) — (　　)

九. 諾威(낙위) — (　　)

十. 瑞典(서전) — (　　)

十一 壽府(수부) —(　　)

十二. 馬耳塞(마이새) — (　　)

十三. 白耳義(백이의) — (　　)

十四. 墺地利(오지리) — (　　)

十五. 星港(성항) — (　　)

十六. 濠洲(호주) — (　　)

十七. 莫府(막부) — (　　)

十八. 芬蘭(분란) — (　　)

十九. 桑港(상항) — (　　)
二十. 英吉利(영길리) — (　　)
二十一. 葡萄牙(포도아) — (　　)
二十二. 海蔘威(해삼위) — (　　)
二十三. 華盛頓(화성돈) — (　　)
二十四. 露西亞(노서아) — (　　)
二十五 伯剌西爾(백랄서이) — (　　)

〈응용카드 2〉

※다음의 글을 읽고 빈곳에 적당한 한자어를 써넣으시오.

一. 정신은 늘 육체의 요구(　　)를 이겨나가야 한다. 많이 참을수록 그대에게 덕이 있을 것이다. 천재라는 것은 보통 이상의 참을성을 가진 사람에 불과하다(G.뷔퐁)

二. 사람들은 인내를 부르짖지만 자진하여 그것을 실행(　　)하는 사람은 드물다(TA.케빈스)

三. 노하기를 더디한 자는 용사(　　)보다도 낫고 자기의 마음을 다스리는 자는 성을 빼앗는 것보다 낫다(솔로몬)

四. 결혼 생활에서 가장 소중(　　)한 것은 인내다(A.체홉)

五.참을성이 적은 사람은 그만큼 인생에 있어서 약한 사람이다. 한 줄기의 샘이 굳은 땅의 틈을 헤치고 솟아나오듯 참고 견디는 힘이 광명을 얻기는 어렵다. 오늘 하나의 어려운 일을 참고 극복했다면 그 순간부터 사람은 강한 힘의 소유자인 것이다. 곤란(　　)과 장애물은 언제나 새로운 힘의 근원인 것이다.(러셀)

六. 인내란 천재(　　)의 필요 요소다(B.디즈레일리)

七. 인종이 필요하다는 것은 악이 존재(　　)한다는 증거다(러셀)

八.인내와 신앙(　　)은 산이라도 움직인다(W.벤)

〈응용카드 3〉

※다음의 빈곳에 알맞은 한자어를 써넣으시오.

一. 나는 농민을 사랑한다. 왜냐하면 비뚤어진 판단(　　)을 내릴만큼 학문을 가지고 있지 않기 때문이다(M.몽테에뉴/『수상록』)

二. 토지를 경작(　　)하는 자는 가장 가치 있는 시민이다. 그들은 강건하며 가장 독립심이 풍부하고 가장 덕에 뛰어나 있다(T.제퍼어슨)

三. 우리는 선량(　　)한 농민을 탐내고 있다. 그들은 군대의 힘을 만드는 것이다(B.나폴레옹)

四. 농민이 한가지로 꾀한다는 것은 다른 모든 혁명(　　)과 같이 그들 농민의 경우가 가장 압박을 받고 있을 때에 발발하는 것이 아니고, 그와는 반대로 농민이 어느 정도의 자각을 가지게 됨에 이르렀을 때에 발생하는 것이다(M.베에버/『경제사』)

五. 농부는 밭을 갈아 자연의 비밀(　　)을 조금씩 빼내는데 그가 캐내는 진리는 보편성을 띈 것이다(A.생텍쥐베리/『인간의 대지』)

六. 절기에 가장 예민(　　)한 것이 농군이다. 풍증 있는 사람은 비오면 미리 알 듯이 그들은 일자 무식이라도 생리로 절기를 안다. 물소리만 듣고도 해빙머리의 물소리인지 여름철의 물소리인지를 구별하고 풀잎 나무 한가지만을 만져 보고도 청명절이니 곡우절인지를 안다. 갖은 짐승의 털만 보고도 못자리를 할 때인지 갈보리를 심을 때인지를 짐작(　　)하고 또 그것은 정확하다(이무영/『민』)

七. 농가의 혈통(　　)에서는 사람이 완전히 죽지는 않는다. 각 생명은 꼬투리 모양으로 차례로 터져서 씨를 내놓는 것이다. 나는 한번 세 농부가 그들의 어머니와 주검의 자리 앞에 있는 것을 바로 앞에서 본 일이 있다. 그런데 그것은 비통한 일이었다. 두 번째 매듭이 풀린 것이었으니 이 대와 그 대를 잇는 그 매듭이었다.(생텍쥐베리/『인간의 대지』)

八. 우리는 많은 훌륭한 벽돌집이나 돌집을 가지고 있지만 아직도 농부가 잘 사느냐 못사느냐 하는 것은 외양간이 집 보다도 얼마나 크냐 하는 척도(　　)에 따라 측정한다(소로우/『숲속의 생활』)

九. 씨를 뿌리는 사람은 씨를 뿌리고, 농부가 수확(　　)하고 있는 것을 보면 비슷한 것을 생각한다. 삶은 경작이며 죽음은 그 귀결로서 수확이다(W.휘트먼/『농부가 밭 가는 것을 볼 때』)

十. 농부(　　)가 일찍 일어나는 것은 해야할 일이 많기 때문이며 일찍 자는 것은 생각할 것이 적기 때문이다(O.와일드)

十一. 농민은 공격적(　　)이 아니다. 농민은 공격적인 본능을 자연이라는 영구한 적과의 싸움에 의해서 깨끗이 해소시키고 있기 때문이다(이어녕/『하나의 나뭇잎이 흔들릴 때』)

十二. 농부는 평화(　　)를 사랑하는 것이 아니라 싸움에 지쳐있기 때문에 평화롭게 보일 따름이다(이어녕/『하나의 나뭇잎이 흔들릴 때』)

〈응용카드 4〉

※다음의 글을 읽고 빈곳에 알맞은 한자어를 써넣으시오.

◇잡다(一)한 조류(二)는 계절(三)의 추이(四)에 따라 우는소리가 달라지며 그 중에는 환경(五)의 변천(六)과 함께 목소리를 변하여 목쉰 소리로 노래하는 것도 있다(C.루크레티우스)

◇오늘날에도 새의 성격(七)에 의하여 인간(八)의 태도(九)나 사상을 구분하는 상징법을 그대로 쓰고 있다. 월남전을 에워싼 미국민의 세 가지 태도를 지칭(十)한 매파(주전론파), 비둘기파(화전론파), 오리파(절충파) 등이 그것이다.

◇숲속에서 들려오는 새 소리는 이른 아침이 으뜸이다. 그 소리에 아침 잠이 깨면 정신이 절로 상쾌(十一)해 진다. 베개를 고쳐 베고 조용히 듣자면 자기의 몸은 어느새 심산유곡(十二)에 있는 것 같으니 어찌 즐겁지 않겠는가. 다만 조롱(十三)에 잡아넣어 우는 새 소리는 즐겁다기보다는 가련하여 가슴 아프게 한다.(임어당/『소림경제』)

◇아침에 우는 산새는 매우 정답다. 배 창 밑에 밀어(十四)를 보내는 그 마음이여 오늘의 행복을 약속함인가. 자리에서 일어나 뒷

산을 바라보니 북한산성에는 엷은 안개가 그 산의 얼굴을 얄밉게 가리고 산 밑 밤나무에는 이 산의 척후인 산곡을 까치가 지키고 있다.(노자영/『산가일기』)

◇저녁 때가 되면 잠에서 깨어난 밤의 고요 속에 그 하염없는 생존(十五)을 감춰놓는 동물(十六) 전체(十七)가 이 밤 어둠 속을 소리 없는 움직임으로 꽉 채워놓았다. 큰 새의 울음소리도 없이 마치 무수한 그림자 모양 하늘 위를 날았고, 눈에 띄지도 않는 날벌레의 붕붕 소리가 귀를 울렸고, 무언의 합창(十八)이 이슬 맺힌 풀밭이나 인기척 없는 길가의 모래밭에서 울려나왔다

◇바로 밑에 있는 도토리 나무 위에는 새들의 회의(十九)가 열려 있었다. 그 나무 위에는 일제히 우짖어 새로 까맣게 보였다.(J.스타인벡/『빨간 망아지』)

◇같은 날개 털의 새는 군서(二十)한다.(한국속담)

〈응용카드 5〉

※다음은『논어』에 나오는 내용입니다. 빈곳에 알맞은 한자어를 써 넣으시오.

◇자로가 공자를 수행(一) 하다가 뒤떨어졌다. 그때 멱서리를 지팡이에 걸어 어깨에 맨 노인을 만났다. "노인장께선 선생님을 보았습니까?" 노인이 말했다. "수족(二)을 움직여 부지런히 일을 해야 하는데 오곡(三)을 분별(四)치 못하는데 누가 선생인가?" 하고는 다시 일을 했다. 나중에 이 말을 자로가 공자에게 하였다. 공자가 말하기를 "은자(五)로다" 하였다. 나중에 공자가 자로를 시켜 찾았으나 이미 노인은 떠나고 없었다. 자로가 돌아와 "군주를 섬기지 아니한 의는 있을 수 없습니다." 하였다.

〈응용카드 6〉

※다음의 글을 읽고 빈곳의 괄호 안에 알맞은 한자어를 써넣으시오.

◇배는 진수할 때부터 침몰(一)한다.(스티븐슨)

◇대체로 백 대의 수레가 싣는 중량(二)이 하나의 배를 당하지 못하고 육지(三)에서 천리 길을 다니는 것도 수로로 만리를 가는 배를 따를 수 없다(박제가/『북학의』)

◇배가 움직이기 시작했다. 어둠 속에 썰물을 타고 달아나는 뱃머리에 부딪는 물결 소리만이 아우성에서 멀어져 가는 새벽의 고요를 깨뜨린다. 알맞은 "샛마(서남풍)다, 돛을 올리자!" 털보 영감의 의기(四)에 찬 목소리였다.(김광용)

◇배는 선이요 구도자(五)요 공덕이다.(『팔만대장경』)

◇닻을 내릴 때 영화(六)를 누린다. 배는 원래 바다에 있어야 할 것이다. 해도(七)를 따라서, 혹은 해도 없는 미지의 항로(八)에서 폭풍 속에서 찌는 듯한 태양(九) 아래에서 눈보라가 치는 북극(十)에서 배는 숨쉬고 땀을 흘리고 헐떡이면서 일해야 한다. 고래를 상대로 아슬아슬한 싸움을 해야 할 것이다.(최인훈/『회색인』)

〈응용카드 7〉

※다음의 글을 읽고 괄호 안의 빈곳에 알맞은 한자어를 써넣으시오.

◇나는 행위하는 이상 내 자신을 불운(一) 앞에 내어 던진다. 이 불운은 나에게 있어서는 하나의 율법(二)이고 나의 의지의 나타남인 것이다.(헤겔/『법철학』)

◇어떤 행위가 얼마 만큼 눈부시게 보일지라도 위대(三)한 계획(四)의 결과가 아닌 한 그것을 위대한 것으로 보아서는 안 된다.(라로슈프코우/『도덕적 반성』)

◇사람은 그의 아내와 그의 가족, 거기다 그의 부하(五)에 대한 행위로 알려진다.(나폴레옹)

◇우리들은 언어보다 행위를 주시(六)해야 한다. 그리고 또한 우리들도 언어로써가 아니라 행위로 표시(七)하지 않으면 안된다.(JF.케네디)

◇인간의 여러 가지 행위는 모두 결과(八)로써 나타날 시기가 멀리 떨어져 있으면 있을수록 그만큼 훌륭하고 존경(九) 받는 행위이

다.(J.러스킨)

◇인간 자체와 인간의 행위는 별개의 것이다. 선행은 칭찬을, 악행은 비난(十)을 불러일으키는 것이므로 그 행위자는 악인이든 선인이든 간에 그 행한 경우대로 존경을 받거나 불쌍히 여김받음이 당연하다.(마하트마 간디/『자서전』)

〈응용카드 8〉

※다음의 글을 읽고 괄호 안의 빈곳에 알맞은 한자어를 써넣으시오.

一. 좋아하는 남자가 지껄이는 멋대로의 말이라 해도 싫어하는 남자의 분명(　　)한 사랑의 말 보다 더 마음을 어지럽힌다(라파엘 부인/『크레브의 안쪽』)

二. 말은 사상(　　)의 옷이다.(샤무엘 존슨/『시인의 생활』)

三. 인간에게 있어 말은 고뇌(　　)를 고치는 의사(　　)다. 왜냐하면 말만이 영혼을 고치는 불가사의한 힘을 갖기 때문이다. 또 이 말이야말로 옛 어진 이들이 묘약(　　)이라 불렀다.(메난드로스/『단편』)

四. 거칠고 독살(　　)스러운 말은 그 근거(　　)가 약한 것을 시사한다.(위고)

五. 말은 화석(　　)이 된 시다(에머어슨)

六. 듣기 좋은 말은 아직도 무료(　　)다.(하이네)

七. 말이란 정신 생활의 발달(　　)과 정비례하는 것이다. 오관의 감각을 주로 하여 사는 소아나 야만이나 무교화한 사람에게는 만의 가지수, 어휘(　　)도 적고 말의 뜻의 넓이와 깊이, 함축도 적다.

〈응용카드 9〉

※다음의 글을 읽고 괄호 안에 한자어를 써넣으시오.

◇길은 아무래도 좁고 괴로워진 것 같다. 인가의 가족(一)이 다함께 신에게로 가는 것까지도 차츰 어렵게 되고 있다. 겨우 가족들이 사이좋게 다 같이 가지고 있을 수 있는 것은 신을 제외(二) 하고

는 너저분한 물건만이 아니다. 그것이라도 정직(三)하게 물려 준다면 개개의 인간에게는 아무런 보람도 없는 도구로 되어서 전연 아무 것도 없는 것이나 마찬가지로 되는 것이다(라이너 마리아 릴케/『말테의 수기』)

◇세 가지의 길에 의하여 우리들은 성지에 도달(四)할 수가 있다. 그 하나는 사색(五)에 의해서이다. 이것은 가장 높은 길이다. 둘째는 모방(六)에 의해서이다. 이것은 가장 쉬운 길이다. 그리고 셋째는 경험(七)에 의한 길이다. 이것은 가장 고통스러운 길이다.(공자/『논어』)

◇군자의 길은 예컨대 먼데로 가려면 반드시 가까운 데에서부터 시작(八)하고 높은 데로 올라가려면 반드시 낮은 데서 시작하는 바와도 같으니라(『중용』)

◇태초에 길이 있었다는 것은 성서의 말이다. 그러나 길이 있기에 인간은 방황(九)할 수밖에 없다고 나는 적고 싶다.(이어령/『하나의 나뭇잎이 흔들릴 때』)

◇산중턱의 사람 발자국 난 데를 어느 기간(十) 계속해 다닐 것 같으면 길이 만들어지고 얼마 동안 다니지 않는다면 곧 거기에서 띠풀이 우거져 막혀버린다. 지금 자네의 마음속은 바로 그 띠 풀로 막혀 있는 것이다.(『맹자』)

◇진나라 때에 완적은 아무 볼일도 없이 말을 타고 여행(十一)한다. 길은 언제나 좁은 길을 택하지 않았다. 그렇게 매일 같이 다니다가 길이 끊기면 문득 통곡(十二)한다(『사문유취』)

〈응용카드 10〉

※다음은 돼지에 관한 어록입니다. 알맞은 한글을 써넣으시오.

◇아마 성미가 고약한 사람들은 너를 향해 「더러운 돼지」라고 할 것이다. 그네들은 이렇게 말한다. 단 한가지도 너에게는 미워할 것이 없는데 모든 사람에게 미움을 받고 거기에 물을 마시더라도 기름기 있는 접시에 담은 물을 마시고 싶어하는 놈이라고 한다.

그러나 이것은 빈정대는 욕이다. 그런 말을 하는 族屬(一)은 네 얼굴을 씻어보면 알 것이다. 너는 血色(二)이 좋은 얼굴로 변한다. 너의 불결은 그들에게 原因(三)이 있다. 방바닥이 다르면 자는 방법도 틀린다. 불결은 너의 제2의 찬성일 것이다.(르나아르/『박물지』)

◇智慧(四)라고는 한푼 어치도 없는 것 같은 짐승이 돼지다. 어느 모로 보나 둔하게만 생겨 먹었다. 목이 그렇게 굵어 가지고 마음이 곧을 리 없고 꼬리가 그렇게 짧아 가지고 怜悧(五)할 리 없다. 게다가 그 비계 덩어리로만 찬 뚱뚱한 몸집은 비위주머니일 것만 같고 기다란 속눈썹 밑에서 한가롭게 꺼벅시기만 하는 초리 길게 뻗은 그 길죽한 눈은 아무리 보아도 凶物(六)스럽다. 이렇게 생긴 짐승이 제 욕심을 犧牲(七)하여 사람의 편리를 도모해 줄 것만 같지는 않다.(계용묵/『탐락점철』)

◇저희를 생각해 주는 줄 알고 저희를 위하여 애쓰는 사람에 대하여는 감사의 뜻을 표할 줄 아는 돼지. 이것을 한갓 주림을 채우려는 극히 동물적인 本能(八)의 발로라. 언하(言下)에 물리친다면 문제도 없겠으나, 그러나 찬호는 수년전 그가 가르치던 학교 생도들의 行狀(九)과 비교하여 도리어 동물적 본능을 抑壓(十)하고 영적 세련을 갖추었다는 것으로 만물의 영장을 자처하는 인간의 심성이 돼지와 더불어 얼마나 나은가 생각항였다.(안수길/『목축기』)

모범답안과 해설

〈응용카드 1〉

一. 이집트　二. 스페인　三. 뉴질랜드　四. 그리스
五. 아일랜드　六. 덴마크　七. 파리　八. 로스엔젤레스
九. 노르웨이　十. 스웨덴　十一. 제네바　十二. 마르세이유
十三. 벨기에　十四. 오스트리아　十五. 싱가포르
十六. 오스트레일리아　十七. 모스크바　十八. 핀란드

十九. 샌프란시스코 二十. 영국 二十一. 포르투칼
二十二. 블라디보스톡 二十三. 워싱톤 二十四. 러시아
二十五.브라질

〈응용카드 2〉

一. 要求 二. 實行 三. 勇士 四. 所重
五. 困難 六. 天才 七. 存在 八 .信仰

〈응용카드 3〉

一 判斷 二 .耕作 三. 善良 四. 革命
五. 秘密 六 .銳敏, 斟酌 七. 血統 八. 尺度
九. 收穫 十. 農夫 十一. 攻擊的 十二. 平和

〈응용카드 4〉

一. 雜多 二. 鳥類 三. 季節 四. 推移
五. 環境 六. 變遷 七. 性格 八. 人間
九 .態度 十. 指稱 十一. 爽快 十二. 深山幽谷
十三. 鳥籠 十四. 密語 十五. 生存 十六. 動物
十七. 全體 十八. 合唱 十九. 會議 二十. 群棲

〈응용카드 5〉

一. 遂行 二. 手足 三 .五穀 四. 分別 五 隱者

〈응용카드 6〉

一. 沈沒 二. 重量 三. 陸地 四. 義氣
五. 求道者 六. 榮華 七. 海圖 八. 航路
九. 太陽 十. 北極

〈응용카드 7〉

一. 不運　二. 律法　三. 偉大　四. 計劃
五. 部下　六. 注視　七. 表示　八. 結果
九. 尊敬　十. 非難

〈응용카드 8〉

一. 分明　二. 思想　三. 苦惱, 醫師　四. 毒殺, 根據
五 .化石　六. 無料　七. 發達, 語彙

〈응용카드 9〉

一. 家族　二. 除外　三. 正直　四. 到達
五. 思索　六. 模倣　七. 經驗　八. 始作
九. 彷徨　十. .期間　十一. 旅行　十二. 痛哭

〈응용카드 10〉

一. 족속　二. 혈색　三. 원인　四. 지혜
五. 영리　六. 흉물　七. 희생　八. 본능
九. 행장　十. 억압

제11장

<파>

破 鏡
파 경

• 出典 : 『태평광기(太平廣記)』
• 文意 : 부부간에 이별하거나 헤어지는 것
가를 파 / 거울 경

중국의 남북조 시대에 진(陳)의 후주 숙보가 날마다 가무 연락을 즐기다가 나라의 기틀이 송두리째 수나라로 넘어갔다. 이때 진후주의 딸 낙창공주(樂昌公主)와 그의 남편 서덕언(徐德言)은 나라에 변고가 생기면 헤어지게 되더라도 품안에 신물(信物)을 지니고 있으면 만날 수 있다는 말을 나누었다.

그것은 거울이었다. 서덕언은 거울을 꺼내 반으로 쪼개 내년 보름날 장안의 가장 번화가에서 그 거울을 팔도록 하였다.

과연 그들의 예측대로 나라는 망하였다. 낙창공주는 양소(楊素)의 집으로 들어가게 되어 남편과의 약속을 지키기 위해 정월 보름이 되면 시장에 나가 팔도록 하였다. 3년이 지난 어느 날 비싼 가격에 그 거울을 사겠다고 나선 사람이 있었다. 바로 서덕언이었다.

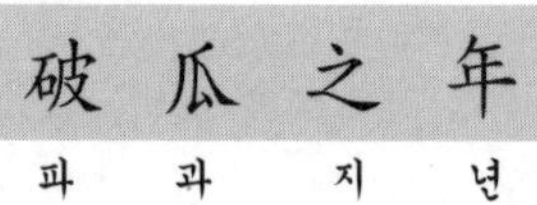

破 瓜 之 年
파 과 지 년

• 出典 : 「정인벽옥가(情人碧玉歌)」
• 文意 : 첫 경도가 있게 되는 나이
깨뜨릴 파 / 외 과 / 의 지 / 해 년

파과지년은 첫 경도가 있는 나이를 의미한다. 이것은 시대와 상황에 따라 14세나 16세로 구분되기도 한다. 여자로서 어른이 되는 첫 관문인 셈이다.

푸른 구슬 참외를 깨칠 때 / 님과 사랑으로 넘어져 뒹굴었네
님에게 감격하여 부끄러움을 전연 몰라 / 몸을 돌려 님의 품에 안기었다네

위의 시는 진(晉)나라 때 손작이 쓴 '파과시'다. 중국의 고대 의서인 『황제내경』에는 남녀가 어른이 되는 시기를 구분 지어 놓고 있다. 여자는 열 여섯 살이고 남자는 열 넷이다. 그렇다면 왜 여인의 몸에서 경도가 나오는 시기를 열 여섯으로 구분 지었는가? 그것은 한자 특유의 파자법 때문이다. 과(瓜)라는 글자에는 파자법상으로 팔(八)이 두 개가 겹친 모습이다. 그러므로 파과지년을 열 여섯이라 한 것이다.

罷露臺
파로대

• **出典** : 『사기』의 「효문제기」
• **文意** : 정자 만드는 것을 그만둠
파할 파 / 이슬 로 / 대 대

효문제는 고조의 여덟 아들 가운데 넷째인 중자(中子)다. 고조가 11년 봄에 진희의 군사를 크게 무찌르면서 대왕(代王)으로 봉해진 박태후(薄太后)의 아들이다.

어느 날 대왕은 장차 어찌할 것인가를 놓고 점을 쳤다. 그렇게 하여 얻은 괘사는 '대횡(大橫)'이었다. 점쟁이가 말했다.

<머지않아 대왕이 천자가 될 것이라는 예시입니다. 하왕조의 우왕을 계승하여 보위에 오른 계(啓)처럼 부업(父業)을 빛내실 것입니다.>

과연 점쟁이의 말대로 대왕은 천자가 되었다. 그는 모든 일에 솔선수범 했다. 한번은 황제가 지붕 없는 정자를 만들려다 많은 경비가 든다는 보고에 중지시켰다. 그리고 더욱 민정에 힘을 기울였다. 그런 연유로 파로대(破露臺)라는 말이 생겨났다.

破竹之勢
파죽지세

• **出典** : 『진서』의 「두예전」
• **文意** : 거침없이 밀고 들어가는 형세
가를 파 / 대 죽 / 의 지 / 기세 세

위오촉(魏吳蜀) 삼국 정립의 시대는 가고 위나라를 이어 진(晉)이 들어서 멀리 오나라와 대치하고 있었다. 진의 명장 두예(杜豫)는 태강 원년 2월에 왕준의 군사와 합류하여 무창을 함락시키고 최종 목적지인 건업(建業;남경)을 앞에 두고 여러 장수들과 작전 회의를 하였다. 이때 두예가 말했다.

"우리는 대세의 흐름을 타고 있소. 이것은 대나무를 쪼갤 때(破竹)와 같이 한 매듭 두 매듭 내려가면 나중엔 칼만 대면 자연스럽게 쪼개져 힘들일 필요가 없는 것이오. 지금 우리 군의 기세가 그러한 것이오. 우리가 이때를 놓치면 오히려 후회하게 될 것이오."

두예는 공격하여 공을 세웠다. 이렇게 하여 진의 통일이 이루어졌으므로 당양후(當陽侯)가 되었다.

破 天 荒
파 천 황

• 出典 : 『북몽쇄언(北夢瑣言)』
• 文意 : 형주 사람이 처음 과거에 급제함
깨뜨릴 파 / 하늘 천 / 거칠 황

과거제도는 수나라 때에 시작하여 청조 말에 폐지되었다. 이렇게 보면 1천3백여년간이나 시행이 된 셈이다.

당나라 때에 형주는 의관들이 많이 나오는 고장이다. 그러므로 해가 바뀌면 인재들을 뽑아 해(解)라는 곳으로 보내곤 했었다. 그런데 어찌된 셈인지 형주 태생만은 과거에 급제하는 사람이 없었으므로 그곳으로 보낼 수 없었다. 이 무렵에 유세라는 이가 중앙정부에서 시행하는 시험에 합격하였다.

이것은 전대미문의 쇼킹한 사건이었다. 소문이 나자 당시 형남군 절도사 최현(崔鉉)은 파천황전(破天荒錢)이라 하여 상금 70만전을 그에게 보냈다. 당시 형주 사람들이 얼마나 과거에 급제하기를 바라고 있었는지를 나타내는 대목이다.

敗 軍 之 將
패 군 지 장

• 出典 : 『사기』의 「회음후열전」
• 文意 : 패한 장수는 병법을 논하지 않는다
패할 패 / 군사 군 / 의 지 / 장수 장

위(魏)를 친 여세를 몰아 조(趙)의 공격에 나선 한신은 정경의 협도에 이르러 고민에 빠졌다. 당시 조나라에는 광무군 이좌거(李左車)라는 장수가 있기 때문이었다.

한신의 공격에 맞서 이좌거는 성안군 진여에게 협도의 공격을 진언했었다. 그러나 진여는 자신이 유자(儒者)임을 내세워 결코 기습작전 같은 것은 쓰지 않겠다고 고집을 부렸다. 그 결과 한신은 조나라 군사들을 격파하고 이좌거를 사로잡았다.

한신은 이좌거의 포승줄을 손수 풀어주고 북으로 연나라를 치고 동으로 제를 치려는 계책을 물었다.

"패군지장은 결코 병법을 논하지 않습니다."

이좌거는 사양했으나 한신의 설득으로 좋은 계책을 내놓았다.

平 地 風 波
평 지 풍 파

• **出典** : 유우석의 「죽지사(竹枝詞)」
• **文意** : 긁어 부스럼을 냄
바를 평 / 땅 지 / 바람 풍 / 물결 파

유우석(劉禹錫)은 자(字)가 몽득(夢得)이다. 지금의 하북성 태생으로 과거에 급제한 후에 왕숙문을 따라 탁지원외랑의 벼슬에 올랐으나 연주자사로 좌천되었다. 그는 백낙천과 깊이 교우 하였으며 시명이 높았다.

다음은 그가 쓴 「죽지사」 9수의 내용이다.

구당의 시끄러운 열두 여울 / 사람들은 말한다네
길이 예로부터 어렵다고 / 아, 안타까워라
인심이 물만도 못하니 / 생각이 부족하여
평지에 풍파를 일으키는 것을

이 시는 파촉 일대에 민요로 널리 알려져 있다. 그것을 유우석이 새롭게 다듬은 것이다.

抱 薪 救 火
포 신 구 화

• **出典** : 『사기』의 「위세가」
• **文意** : 경황없이 행동하여 일을 악화시킴
안을 포 / 섶 신 / 건질 구 / 불 화

춘추전국 시대엔 진(秦)나라가 강대국이었다. 진나라가 병력을 위(魏)나라로 이동시키자 한나라와 조나라가 원병을 보냈다. 그러나 결과는 참혹한 패배였다. 단우자(段于子)라는 장수가 말했다.

"연합군이 패하였으니 진나라와 맞서는 것은 옳지 않다 봅니다. 아무래도 우리 위나라의 남양 지방을 내놓고 화평을 청하는 것이 좋을 듯 싶습니다."

소대(蘇代)는 위나라 땅을 관리하는 데 문제가 있다고 했다.

"그게 무슨 말이오?"

"땅을 분할하여 내주는 것으로는 위기를 벗어날 수 없습니다. 일시적으로는 괜찮아 보일 지 모르나 진나라에서는 위나라를 전부 삼키기 전에는 공격을 늦추지 않을 것입니다. 땅을 떼어주는 것은 땔나무를 가지고 불 속으로 뛰어드는 이치입니다."

暴虎馮河
포 호 빙 하

• 出典 : 『논어』의 「술이편」
• 文意 : 만용을 믿고 멋대로 행동을 함
맨손으로 칠 포 / 범 호 / 탈 빙 / 물 하

『논어』의 「술이편(述而篇)」에 다음과 같은 내용이 있다. 어느 날 공자께서 안연(顔淵)이라는 제자에게 말했다.

"무릇 벼슬길에 나가면 열심히 활동을 하고 버림을 받으면 물러나서 분수를 지키며 살아야 한다. 그렇게 살 수 있는 것은 너와 나만 할 수 있는 일이다."

곁에 있던 자로(子路)가 발끈했다.

"그렇다면 선생님, 한 말씀 묻겠습니다. 선생님께서는 삼군(三軍)을 지휘하여 전쟁에 나간다면 누구와 동행하시겠습니까?"

"나는 맨손으로 범을 잡고 맨발로 큰 강을 걸어서 건너려다가 죽어도 결코 후회를 않는 그런 사람과는 행동을 하지 않겠다."

공자가 안연을 칭찬하자 끼어 들었다가 핀잔을 받은 것이다.

風聲鶴唳
풍 성 학 려

• 出典 : 『진서(晉書)』
• 文意 : 공연히 겁을 집어먹은 상태
바람 풍 / 소리 성 / 학 학 / 학이 울 려

전진의 군사 가운데엔 동진의 장수였던 주서(朱序)란 자가 있었다. 예전에 양양의 전투에서 전진군과 맞섰는데 휘하의 부장이라는 자가 적과 내통하는 바람에 성이 함락되었었다. 비록 적이지만 그 기개를 높이 산 부견은 주서를 요직에 등용하였다.

그러나 주서가 어떻게 하면 조국을 도울 수 있을가에 고심하는 마음을 사현과 사석은 헤아리고 계책을 짰다. 주서는 부견에게 말했다.

"거짓으로 패한 척 후퇴하면 동진의 군사들이 강을 건너올 것입니다. 이때에 대거 공격한다면 단숨에 동진군을 몰살시킬 수 있습니다."

부견은 이 계책을 따랐다. 전진군은 거짓으로 후퇴하는 것 같았다. 그러나 주서는 각 진영을 돌아다니며 패하였으니 어서 도망가라고 했다. 그 결과 1백만의 대군은 전멸하고 고작 10만이 남았다.

風 水
풍 수

• **出典** : 『음양오행학』
• **文意** : 바람을 붙잡고 물을 얻는다
바람 풍 / 물 수

수(隋)나라 때에 수문제의 부인 독고황후가 세상을 떠나자 그 장지를 놓고 의론이 분분했다. 차남으로서 태자가 된 광(廣)이 부친(수문제)이 빨리 죽을 수 있는 자리에 어머니를 묻게 해달라고 했기 때문이다. 이 일을 맡은 자는 소길이라는 예언가였다.

"이 자리에 묻히면 3년 안에 태자마마께서 보위를 이으십니다."

그러면서 소길은 장차 수나라의 치세는 '2천년(二千年)'에 이를 것이라 했다. 집에 돌아온 소길은 측근들에게 소곤거렸다.

"머지않아 시역 사건이 일어날 것이야. 일이 잘못되면 나는 살아남지 못하네. 수나라는 파자법상 치세가 앞으로 30년(二千年=三十年)이야. 그러니 어서 도망 가야지. 이곳에 있다간 살아남지 못해."

과연 소길의 예언대로 수나라는 30여년 만에 망했다.

匹 夫 之 勇
필 부 지 용

• **出典** : 『맹자』의 「양혜왕 하」
• **文意** : 좁은 소견으로 날뛰는 것
한 마리 필 / 사내 부 / 의 지 / 날랠 용

양나라의 혜왕이 묻자 맹자가 답했다.

작은 나라가 큰 나라를 섬기는 것은 하늘의 도리이며 큰 나라 입장에서 작은 나라를 섬기는 것은 하늘의 줄기라고 한 것이다.

양혜왕은 맹자의 답변에 수긍했다. 그런데 문제가 없는 것은 아니었다. 맹자의 말대로라면 어느 나라든 섬기기만 해야 한다는 것이었다. 그래서 불만스러웠다. 양혜왕의 의중을 파악한 맹자가 다시 말했다.

"왕은 소용(小勇)을 좋아해서는 안됩니다. 칼을 들고 눈을 부라리며 '너는 내 상대가 안돼!' 하는 식은 하찮은 필부들이나 하는 필부지용(匹夫之勇)일 따름입니다. 그러니 부디 큰 용기를 가지십시오."

『사기』에 의하면 한신이 항우에 대해 평하기를 '그는 필부지용이 있었을 뿐입니다'라는 구절이 있다.

여해 한문서당 12단계 선정 문제
제11단계

[문]다음을 설명하시오. <광주일보>

(1) 同氣間

(2) 府院君

(3) 菽麥不變

(4) 德色

(5) 嗔心

(6) 先考

<해설> (1) 동기간 : 형제 자매 사이.

(2) 부원군 : 왕비의 친아버지. 정일품의 작호다. 이에 반해 왕의 친아버지는 대원군이다.

(3) 숙맥불변 : 콩과 보리를 분별하지 못한다. 그럴 정도의 어리석은 사람.

(4) 덕색 : 은혜를 베풀었다는 것을 내세우는 기색.

(5) 진심 : 여기에 사용된 진(嗔)은 성낸다, 화낸다는 의미다. 따라서 노엽고 화난 마음이다.

(6) 선고 : 돌아가신 아버지. 어머니는 선비(先妣).

[문]다음의 고사성어의 음을 달고 뜻풀이를 하시오. <대전일보>

(1) 簞食瓢飮

(2) 駟不及舌

(3) 袖手傍觀

(4) 蝸角之爭
(5) 刎頸之交

<해설> (1) 단사표음 : 거친 음식과 나물을 먹는다는 것으로, 청빈한 생활에 만족함.

(2) 사불급설 : 네 마리의 말이 끄는 수레가 아무리 빨라도 혀를 놀려서 하는 말(言)을 따르지 못함.

(3) 수수방관 : 팔장을 끼고 본다는 것으로, 거들거나 간섭하지 않고 보고 있음.

(4) 와각지쟁 : 달팽이 뿔 위에서의 싸움이라는 것으로, 아주 작은 것을 가지고 다툼.

(5) 문경지교 : 생사를 도외시한 사귐.

[문]다음의 □ 안에 알맞는 한자를 써넣으시오. <코리아타임스>

(1) 畫龍點□
(2) 年年歲歲□相似
歲歲年年□不同
(3) 國破□□在
(4) 朝三□四
(5) 人間萬事□□之馬

<해설> (1) 畵龍點睛(화룡점정) : 용을 그리고 마지막 눈동자의 점을 찍는다는 뜻으로 가장 중요한 부분을 완성시킴.

(2) 年年歲歲花相似(연년세세화상사) : 해마다 꽃 모양은 비슷한데
歲歲年年人不同(세세연년인부동) : 해마다 사람은 그렇지 못하누나

[문]한자의 독음을 적고 그 뜻을 간단히 쓰시오. < 조선일보>

(1) 腦震蕩　　(2) 相殺決濟
(3) 搜索　　(4) 牽制
(5) 頻數　　(6) 炎凉

(7) 薨去 (8) 昇華
(9) 資金梗塞 (10) 筆誅
(11) 撒布 (12) 駄馬
(13) 滿喫 (14) 濾過

<해설> 윗 문항의 독음과 뜻은 다음 같다.

(1) 뇌진탕 : 머리를 부딪칠 때에 일어나는 병.

(2) 상쇄결제 : 서로가 채권·채무 관계가 있을 때에 서로 상쇄시켜 없애는 일.

(3) 수색 : 더듬어서 찾음.

(4) 견제 : 자유롭게 행동을 할 수 없도록 함.

(5) 빈삭 : 매우 잦음.

(6) 염량 : 덥고 서늘함.

(7) 홍거 : 왕족이나 귀인의 죽음을 높이는 말.

(8) 승화 : 마음속에 일어나는 잠재적인 의욕이 문화 활동으로 바뀌어지는 일.

(9) 자금경색 : 돈줄이 막힘.

(10) 필주 : 죄악이나 과실 등을 써서 책함.

(11) 살포 : 뿌리는 것.

(12) 타마 : 짐을 싣는 형편없는 말.

(13) 만끽 : 욕망을 만족시킴.

(14) 여과 : 거름종이를 통과시켜 침전물을 걸러냄.

[문]다음 문장을 읽고 물음에 답하시오. <경향신문>

例文 : 천년 사직이 (   )이었고, 太子 가신 지 또다시 천년이 지났으니 悠久한 永劫으로 보면 천년도 <u>須臾</u>던가!

(1) 밑줄 친 須臾의 뜻을 아래에서 고르시오.

① 悠久 ② 永劫 ③ 解脫

④ 暫時 ⑤ 輪廻

<해설> 須臾(수유)는 눈한번 깜빡일 동안의 시간이다. '잠시'라는 의미.

[문]「稀罕」의 음을 달고, 이 한자어의 구성과 유사한 구성을 보이는 한자의 예를 다음에서 고르시오. <한국일보>

① 如斯 ② 衣裳 ③ 將軍

④ 博愛 ⑤ 獻身

<해설>「희한」이란, 매우 드물다는 뜻이다. ①의 如斯는 이와 같음이라는 뜻.

[문]다음 한자어의 음을 달고 그 뜻을 쓰시오. <강원일보>

(1) 拓本 (2) 嫌惡

(3) 竪坑 (4) 釋尊祭

(5) 綻露

<해설> (1) 拓本(탁본) : 금석 등에 새긴 글씨나 그림을 종이에 그대로 박아냄

(2) 嫌惡(혐오) : 싫어하고 미워함.

(3) 竪坑(수갱) : 수직으로 파 내려간 갱도. 곧은 바닥.

(4) 釋尊祭(석존제) : 석가 세존의 탄신을 축하하는 의식.

(5) 綻露(탄로) : 비밀이 드러남.

[문]「남의 일을 거울 삼아 자신의 교훈으로 삼는다」라는 뜻의 숙어는? <한국일보>

① 山紫水明 ② 有備無患 ③ 漁父之利

④ 甘呑苦吐 ⑤ 他山之石

<해설> ①의「山紫水明」은 경치가 좋은 것을 말하고 ②의 有備無患은 미리미리 우환을 방치한다는 뜻 ③의 漁父之利는 양자가 다툴 때 제3자가 이득을 취한다는 의미이고 ④의 甘呑苦吐는 달면 삼키고

쓰면 뱉는다는 뜻이다. ⑤의 他山之石은 다른 산에 있는 하찮은 돌멩이도 내게 도움이 된다는 뜻

[문]다음 낱말의 상대어를 쓰시오. <중앙일보>

(1) 濕潤　　　　(2) 奢侈

(3) 饒舌　　　　(4) 碩學

(5) 酸化

<해설> 상대어는 다음과 같다. (1) 濕潤(습윤) ↔ 乾燥(건조), (2) 奢侈(사치) ↔ 儉素(검소), (3) 饒舌(요설) ↔ 寡默(과묵), (4) 碩學(석학) ↔ 淺學(천학) (5) 酸化(산화) ↔ 還元(환원)

[문]다음에서 틀린 것은? <기독교방송>

(1) ① 固所願 : 본래 바라는 바

② 愼獨 : 홀로 있을 때 행동을 삼감

③ 冥福 : 죽은 이의 행복

④ 獨守空房 : 빈방에 홀로 자는 것

⑤ 面面相考 : 말없이 서로 얼굴만 물끄러미 바라봄

<해설> ④의 「獨守空房(독수공방)」은 부부가 서로 별거하여 여자가 남편 없이 홀로 지내는 것

(2) ① 以實直告 : 바른대로 고함

② 焉敢生心 : 감히 그런 생각을 일으킬 수 없음

③ 家家戶戶 : 집집마다

④ 畵龍點睛 : 가장 중요한 부분을 완성함

⑤ 頻數 : 드문 드문

<해설> ⑤의 頻數(빈삭)은 매우 잦음을 뜻한다.

[문]「文房四友」란? <한국방송공사>

① 붓 · 벼루 · 먹 · 서진

② 붓 · 벼루 · 연적 · 먹
③ 종이 · 붓 · 먹 · 벼루
④ 종이 · 붓 · 먹 · 서첩
⑤ 붓 · 먹 · 종이 · 물
<해설> 文房四友(문방사우)라는 것은 ③과 같은 내용이다.

[문]한문으로 쓰시오. <강원일보>

(1) 면책특권 (2) 동상이몽
(3) 첨단기술 (4) 타산지석
(5) 금의환향

<해설> (1) 免責特權, (2) 同床異夢, (3) 尖端技術, (4) 他山之石 (5) 錦衣還鄕

[문]다음의 낱말에 음을 달고 그 뜻을 간단히 풀이하시오. < 대구매일신문>

(1) 不惑 (2) 墨守
(3) 白眉 (4) 干城
(5) 斯界 (6) 蛇足

<해설> (1) 不惑(불혹) : 나이가 40을 가리킴
(2) 墨守(묵수) : 자신의 의견이나 주장을 굳게 지킴
(3) 白眉(백미) : 여럿 중에서 가장 뛰어난 사람
(4) 干城(간성) : 나라를 지키는 군인
(5) 斯界(사계) : 그 사회. 또는 전문 방면
(6) 蛇足(사족) : 쓸데없는 하다가 실패함. 또는 헛손질

[문]다음 例와 같이 同音異義의 낱말 네 개씩을 한자로 쓰시오. <중앙일보>

[例] 정수 : 定數, 正數, 整數, 淨水

(1) 상사 :
(2) 주사 :
(3) 양식 :
(4) 기구 :
(5) 수용 :

<해설> (1) 상사 : 上士, 商社, 相似, 商事
(2) 주사 : 酒邪, 注射, 走査, 主事
(3) 양식 : 良識, 樣式, 糧食, 洋食
(4) 기구 : 器具, 機具, 機構, 氣球
(5) 수용 : 收用, 收容, 受用, 受容

[문]다음의 漢詩를 우리말로 옮기시오. <전북일보>

問余何事棲碧山, 笑而不答心自閑
桃花流水宛然去, 別有天地非人間

<해설>「나에게 묻기를 어인 일로 푸른 산에 사는고 하니, 웃으며 대답치 않으니 마음 역시 한가롭다. 도화유수는 의연히 가버리지만, 인간 세상 아닌 곳에 별천지가 있노라」

이 시는 이태백의 『산중답속인』이다. 위 시에서 「笑而不答心自閑」은 마음속의 심경을 속인에게 이해시킬 수 없으므로 그저 미소로서 답한다는 뜻이다.

[문]다음 한자가 속해 있는 부수를 쓰시오. <한국일보>

보기 : 地 ― 土

(1) 窮 ― (　　)　　(2) 冬 ― (　　)
(3) 崇 ― (　　)　　(4) 熱 ― (　　)
(5) 旭 ― (　　)

<해설> (1)은 穴(혈) (2)는 冫(빙) (3)은 산(山) (4)는 火 (5)는 日 변이다.

[문]다음 글을 읽고 물음에 답하시오. <국제신문>

> 글의 최후 一行은 무대를 막는 幕과 같다. 題意가 아직 충분히 드러나기 전에 끊어지는 글은 演行中에, 닫힌 연극이요, 終點을 얻지 못하고 방황하는 글은, 연극은 끝났는데 幕이 안 내리는 醜態다. 모든 글의 結辭 다소의 ① 點睛 작용이 있어야 할 것이다. 그 글 전체에 생기를 끼얹는 異彩, ② 神韻을 지녔어야 妙를 얻은 結辭法이라 할 것이다.

(1) 밑줄친 ①의 「點睛」 앞에 漢字 몇자를 넣어 완전한 숙어를 만드시오.

<해설> 「畵龍點睛(화룡점정)이 바른 답이다.」

(2) 밑줄 친 ②의 뜻에 알맞은 항목은?

① 신비롭고 고상한 소리
② 신성하고 오묘한 운치
③ 신의 세계에서 오는 운치
④ 신비롭고 기품이 흐르는 운치

⑤ 신성하고 흥미로운 분위기

<해설> 神韻(신운)이란, 신비롭고 고상한 운치(소리)다.

[문]다음은 발음은 같으나 표기가 서로 다른 한자 들이다. 뜻에 따라 구분해 쓰시오. <국민일보>

(1) ① 이치를 미루어 생각하고 연구함. (　　)
② 어디까지든지 뒤쫓아 구함. (　　)
③ 근본을 캐어 들어가며 연구함. (　　)

(2) ① 거두어 들여 씀. (　　)
② 범법자를 교도소나 어떤 곳에 가둠. (　　)
③ 받아넣어 담음. (　　)

(3) ① 명백하게 정한 條文. (　　)
② 金石에 새긴 글. (　　)
③ 썩 잘 지어 이름이 난 글. (　　)

(4) ① 형상을 나타냄. (　　)
② 현재의 상태. (　　)
③ 관찰할 수 있는 사물의 형태. (　　)

<해설> (1) ① 推究, ② 追求, ③追究. (2) ① 收用, ② 收容, ③ 受容. (3) ① 明文, ② 銘文, ③ 名文. (4) ① 現像, ② 現狀, ③ 現象.

[문]다음 한자어를 고유 국어 혹은 순화한 용어로 바꾸시오. <경향신문>

> [보 기] ① 周知하다 → 두루알다
> 底意 → 속셈

(1) 導船場　　(2) 蔓延하다.

(3) 言必稱　　(4) 下馬評

(5) 袖手傍觀　　(6) 滯留하다
(7) 干潮　　(8) 傾注하다
(9) 空閑地　　(10) 路肩

<해설> (1) 도선장 → 나루터, (2) 만연하다 → 널리 뻗어서 퍼짐 (3) 언필칭 → 말할 때마다 반드시 (4) 하마평 → 후보자에 대한 세상의 풍설 (5) 수수방관 → 내버려 둠 (6) 체류하다 → 머무르다 (7) 간조 → 썰물 (8) 경주하다 → 기울여 쏟다 (9) 공한지 → 빈터 (10) 노견 → 갓길

[문]다음은 일본식 한자 용어이다. 우리식 한자 용어 또는 순우리말로 적절한 것은? <국민일보>

(1) 手續　　(2) 割增料
(3) 品切　　(4) 先行地
(5) 身柄　　(6) 去來先

<해설> (1) 手續(수속) : 절차, (2) 割增料(할증료) : 웃돈, (3) 品切(품절) : 品貴(품귀), 賣盡(매진), (4) 行先地(행선지) : 목적지, (5) 身柄(신병) : 人身(인신), (6) 去來先(거래선) : 거래처

[문]빈칸을 한자로 채우시오. <경향신문>

(1) 立春, 雨水, (　　), 春分, 淸明, (　　)
(2) (　　), 小雪, 大雪, 冬至, (　　), 大寒
(3) 子丑寅卯(　)巳午未申(　)戌(　)
(4) 甲乙丙丁(　)己(　)申壬(　)

<해설> (1)은 24절기 가운데 봄의 절기이다. 立春(입춘) → 雨水(우수) → 驚蟄(경칩) → 春分(춘분) → 淸明(청명) → 穀雨(곡우).

(2)는 24절기 중 겨울의 절기다. 立冬(입동) → 小雪(소설) → 大雪(대설) → 冬至(동지) → 小寒(소한) → 大寒(대한).

(3)은 십이지(十二支)다. 子丑寅卯辰巳午未申酉戌亥(자축인묘진사오미신유술해).

(4)는 천간(天干) 또는 십간(十干)이라 한다. 甲乙丙丁戊己庚申壬癸(갑을병정무기경신임계)

[문]□ 속에 한자를 써넣어 좌우가 相對되는 뜻을 갖는 숙어를 만드시오. <중앙일보>

(1) 動□ (2) □暖
(3) 經□ (4) □害
(5) □退 (6) 因□
(7) □沈 (8) 虛□
(9) 送□ (10) □復

<해설> (1) 動靜(동정), (2) 寒暖(한난), (3) 經緯(경위), (4) 利害(이해), (5) 進退(진퇴), (6) 因果(인과), (7) 浮沈(부침), (8) 虛實(허실), (9) 送迎(송영), (10) 往復(왕복).

[문]다음 중 일본어로 된 한자를 우리말로 고치시오. <조선일보>

(1) 切取線 (2) 取調
(3) 給仕 (4) 相談
(5) 散步 (6) 請負
(7) 曖昧한 (8) 貸切
(9) 手續 (10) 階段

<해설> (1) 切取線(절취선) → 자르는 선. (2) 取調(취조) → 審問(심문). (3) 給仕(급사) → 사환. (4) 相談(상담) →말로 상의함. (5) 散步(산보) → 산책. (6) 請負(청부) → 都給(도급). (7) 애매한 → 모호한. (8) 貸切(대절) → 전세. (9) 手續(수속) → 절차 (10) 계단 → 층층대.

[문]다음을 한자로 쓰시오. <전북일보>

(1) 박인로의 시조 「희귤가」의 주제를 넉 자의 고사성어로 쓰시오.

<해설> 「희귤가」는 효도를 다 하지 못했는데, 부모님이 돌아가

신 슬픔이므로 風樹之歎(풍수지탄)이라 한다. 다르게는 風木之悲(풍목지비), 風樹之感(풍수지감)이라고도 한다.

(2) 갑오경장
<해설> 甲午更張

(3) 해학
<해설> 諧謔

[문]다음의 설명 중 틀리는 것은? <경향신문>
① 泰山北斗 — 偉人
② 風餐露宿 — 好衣好食
③ 破天荒 — 처음으로 이룩한 것
④ 暴虎憑河 — 무모한 것
⑤ 甘言利說 — 巧言令色
<해설> ②항의 「風餐露宿(풍찬노숙)」은 바람과 이슬을 맞으며 한데 잠을 자는 것을 뜻한다. 호의호식과는 반대 개념이다.

[문]「물에 빠진 놈 건져 주니 보따리 내놓으라 한다」의 속담과 어울리는 것은? <동아일보>
① 騎馬欲率奴　　② 農夫餓死 枕厥種子
③ 借廳借閨　　④ 馬行處 牛赤去
⑤ 買死馬骨
<해설> ①항의 말을 타니 경마 잡히고 싶다는 뜻. 위의 속담과 어울린다.

[문]「同氣一身」의 옳은 뜻은? <한국방송공사>
① 이웃끼리 한마음 한 뜻이 됨
② 기운이 비슷한 사람은 마음도 같음

③ 부부간의 지극한 사랑

④ 동기간은 한몸과 같음

⑤ 같은 자식이라도 장남을 더 사랑함

<해설> 동기(同氣)란 형제와 자매를 뜻한다. 그러므로 동기일신(同氣一身)은 형제와 자매를 제몸과 같이 여김을 이르는 말이다.

[문]다음의 한문을 풀이하시오. <국민일보>

(1) 知者不言 言者不知

(2) 知之爲知之 不知爲不知 是知也

<해설> (1) 知者不言 言者不知(지자불언 언자부지) : 지식이 있는 자는 그 지식을 마음 속 깊이 간직하고 함부로 말을 하지 아니하며, 함부로 말을 하는 자는 지식이 없는 자이다.

(2) 知之爲知之 不知爲不知 是知也(지지위지지 부지위부지 시지야) : 아는 것을 안다고 하고 모른 것을 모른다고 하는 것이 바로 아는 것이다.

[문]「승승장구」의 옳은 표기는? <한국방송공사>

① 勝勝長驅　② 昇勝長驅

③ 乘勝長驅　④ 乘勝丈驅

⑤ 勝承長驅

<해설> 乘勝長驅(승승장구)란 싸움에 이긴 여세를 타고 몰아치는 것을 뜻한다.

[문]「諡號」의 독음은? <한국방송공사>

① 아호　② 기호　③ 익호

④ 시호　⑤ 휘호

<해설> 諡號(시호)는 선왕의 공덕을 붙인 이름이나, 어진 신하·유현 들이 죽은 뒤에 그들의 생전의 공덕을 기리어 추증 하던 이름을 말한다.

[문]다음 글을 읽고 물음에 답하시오. <국제신문>

> 글의 최후 一行은 무대를 닫는 幕과 같다. 題意가 아직 충분히 드러나기 전에 끊어지는 글은 演行中에 닫힌 연극이요, 終點을 얻지 못하고 방황하는 글은, 연극은 끝났는데 幕이 아내리는 醜態다. 모든 글의 結辭는 다소의 ① 點睛 작용이 있어야 할 것이다. 그 글 전체에 생기를 끼얹는 異彩, ② 神韻을 지녔어야 妙를 얻은 結辭法이라 할 것이다.

(1) 위의 밑줄 친 ①의 「點睛」 앞에 漢字 몇자를 넣어 숙어를 만드시오.

(2) 위의 밑줄 친 ②의 뜻에 알맞는 항목은?

1) 신비스럽고 고상한 소리
2) 신성하고 오묘한 극치
3) 신의 세계에서 오는 운치
4) 신비스럽고 기품이 흐르는 운치
5) 귀신이 장난하는 듯한 소리

<해설> (1)은 마지막 마무리를 뜻하는 畵龍點睛(화룡점정)이다. (2)의 「神韻(신운)」은 「신비롭고 기품이 흐르는 운치」를 뜻한다.

[문]다음의 풀이는 고사성어로 채우고, 고사성어는 풀이 하시오. <서울신문>

(1) 다른 사람의 한찮은 언행일지라도 자기의 知德을 연마하는 데에 도움이 된다는 말.

□□之石

(2) 하늘과 땅 사이 또는 사람의 마음에 차 있는 너르고 굳고 맑고 올바른 기운.

□□之氣

(3) 靑出於藍

(4) 捲土重來

(5) 明鏡止水

<해설> (1)은 他山之石(타산지석), (2)는 浩然之氣(호연지기), (3)의 靑出於藍(청출어람)은 제자가 스승보다 낫다는 것을 뜻하고, (4)의 捲土重來(권토중래)는 한 번 패했다가 다시 세를 회복하여 쳐들어오는 것을 뜻한다. (5)의 明鏡止水(명경지수)는 맑은 거울과 조용한 물이니 곧 사람의 고요한 심경을 가리킨다.

[문]다음의 한자성어 가운데 다른 하나와 뜻이 다른 것은? <교육방송>

① 萬事亨通 ② 百事如意

③ 事不如意 ④ 順次無事

⑤ 坦坦大路

<해설> ③항의 「事不如意(사불여의)」는 일이 제대로 안되었음.

[문]다음 문장의 ( ) 안을 한자로 표시하시오. <경남신문>

손창섭(孫昌涉)은 「비오는 날」, 「잉여인간(①)」 등을 통하여, 소외(②)된 인간상으로 피학적(③) 어조(④)로 (⑤)하여 광복 후에서 6 · 25 당시까지의 어려운 생활상(生活相)을 반영하였다. 이범선(李範宣)은 「오발탄(⑥)」을 발표하여 당시의 빈곤상(⑦)과 삶의 관계를 해명하였다. 오영수(吳永壽)는 「머루」, 「갯마을」 등의 단편집(⑧)을 내어 농어촌 서민층의 애환(⑨)을 서정적(⑩) 어조로 묘사하였다.

<해설> ① 剩餘人間, ② 疏外, ③ 被虐的, ④ 語調 ⑤ 描寫, ⑥ 誤發彈, ⑦ 貧困相, ⑧ 短篇集, ⑨ 哀歡, ⑩ 抒情的

[문]다음의 다섯 가지가 나타내는 것이 무엇인지를 한문으로 쓰고 설명을 하시오. <세계일보>

(1) 적청흑백황

(2) 목화토금수

(3) 궁상각치우

(4) 간심비폐신

<해설> (1)은 불교에서 말하는 五色(오색)으로 赤靑黑白黃(적청흑백황)을 뜻한다. 이는 5정색 또는 5대색이라 한다. (2)는 木火土金水(목화토금수)로 『홍범구주』에 나오는 생성오행이다. (3)은 宮商角徵羽(궁상각치우)의 五音(오음)이며 (4)는 肝心脾肺腎(간심비폐신)으로 五臟(오장)이다.

[문]다음의 한글은 漢字語로, 漢字는 한글로 쓰시오. <광주일보>

(1) 가정부	(2) 소액권
(3) 실수요자	(4) 망중한
(5) 시기상조	(6) 膏肓
(7) 畵龍點睛	(8) 著作權
(9) 初八日	(10) 不實記載

<문> (1) 家政婦, (2) 少額券, (3) 實需要者, (4) 忙中閑, (5) 時機尙早, (6) 고황, (7) 화룡점정, (8) 저작권, (9) 초파일. 여기에서 八은 「팔」이 아닌 「파」로 읽는다. (10) 不實記載에서 不實은 「불실」이 아니라 「부실」로 읽는다.

[문]다음을 漢文으로 쓰시오. <강원일보>

(1) 면책특권	(2) 동상이몽
(3) 첨단기술	(4) 타산지석
(5) 금의환향	

<해설> (1) 免責特權, (2) 同床異夢, (3) 尖端技術, (4) 他山之石, (5) 錦衣還鄕

[문]다음 漢字의 독음을 적으시오. <내외경제>

(1) 不肖　　(2) 剛毅木訥
(3) 巧言令色　　(4) 毋自欺
(5) 愼獨　　(6) 齋號

<해설> (1) 불초, (2) 剛毅木訥(강의목눌)은 강직하고 씩씩하며 순직하고 느리며 말이 적은 것을 뜻한다. (3) 교언영색, (4) 무자기, (5) 신독, (6) 재호

[문]다음의 밑줄 친 단어를 漢字로 쓰고 그 뜻을 간단히 풀이하시오. <연합통신>

> 거룩하고 원만한 것의 상징인 듯한 부처님의 (1)상호와는 너무나 거리가 먼, 우는 듯한, 웃는 듯한, 찡그린 듯한 오뇌와 (2)비원이 서린 듯한, (3)가부좌상임에는 변함이 없었으나, 그 무어라고 형언할 수 없는 슬픔이랄까 아픔 같은 것이 전날처럼 송두리째 나의 가슴을 움켜잡는 듯한 전율에 휩쓸리지는 않았다.

<해설> (1) 相好(상호) : 불교에서 불신의 각 특징을 이르는 말. (2) 悲願(비원) : 비장한 소원이나 보살의 자비심에서 우러난 중생구제의 서원. (3) 跏趺坐像(가부좌상) : 책상다리를 하고 앉아 있는 모양.

[문]다음에서 漢字가 틀린 것은? <문화방송>

① 雙璧 : 두 개의 구슬
② 故地 : 전에 살던 땅
③ 現像 : 사물의 현상에 나타난 모양
④ 遍歷 : 두루 돌아다님

⑤ 颯爽 : 바람이 상쾌하여 기분이 좋음

<해설> ③의 現像(현상)은 사진술에 잠상이 나타나는 것을 뜻하고, 「사물의 현상이 나타나는 것을 뜻하는 것은 現象(현상)으로 표기해야 한다.

[문]「小康」의 뜻은 무엇인가? <한국일보>

① 심부름 하는 어린 아이

② 젊은 중

③ 마음에 느낀 바의 생각

④ 도량이 좁고 사특한 사람

⑤ 시끄럽던 세상이 다소 안정됨

<해설> 흔히 「小康狀態(소강상태)」라는 말을 쓴다. 치고 받는 소란이 그치고 다소 안정을 찾은 모습을 뜻한다.

[문]숙어 「敬而遠之」의 뜻은 어느 것인가? <문화방송>

① 일을 시작했을 때엔 요란하나 결과는 아무 것도 아니다.

② 겉으로는 공손히 하나 속으로는 경솔히 한다.

③ 먼데 있으나 간절히 사모한다.

④ 먼 데 친척은 가까운 이웃만 못하다.

⑤ 존경할 수 없는 사람은 멀리 떨어져 있는 게 서로에게 좋다.

<해설> 敬而遠之(경이원지) : 존경하되 가까이 하지 않는다. 준말은 경원(敬遠).

[문]아래의 괄호 안에 알맞는 한자를 써 넣어 한자 숙어 또는 단어를 완성하시오. <서울신문>

① 政經( )着　② 隔( )搔痒　③ 訓( )字會

④ 非理( )決　⑤ ( )言覺非

<해설> ①은 정치인과 경제인(사업가)이 분리되어 있어야 함에도 결합되어 이권에 개입하는 것을 뜻함. 이른바 政經癒着(정경유착)

이다. ②는 신을 신은 채 발바닥을 긁는다는 檄靴搔痒(격화소양)이다. ③은 訓蒙字會(훈몽자회)이며 ④는 非理剔抉(비리척결)이다. ⑤는 雅言覺非(아언각비)인데 이것은 다산 정약용이 지은 책으로 나무 이름 등의 어원을 밝힌 책이다.

[문]한문이 완성될 수 있도록 ( ) 안에 한자를 써넣으시오. <국민일보>

(1) 不知被不知己 每戰 ( )( )

(2) 不人虎穴 不得( )( )

<해설> 병법에서 「적을 알고 나를 알면 매번 싸워도 이긴다」 그러나 (1)에서처럼 「남을 모르고 자기도 모르면 몇번을 싸워도 패한다(不知被不知己 每戰必敗)」다. (2)는 「호랑이 굴에 들어가야 호랑이 새끼를 잡는다(不人虎穴 不得虎子)」는 뜻이다.

[문]맞게 쓴 것을 고르시오. <경향신문>

① 妨害　② 償與金　③ 硬塞

④ 忘中閑　⑤ 檄勵

<해설> ②는 賞與金(상여금)이 옳은 표기다. ③은 梗塞(경색), ④는 忙中閑(망중한), ⑤는 激勵(격려)가 바른 표기다.

[문]三國志演義에 나오는 劉備의 행적과 관계가 없는 것은? <경향신문>

① 三顧草廬　② 髀肉之嘆　③ 桃園結義

④ 月明星稀　⑤ 韋編三絶

<해설> ①은 제갈공명을 맞아들이기 위해 세 번을 찾아갔다는 고사. ②는 형주에 있을 때에 부질없이 허벅지에 살만 쪘다는 탄식의 고사. ③은 관우와 장비 등과 도원에서 의형제를 맺은 일. ④는 위무제(魏武帝;조조)의 단가행 구절. ⑤는 공자가 역(易)을 즐겨 읽은 탓에 가죽 끈이 세 번 끊어졌다는 고사. 곧 독서에 열중함.

(2) (   ) 안에 들어갈 고사성어 중 맞는 것은?

① 華胥之夢   ② 一場春夢   ③ 盧生之夢

④ 一炊之夢   ⑤ 南柯一夢

<해설> ③의 「노생지몽」은 「한단지몽」으로 인생의 덧없음을 나타낸다. 이에 관한 비슷한 성어는 「한단지침(邯鄲之枕)」·「일취지몽(一炊之夢)」·「여옹침(呂翁枕)」이 있다.

[문]다음을 한자 네 자로 답하시오. <경향신문>

(1) 어중이 떠중이

(2) 같은 값이면 다홍치마

(3) 입에 아직 젖내가 나는 것

(4) 사재기

(5) 千字文의 첫귀절

<해설> (1) 어중이 떠중이는 烏合之卒(오합지졸)이 모여있는 상태, (2)의 같은 값이면 다홍치마는 同價紅裳(동가홍상)이다. (3)의 입에 아직 젖내가 나는 것은 口尙乳臭(구상유취)이며 (4)의 사재기는 買占賣惜(매점매석)이다. (5)의 천자문 첫귀절은 天地玄黃(천지현황)이다.

[문]다음 말을 넣어서 짧은 글을 지으시오. <경인일보>

(1) 膾炙

(2) 示唆

(3) 彫琢

<해설> (1) 膾炙(회자) : 널리 사람의 입에 오르내림.

* 한국인의 특성은 은근과 끈기라고 인구에 회자된다.

(2) 示唆(시사) : 미리 암시하여 알려줌.

* 지진이 일본 열도를 강타하였는데도 큰 피해가 발생하지 않은 것은, 재난에 대한 대처방안과 질서를 잘 지킨 탓이다. 무질서한 우리의 정신상태를 돌이켜 볼 때 시사하는 바가 크다.

(3) 彫琢(조탁) : 보석 등을 새기거나 쪼는 일.

＊이 작품은 언어의 조탁이 포도알처럼 촘촘하다.

[문]「올림픽 게임」의 바른 표기는? <한국방송공사>

① 五輪競妓 ② 五輪競技
③ 五倫競技 ④ 五淪競技
⑤ 五輪景氣

<해설> 올림픽을 상징하는 오륜(五輪)은 청·황·녹·흑·적의 다섯을 뜻한다. 따라서 ②번이 바른 답이다.

[문]「남이 하는대로 덩달아서 행동을 같이한다」는 뜻의 성어는? <한국방송공사>

① 附和雷同 ② 付化雷動
③ 附和雷動 ④ 付和雷動
⑤ 附和雷東

<해설> 자신의 주견이 없이 경솔하게 남의 의견을 따르는 것을 附和(부화)라 한다. 雷同(뇌동)은 줏대없이 남의 의견을 따라 어울리는 것을 뜻함.

[문]「汗牛充棟」이 뜻하는 것은? <한국방송공사>

① 刻苦勉勵 ② 많은 藏書
③ 將相의 氣質 ④ 誠實性
⑤ 忍耐心

<해설>「汗牛充棟(한우충동)」이란, 소가 땀을 흘릴 만큼의 무게의 책이 있다는 뜻이다.

[문]「君子所性 仁義禮智根於心」이라는 맹자의 말을 설명하시오. <불교방송>

<해설>「군자의 마음속에 뿌리 박혀 있는 '인의예지'를 성(性)이라 한다는 의미다.

[문]「꼬장꼬장한」과 가까운 뜻의 말이 아닌 것은? <한국방송공사>

① 仙風道骨 ② 不搖不屈

③ 一片丹心 ④ 傲霜孤節

⑤ 大膽無雙

<해설> ①은 신선의 풍모를 나타낸다.

[문]다음에서 漢字가 틀린 것은? <문화방송>

① 雙璧 : 두 개의 구슬

② 故地 : 전에 살던 땅

③ 現像 : 사물의 나타난 모양

④ 遍歷 : 두루 돌아다님

⑤ 殉國 : 나라를 위해 목숨을 바침

<해설> ③의 現像(현상)은 사진을 찍은 후 잠상을 약물 처리하여 나타나게 하는 것.「사물의 나타난 모양」은 現象(현상)으로 써야 한다.

[문]다음 중 밑줄 친 부분을 한자로 쓰시오. <강원일보>

> 북한이 (1)금강산 댐을 가공할 水攻手段으로 악용함을 볼 때 그들이 (2)대외적으로 '88 서울 올림픽을 무슨 수를 써서라도 저지하겠다고 한 (3)공언은 결코 (4)협박으로 그치지 않음을 (5)실증해 주고 있다.

<해설> (1) 金剛山 (2)對外的 (3) 空言 (4) 脅迫 (5) 實證

[문]다음 漢字의 음을 쓰시오. <경향신문>

(1) 剔抉 (2) 奠雁

(3) 登攀 (4) 軋轢

(5) 麾下 (6) 攄得
(7) 騷擾 (8) 尨大
(9) 颯爽 (10) 漲溢

<해설> (1) 척결, (2) 전안, (3) 등반, (4) 알력, (5) 휘하, (6) 터득, (7) 소요, (8) 방대, (9) 삽상, (10) 창일

[문]다음 한자어의 음을 쓰시오. <한국일보>

(1) 柴草 (2) 躊躇
(3) 憫惘 (4) 敷衍
(5) 斟酌

<해설> (1) 시초, (2) 주저, (3) 민망, (4) 부연, (5) 짐작

[문]다음 한글은 漢字語로, 漢字는 한글로 쓰시오. <광주일보>

(1) 가정부 (2) 소액권
(3) 실수요자 (4) 망중한
(5) 시기상조 (6) 膏肓
(7) 畵龍點睛 (8) 著者識
(9) 初八日 (10) 不實記載

<해설> (1) 家政婦, (2) 少額券, (3) 實需要者, (4) 忙中閑, (5) 時機尙早, (6) 고황, (7) 화룡점정, (8) 저자지 (9) 초파일 (10) 부실기재.

[문]한자는 한글로, 한글은 한자로 쓰시오. <대구매일신문>

(1) 빙자 (2) 적개심
(3) 누설 (4) 응징
(5) 자극 (6) 경건
(7) 간석지 (8) 교란
(9) 회뢰

<해설> (1) 憑藉, (2) 敵愾心, (3) 漏泄, (4) 膺懲 (5) 刺戟 (6) 敬虔 (7) 干寫地(간사지) : 조수가 드나드는 갯벌 (8) 攪亂(교

란) (9) 賄賂(회뢰) : 뇌물을 주건나 받음

[문]다음의 예문에서 밑줄친 부분을 한자로 쓰시오. <한국일보>

> (1) 險談은 어찌 보면 心氣의 ①울적을 ②완화시키고 또 좋게 말해서 ③시비곡직을 가리는 비판정신을 ④함양하는 수단으로서 전혀 ⑤용납 못할 것은 아니나, 그것은 ⑥피고 없는 일방적 ⑦규탄이라는 점에서 공정치 못하다.
> (2) 그러한 ⑧추세를 감안하더라도 이번일은 우리에게 큰 충격을 주었다.

<해설> ①은 鬱積, ②는 緩和, ③은 是非曲直, ④는 涵養, ⑤는 容納, ⑥은 被告, ⑦은 糾彈, ⑧은 趨勢, ⑨는 勘案

[문]「直言」과 가장 비슷한 말의 뜻은? <한국방송공사>

① 傳言 ② 諫言 ③ 金言
④ 緖言 ⑤ 箴言

<해설> ②의 諫言(간언)은 군왕께 허물을 고치도록 말하는 것이니, 곧 「직언」과 의미가 상통한다.

[문]다른 세 개의 단어와 뜻이 다른 것은? <연합통신>

① 莫逆之友 ② 刎頸之友
③ 竹馬故友 ④ 文房四友
⑤ 落月屋梁

<해설> ①②③은 벗(友)에 대한 성어다. 벗이란 왼손(𠂇)과 오른손(又)을 내밀어 서로 잡는다는 뜻으로 서로의 마음을 열어 화통하게 지내는 것을 의미한다. ⑤의 落月屋梁(낙월옥량)은 꿈에 친구를

만나 좋은 곳에서 놀았는데 깨어보니 꿈이었다는 뜻이고, ④는 서예(붓글씨)에 필요한 도구와 종이를 말한다

[문]다음에서 밑줄 친 말을 한자어로 쓰시오. <대구매일신문>

> 우리말의 52%가 漢字語라는 한글학회 지음「큰사전」통계가 있다. 이와 같은 (1)엄연한 事實은 한글 (2)전용의 앞날이 (3)평탄하지 않을 것임을 (4)시사해 주는 것이다.
>
> 한글 전용 (5)여부는 그만두고 우리의 日常生活이나 (6)학술 分野에서 漢字語가 使用되고 있다는 점에 (7)유의해서 漢字語에 대한 (8)태도를 明白히 할 필요가 있다.
>
> 다만 너무 漢字語를 (9)기피하는 나머지 억지로 바꿔쓰기를 (10)자행하는 無理를 해서는 안된다.

<해설> (1) 嚴然, (2) 專用, (3) 平坦, (4) 示唆, (5) 與否, (6) 學術, (7) 留意, (8) 態度, (9) 忌避, (10) 恣行.

[문]다음 중 틀린 것은? <기독교방송>

① 冥福 : 죽은 뒤의 행복

② 獨守空房 : 빈방에 홀로 자는 것

③ 面面相考 : 말없이 서로의 얼굴만 처다 봄

④ 以實直告 : 바른 대로 말함.

⑤ 焉敢生心 : 감히 그런 생각을 일으킬 수 있음

<해설> ②항의 獨守空房(독수공방)은 부부가 별거하여 여자가 남편 없이 지내는 것을 뜻함

[문]다음에서 잘못 읽은 한자음은? <부산일보>

① 忖度(촌탁)　② 遊說(유세)　③ 耽溺(탐익)
④ 歪曲(왜곡)　⑤ 龜裂(균열)
<해설> ③의 耽溺은 탐닉으로 읽어야 한다.

[문]아래 글을 읽고 물음에 답하시오. <전북일보>

> 昔者에 黃相國喜가 微時行役이다가 憩于路上할새 見田夫駕二牛耕者하고 問曰, "二牛何者爲勝고." 하니 田夫不對하고 輟耕而至하여 附耳細語曰, "此牛勝이라." 하거늘 공이 怪之曰 "何以附耳相語오."하니, 田夫曰 "雖畜物이라도 其心은 與人同也라. 此勝이면 則彼劣하리니 使牛聞之면 <u>①□無不平之心乎아."</u> 공이 大悟하여 遂不復言人之長短云이러라.

(1) 문장의 주제가 제시된 구절을 찾아 해석을 하시오.
지봉유설(芝峯類說)에 나오는 구절이다. 주제가 된 구 절은, 「遂不復言人之長短云」이니 「다시는 다른 사람들의 장점이나 단점을 말하지 않았다」는 의미다.
(2) 밑줄을 친 ①을 「어찌 불평하는 마음이 없겠는가?」 라는 뜻으로 □에 알맞는 한자를 넣는다면?
① 乎　② 寧　③ 雖
④ 苟　⑤ 評
<해설> 「寧無不平之心乎아」로, 寧은 「어찌」라는 뜻이다.

[문]讀音이 맞는 것을 고르시오. <경향신문>
① 浚渫(준첩)　② 辨務(판무)　③ 惡寒(악한)
④ 囹圄(영오)　⑤ 樂山(낙산)
<해설> ①은 준설, ②는 판무(사무를 처리함) ③은 오한, ④는 영

어(감옥) ⑤는 요산(산을 좋아함).

[문]괄호 안에 한자를 써서 채우시오. <서울신문>

(1) 春( ) 李光洙

(2) 大悟覺( )

(3) 戰( )警察

(4) 太平閑話( )稽傳

<해설> (1)은 春園 李光洙, (2)는 大悟覺醒, (3)은 戰鬪警察, (4)는 『태평한화골계전(太平閑話骨稽傳)』이다. 이 책은 조선 초기의 인물인 서거정(徐巨正)이 지은 책으로, 웃음거리를 모아 엮은 것이다.

[문]「口若懸河」의 옳은 뜻은? <한국방송공사>

① 강 건너까지 들리는 큰 목소리

② 흐르는 물처럼 거침없이 말을 잘함

③ 입이 있어도 염치없어 말을 못함

④ 무슨 뜻인지 알아들을 수 없음

⑤ 흐르는 물 위에 침을 뱉음

<해설> 현하(懸河)라는 것은 급하게 흐르는 경사진 하천이라는 뜻이다. 따라서 「口若懸河(구약현하)」는 흐르는 물처럼 거침없이 말을 잘하는 것을 뜻한다. 懸河口辯(현하구변)과 같은 의미다.

[문]「硯滴」을 바르게 설명한 항목은? <한국방송공사>

① 도자기에 유약을 바르는 붓

② 돗자리를 만들 때 추를 매다는 기둥

③ 비석이나 석상을 설계하는 받침대

④ 벼루에 물을 담아두는 그릇

⑤ 맷돌질을 할 때 물을 뿌리는 일

<해설> 연적(硯滴)은 벼루에 물을 담아두는 그릇이다.

[문]멀리 떠나온 자식이 어버이를 그리는 정은? <한국방송공사>

① 浚雲之志 ② 望雲之情
③ 萬分之望 ④ 靑雲萬里
⑤ 會者定離

<해설> ②항의 望雲之情(망운지정)은 멀리 떠나와 부모를 그리워 하는 모습이다.

[문]「해결되지 않은 문제」라는 뜻의 「현안」의 한자로 옳은 것은? <문화방송>

① 顯案 ② 縣案 ③ 現案
④ 賢案 ⑤ 玄案

<해설> 「해결 되지 않은 문제」 또는 의안은 懸案(현안)이다. 이때의 懸은 「달릴 현」을 쓴다.

[문]다음 漢字의 음을 쓰시오. <매일경제신문>

(1) 撒布 (2) 羨望
(3) 惹起 (4) 訛傳
(5) 背馳 (6) 醵出
(7) 訥辯 (8) 詛呪

<해설> (1) 살포, (2) 선망, (3) 야기, (4) 와전, (5) 배치, (6) 갹출, (7) 눌변, (8) 저주

[문]「어떤 일이 결국 옳은 데로 돌아간다」는 뜻은? <문화방송>

① 四顧無親 ② 明鏡止水
③ 事必歸正 ④ 首邱初心
⑤ 膾炙

<해설> ① 四顧無親(사고무친) : 의지할 곳이 전연 없음 ② 明鏡止水(명경지수) : 맑은 거울과 조용한 물. 맑고 고용한 심경을 뜻함. ③ 事必歸正(사필귀정) : 만사는 옳은 것으로 돌아감 ④ 首邱初心(수구초

심) : 여우가 죽을 때엔 반드시 머리를 자기 살던 곳으로 향한다. ⑤ 膾炙(회자) : 널리 사람의 입에 오르내림.

[문]다음 한자의 독음을 적고 뜻풀이를 하시오. <한국일보>

(1) 樂山樂水　　(2) 苛政猛於虎
(3) 吳越同舟　　(4) 附和雷同
(5) 戰戰兢兢　　(6) 浚渫
(7) 臭覺　　(8) 嗚咽
(9) 正鵠　　(10) 干寫地

<해설> (1) 樂山樂水(요산요수) : 산수를 좋아함.

(2) 苛政猛於虎(가정맹어호) : 가혹한 정치는 호랑이 보다 더 무섭다. 『예기』의 「단궁편」에 나온다.

(3) 吳越同舟(오월동주) : 사이가 나 쁜 사람끼리 같은 장소나 어떤 처지에 놓이게 됨.

(4) 附和雷同(부화뇌동) : 일정한 식견없이 남의 말을 따라감.

(5) 戰戰兢兢(전전긍긍) : 매우 두려워 하고 조심함.

(6) 浚渫(준설) : 물 속의 바닥을 쳐서 깊게 함.

(7) 臭覺(취각) : 냄새 맡는 일.

(8) 嗚咽(오열) : 목 메어 욺.

(9) 正鵠(정곡) : 목표나 핵심의 비유.

(10) 干潟地(간사지) : 조수나 드나드는 갯벌

[문]다음 □ 속에 들어갈 한자가 (가), (나), (다), (라)의 순서대로 놓인 것은? <부산일보>

(가) 苛□誅求	(나) □目相對
(다) 自家□着	(라) 畵龍點□

① 睛 — 刮 — 斂 — 撞
② 斂 — 刮 — 撞 — 睛
③ 撞 — 睛 — 刮 — 斂
④ 刮 — 撞 — 睛 — 斂
⑤ 睛 — 斂 — 刮 — 撞

<해설> (가) 苛斂誅求(가렴주구) : 너무 세금을 혹독하게 징수하기도 하며 재물을 빼앗음.
(나) 刮目相對(괄목상대) : 상대의 학식이 부쩍 느는 것을 말함
(다) 自家撞着(자가당착) : 같은 사람의 문장과 언행이 앞뒤가 맞지 않음.
(라) 畵龍點睛(화룡점정) : 가장 중요한 부분을 완성시킴.

[문]다음에서 독음이 맞는 항은? <중앙일보>

① 龜裂 — 균열, 裝飾 — 장식
② 謳歌 — 구가, 頌祝 — 공축
③ 鼻祖 — 비조, 揭示 — 계시
④ 諧謔 — 계학, 輩出 — 배출
⑤ 羨望 — 선망, 五六月 — 오륙월

<해설> ②는 頌祝(송축), ③은 揭示(게시), ④는 諧謔(해학), ⑤는 五六月(오뉴월)이다.

[문]다음의 한문을 읽고 물음에 답하시오. <동아일보>

> 狙公 <u>① 賦</u>芋曰朝三而暮四 衆狙皆起而怒 <u>② 俄而</u>曰
> ③ (　　) 則朝四暮三, 衆狙皆 <u>④ 悅</u>

(1) ①의 賦와 같은 뜻으로 쓰인 말은?

① 賦與　② 賦稅　③ 賦役
④ 賦課　⑤ 賦質

(2) ②의 뜻은?

① 천천히 ② 한참 후에 ③ 능청을 떨며

④ 잠시 후에 ⑤ 갑자기

(3) ③에 알맞는 것은?

① 且 ② 然 ③ 琦

④ 亦 ⑤ 此

(4) ④의 독음은?

① 열 ② 태 ③ 설

④ 탈 ⑤ 휼

<해설> 『열자(列子)』의 「황제편(黃帝篇)」에 있는 朝三暮四(조삼모사)에 관한 글이다. (1)에서 ①의 지문은 '줄 부'지만 나머지는 의미가 다르다. (2)의 俄(아)는 '갑자기'라는 뜻이다. (3)의 박스에는 '그러면'이라는 의미의 '然(연)'이 들어가는 것이 옳다. (4)의 悅은 '좋아하였다'는 뜻이므로 ①의 열이 옳다.

[문]「타인의 아픔을 나의 것으로 느낀다」와 통하는 것은? < 대전일보>

① 我田引水 ② 他山之石

③ 以心傳心 ④ 易地思之

⑤ 附和雷同

<해설> ④의 易地思之(역지사지)는 처지를 바꾸어 생각한다는 뜻이다. ②는 하찮은 일이라도 내게 도움이 된다는 것이며 ①은 모든 일을 자신에게 유리하도록 하는 것이며 ⑤는 쓸데없이 남의 의견에 동조하는 것을 뜻한다.

[문]「左顧右眄」이 뜻하는 것 중 가장 가까운 것은? <한국방송공사>

① 左右起居 ② 右往左往

③ 左右具宜 ④ 左授右捧 ⑤ 左衝右突

<해설> ②번이 정답이다.

제12장

<하>

邯 鄲 之 夢
한 단 지 몽

• **出典** : 『침중기(枕中記)』
• **文意** : 인생의 부귀영화가 뜬구름 같음
도읍 한 / 도읍 단 / 의 지 / 꿈 몽

당나라 현종 때에 여옹(呂翁)이라는 도사가 한단에 있는 어느 주막집에서 쉬고 있었다. 그때 초라한 옷을 입은 노생(盧生)이라는 젊은이가 방에 들어가 자신의 비색한 신세를 한탄하였다.

"나는 무엇을 해도 재수가 없어요. 자본이 없어 장사도 할 수 없고 실패를 거듭하니 세상을 살아갈 재미가 없어요."

그는 여옹이 빌려준 베개를 베고 잠이 들었다. 베개는 양쪽이 뚫려 있었는데 노생이 잠을 자는 동안 점점 커졌다. 노생은 그 구멍 속으로 들어가 당대의 명문인 청하(靑河)의 최씨 딸과 혼인하고 진사시험에 합격해 관리가 되었다. 슬하에는 손이 많아 다복했다. 바람처럼 50년이 흘러 이제 명이 다했다. 노생이 문득 눈을 떠보니 자신은 여전히 그 주막집에 누워있었다.

旱 魃
한 발

• **出典** : 『삼황오제(三皇五帝)』
• **文意** : 가뭄을 몰고 오는 여신
가물 한 / 가물 발

황제(黃帝) 헌원씨는 사람이 기거할 집을 만들고 삼베로 옷 짜는 것을 고안하였으며 의료술을 개발하는 업적이 있었다. 어느 때인가 황제가 산동성 태산으로 행차한 적이 있었다. 이때를 노려 호랑이와 이리떼를 대동한 치우(蚩尤)가 반기를 들었다. 황제의 군사는 여덟 번을 싸워 여덟 번 패했다. 그러나 좌절하지 않고 안개 속을 헤집으며 돌아다닐 수 있는 지남차를 개발하여 그것을 이용하였으며 하늘에서 발(魃)이라는 딸을 불러내 풍백과 우사가 뿌려 놓은 안개를 몰아내 버렸다. 결국 치우는 항복하였다. 발은 기력이 소진되어 하늘에 올라갈 힘이 없었다.

그녀가 땅에 있게 되자 가뭄이 찾아왔다. 그녀가 있는 곳에는 비 한 방울이 내리지 않았으므로 이름을 한발(旱魃)이라 하며 원망하였다.

汗 牛 充 棟
한 우 충 동

• **出典** : 「육문통선생묘표」
• **文意** : 많은 책을 가리킴
땀 한 / 소 우 / 가득찰 충 / 기둥 동

유종원(柳宗元)이 지은 「육문통선생묘표(陸文通先生墓表)」에 이런 내용이 있다.

공자가 『춘추』를 지은 것은 1천5백년이나 된다. 그 동안에 이 책을 주석한 사람이 다섯이나 되는데 지금은 세 사람 것만이 통용되고 있다는 것이다. 그런데 그 뒷부분으로 가면 온갖 주석을 붙인 학자들이 넘쳐난다는 내용이다. 유종원은 이렇게 덧붙였다.

"그들이 지은 책을 소가 끄는 수레에 실으면 소가 땀을 흘릴 것이고, 집에다 두면 필경은 대들보까지 닿을 것이다(汗牛充棟)."

이것은 『춘추』의 주석서가 너무 많다는 것을 비꼰 것이다. 이 말은 후대로 내려와 여러 의미로 쓰인다. 이를테면 책을 많이 읽는 것이나 장서가를 말할 때 비유적으로 사용된다.

合 從 連 衡
합 종 연 형

• **出典** : 『사기』의 「소진전」, 「장의전」
• **文意** : 합종과 연형
합할 합 / 따를 종 / 이을 련 / 저울 형

전국시대에는 열국들이 서로의 안전을 도모하기 위하여 약소국들이 힘을 합해 강대국을 대항하는 방법을 사용하였는데 이것이 합종(合從)이다.

이러한 방책을 쓴 인물이 소진(蘇秦)이며 이와 반대의 방법이 장의라는 이가 쓴 연형(連衡)이다. 소진은 장의를 출세시키기 위하여 냉대한 것이 나중에 밝혀진다. 장의는 진(秦)나라에 머무르면서 자신의 계책을 사용했다.

이러한 방법은 일곱 나라 가운데 진나라가 하나의 나라와 동맹을 맺고 여섯 나라를 고립시키는 것으로, 이것은 저울대처럼 가로로 이어지는 형태가 되므로 형(衡;동서로 이어지는 형태)이라 한다. 장의는 훗날 소진이 이룩한 합종의 계책을 완전히 깨뜨려 버렸다.

偕 老 同 穴
해 로 동 혈

- 出典 : 『시경』의 「패풍격고」
- 文意 : 부부의 사랑과 맹세

같이 해 / 늙을 로 / 같을 동 / 굴 혈

『시경』의 「패풍격고(邶風擊鼓)」에 나오는 내용이다. '살아서는 같이 늙고 죽어서는 구멍을 함께 하여 영원히 잠들 수 있도록 묻히자'는 뜻이다.

중국인들에게 구전되는 얘기에 '해로동혈'이라는 해면체가 있다. 이 동물은 그 형태가 수세미와 같은데 밥 주머니가 있으며 구멍새우가 기생한다. 바로 그 안에 암수 한 쌍이 살고 있는데 그것을 일러 해로동혈이라 한다. 나중에는 해면체를 가리키는 것으로 변했다.

살아서도 죽어서도 함께 하자 / 그대와 함께 맹세하였더니

그대의 손을 잡고 / 그대와 함께 늙으리라

그런데 용풍에서는 '군자해로'로 되어 있는데 '군자와 늙도록 함께 하니 쪽지고 여섯 구슬을 박은 비녀를 꽂았으며'로 되어 있다.

解 語 花
해 어 화

- 出典 : 『개원천보유사』
- 文意 : 용모가 절색인 미인을 가리킴

풀릴 해 / 말할 어 / 꽃 화

봄. 봄은 만물이 생동하는 계절이다. 겨우내 얼어붙었던 대지가 풀리면서 만물이 약동을 하기 시작한다. '해어화'는 현종이 태액지에서 유연을 열 때 연꽃을 가리키며 했던 말이다.

"저 연꽃의 아름다움도 '말을 하는 꽃(解語花)'에는 미치지 못할 것이다."

그렇다면 말을 하는 꽃은 누구인가. 바로 양귀비였다. 그녀는 자신의 며느리이자 아들인 수왕 이모의 부인이었다.

현종이 양귀비를 후궁으로 삼아 총애하자 모든 권력은 양씨들에게 기울어지고 결국은 안록산의 난이 일어나는 빌미를 주게 된다. 난을 피해 촉 땅을 향해 가다가 양귀비는 마외파에서 고력사에게 목이 졸려 죽임을 당한 비운을 맞게 된다.

革 命
혁 명

• 出典 : 『십팔사략』
• 文意 : 종전의 것을 인위적으로 바꿈
고칠 혁 / 목숨 명

혁(革)은 『주역』에 있는 괘의 이름이다. 마치 연못 속에 불덩이가 가라앉아 있는 듯한 형상이다.

역사적으로는 하왕조의 19대 제왕 사이계(姒以癸;桀)라는 자가 무도하여 날마다 주지육림의 놀이에 취해 있었다. 물론 자수신(子受辛;紂)도 마찬가지다. 왕이 혼미하면 당연히 충신은 목숨을 내놓고 간언하게 된다. 좌상 관룡봉이었다.

사이계는 코웃음쳤다. 관룡봉으로 하여금 불에 달군 구리 원주 위를 걸어가게 하였다. 그는 거침없이 그 위를 걷다가 불구덩이 속으로 떨어져 죽었다. 이렇듯 제왕이 흉폭해지자 상부락의 추장 자천을과 이윤이 손을 잡고 하왕조를 공격하여 무너뜨렸다. 이른바 하늘의 명을 뜯어고친 혁명인 셈이다.

顯 忠 日
현 충 일

• 出典 : 「기삼왕세가(記三王世家)」
• 文意 : 순국열사들을 기리는 날
나타낼 현 / 충성 충 / 날 일

현(顯)이라는 글자의 오른편 혈(頁)은 얼굴을 포함한 머리 모양이다. 그리고 왼쪽의 일(日)과 사(糸)는 평소에는 잘 눈에 띄지를 않지만 따뜻한 햇살 아래에 선명히 드러난다는 의미다.

그렇다면 충(忠)은 어떤 뜻인가? 가운데 중(中)과 마음 심(心)이 합해져 있다. 어떤 상황에서도 변하거나 굴절되지 않은 한가운데의 마음이라는 것이다. 그러한 마음을 기리는 날이 바로 현충일이다.

나라를 위하는 마음. 그것이 어찌 특정인들의 특정한 사안이겠는가. 제 목숨을 초개처럼 여기며 나라를 위해 몸을 바친 위인들을 굳이 중국의 문헌을 뒤적여 나타낼 필요는 없을 것이다.

우리 나라에도 얼마든지 있다. 역대의 장군들과 선비들이 있었다. 그들은 불의한 일에는 자신의 목숨을 내던져 순국하였다.

螢 雪 之 功
형 설 지 공

• **出典** : 『진서(晉書)』
• **文意** : 고난을 이겨내고 학문을 이룸
반딧불 형 / 눈 설 / 의 지 / 공 공

'형설'은 반딧불과 눈이다. 환경이 어렵다보니 여름에는 반딧불로 겨울에는 눈 빛으로 공부를 하였다는 뜻이다.

진(晉)나라 때에 차윤(車胤)이라는 사람이 있었다. 워낙 집이 가난하여 밤이 되면 등불을 켜지 못할 정도였다. 여러 날을 고심하다 묘안을 생각해냈다. 그것은 연랑(練囊)이라 불리는 하얀 명주 자루에 반딧불을 잡아넣어 그 빛으로 공부를 한다는 것이었다. 과연 차윤은 그렇게 공부한 보람이 있어 마침내 상서랑(尙書郞)이라는 벼슬자리에 나아갈 수 있었다. 이 자리는 천자의 칙서를 취급했다.

이와 같은 무렵에 손강(孫康)이라는 사내는 불을 켤 기름이 없어 달빛으로 공부하였다. 추운 겨울에는 빛을 훤히 뿜어내는 눈빛(雪光)으로 글을 읽어 나중엔 어사대부(御史大夫)의 자리에 올랐다.

狐 假 虎 威
호 가 호 위

• **出典** : 『전국책』의 「초책」
• **文意** : 남의 위엄을 빌어 위세를 부림
여우 호 / 거짓 가 / 범 호 / 위엄 위

제와 초가 대립하자, 초의 신하 자상(子象)이 송왕에게 말했다.

"초나라는 부드럽게 대했기 때문에 송나라를 잃었습니다. 이제부터는 제나라든 송나라든 언제든지 위협할 것입니다."

이때 강을(江乙)이라는 이가 말했다.

"어느 날 여우가 호랑이를 만나 잡아먹힐 지경에 이르자 이렇게 말했습니다. '하늘의 신이 여우인 자신을 백수의 왕으로 삼았으니 지금 호랑이가 자기를 잡아먹는다면 하늘의 명을 어긴 것입니다'라고. 그러면서 자신이 앞서 갈 것이니 따라와 보라고 한 것입니다. 호랑이가 그렇게 하자 여우를 본 동물들은 모두 도망쳤습니다."

강을은 여섯 나라가 두려워하는 것은 소해휼(昭奚恤) 뒤에 대왕이 있는 탓이라 했다.

虎 視 眈 眈

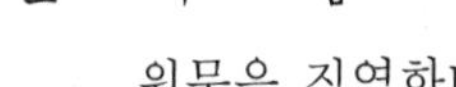

• **出典** : 『역경』의 「이괘」
• **文意** : 기회를 노리고 있는 행위
범 호 / 볼 시 / 엿볼 탐 / 엿볼 탐

원문을 직역한다면 호랑이가 두 눈을 부릅뜨고 내려다보고 있는 모습이다. 위엄이 서린 그 모습은 분명 먹이 감을 사냥하기 위해 기회를 노리고 있는 매서운 눈빛이다.

먼저 『역경(易經)』「이괘(履卦)」의 본문을 살펴보자.

<호시탐탐 기욕축축 무구(虎視眈眈 其欲逐逐 無咎)>

원문의 뜻을 그대로 풀어본다면,

<그 욕심이 마구 일어나지만 허물을 말할 수가 없다>는 것으로, 욕심 사나운 짓거리가 옳은 일이면 어느 누구도 허물을 말할 수 없다는 뜻이다. 그렇다면 오늘날에는 어떤가? 나라와 나라 사이의 분쟁이라는 것도 그렇다. 이렇게 보면 '호시탐탐'은 침략적인 요소가 짙게 배어 있음을 짐작케 한다

浩 然 之 氣

호 연 지 기

• **出典** : 『맹자』의 공손축편」
• **文意** : 부끄러움이 없는 도덕적 용기
넓고 클 호 / 사를 연 / 의 지 / 기운 기

제선왕은 공손축의 스승인 맹자에게 천하를 경륜할 방도에 대하여 물었다. 맹자는 말했다.

"관중과 안자는 힘과 지략으로 나라를 다스렸습니다. 나에게 정치를 맡기신다면 나는 왕도로서 다스릴 것입니다."

"그렇게 된다면 제나라는 패자가 될 것입니다. 그렇다면 선생의 마음에도 동요가 일어나지 않을까요?"

"나는 그 옛날 맹분(孟賁)이라는 장사가 거칠게 싸움질하는 두 마리의 황소를 떼어놓았다고 들었습니다. 그것은 마음에 동요가 일어났다고 봐야겠지요. 나는 호연지기를 기르고 있으니 그런 걱정은 마십시오. 호연지기는 한마디로 설명이 어렵습니다만 그 기운 됨이 극히 강하여 하늘과 땅 사이에 의(義)와 도(道)를 기릅니다."

紅　一　點
홍　일　점

• 出典 : 『만록총중(萬綠叢中)』
• 文意 : 특별히 눈에 띄는 한 가지
붉을 홍 / 한 일 / 점 점

송(宋)나라의 신종(神宗)은 의욕이 넘치는 군왕이었다. 그는 국력이 쇠하자 나라의 기틀을 왕안석의 신법으로 바로잡으려 노력했었다. 개혁은 사마광 등의 거물급 고관대작들의 반대에 부딪쳐 무위로 돌아갔으나 의욕만은 넘쳤다.

신종에게 신법을 제안한 왕안석은 당송팔대가의 한사람으로 다음은 그가 쓴 '석류(石榴)'라는 시다.

사람을 즐겁게 하는 봄빛은 많아서는 안 되느니(動人春生不須多)
푸른 덤불 속의 붉은 한 점이라(萬綠叢中紅一點)

그런가하면 『사후문집(事後文集)』이라는 책의 '왕지방(王直方)의 시화'에도 다음과 같은 구절이 있다.

사람을 움직이는 봄빛은 많아서는 못 쓰나니(動人春色不須多)
짙은 푸른 가지의 붉은 꽃 한 송이라(濃綠萬枝紅一點)

畵　龍　點　睛
화　룡　점　정

• 出典 : 『수형기(水衡記)』
• 文意 : 어떤 일의 마무리를 하다
그림 화 / 용 룡 / 점 점 / 눈알 정

남북조 시대에 중국의 양나라에 장승요(張僧繇)라는 이가 있었다. 그는 우군장군과 오흥 태수를 지낸 인물로 관직에 나아가 성공한 인물이지만, 일반적으로는 화가로 알려져 있다. 그는 자신이 지닌 붓으로 무엇이든 생동감 있게 그려내었다.

언젠가 금릉에 있는 안락사라는 절의 벽에 두 마리의 용을 그리게 되었다. 그런데 두 마리의 용은 눈꺼풀은 있는데 눈동자가 없었다.

"내가 용의 눈동자를 그리면 용은 벽을 뚫고 승천할 것이네."

사람들은 믿지 않았다. 조롱 섞인 빈정거림이 일어나자 장승요는 두 마리 중 하나에만 눈동자를 그렸다. 바로 그 순간, 뇌성벽력이 일어나며 비늘을 번쩍이는 괴룡 한 마리가 하늘을 향해 날아갔다.

華胥之夢
화 서 지 몽

• **出典** : 『열자』의 「황제편」
• **文意** : 길몽을 뜻함
빛날 화 / 서로 서 / 의 지 / 꿈 몽

삼황오제 중의 하나인 황제 헌원씨가 어느 날 조당에서 꿈을 꾸었다. 이때는 황제의 자리에 오른 지 열 다섯 해가 지난 무렵이었다. 꿈속은 화서(華胥) 지방이었다. 그곳은 엄주 땅의 서쪽 태주(台州)의 북쪽에 자리를 잡았다. 그러니까 중국의 본토에서 본다면 수천리 떨어진 곳에 위치해 있는 셈이다.

화서에는 추장이나 제왕도 없다. 모든 것을 자연 그대로 즐기며 살아간다. 죽음을 싫어하지도 않는다. 이해 타산에 얽매어 머리가 깨어지도록 다투지도 않는다. 그저 물이 흐르듯 순리적으로 살아가고 있는 것이다. 황제는 꿈에서 깨어나 가까운 신하를 불러 꿈을 들려주었다. 그리고는 혼잣말처럼 이렇게 중얼거렸다.

"아, 안타깝구나. 그것을 전해 줄 수 없으니."

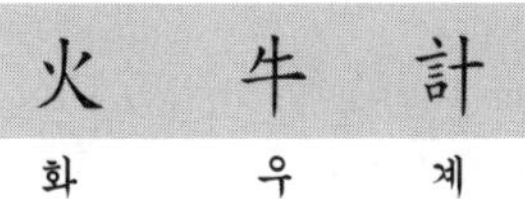

火牛計
화 우 계

• **出典** : 『사기』의 「전단열전」
• **文意** : 소 꼬리에 불을 붙여 공격하는 계책
불 화 / 소 우 / 꾀 계

연(燕)나라 소왕이 악의(樂毅)를 총대장으로 삼아 제(齊)나라를 공격했으나 즉묵성 만은 함락을 시키지 못하고 시일이 지체되었다. 그러던 중 연나라에서는 소왕이 세상을 뜨고 혜왕(惠王)이 보위를 이었다. 전단은 간첩을 보내 소문을 퍼뜨렸다.

"악의가 제나라를 함락시켰는데도 귀국을 하지 않는 것은 자신이 왕이 되려는 뜻이 있기 때문이다."

소문을 들은 혜왕은 악의를 즉시 교체해 버렸다. 얼마후 전단이 사자를 보내 항복을 하겠다는 의사를 밝혔다. 연왕이 기뻐하여 잔치를 벌이자 전단은 성중에 있는 1천마리의 소를 끌어내 오색으로 용의 모습을 그리고 뿔에는 날카로운 단도를 매어두었다. 밤이 깊기를 기다려 소의 꼬리에 불을 붙여 공격하여 단숨에 적을 무찔렀다.

換骨奪胎
환골탈태

• 出典 : 『냉제야화(冷濟野話)』
• 文意 : 문장이 남의 손에 새롭게 되는 것
바꿀 환 / 뼈 골 / 벗을 탈 / 태 태

작시가(作詩家)들에게 있어서는 고인의 시문을 본 따 어구를 만드는 것을 환골(換骨)이라 하고, 원래의 시와 다소 뜻을 달리하는 것을 탈태(奪胎)라고 한다.

황정견이 그의 시 가운데 두보(杜甫)를 평함에 있어서 '두보의 붓에 걸리기만 하면 그렇듯 흔한 경치도 아름다운 자연으로 변한다'는 것이 그것이다.

"도가의 연금술은 한 알의 금단을 흔한 쇠에 녹여 내면 그것들은 순식간에 황금으로 변하고 만다."

이러한 도가의 연금술에 빗대어,

"사람의 뼈를 선골(仙骨)로 만들어 환골 되는 것이며 어머니 뱃속의 태(胎)를 나의 것으로 삼아 변화시키는 것이 탈태(奪胎)다."

膾炙
회자

• 出典 : 『당서(唐書)』
• 文意 : 사람의 입에 자주 오르내림
회칠 회 / 고기 구이 자

회(膾)는 생선회가 아니라 고기 육(肉)이 들어갔으니 육고기를 헤쳐놓은 것을 의미한다. 그리고 자(炙)는 고기(月=肉)를 불에 놓았다는 뜻이다. 이렇게 보면 '회자'는 분명 제사에 올릴 음식으로 보인다. 한악(韓偓)은 당나라 말기의 선비다. 당시에는 주전충(朱全忠)이 실권을 쥐고 있었는데 그의 허물을 직접적으로 따지고 드는 바람에 미움을 사서 외방으로 쫓겨나는 신세가 되었다.

그는 총명한 사람이었다. 이미 10세 때부터 글을 지을 정도였으므로 가히 신동이라는 소문이 날 정도였다. 한악은 점점 성장하면서 문장이 특출하게 빼어나 사람들의 감탄을 자아냈다. 그런가하면 많은 사람들은 그의 주옥같은 시를 낭송하며 대화의 실마리를 찾았다. 이렇게 하여 생겨난 성어가 '인구(人口)에 회자(膾炙) 한다'는 것이었다.

嚆 矢
효 시

• **出典** : 『노자(老子)』
• **文意** : 신호용 화살
울 효 / 화살 시

어떤 일을 할 때 처음 시작하는 것을 '효시'라고 한다. 이 말을 쓴 사람은 『노자』다. 그는,

"증삼(曾參)과 사어(史魚)는 하걸(夏桀)이나 도척(盜跖)의 효시일 뿐이다."

왜 이런 비유를 사용했는 지 설명이 쉽지 않은 대목이다. 하걸은 사람의 간을 빼먹을 괴걸스러운 제왕이며, 도척은 유명한 도둑놈이다. 이른바 악당의 대명사인 셈이다.

『장자』의 「재유편」에 이런 내용이 있다.

"효도로 유명한 증삼과 강직하기로 유명한 사어(史魚)가 폭군인 걸(桀)과 큰 도둑인 척(跖)과 같은 극악무도한 사람이 울리는 화살(嚆矢)이 되지 않았음을 어찌 알겠는가."

後 生 可 畏
후 생 가 외

• **出典** : 『논어』의 「자한편」
• **文意** : 학문에 정진하는 이가 두렵다
뒤 후 / 날 생 / 옳을 가 / 겁낼 외

공자께서 말했다.

"젊은이들은 두렵다. 이제부터 나오는 사람들이 어찌 못하다고 생각할 수 있는가. 그러나 마흔이나 쉰이 되었는데도 이렇다할 이름이 알려져 있지 않다면 두려워 할 것이 못된다."

공자가 두려워 한 사람은 누구인가? 바로 나중에 태어난 사람이었다. 역주(譯註)에 의하면, 그런 인물이 안연(顔淵)이었다고 하지만 반드시 해석을 필요로 하는 것은 아니다. 그렇다면 공자는 언제 이 말을 했는가? 아무래도 만년이다. 그가 노나라에서 왔을 때에 그의 주위에는 자유를 비롯하여 자장, 자하, 증자였다. 당시 그들은 20대였다. 공자가 뒤에 태어난 사람을 두려워하라고 한 것은 이들이 계속 학업에 정진하여 마흔이나 쉰이 되었을 경우를 의미하는 말이었다.

여해 한문서당 12단계 선정 문제

제12단계

[문]「弱冠」은 몇살에 이르는 남자를 말하는가? <총무처 9급>

① 10세 ② 20세 ③ 30세
④ 40세 ⑤ 50세

<해설> 20세를 弱冠(약관)이라 하며 30세를 而立(이립), 40세를 不惑(불혹), 50세를 知天命(지천명)이라 한다.

[문]「윗사람을 농락하여 권세를 마음대로 휘두른다」는 말의 뜻은? <총무처 7급>

① 羊頭狗肉 ② 漁父之利 ③ 指鹿爲馬
④ 舍己從人 ⑤ 絶長補短

<해설> ①의 '양두구육'은 겉과 속이 다르다는 뜻 ②의 '어부지리'는 둘이 다툼을 할 때 제 3자가 이득을 본다는 뜻 ④의 '사기종인'은 자기의 옛 행위를 버리고 타인의 좋은 행위를 보며 행한다는 뜻 ⑤의 '절장보단'은 긴 곳을 잘라 짧은 곳을 보충한다는 뜻이다.

[문]다음 중 淸白吏(청백리) 공직자 정신과 거리가 먼 것은? <총무처 7급>

① 請託排除 ② 愼獨力行 ③ 先公後私
④ 信賞必罰 ⑤ 不事二君

<해설> ①은 청탁을 배제한다는 것이고 ②는 홀로 있을 때에도

도리에 어긋남이 없도록 힘쓰며 ③은 공적인 일을 먼저 하고 사사로운 것은 나중에 하며 ④는 상벌을 엄히 한다는 뜻이며 ⑤는 두 임금을 섬기지 않는다는 뜻이다.

[문]「장수 나자 용마 난다」의 뜻을 가진 숙어는? <총무처 7급>

① 錦上添花　② 轉禍爲福　③ 塞翁之馬
④ 群鷄一鶴　⑤ 錦衣還鄕

<해설> '장수가 태어나자 용마가 나타났다'는 것은 좋은 일이 겹친다는 뜻이다. 중국에서는 기쁨(喜)이 두 배라하여 쌍겹 희(囍)로 표현하기도 한다. 그러므로 ①의 '금상첨화'와 같은 의미다. ②의 '전화위복'은 재앙이 오히려 복이 됐다는 뜻이고 ③의 '새옹지마'는 변화무쌍한 세상살이는 길흉을 알 수 없다는 의미다. 또한 ④의 군계일학은 여럿 가운데 뛰어난 인재를 의미하며 ⑤의 '금의환향'은 출세하여 고향에 돌아간다는 뜻이다.

[문]「百折不屈」과 가장 가까운 뜻을 지닌 숙어는? <총무처 9급>

① 百發百中　② 百戰百勝　③ 連戰連勝
④ 百戰老將　⑤ 不要不急

<해설> '백절불굴'은 아무리 어려움이 와도 결코 꺾이지 않는다는 뜻이다. ①은 백번 쏘아서 백번다 맞추는 것이며 ②는 백번 싸워 백번 이긴다는 뜻 ③은 싸우는 대로 이긴다는 의미며 ④는 세상의 온갖 풍파를 다 겪은 경험이 풍부한 사람이며 ⑤는 필요하거니 급하지 않다는 의미다.

[문]「名勝地」의 「勝」과 같은 뜻으로 쓰인 것은? <총무처 9급>

① 形勝　② 勝利　③ 必勝
④ 決勝　⑤ 勝負

<해설> 명승지의 勝은 '나을 승'이다. ②③④⑤는 모두 '이길 승'으로 사용되었다.

[문]「구매력」이 바르게 쓰인 것은? <총무처 9급>

① 構賣力　② 購買力　③ 購賣力

④ 構買力　⑤ 講買力

<해설> 일반적으로 '조개 貝'가 붙어 있는 자는 화폐와 관계 있다. 오래 전에 중국에서는 조개 껍질로 화폐를 대용해서 사용하였기 때문이다. 그리고 賣는 판다는 의미고 買는 산다는 뜻.

[문]다음에서 相對되는 한자로 이루어지지 않은 것은? <국회사무처 9급>

① 利害　② 興亡　③ 滅亡

④ 初終　⑤ 去來

<해설> ③은 상대어인 것이 아니라 유사어인 것이다.

[문]다음 낱말의 한자 표기가 잘못된 것은? <총무처 9급>

① 성적 — 成積　② 알현 — 謁見

③ 강직 — 剛直　④ 결별 — 訣別

⑤ 재배 — 栽培

<해설> ①의 성적은 成績이 바른 표기다.

[문]다음 한자의 독음이 잘못된 것은? <총무처 7급>

① 刹那 — 찰라　② 鐵柵 — 철책

③ 木棧 — 목잔　④ 蒼氓 — 창맹

⑤ 須臾 — 수유

<해설> ①의 刹那는 '찰나'가 바른 독음이다. ②③④⑤는 바른 독음이다.

[문]「瓜田不納履, 李下不整冠」에서 경계하는 내용과 유사한 뜻으로 사용된 숙어는? <전라북도 7급 행정직>

① 격화소양　② 위기일발　③ 오비이락

④ 아전인수　　　⑤ 부화뇌동

<해설> 본문의 내용은 「오이 밭에서 신발 끈을 고쳐매지 말고, 자두나무 밑에서 갓을 고쳐 쓰지말라」는 뜻이다. 즉 오해의 소지가 있는 행동을 하지 말라는 의미다. 비슷한 성어는 ③의 烏飛梨落(오비이락 : 까마귀 날자 배 떨어진다)이다.

[문]「處子」에서 「子」와 같은 뜻으로 씌인 것은? <총무처 9급>

① 針子　　　② 卓子　　　③ 椅子

④ 帽子　　　⑤ 養子

<해설> 「妻子(처자)」는 처녀라는 뜻이다. 역기에서 「子」는 사람을 나타낸다.

[문]한자 성어인 「千載一遇」에 쓰인 「載」의 뜻은? <총무처 9급>

① 境　　　② 幸　　　③ 年

④ 事　　　⑤ 過

<해설> 千載란 千歲와 같은 뜻의 千年을 뜻한다. 한편 千載一遇란 좀처럼 만나기 어려운 기회를 일컫는다.

[문]다음의 밑줄 친 글자의 부수로서 틀린 것은? <총무처 9급>

晋 <u>車</u> 胤 幼 <u>恭</u> 動 <u>博</u> <u>覽</u> 家 <u>貧</u> 不 常 得 油

㉮　㉯　㉰ ㉱　㉲

① ㉮는 車　　　② ㉯는 恭　　　③ ㉰는 十

④ ㉱는 見　　　⑤ ㉲는 具

<해설> 恭(공손할 공)의 부는 心(심방 변)이다.

[문]다음 중 그 뜻이 비슷한 것끼리 연결되지 않은 것은? <총무처 7급 행정직>

① 張三李四 — 凡人　　② 管鮑之交 — 友情

③ 群鷄一鶴 — 白眉　　④ 解衣推食 — 惠施

⑤ 錦衣夜行 — 出世

<해설> 출세를 뜻하는 성어는 錦衣還鄕(금의환향)이다.

[문]다음에서 「漢江投石」과 같은 의미로 쓰이는 성어는? <총무처 7급>

① 獨木不成林 ② 大器晩成

③ 紅爐點雪 ④ 九牛一毛

⑤ 東問西答

<해설> 「홍로점설」은 빨갛게 달아오른 화로 위에 한 점의 눈발이 떨어졌다는 뜻, 극히 미미한 상태로 「한강투석」과 같은 의미다.

[문]한자의 부수를 옳게 쓴 것은? <서울시 9급 행정직>

① 勇 — 力 ② 雲 — 云

③ 譯 — 西 ④ 肉 — 人

⑤ 龍 — 立

<해설> 정답은 ①항이다.

[문]다음 글에서 밑줄 친 부분과 관계가 먼 것은? <경기도 7급 행정직>

> 江湖에 <u>病이 깁퍼</u> 죽림에 누엇더니,
> 관동 팔백니에 방면을 맛디시니,
> 어와 셩은이야 가디록 망극ᄒᆞ다

① 歸去來 ② 老後身病

③ 稱病隱遁 ④ 親自然

⑤ 泉石膏皇

<해설> 벼슬살이에서 떠나 고향에 돌아와 자연을 벗한다는 뜻

이다. ②항의 老後身病(노후신병)은 늙어서 병이 들었다는 뜻이다. ①항은 벼슬살이를 그만 두고 고향에 돌아온다는 도연명의 시. ③은 병을 핑계 삼아 벼슬길에서 물러나는 것을 뜻하며 ④는 歸去來(귀거래)와 같은 의미.

[문]다음 중 제 부수가 아닌 것은? <총무처 9급>

① 石 ② 行 ③ 俗

④ 麻 ⑤ 鼻

<해설> 제 부수라는 것은 그 자(字)를 그대로 말하는 것이다. ①②④⑤는모두 제 부수이다. 그러나 ③의 俗은 사람 인(人) 변이다.

[문]관계없는 것끼리 짝지어 진 것은? <총무처 7급>

① 鹿皮曰字 ― 耳懸鈴鼻懸鈴

② 管鮑之交 ― 斷金之敎

③ 三人行必有我師 ― 益者三友

④ 朝令暮改 ― 高麗公事三日

⑤ 忠恕 ― 己所不欲勿施於人

<해설> 세 사람이 길을 가면 반드시 그가운데 스승이 될만한 사람이 있다는 말. 그러나 益者三友(익자삼우)는 정직한 사람 · 신의 있는 사람 · 지식 있는 사람을 뜻한다. 서로 의미가 다르다.

[문]다음에서 「안될 일을 하려고 한다」는 뜻에 맞는 것은? < 국회 7급 행정직>

① 附和雷同 ② 緣木求魚 ③ 救濟不能

④ 漁父之利 ⑤ 無所不能

<해설> ②의 緣木求魚(연목구어)는 「나무 위에 올라가 고기를 구한다」는 뜻이다.

[82]「殺到」의 독음은? <법원서기보>

① 쇄도　　② 쇠도　　③ 살지
④ 쇠지　　⑤ 살도
<해설> 「殺到(쇄도)」란 세차게 몰려든다는 뜻이다.

[문]상형문자에서 발달한 것은? <총무처 7급>
① 日本의 가나　　② 서양의 英語
③ 유럽의 모든 文字　　④ 중국의 漢字
⑤ 우리의 한글
<해설> 상형문자란 물체의 형상을 본떠서 만든 글자로 여기에는 한자 일부와 고대 이집트 문자 등이 있다.

[문]「부분이 전체를 그르친다」는 뜻과 같은 숙어는? <총무처 7급>
① 一魚濁水　　② 水清無魚
③ 氷山一角　　④ 憑公營私
⑤ 土崩瓦解
<해설> ①항의 一魚濁水(일어탁수)는 한 마리 고기가 물을 흐린다는 의미다. ②항의 水清無魚(수청무어)는 물이 맑으면 고기가 없다는 뜻이다.

[문]「강인한 정신」에서 「강인」을 한자로 표기하면 어느 것이 되는가? < 총무처 7급>
① 强認　　② 强引　　③ 强仁
④ 强靭　　⑤ 强忍
<해설> 강인은 질길 인(靭)을 쓴다.

[문]「죽은 뒤에도 은혜를 갚는다」는 뜻의 고사성어로 쓰이는 단어는? <대구시 7급 행정직>
① 管鮑之交　　② 結草報恩
③ 犬馬之勞　　④ 刮目相對

⑤ 城東擊西

<해설> ②의 結草報恩(결초보은)은 죽어서도 은혜를 잊지 않는다는 뜻이다.

[문]부수의 원형이 드러난 글자는? <총무처 9급 행정직>

① 有 ② 進 ③ 情
④ 然 ⑤ 技

<해설> ①은 月部 2획이다.

[문]「惡漢」의 독음이 바른 것은? <국회사무처 9급>

① 악한 ② 오냉 ③ 오한
④ 악냉 ⑤ 혹한

<해설> 惡漢(오한)은 한방에서 으슬으슬 추운 것을 뜻한다.

[문]「自秋七月旣望 每日早集大部之庭」에서 「七月旣望」의 뜻은? <서울시 9급 행정직>

① 칠월 초하루 ② 칠월 14일 ③ 칠월 보름
④ 칠월 16일 ⑤ 칠월 그믐

<해설> 기망(旣望)이란 음력으로 열엿새날을 말한다.

[문]「천박」을 옳게 쓴 한자는? <총무처 행정직 7급>

① 淺薄 ② 殘薄 ③ 淺薄
④ 踐博 ⑤ 遷薄

<해설> 「천(淺)」은 「얕을 천」이다. 생각이나 학문이 깊지 못함을 이르는 말이다.

[문] 다음 낱말의 독음이 틀린 것을 고르시오. <국회사무처 7급>

① 訥辯 — 눌변 ② 跛行 — 파행
③ 浚渫 — 준열 ④ 侮辱 — 모욕

⑤ 賄賂 — 회뢰

<해설> ③은 「물속 바닥을 쳐서 깊게 한다」는 뜻의 준설(浚渫)이다.

[문]서로 반대어가 될 수 없는 것은? <통신공사 6급>

① 偶然 ↔ 必然　　② 永劫 ↔ 刹那

③ 詛呪 ↔ 退嬰　　④ 反目 ↔ 和睦

⑤ 下降 ↔ 上昇

<해설> 반대어가 될 수 없는 것은 ③번이다. 退嬰(퇴영)은 뒤로 물러나서 움직이지 않는다는 뜻. 따라서 반대어는 進取(진취)이다.

[문]「사람 사이에 살고 사람 사이에 울고 웃고 부대껴야」에 해당하는 뜻을 가진 숙어는? <법원서기보>

① 同床異夢　　② 同病相憐

③ 同苦同樂　　④ 同室同居

⑤ 同心協力

<해설> ①은 함께 기거하면서 서로 다른 생각을 한다는 뜻. ②는 같은 병을 앓는 환자는 서로가 상대를 이해한다는 것. ③은 함께 즐거움과 고생을 함께 한다는 뜻이며 ④는 같은 방에 기거한다는 뜻이며 ⑤는 한뜻으로 협력한다는 의미.

[문]글씨체가 반듯하고 바르며 인쇄체와 비슷한 글자는? <서울지하철공사>

① 초서　　② 해서　　③ 예서

④ 전서　　⑤ 도서

<해설> ②항의 해서체는 글씨체가 반듯하여 인쇄체와 비슷하다.

[문]다음의 말을 잘못 쓴 것은? <통신공사 6급>

① 장엄 — 莊嚴　　② 환영 — 觀迎

③ 겸손 — 謙遜　　　　④ 순회 — 巡廻
⑤ 필독 — 必讀
<해설> ②의 환영은 「歡迎」으로 써야 한다.

[문]다음 漢詩에서 핵심 단어는? <총무처 9급>

梨花月白三更天	帝血聲聲怨杜鵑
盡學多情原是病	不關人事不成眠

① 多情　　　　② 月白
③ 不成眠　　　　④ 杜鵑
⑤ 梨花
<해설> 임을 그리워하는 병은 무엇인가? 바로 多情(다정)이다.

[문]다음의 한자 성어 중 잘못 쓰인 것은? <대구 9급 행정직>
① 事必歸正　　　　② 金科玉條
③ 權善懲惡　　　　④ 勞心焦思
⑤ 以心傳心
<해설> ③의 권선징악은 「勸善懲惡」이 바른 표기다. ①은 「사필귀정」이고 ②는 「금과옥조」다. ④는 「노심초사」이며 ⑤는 이심전심」이다.

[문]다음에서 독음이 바르지 못한 것은? <총무처 7급>
① 吉凶禍福 — 길흉화복
② 人間毁譽 — 인간훼예
③ 言語謹愼 — 언어근신
④ 仁者無憂 — 인자무우
⑤ 誠實躬行 — 성실체행

<해설> ①은 좋은 일과 나쁜 일, ②는 인간을 비방함과 칭찬함을 의미, ③은 말을 삼감을, ④는 어진 자는 근심이 없다는 뜻이고 ⑤는 「誠實躬行」은 「성실궁행」으로 읽어야 한다.

[문]다음 불교 용어 가운데 연결이 틀린 곳은? <대구 9급행정>

① 無畏 — 무외　　② 娑婆 — 사파
③ 菩提 — 보리　　④ 南無 — 나무
⑤ 布施 — 보시

<해설> ②의 「娑婆」는 「사바」로 읽는다. 석가세존이 교화하는 인간세계를 의미한다.

[문]「(　)翁之馬」에서 (　)에 들어갈 글자는? <총무처 7급행정>

① 歲　　② 世　　③ 色
④ 說　　⑤ 塞

<해설> 「새옹지마」란, 세상 일이 변화무쌍하여 장차를 예측하기 어렵다는 의미다. 塞翁之馬(새옹지마)로 표기한다.

[문]다음에서 한자 숙어와 그 풀이가 잘못 짝 지워진 것은? <총무처 7급행정>

① 高麗公事三日 — 시작한 일이 오래 가지 못함
② 耕當問奴 — 일은 그 방면의 전문가에게 묻는 것이 옳음
③ 易地思之 — 처지를 바꾸어 생각함
④ 五十步百步 — 오십보와 백보는 차이가 있음
⑤ 三人成虎 — 근거 없는 말도 여러 사람이 말을 하면 믿게 된다.

<해설> 「五十步百步(오십보백보)」는 본질적으로 차이가 없음을 나타낸다.

[문]다음 漢文章의 出典은? <총무처 9급>

> 君子有三樂而天下는 不與存焉이니라. 父母俱存하며 兄弟無故이 二樂也요, 仰不愧於天하며 俯不怍於人이 二樂也요, 得天下英才而敎育之이 三樂也라.

① 大學　　② 孟子
③ 論語　　④ 擊蒙要訣
⑤ 中庸

<해설> 『孟子(맹자)』의 「인생삼락」에 관한 글이다. 군자에게 세 가지의 즐거움이 있으니 그 첫째는 보모님이 살아 계시고, 둘째는 형제가 무고하며 하늘과 땅에 부끄러움이 없으며, 셋째는 영재를 얻어 가르치는 것이라 하였다.

[문]다음 한자에서 독음이 틀린 것은? <통신공사 6급>

① 補塡 — 보전　　② 恰似 — 흡사
③ 解弛 — 해지　　④ 賄賂 — 회뢰
⑤ 頻數 — 빈삭

<해설> ③의 「解弛」는 「해이」가 바른 독음이다.

[문]漢字의 讀音이 옳게 된 것은? <통신공사 6급>

(1) 모범 — 模範,　　斡旋 — 주선
(2) 긴장 — 緊張,　　閃光 — 섬광
(3) 파악 — 把握,　　旗幟 — 기지
(4) 지혜 — 智慧,　　烙印 — 날인
(5) 영오 — 囹圄,　　索引 — 색인

<해설> (1)의 「斡旋」의 독음은 「알선」, (2)항이 바른 표기이며, (3)항의 「旗幟」는 「기치」이고, (4)의 「烙印」은 「낙인」이다. (5)의 「囹圄」는 「영어」가 바른 독음이다.

[문]「직접 가르침을 받지 않았으나 스스로 그 사람의 덕을 사모하고 본받아 도나 학문을 닦는다」는 뜻의 漢字語는? <통신공사 6급>

① 欽慕 ② 私事 ③ 私淑
④ 師事 ⑤ 崇仰

<해설> ③의 私淑(사숙)은 「직접 가르침을 받지 않았어도 그 사람의 덕을 사모하여 도나 학문을 본받음.

[문]「이 사건의 幇助者에게 拇印을 받아두고 改悛의 정이 보이거든 용서 하십시오」에서 윗글에 쓰인 한자의 독음으로 옳은 것은? <통신공사>

① 방조자 — 무인 — 개전
② 봉조자 — 모인 — 개준
③ 방조자 — 모인 — 개전
④ 봉조자 — 모인 — 개전
⑤ 방조자 — 모인 — 개전

<해설> ①항이 옳은 답이다.

[문]다음의 빈칸에 들어갈 알맞는 한자를 고르시오. <(주) 한국전력공사>

(1) 東問西(　) — 묻는 말에 대하여 아주 딴판으로 대답을 함.

① 踏 ② 遝 ③ 畓
④ 沓 ⑤ 答

<해설> 東問西答(동문서답) : 묻는 말에 아주 딴판으로 대답하는 것.

(2) 半生半(　) — 죽을 지 살지 모를 만큼 다 죽게 된 상태를 뜻함.

① 社 ② 事 ③ 死
④ 師 ⑤ 四

<해설> 半生半死(반생반사) : 반은 죽고 반은 살아있는 상태.

(3) 不(　)千里 — 千里(아주 먼 거리)를 멀다않고 찾아옴

① 原　② 元　③ 源
④ 遠　⑤ 願

<해설> 不遠千里(불원천리) : 먼거리를 찾아옴.

(4) 燈下不(　) — 등잔 밑이 어둡다.

① 河　② 下　③ 夏
④ 何　⑤ 霞

<해설> 燈下不明(등하불명) : 등잔 밑이 어두움.

(5) (　)草報恩 — 반드시 은혜를 갚음.

① 結　② 決　③ 缺
④ 訣　⑤ 潔

<해설> 結草報恩(결초보은) : 반드시 은혜를 갚음.

(6) 堂狗(　)月 — 무식한 자도 유식한 자와 있으면 다소 감화를 받음.

① 豊　② 風　③ 楓
④ 諷　⑤ 馮

<해설> 堂狗風月(당구풍월) : 유식한 자와 함께 있으면 다소 영향을 받는다는 말.

(7) (　)龍門 — 출세할 수 있는 지위에 오름

① 等　② 登　③ 燈
④ 藤　⑤ 鄧

<해설> 登龍門(등용문) : 황하 상류에 있는 용문이라는 협곡을 뛰어넘는 물고기가 용 된다는 고사에서 나온 말. 곧 출세할 수 있는 높은 지위에 오름.

(8) 我田(　)水 — 제 논에 물 대기.

① 人　② 認　③ 引
④ 姻　⑤ 靭

<해설> 我田引水(아전인수) : 자기에게 유리하게 하는 것

(9) 坐不(　)席 — 한자리에 오래 앉아 있지 못함

① 安　② 案　③ 岸
④ 眼　⑤ 按

<해설> 坐不安席(좌불안석) : 한자리에 오래 앉아 있지 못함

(10) 魂飛(　)散 — 몹시 놀라 정신이 없음

① 白　② 百　③ 伯
④ 帛　⑤ 魄

<해설> 魂飛魄散(혼비백산) : 혼이 달아날 정도로 몹시 놀람.

[문]두 가지의 독음을 갖지 않은 자는? <국회사무처 9급>

① 行　② 復　③ 道
④ 度　⑤ 拾

<해설> ①의 行은 행 또는 항으로, 復은 복 또는 부로, 道는 도, 度는 도 또는 탁으로, 拾은 십 또는 습으로 읽힌다.

[문]「舍宅」의 「택」과 같은 음으로 소리나지 않은 단어는? <총무처 9급>

① 自宅　② 宅診　③ 宅地
④ 住宅　⑤ 宅內

<해설> ①은 자택 ②는 택진 ③은 택지 ④는 주택 ⑤는 댁내

[문]잘못 쓰인 한자가 들어있는 것은? <총무처 7급>

① 위압감 : 威壓感　② 묘사문 : 描寫文
③ 추상적 : 抽象的　④ 봉재사 : 縫裁師
⑤ 재량권 : 栽量權

<해설> ⑤의 재량권은 裁量權이 바른 표기이다.

[문]「復古」의 「復」과 독음이 다른 한자는? <총무처 9급>

① 復讐　② 復位　③ 復習

④ 復命　　　　　⑤ 復興

<해설> ①은 복수 ②는 복위 ③은 복습 ④는 복명 ⑤는 부흥

[문]다음 한자의 부수와 획수가 맞지 않은 것은? <총무처 9급>

① 源 — 水부, 10획　　② 銘 — 金부, 6획

③ 龍 — 龍부, 0획　　④ 色 — 巴부, 2획

⑤ 花 — 艸부, 4획

<해설> 色은 몸 색(色) 부에서 찾아야 함.

[문]「庶政刷新」에서 「刷」의 바른 음은? <총무처 9급>

① 세　　② 새　　③ 쇨

④ 쇄　　⑤ 쇠

<해설> 독음은 '쇄'다.

[문]다음 빈칸에 들어갈 알맞은 한자를 쓰시오. <한국전력공사>

(1) 「고생 끝에 즐거움이 온다」는 뜻으로 「苦盡甘(　)」란 말이 있다.

① 來　　② 內　　③ 奈

④ 倈　　⑤ 耐

<해설> 苦盡甘來(고진감래)는 「고생 끝에 낙이 온다」는 뜻이다.

(2) 「죽어서까지 은혜를 잊지 아니하고 갚겠다」는 「(　)草報恩」의 빈곳에 들어갈 단어는?

① 潔　　② 決　　③ 缺

④ 訣　　⑤ 結

<해설> 「結草報恩(결초보은)」은 죽어서까지 은혜를 잊지 않고 갚는다는 뜻이다.

(3) 「어렸을 때부터의 친한 벗을 竹(　)故友라고 한다」

① 馬　　② 麻　　③ 摩

④ 수　　⑤ 瑪

<해설> 어렸을 때부터의 친한 벗은 竹馬故友(죽마고우)이다.

(4) 「옛것을 익히고 그것을 이루어 새로운 것을 안다」는 「溫故( ) 新」은 世界化의 우리들 지혜다.

① 之 ② 止 ③ 持

④ 地 ⑤ 知

<해설> 「옛것을 익히고 새것을 안다」 숙어는 溫故知新(온고지신)이다.

(5) 「찾아오는 사람이 많은 것을 비유」하여 門前成( )라고 한다.

① 始 ② 市 ③ 是

④ 示 ⑤ 時

<해설> 본문의 내용은 門前成市(문전성시)이다.

[문]다음의 빈칸에 들어갈 알맞는 단어를 보기에서 골라 쓰시오(略字도 가함). <(株) 한국전력공사>

(1) 열심히 노력하면 十( )八九 성공한다.

① 中 ② 重 ③ 衆

④ 仲 ⑤ 仲

<해설> 十中八九(십중팔구) : 거의 다 됨을 이르는 말. 십상팔구(十常八九)로도 쓰인다.

(2) 주몽은 쏘기만 하면 어김없이 과녁을 맞추는 百( )百中의 솜씨를 가지고 있었다.

① 髮 ② 發 ③ 鉢

④ 跋 ⑤ 勃

<해설> 百發百中(백발백중) : 총이나 활 등이 겨눈 곳에 맞음. 또는 하는 일이 딱 들어맞음.

(3) 학과는 물론 체육, 음악, 미술, 서예 등 여러 가지 재주가 뛰어난 사람을 八( )美人이라고 한다.

① 房 ② 放 ③ 邦

④ 防 ⑤ 方

<해설> 八方美人(팔방미인) : 어느 모로 보나 아름다운 여인. 본

문에서는 여러 방면에 능한 사람을 뜻한다.

(4) 우리 나라는 春( )秋冬의 사계절이 뚜렷하다.

① 河 ② 夏 ③ 荷

④ 賀 ⑤ 霞

<해설> 春夏秋冬(춘하추동) : 봄, 여름, 가을, 겨울의 사계절을 뜻한다.

(5) 「친구를 사귐에 있어서는 믿음이 있어야 한다」라는 뜻은 交( )以信이다.

① 宇 ② 友 ③ 右

④ 祐 ⑤ 于

<해설> 친구간에 믿음이 있어야 한다는 뜻은 交友以信(교우이신)이다.

[문]다음에서 음이 맞지 않은 것은? <총무처 7급>

① 標識(표식) ② 遊說(유세) ③ 相殺(상쇄)

④ 復興(부흥) ⑤ 省略(생략)

<해설> ①의 標識은 「표지」로 읽어야 한다.

[문]다음 단어 가운데 구조가 다른 것 하나는? <총무처 9급>

① 先公後私 ② 庶政刷新 ③ 意識改革

④ 責任完遂 ⑤ 請託排除

<해설> ①의 先公後私(선공후사)는 공사를 먼저하고 개인적인 일은 뒤로 미룬다는 뜻이다. 선공과 후사는 상호 상대 관계가 있으나 나머지는 주어와 술어 관계이다.

[문]다음 한자의 독음이 잘못된 것은? <서울시 9급 행정직>

① 訛傳 — 와전 ② 看做 — 간고

③ 改悛 — 개전 ④ 詭辯 — 궤변

⑤ 樂山 — 요산

<해설> ②는 「간주」가 바른 독음이다.

[문]「상관이 부하가 제출한 안건을 (   )하다에서 괄호 안에 들어갈 알맞는 것은? <총무처 7급>

① 結載 ② 決載 ③ 結裁

④ 決裁 ⑤ 決制

<해설> 부하가 제출한 안건을 재량하여 승인하는 것을 決裁라 한다.

[문]部首를 잘못 말한 것은? <전라북도 7급 행정직>

① 重 — 里 ② 直 — 目

③ 現 — 玉 ④ 舌 — 舌

⑤ 言 — 口

<해설> ⑤항의 言은 言部이다.

[문]다음에서 문방사우(文房四友)에 속하지 않는 것은? <법원서기보>

① 硯 ② 筆 ③ 墨

④ 紙 ⑤ 冊

<해설> 문방사우는 서재에 있어야할 네 가지를 말한다. 붓(筆)·종이(紙)·먹(墨)·벼루(硯)이다.

[문]다음 중 「虛張( )勢」의 빈 칸을 채울 수 있는 글자는? <국회 7급 행정직>

① 盛 ② 省 ③ 聲

④ 誠 ⑤ 成

<해설> 虛張聲勢(허장성세)라는 것은 실속 없이 떠들어대는 것을 뜻한다.

[문]「近墨者( ) 近朱者( )」에서 괄호 안에 들어갈 말은? <총무처 7급>

① 遠, 近　② 惡, 善　③ 黑, 赤
④ 內, 外　⑤ 多, 少

<해설> 「근묵자흑 근주자적(近墨者黑 近朱者赤)」이란, 「먹을 가까이 하는 자는 검게 되고, 연지를 가까이 하는 자는 붉게 된다」는 뜻이다.

[문]「五倫」에 들어가지 않는 것은? <총무처 9급>

① 君臣 — 義　② 父子 — 親
③ 夫婦 — 別　④ 兄弟 — 友
⑤ 朋友 — 信

<해설> 오륜(五倫)은 ①·②·③·⑤ 외에 長幼有序(장유유서)이다.

[문]「극히 짧은 시간」을 뜻하는 숙어는? <서울시 9급 행정직>

① 電光石火　② 一攫千金
③ 一觸卽發　④ 百年河淸
⑤ 一日如三秋

<해설> ①의 電光石火(전광석화)는 빛살이 한 번 번쩍이는 찰나간을 뜻한다.

[문]다음 빈칸에 들어갈 맞는 한자를 쓰세요. <한국전력공사>

(1) 교육은 먼 장래를 내다 보고 세우는 큰 계획이란 데서 □年大計라고 한다.

① 白　② 百　③ 伯
④ 栢　⑤ 魄

<해설> 장기간의 큰 계획이 百年大計(백년대계)다.

(2) 우리 속담의 「쇠 귀에 경 읽기」와 같은 뜻의 말로 馬□東風이 있

다.

① 二 ② 以 ③ 移
④ 耳 ⑤ 而

<해설> 「쇠 귀에 경을 읽는다」는 것은 馬耳東風(마이동풍)이라 한다.

(3) 황희 정승은 모든 일을 公□正大하게 처리했기에 청백리로 이름이 높았다.

① 明 ② 命 ③ 名
④ 鳴 ⑤ 銘

<해설> 「공명하고 조금도 사심이 없다」는 것을 公明正大(공명정대)라고 한다.

(4) 士農□商이란 옛날 신분제 사회의 선비 · 농부 · 장인 · 상인의 네 가지 신분을 이르는 말이다.

① 工 ② 公 ③ 共
④ 空 ⑤ 孔

<해설> 士農工商에 대한 설문이다.

(5) 草綠同□이란 말은 「풀빛과 녹색은 서로 같다」란 뜻으로 같은 유의 사람들이 그들끼리 함께 할 때 쓰는 말이다.

① 色 ② 索 ③ 塞
④ 穡 ⑤ 齿

<해설> 「풀빛과 녹색은 서로 같다」는 뜻은, 草綠同色(초록동색)이다.

[문]「汗牛充棟(한우충동)」이란? <한국전기통신공사>

① 소가 땀을 흘리면 죽는다.
② 땀을 흘리는 소가 많으니, 이것은 집안이 넉넉하다는 뜻이다.
③ 소가 땀을 흘려야 집안이 윤택해 진다는 뜻.
④ 소가 땀을 흘릴 만큼 집안에 책이 가득찼다는 뜻.
⑤ 소가 땀을 흘리면 기둥이 위험하다는 뜻. 그러므로 소에게 너

무 일을 시키지 말란 뜻

<해설> 집안에 있는 책의 무게가 너무 무거워 소가 땀을 흘릴 정도다. 장서가 많음을 비유하는 말.

[문]다음의 빈 칸에 알맞는 漢字를 쓰시오. <(주)한국전력공사>

(1) 先公( )私

① 後 ② 候 ③ 厚

④ 朽 ⑤ 嗅

<해설> 공적인 일은 먼저 하고 사적인 일은 나중에 한다는 것이 이른바 先公後私(선공후사)이다.

(2) 壯元及( )

① 濟 ② 制 ③ 第

④ 弟 ⑤ 悌

<해설> 옛날에 시험에 응시하여 일등을 하였을 때에 얻는 칭호가 壯元及第(장원급제)이다.

(3) 半( )半疑

① 新 ② 申 ③ 信

④ 身 ⑤ 辛

<해설> 반은 믿고 반은 의심한다는 성어가 半信半疑(반신반의)이다.

(4) 起死回( )

① 生 ② 牲 ③ 笙

④ 省 ⑤ 泩

<해설> 죽을 뻔 하였다가 다시 살아 났다는 것은 起死回生(기사회생)이다.

(5) 千慮一( )

① 悉 ② 實 ③ 室

④ 蝕 ⑤ 失

<해설> 아무리 지혜로운 사람도 가끔은 실수할 수도 있다는 것

이 千慮一失(천려일실)이다.

[문]다음 성어에 讀音을 달고 뜻을 쓰시오. <한국전력공사>

(1) 不問曲直

(2) 識字憂患

(3) 百聞不如一見

(4) 百難之中待人難

(5) 三人行必有我師

<해설> (1) 不問曲直(불문곡직) : 옳고 그름에 대한 이유를 묻지않음 (2) 識字憂患(식자우환) : 지식이 있는 것이 오히려 화근이 됨 (3) 百聞不如一見(백문불여일견) : 백번 듣는 것이 한 번 보는 것만 못함 (4) 百難之中待人難(백난지중대인난) : 사람을 기다리라는 것이 가장 어려운 일이라는 뜻 (5) 三人行必有我師(삼인행필유아사) : 세사람이 길을 가면 반드시 내가 본받을 이가 있음.

[문]「욕심이 없고 마음이 고요함」을 뜻하는 것은? <여순경시험>

① 傍若無人 ② 東奔西走

③ 明鏡止水 ④ 浩然之氣

⑤ 傳來之風

<해설> ① 傍若無人(방약무인) : 주위에 사람이 없는 듯 함부로 행동함. ② 東奔西走(동분서주) : 매우 분주한 모습. ③ 明鏡止水(명경지수) : 거울과 맑은 물. 아주 맑고 깨끗한 심경 ④ 浩然之氣(호연지기) : 하늘과 땅 사이에 가득찬 넓고 큰 원기 ⑤ 傳來之風(전래지풍) : 예로부터 전해오는 풍속

[문]다음은 한국전력공사의 李宗勳 사장의 新年辭이다. 단어 가운데 밑줄친 부분의 한글은 漢字로 한자는 讀音을 쓰시오(略字도 가함). <한국전력공사>

친애하는 (1)전국의 韓電人 여러분.

급변이라는 말의 뜻이 (2)실감 나는 요즈음입니다.

(3)대외적으로는 올해부터 WTO (4)體制가 출범됨으로써 (5)세계 (6)經濟는 이제 말 그대로의 (7)無限 (8)경쟁시대로 들어섰습니다.

(9)國際경쟁력의 (10)강화가 세계 모든 나라의 (11)관심사가 되고 있으며, (12)기술 (13)개발은 살아남기 위한 (14)絶體絶命의 (15)과제로 (16)등장했습니다.

전력 (17)사업이 극복해야할 기업 (18)환경도 그 어느때보다 어렵고 험합니다. (19)急增하는 전력수요로 공급 (20)豫備율이 (21)危險 (22)水準을 육박하고 있는데도 전력 (23)施設의 건설에 대한 (24)반대 목소리는 여전히 줄어들지를 않고 있습니다.

(25)發電施設에 대한 (26)민간 (27)資本의 참여로 경쟁체제가 (29)현실로 다가왔고 환경 (30)保護를 위한 규제의 강화로 (31)投資費의 (32)가중이 우려되고 있습니다. 북한의 (33)원전 건설에 (34)主導的으로 참여하게 됨으로써 우리의 슬기로운 지혜가 (35)절실히 (36)요구되고 있습니다.

기업환경이 달라지고 도전의 (37)壁이 높아졌다 해서 우리의 (38)고유' (39)目標가 바뀌어질 수는 없습니다. 값싸고 (40)質좋은 전기를 안정적으로 공급하는 문제는 우리가 (41)해결해 나가야 할 무한 (42)義務이며 (43)責任입니다.

저는 오늘 우리 앞에 가로놓인 이러한 과제의 해결을 위해 다음 네가지의 (44)역점사업을 (45)제시합니다.

첫째, 전력수급의 (46)안정입니다.

둘째, (47)硏究개발 (48)先進化입니다.

셋째, 기업 (50)문화의 (51)革新입니다.

이러한 일련의 과제들을 실현해 나가기 위해서는 무엇보다도 우리 모두의 (52)의식과 (53)發想에 (54)획기적인 전환이 있어야만 합니다. (55)결코 (56)他律적이며 (57)형식적인 (58)구호만으로 넘어가서는 안됩니다.

(59)積極적인 (60)주인의식과 自力극복의 의지가 있어야만 이 (61)亂局을 이겨나갈 수 있습니다.

산이 높으면 흘려야 할 땀 또한 많게 마련입니다. (62)파고가 높을수록 키를 단단히 잡고 보다 멀리 바라보아야 합니다. 높은 산과 험한 파도는 (63)避해야 할 (64)對象이 아니라 맞서서 극복해 나가야할 우리의 (65)條件입니다.

당당한 (66)姿勢로 1995년을 맞이합시다. 그리고 그동안 키운 (67)자신감을 바탕으로하여 올해도 우리 電力史에 자랑스럽게 (68)記錄될 수 있도록 한마음 한뜻으로 엮어 나갑시다. 3만 6천여 韓電人 여러분과 여러분의 (69)가정에 (70)만복이 내리시기를 기원합니다.

<해설> (1) 全國, (2) 實感, (3) 對外的, (4) 체제, (5) 世界, (6) 경제, (7) 무한, (8) 競爭, (9) 국제, (10) 强化, (11) 關心事, (12) 技術, (13) 開發, (14) 절체절명, (15) 課題, (16) 登場, (17) 事業. (18) 환경, (19) 급증, (20) 예비, (21) 위험, (22) 수준, (23) 시설, (24) 反對, (25) 발전설비 (26) 民間, (27) 자본, (28) 參與, (29) 現實, (30) 보호, (31) 투자비, (32) 加重, (33) 原電, (34) 주도적, (35) 切實, (36) 要求, (37) 벽, (38) 固有, (39) 목표, (40) 질, (41) 解決, (42) 의무, (43) 책임, (44) 力點, (45) 提示, (46) 安定, (47) 연구, (48) 선진화, (49) 경영관리, (50) 文化, (51) 혁신, (52) 意識, (53) 발상, (54)劃期的, (55) 決, (56)타율, (57) 형식, (58) 口號, (59) 적극, (60) 主人

[문]「면학정진」과 관계가 적은 것은? <총무처 9급>

① 螢窓雪案 ② 發憤忘食 ③ 寤寐不忘

④ 手不釋卷 ⑤ 自强不息

<해설> ①항은 「螢雪之功」과 같은 의미로 사용된다. ②항은 끼니를 잊을 정도로 노력하는 것을 말하며, ③은 자나깨나 잊지 못함을 뜻한다. ④는 손에서 책을 놓지 않고 늘 읽는 것 을 뜻하며, ⑤의 자강불식은 스스로 힘써 쉬지 않음을 뜻한다. 따라서 면학정진과 관련이

적은 항목은 ③의 오매불망이다.

[문]다음에서 四端이 아닌 것은? <국회사무처 7급>

① 측은지심 — 惻隱之心
② 수오지심 — 羞惡之心
③ 사양지심 — 辭讓之心
④ 시비지심 — 是非之心
⑤ 정의지심 — 情宜之心

<해설> 四端(사단)이라는 것은 사람의 본성에서 우러나는 네 가지를 말한다. 인(仁)에서 ①의 「측은지심」이, 의(義)에서 ②의 「수오지심」이 예(禮)에서 ③의 「사양지심」이, 지(智)에서 ④의 「시비지심」이 나왔다. ⑤가 사단의 항목이 아니다.

[문]「눈앞에 당장 나타나는 차별만을 알고, 그 결과가 같음을 모르는 것」에 비유하는 말은? <여자 순경>

① 轉禍爲福 ② 天方地軸
③ 甲男乙女 ④ 朝三暮四
⑤ 投筆從戎

<해설> ④항은 「원숭이에게 도토리를 아침에는 세 개, 저녁에는 네 개를 주자 원숭이들이 반발했다. 그러자 아침에는 네 개 저녁에는 세 개를 주자 원숭이들이 좋아했는 고사에서 나온 말이다. 일반적으로 「조삼모사」는 간사한 꾀로 남을 희롱하는 경우를 뜻한다.

[문]「使嗾」를 바르게 읽은 것은? <여자 순경>

① 편즉 ② 사족 ③ 사주
④ 사구 ⑤ 사시

<해설> 「使嗾」에서 「嗾」는 족이 아니라 주이다. 사주는 「남을 부추겨서 시키는 것을 의미한다.

[문]다음의 한자 숙어에서 ( ) 안에 들어갈 한자는? <총무처 7급행정>

三旬( )食

① 一　② 二　③ 三
④ 六　⑤ 九

<해설> 도연명의 시에 나오는 것으로 굶기를 밥먹듯이 했다는 뜻으로 사용된다. 三旬(삼순)이면 30이다. 이 중에서 아홉 번만을 식사했다는 뜻이다.

[문]다음 한자의 뜻을 쓰시오. <(주)한국전력공사>

(1) 多多益善　(2) 身言書判
(3) 信賞必罰　(4) 漁父之利
(5) 泥田鬪狗

<해설> (1) 多多益善(다다익선) : 많으면 많을수록 좋음
(2) 身言書判(신언서판) : 몸, 말씨, 글씨, 판단을 이르는 말
(3) 信賞必罰(신상필벌) : 상과 벌을 규정하는 바 대로 공정하게 하는 것
(4) 漁父之利(어부지리) : 양자가 다투는 바람에 제 3자가 이익을 보는 것
(5) 泥田鬪狗(이전투구) : 명분이 서지않는 일로 몰골 사납게 싸우는 것

[문]다음 漢字의 反對 또는 相對 되는 한자를 쓰시오. <주(한국전력공사)>

(1) 輕 — ( )　(2) 新 — ( )
(3) 勝 — ( )　(4) 主 — ( )

(5) 善 — (　　)

<해설> (1)은 重(중), (2)는 舊(구), (3)은 敗(패) · 負(부) (4)는 客(객) · 從(종), (5)는 惡(악)이다.

[문]다음의 일상생활에 쓰이는 漢字 中에서 '力' 변에 쓰이는 漢字 다섯 자를 쓰고 그 訓과 音을 다시오. < 한국전력공사>

<例>　天 : 하늘 천

<해설> (1) 加 : 더할 가, (2) 功 : 공 공, (3) 勝 : 이길 승, (4) 動 : 움직일 동, (5) 勞 : 일할 로

[문]「나는 의연한 一凡夫며」에서 「一凡夫」의 뜻과 거리가 먼 것은? <통신공사>

① 甲男乙女　② 夫唱婦隨
③ 愚夫愚婦　④ 匹夫匹婦
⑤ 張三李四

<해설> 거리가 먼 것은 ①항이다.

[문]다음의 漢字와 반대 또는 상대가 되는 漢字를 쓰시오. <한국전력공사>

(1) 問　(2) 主
(3) 勝　(4) 先
(5) 多

<해설> (1)은 答, (2)는 客 · 從, (3)은 敗, (4)는 後, (5)는 少

[문]다음 한자의 讀音이 모두 맞는 것은? <총무처 9급>

1) 犧牲 2) 箝制 3) 倂合 4) 邪路 5) 奮起

(1) 1)희생, 2)삼제, 3)병합, 4)사로, 5)분기
(2) 1)희생, 2)삼제, 3)병합, 4)사로, 5)홍기
(3) 1)희생, 2)겸제, 3)병합, 4)사로, 5)분기
(4) 1)희생, 2)겸제, 3)병합, 4)야로, 5)분기
(5) 1)희생, 2)겸제, 3)배합, 4)야로, 5)홍기

<해설> 1)은 犧牲(희생), 2)는 箝制(겸제) : 자유를 속박한다는 의미, 3)은 倂合(병합), 4)의 邪路(사로) : 그릇된 길, 5)의 奮起(분기) : 분발해 일어남.

[문]다음은 서로 반대가 되는 반의결합어를 적은 것이다. 한글을 漢字로 쓰시오. <(주) 한국전력공사>

(1) 강약 (2) 문답 (3) 노사
(4) 주야 (5) 초종

<해설> (1) 强弱, (2) 問答, (3) 勞使, (4) 晝夜, (5) 初終

[문]다음 漢字의 部首로 맞는 것을 고르시오. <(주) 한국전력공사>

(1) 然의 부수는?
① 月 ② 犬 ③ 火
④ 大 ⑤ ノ
<해설> 然(사를 연)은 火部 8획이다.

(2) 北의 부수는>
① 匕 ② 卜 ③ 刂
④ ノ ⑤ 一
<해설> 北(북녘 북)은 匕部 3획이다.

(3) 氓의 부수는?

① 氏　② 亡　③ 亠

④ 民　⑤ 口

<해설> 氓(백성 맹)은 氏部 4획이다.

(4) 畏의 부수는?

① 邑　② 田　③ 一

④ 阜　⑤ 用

<해설> 畏(모퉁이 외)는 阜部 9획이다.

(5) 平의 부수는?

① 一　② 八　③ 干

④ 巫　⑤ 十

<해설> 平(평탄할 평)은 干部 2획이다.

(6) 殺의 부수는?

① 乂　② 木　③ 冂

④ 殳　⑤ 一

<해설> 殺(죽일 살)은 殳部 7획이다.

(7) 常의 부수는?

① 冖　② 亠　③ 巾

④ 口　⑤ 宀

<해설> 常(항상 상)은 巾部 8획이다.

(8) 寡의 부수는?

① 宀　② 頁　③ 一

④ 刀　⑤ 允

<해설> 寡(적을 과)는 宀部 11획이다.

(9) 縮의 부수는?

① 糸　② 亻　③ 宀

④ 百　⑤ 宿

<해설> 縮(거둘 축)은 糸部 11획이다.

(10) 處의 부수는?

① 七　　② 虍　　③ 广
④ 几　　⑤ 夂

<해설> 處(살 처)는 虍部 5획이다.

[문]「군웅할거」의 「할」의 음과 뜻이 같은 것은? <총무처 7급>

① 할 — 해치다　　② 활 — 나누다
③ 할 — 나누다　　④ 활 — 다투다
⑤ 활 — 해치다

<해설> ①의 '군웅할거'란 많은 영웅 호걸들이 각지방을 차지하여 득세한다는 의미. 여기에서의 '割(할)'은 나누다의 뜻이다.

[문]다음 중 낱말 연결이 잘못된 것은? <총무처 9급>

① 粉骨 — 碎身　　② 汗牛 — 充棟
③ 衆寡 — 不足　　④ 紅爐 — 點雪
⑤ 玉石 — 俱焚

<해설> ①의 '분골쇄신'은 뼈가 가루가 되고 몸이 부서지도록 노력하는 것을 뜻하고 ②의 '한우충동'은 소가 우리 안에 가득 들어찬 것처럼 서가에 빽빽히 책이 들어차 있는 형태이며 ④의 '홍로점설'은 화로에 눈 한송이가 떨어진 것처럼 큰일에 대한 자신의 일이 보람이 없음을 뜻하고 ⑤의 '옥석구분'은 선악에 관계없이 멸망함을 뜻한다. ③의 '중과부적'은 衆寡不敵이 바른 표기다.

[문]「修身齊家 治國平天下」의 전제조건은? <법원서기보>

① 格物致知　　② 自强不息　　③ 見危致命
④ 切磋琢磨　　⑤ 換腐作新

<해설> 「수신제가 치국평천하」의 앞 단락은 誠意正心(성의정심)이다. 바른 마음으로 집안을 잘 다스려야 나라를 다스리고 천하를 경륜할 수 있다고 했다. 이러기 위한 조건은 格物致知(격물치지)다. 주자에 의하면 「격물」이란, 자기의 의식을 극한까지 파고드는 일이라 했

다. 또 왕양명에 의하면 인간의 본래적 마음 가짐에는 「良知(양지)」가 있는데 그 양지를 철저히 발전시켜 나가야 된다 하였다.

[문]다음의 빈칸에 알맞는 漢字는? <대구시 9급 행정직>

( )名錄, ( )化登仙, 同病相( )

① 芳, 羽, 憐　　② 芳, 羽, 隣
③ 方, 羽, 隣　　④ 方, 羽, 憐
⑤ 方, 羽, 戀

<해설> 芳名錄(방명록)은 어떤 행사 등에 출입문에 방문자의 이름을 적을 수 있도록 기록해 놓은 기록지. 羽化登仙(우화등선)은 사람이 날개가 돋쳐 하늘로 올라감. 곧 신선이 된다는 의미다. 同病相憐(동병상련)은 같은 병을 앓는 사람은 서로의 사정을 잘 안다는 뜻이다.

[문]「少年易老學難成, 一寸光陰不可輕」의 주제는? <총무처 9급 행정직>

① 勸學　　② 虛無　　③ 克己
④ 自警　　⑤ 歡老

<해설> 위의 내용은 권학(勸學)을 주제로 한 글이다. 본문을 풀어보면 「소년은 늙기 쉽고 학문은 이루기 어려우니, 한순간이라도 시간을 아껴 쓰라는 말이다」

[문]「人不知而不慍, 不亦君子乎」에서 慍은? <총무처 7급>

① 부끄러워하다　　② 즐거워하다
③ 성내다　　④ 따뜻하다
⑤ 사랑하다

<해설> 불온(不慍)이란 성내지 않는다는 뜻이다. 「남들이 나를 알아주지 않는다고하여 성내지 아니하니 어찌 군자가 아니랴」라는

뜻이다.

[문]다음의 빈 칸에 들어갈 알맞은 漢字를 골라 쓰시오. <(주) 한국전력공사>

(1) 甘言( )說

① 李 ② 二 ③ 異

④ 離 ⑤ 利

<해설> 상대방이 듣기 좋도록 말을 하는 것이 甘言利說(감언이설)이다.

(2) 見物( )心

① 生 ② 牲 ③ 笙

④ 省 ⑤ 星

<해설> 물건을 보면 욕심이 난다는 뜻은 見物生心(견물생심)이다.

(3) 內憂( )患

① 外 ② 老 ③ 病

④ 感 ⑤ 慾

<해설> 이번 문항의 답은 ①번이다.

(4) 萬( )不變

① 告 ② 世 ③ 古

④ 顧 ⑤ 故

<해설> 오래도록 변하지 않는 것이 萬古不變(만고불변)이다.

(5) 事( )歸正

① 必 ② 實 ③ 情

④ 業 ⑤ 畢

<해설> 모든 일은 반드시 옳게(정의롭게) 결론을 맺는다는 뜻이 事必歸正(사필귀정)이다.

[문]다음의 빈 칸에 들어갈 알맞은 漢字를 쓰시오. <(주) 한국전력공

사>

(1) 機械操(　)

① 昨　② 作　③ 酌

④ 綽　⑤ 惠

<해설> 機械操作(기계조작)에 관한 내용이다.

(2) 言中有(　)

① 骨　② 滑　③ 汨

④ 乞　⑤ 桀

<해설>「말속에 뼈가 있다」는 言中有骨(언중유골)에 대한 성어 풀이다.

(3) 不問(　)直

① 可　② 谷　③ 弱

④ 曲　⑤ 下

<해설> 不問曲直(불문곡직) : 옳고 그른 것을 묻지 않음.

(4) (　)禍爲福

① 轉　② 全　③ 戰

④ 傳　⑤ 典

<해설> 轉禍爲福(전화위복) : 재앙이 바뀌어 오히려 복이 됨.

(5) 興(　)悲來

① 書　② 眞　③ 盡

④ 去　⑤ 誠

<해설> 즐거운 일이 지나면 슬픈 일이 닥쳐옴. ③이 정답이다.

[문]「南柯一夢」과 거리가 먼 것은? <법원서기보>

① 邯鄲之夢　② 盧生之夢　③ 一炊之夢

④ 非夢似夢　⑤ 呂翁枕

<해설> 南柯一夢(남가일몽)은 헛된 부귀영화를 일컫는 말이다. 따라서 ④번 문항이 틀린 답이다.

[문]「眼光徹紙背」의 바른 해석은? <총무처 9급>

① 눈에 총명이 있다는 것
② 눈이 밝아서 대강 읽어도 뜻을 알아냄
③ 눈으로 책을 빨리 읽음
④ 책을 읽되 글자의 뜻만이 아니라 깊은 속뜻까지 아는 것
⑤ 눈이 매우 맑아 물건을 빨리 찾는 것

<해설> 지배(紙背)라는 것은 「종이의 뒷면」이다. 그렇게 보면 의미가 쉬워진다. 즉, 글자의 뜻만이 아니라 속뜻까지 아는 것을 의미한다.

[문]다음 漢字語들의 독음이 바르게 표기된 것은? <총무처 7급>

辦備 — 辨別 — 減殺

① 판비 — 변별 — 감살
② 판비 — 변별 — 감쇄
③ 판비 — 판별 — 감살
④ 변비 — 변별 — 감쇄
⑤ 변비 — 판별 — 감쇄

<해설> 辦備(판비)는 「마련하여 준비한다는 뜻이다」 辨別(변별)은 「시비와 선악을 분별한다」는 의미다. 減殺(감쇄)는 「덜어서 적게 한다」는 뜻이다.

[문]다음의 姓氏 가운데 긴소리로 發音되는 성씨가 세 개 모두 들어 있는 것은? <한국전력공사>

① 孔 · 朱 · 史　　② 康 · 權 · 具
③ 全 · 金 · 馬　　④ 文 · 安 · 朴
⑤ 李 · 申 · 丁

<해설> 위의 성씨에서 긴소리로 발음이 되는 성씨는 孔朱史具馬(공주사구마)씨다. 따라서 ①항이 바른 답이다.

[문]다음 漢字와 뜻이 반대 또는 상대되는 漢字를 쓰시오. <한국전력공사>

(1) 多 (2) 心
(3) 左 (4) 手
(5) 勝 (6) 吉
(7) 曲 (8) 輕
(9) 新 (10) 溫

<해설> (1) 少, (2) 身, (3) 右, (4) 足, (5) 敗·負, (6) 凶, (7) 直, (8) 重, (9) 舊, (10) 冷

[문]다음을 한자로 바르게 쓴 것은? <총무처 7급>

계기, 기초, 견지, 절정

① 啓基, 其礎, 堅持, 絶定
② 計器, 基礎, 堅止, 絶頂
③ 契機, 基礎, 堅持, 絶頂
④ 契器, 基礎, 堅持, 切定
⑤ 契機, 期礎, 堅持, 絶頂
<해설> 정답은 ③항이다.

[문]다음 한자의 뜻풀이가 바르지 않은 것은? <총무처 9급>
① 多多益善 — 많을수록 좋음
② 刮目相對 — 눈을 크게 뜨고 서로 마주 봄
③ 錦衣還鄕 — 성공하여 고향에 돌아옴
④ 大器晩成 — 크게 될 인물은 늦게 이루어짐
⑤ 先公後私 — 공적인 일을 먼저 하고 개인적인 일은 나중에 함
<해설> 刮目相對(괄목상대)는 남의 학식이 부쩍 느는 것을 뜻한다.

[문]「나라를 위하여 목숨을 바침」이란 뜻으로 적당한 漢字는? <총무처 9급>

① 殉國 ② 淳國 ③ 順國

④ 荀國 ⑤ 旬國

<해설> 구할 순(殉)을 쓰는 게 바른 답이다.

[문]가장 나이가 많은 것은? <대구시 9급 행정직>

① 而立(이립) ② 耳順(이순) ③ 還曆(환력)

④ 古稀(고희) ⑤ 米壽(미수)

<해설> ①의 而立(이립)은 30세, ②의 耳順(이순)은 60세, ③의 還曆(환력)은 61세, ④의 古稀(고희)는 70세, ⑤의 米壽(미수)는 88세이다.

[문]論語에 나오는 「仁者 不( ), 知者 不( ), 勇者 不( )」의 ( )에 맞는 한자로 짝 지은 것은? <서울시 행정 7급>

① 言, 樂, 平 ② 憂, 惑, 懼 ③ 邪, 說, 退

④ 怒, 忘, 淚 ⑤ 惡, 利, 弱

<해설> 어진 자는 부정함을 아니하고(仁者不邪), 아는 자는 함 부로 말을 하지 아니하며(知者不說), 용기있는 자는 물러서 지 않는다(勇者不退).

[문]다음 단어의 독음이 틀린 것은? <총무처 7급>

① 培養 : 배양 ② 建築 : 건축 ③ 開始 : 개시

④ 綱常 : 강상 ⑤ 啓發 : 개발

<해설> ⑤의 계발은 슬기와 재능을 널리 열어준다는 뜻이다.

[문]다음 중 한자의 讀音으로 맞지않은 것은? <총무처 7급 행정직>

① 彈劾(탄핵) — 審判(심판)

② 叱責(힐책) — 眞摯(진집)

③ 休暇(휴가) — 民弊(민폐)
④ 播種(파종) — 秋穀(추곡)
⑤ 省略(생략) — 復興(부흥)
<해설> ②항의 叱責은 「질책」이며, 眞摯의 독음은 「진지」다.

[문]한글을 한자로 쓰세요. <(주) 한국전력>

(1) 배전 (2) 주파수
(3) 전기품질 (4) 수압시험
(5) 이용률

<해설> (1) 配電(배전). (2) 周波數(주파수). (3) 電氣品質(전기품질). (4) 水壓試驗(수압시험). (5) 利用律(이용률).

[문]다음 애국가의 漢字語 밑줄친 부분을 漢字(略字도 可함)로 쓰시오. <(주) 한국전력공사>

애 국 가 (1)

一. 동해(2) 물과 백두산(3)이 마르고 닳도록
하느님이 보우(4) 하사 우리나라 만세(5)

무궁화(6) 삼천리(7) 화려(8) 강산(9)
대한(10) 사람 대한으로 길이 보전하세

二. 남산(11) 위에 저 소나무 철갑(12)을 두른 듯
바람 소리 불변(13)함은 우리 기상(14)일세

三. 가을 하늘 공활(15)한데 높고 구름없이
밝은 달은 우리 가슴 일편(16) 단심(17)일세
四. 이 기상과 이 맘으로 충성(18)을 다하여

괴로우나 즐거우나 나라 사랑하세

안익태(19) 작곡(20)

<해설> 애국가의 한자어는 다음과 같다. (1) 愛國歌, (2) 東海, (3) 白頭山, (4) 保佑, (5) 萬歲, (6) 無窮花, (7) 三千里 (8) 華麗, (9) 江山, (10) 大韓, (11) 南山, (12) 鐵甲, (13) 不變, (14) 氣像, (15) 空豁, (16) 一片, (17) 丹心, (18) 忠誠, (19) 安益泰, (20) 作曲

[문]다음 한자의 뜻에 반대되는 漢字를 쓰세요.(略字도 가함) <(주) 한국전력공사)>

(1) 主　　(2) 集　　(3) 少
(4) 新　　(5) 去

<해설> (1) 主 ↔ 客. (2) 集 ↔ 散, 配. (3) 少 ↔ 多, 老. (4) 新 ↔舊 (5) 去 ↔ 來

[문]「혼자 잘난체 하다가 남에게 핀잔을 받고 고립된 상태」는? <(주) 한국전력공사>

<해설> 獨不將軍(독불장군) : 잘난 체 뽐내다가 고립됨.

[문]「한 件의 노출된 사고 뒤에는 300건의 사고 잠재요인이 있다」에서 밑줄친 말의 바른 한자 표기는? <대한항공>

① 露出,　事古,　潛在要因
② 路出,　思考,　潛在要因
③ 露出,　事故,　潛在要因
④ 路出,　社告,　潛在要因
⑤ 露出,　事告,　潛在要因

<해설> 「露出(노출) : 밖으로 드러나거나 드러냄」. 「事故(사고) : 어떤 일의 까닭이나 평시에 없는 뜻밖의 사건」. 「潛在要因(잠재요인)

: 속에 잠겨 숨어 있는 까닭.」

[문]힘이 지나치게 미미하여 효과가 전연 없음을 나타내는 말은? <대한항공>

① 走馬看山 ② 漢江投石 ③ 屋上家屋
④ 頂門一針 ⑤ 事必歸正

<해설> 정답은 ②번이다. 한강에 돌을 던지는 격이니 그 힘이 미미하여 전연 효과가 없다. ①은 바쁘고 어수선하여 되는 대로 홱홱 보는 것 ③은 쓸데없는 일의 되풀이 ④는 따끔한 충고를 이르는 말 ⑤는 일은 반드시 옳게 돌아간다는 말

[문]다음 한자의 성어 중 잘못 쓰인 한자가 들어 있는 것은? <대한항공>

① 豪言張談 ② 五里霧中
③ 心機一轉 ④ 殺身成仁
⑤ 畵龍點睛

<해설> ①항은 豪言壯談이 옳은 표기다.

[문]( ) 안에 들어갈 말로 알맞게 짝지어 진 것은? <대한항공>

出國査( ), 搭( )量, 海外( )在

① 閱 — 載 — 駐 ② 列 — 載 — 駐
③ 列 — 裁 — 住 ④ 閱 — 裁 — 住
⑤ 列 — 裁 — 洲

<해설> 위의 문항은 出國査閱(출국사열), 搭載量(탑재량), 海 駐在(해외주재)이다.

[문]다음 중 잘못 쓰여진 한자가 있는 것은? <대한항공>

① 種價料金 ② 未着 ③ 破損
④ 盜難 ⑤ 離陸
<해설> ①의 種價料金은 終價料金이 옳다.

[문]다음 문자의 (　　) 안에 알맞는 것은? <대한항공>

良藥은 苦口이나 利(　)病이요. 忠言은 逆耳이나 利(　)行이라.

① 如 ② 於 ③ 而
④ 之 ⑤ 乎
<해설> 괄호 안에 들어갈 단어는 「於(어)」이다.

[문]다음의 밑줄친 부분에 대한 바른 한자는? <대한항공>

<u>이의</u>를 제기하다

① 異議 ② 理義 ③ 二意
④ 異宜 ⑤ 理義
<해설> ①의 異議(이의)가 맞는 답이다.

[문]「見」의 음이 다른 하나는? <대한항공>
① 謁見 ② 識見 ③ 見聞
④ 見解 ⑤ 邪見
<해설> ①은 謁見(알현)이며, 나머지는 見을 「견」으로 읽는다.

[문]의붓 아버지를 나타내는 한자는? <대한항공>
① 季父 ② 義父 ③ 叔父
④ 卡父 ⑤ 伯父

<해설> ①의 季父(계부)는 아버지의 막내 아우를 뜻하며, 「의붓 아버지」를 나타내는 말은 「義父(의부)」 이외에 「繼父(계부)」로도 사용한다.

[문]다음에서 한자의 독음이 맞지 않는 것은? <대한항공>

① 姉妹 — 자매　② 校閱 — 교열
③ 首肯 — 수긍　④ 亦是 — 적시
⑤ 牛乳 — 우유

<해설> ④의 독음은 「亦是(역시)」다.

[문]다음에서 옳지 않은 漢字가 들어있는 文章을 고르시오. <대한항공>

(1) 資源이 枯渴되다.
(2) 雰圍氣가 明朗하다.
(3) 歐美를 憧憬하다.
(4) 勸務를 怠慢히 하다.
(5) 帳薄에 記錄하다
(6) 景氣變動에 鈍感하다.
(7) 貨物을 積載하다.
(8) 裁量權을 超過하다.
(9) 家政을 和睦하게 하다.
(10) 操縱士를 募集하다.
(11) 勤務姿勢를 確立하다.
(12) 陳述書를 作成하다.
(13) 運送權을 獲得하다.
(14) 上勝街道를 달리다.
(15) 航空機에 搭乘하다.

<해설> 위의 문항 가운데 틀린 문장은 다음 같다. (4)의 勸務는 勤務가 바른 표기다. (5)의 帳薄은 帳簿가 바른 표기다. (9)의 家政은 家

庭이 바른 표기다. (14)의 上勝街道는 上昇街道가 바른 표기다.

[문]다음에서 잘못 쓰여진 漢字가 들어있는 문항은? <대한항공>

(1) 憲法은 國家의 基本法이다.

(2) 從業員은 勤勞時間을 準守하여야 한다.

(3) 經營者와 從業員 사이에는 信賴가 形成 되어야 한다.

(4) 會社의 長期的인 發展은 경영자의 努力만으로는 不可能하다.

(5) 先進企業은 故客滿足 經營을 指向한다.

(6) 傾聽하는 雰圍氣를 가진 組織은 環境變化에 쉽게 適應한다.

(7) 경영 혁신은 理論이나 技法만으로는 不可能한 것이다.

(8) 意識改革이 경영혁신의 先決課題이다.

<해설> 위의 문항에서 (2)는 「遵守(준수)」이며, (5)는 「顧客滿足(고객만족)」이다.

[문]「知彼知己 百戰百勝」의 出戰은? <법원서기보>

① 孟子　② 孔子　③ 孫子

④ 莊子　⑤ 老子

<해설> 손자병법에 적의 사정을 알고 자신을 알면 백번 싸워도 백번 이긴다.

[문]다음의 뜻을 가진 漢字語를 가려 그 번호를 쓰시오. <(株)油公>

(1) 「아버지의 外家는?」

① 眞外家　② 進外家　③ 鎭外家

④ 珍外家　⑤ 陳外家

<해설> 아버지의 외가는 陳外家(진외가)이다. 「아버지의 외조모를 陳外祖母(진외조모)」라 한다.

(2) 「가운데 형은?」

① 仲兄　② 中兄　③ 重兄

④ 衆兄　⑤ 狆兄

<해설> 가운데 형은 仲兄(중형)이다. 둘째 형을 뜻한다.

(3)「직업을 얻어 직장에 나가는 것은?」

① 就職 ② 趣職 ③ 翠職

④ 取職 ⑤ 聚職

<해설> ①의 就職이 바른 표기다.

(4)「돈을 벌고 쓰고 모으는 행위는?」

① 慶濟 ② 經濟 ③ 京濟

④ 景濟 ⑤ 競濟

<해설> ②의 經濟가 바른 표기다.

(5)「옛나라 이름의 하나?」

① 古句麗 ② 高句麗 ③ 高句驪

④ 高歐麗 ⑤ 高究麗

<해설> ②의 高句麗가 바른 표기이다.

[문]다음 成語의 독음을 달고 뜻풀이를 하시오. <(株) 斗山>

(1) 身言書判 (2) 雪上加霜

(3) 識字憂患 (4) 白骨難忘

(5) 漸入佳境

<해설> 위 문항에 대한 설명은 다음과 같다. (1) 身言書判(신언서판) : 옛날에 인물을 고를 때 사용하던 방법. 이를테면 신수와 말씨와 문필과 판단력을 뜻한다. (2) 雪上加霜(설상가상) : 난처한 일이나 불행이 잇달아 일어남. (3) 識字憂患(식자우환) : 배움이 있는 것이 오히려 근심을 사게 됨. (4) 白骨難忘(백골난망) : 죽어 백골이 되어도 은혜를 잊지 못함. (5) 漸入佳境(점입가경) : 들어갈수록 재미가 있음.

[문]다음의 빈칸에 들어갈 알맞은 한자를 골라 그 번호를 쓰시오. <(株) 油公>

(1) 朝三( )四

① 模 ② 毋 ③ 慕

④ 暮　　⑤ 毛

<해설> 朝三暮四(조삼모사) : 아침에 셋을 주고 저녁에 넷을 준다는 말.

(2) 同病相(　)

① 聯　　② 隣　　③ 戀

④ 憐　　⑤ 連

<해설> 同病相憐(동병상련) : 어떤 일에 대해 같은 병을 앓고 있다는 의미. 처지가 같음을 뜻함.

(3) 他山(　)石

① 地　　② 支　　③ 止

④ 之　　⑤ 只

<해설> 他山之石(타산지석) : 사소한 것도 도움이 됨

(4) 大器(　)成

① 萬　　② 滿　　③ 晩

④ 輓　　⑤ 卍

<해설> 大器晩成(대기만성) : 큰그릇은 늦게 이루어진다는 뜻.

(5) 同價紅(　)

① 上　　② 相　　③ 狀

④ 裳　　⑤ 桑

<해설> 同價紅裳(동가홍상) : 같은 값이면 다홍치마라는 뜻.

전략 고사성어백과

2012년 6월 25일 인쇄
2012년 6월 30일 발행

지은이 | 강 영 수
펴낸이 | 최 상 일

펴낸곳 | 태 을 출 판 사
서울특별시 중구 신당6동 52-107(동아빌딩내)
등 록 | 1973 1.10(제4-10호)

■ 주문 및 연락처
우편번호 100-456
서울 특별시 중구 신당 6동 제52-107호(동아빌딩내)
전화: 2237-5577 팩스: 2233-6166

ISBN 89-493-0396-5 03000